CHRISTOPH JOSEPH AHLERS
Vom Himmel auf Erden

W0088827

GOLDMANN
Lesen erleben

Das Buch

Was bedeutet Sexualität für uns? Geht es wirklich vor allem um Erotik, Lust und Leidenschaft? Oder eigentlich um Fortpflanzung, Kinderkriegen und Familiegründen? Oder geht es um etwas noch ganz anderes? Der Klinische Sexualpsychologe Christoph Joseph Ahlers sieht Sex als intimste Form von Kommunikation, die uns Menschen zur Verfügung steht. Als intensivste Möglichkeit, wechselseitig Grundbedürfnisse nach Akzeptanz, Verbundenheit und Intimität zu erfüllen. In dieser Kommunikationsfunktion von Sexualität sieht Ahlers den einzigen Grund, warum wir Menschen noch Paare bilden. Eben nicht in der Erregung. Denn die können wir auch ohne Beziehung oder mit uns selbst erleben oder als Dienstleistung erwerben. Und Kinder werden mittlerweile auch im Labor gemacht …
Denken Sie Sex neu – als intimste Form der Kommunikation, die uns Menschen zur Verfügung steht!
Im Gespräch mit dem Journalisten Michael Lissek und der Lektorin Antje Korsmeier gibt Ahlers einen umfassenden Überblick über das gesamte Spektrum sexueller Phänomenen, von alltäglichen Banalitäten über verstörende Extreme bis hin zu größten Glücksmomenten.

Der Autor

Dr. Christoph Joseph Ahlers ist Sexualwissenschaftler und Klinischer Sexualpsychologe. Seit zwanzig Jahren hat er an der Berliner Charité und in seiner eigenen Praxis für Paarberatung und Sexualtherapie hunderte Einzelpersonen und Paare untersucht, beraten und behandelt. Er ist Gastwissenschaftler und Lehrbeauftragter für Sexualwissenschaft, Lehrtherapeut und Supervisor für Klinische Sexualpsychologie sowie Autor zahlreicher wissenschaftlicher und medialer Publikationen.
Für »Vom Himmel auf Erden« arbeitete er zusammen mit dem Journalisten Dr. Michael Lissek und der Lektorin Dr. Antje Korsmeier.

Christoph Joseph Ahlers
mit Michael Lissek

Vom Himmel auf Erden

Was Sexualität für uns bedeutet

GOLDMANN

Die Originalausgabe erschien 2015 unter dem Titel
»Himmel auf Erden und Hölle im Kopf« als HC im Goldmann Verlag.

Sollte diese Publikation Links auf Webseiten Dritter enthalten, so
übernehmen wir für deren Inhalte keine Haftung, da wir uns diese
nicht zu eigen machen, sondern lediglich auf deren Stand zum
Zeitpunkt der Erstveröffentlichung verweisen.

 Dieses Buch ist auch als E-Book erhältlich.

MIX
Papier aus verantwor-
tungsvollen Quellen
FSC® C014496

Verlagsgruppe Random House FSC® N001967

4. Auflage
Taschenbuchausgabe Februar 2017
Wilhelm Goldmann Verlag, München,
in der Verlagsgruppe Random House GmbH,
Neumarkter Str. 28, 81673 München
Copyright © der Originalausgabe 2015
by Wilhelm Goldmann Verlag, München
in der Verlagsgruppe Random House GmbH
Umschlaggestaltung: UNO Werbeagentur, München,
unter Verwendung von Motiven von © FinePic®, München
DF · Herstellung: Str.
Satz: Buch-Werkstatt GmbH, Bad Aibling
Druck und Einband: GGP Media GmbH, Pößneck
Printed in Germany
ISBN: 978-3-442-15908-6
www.goldmann-verlag.de

Besuchen Sie den Goldmann Verlag im Netz

Inhaltsverzeichnis

Vorwort

Den Anstoß für das vorliegende Buch gab ein Interview, das die Journalistin Heike Faller mit mir über die Inhalte meiner Berufstätigkeit für das ZEIT-Magazin führte.[*] Hierin habe ich vor allem über die kommunikative Funktion von Sexualität gesprochen. Offenbar haben dadurch viele Menschen einen Eindruck davon gewonnen, wie man Sexualität auf eine andere Weise sehen und verstehen kann – und auch davon, was ein Paar- und Sexualpsychologe eigentlich tut, mit welchen Ängsten und Problemen, Sorgen und Nöten die Menschen Paar- und Sexualberatung aufsuchen.

Als mir im Anschluss daran der Vorschlag unterbreitet wurde, ein populärwissenschaftliches Sachbuch über die Bandbreite und Bedeutung von Sexualität zu schreiben, über die zugehörigen Probleme und Schwierigkeiten sowie ihre Untersuchungs- und Behandlungsmöglichkeiten, wusste ich sofort, dass ein solches Buch ebenfalls aus Gesprächen bestehen müsste. Denn ich denke dialogisch. Im Dialog mit einem anderen bin ich in der Lage, Gedanken und Assoziationen zu entwickeln, auf die ich ohne ein Gegenüber nicht kommen würde.

Für dieses Buch habe ich mich mit Michael Lissek zusammengetan. Über zwanzig Mal haben wir uns getroffen und stundenlang über Sex gesprochen. Danach hat Michael Lissek die Gespräche in eine lesbare und verständliche Form gebracht, die ich dann inhaltlich durchgearbeitet habe. Am Ende hat Antje Korsmeier als

---

[*] Vom Himmel auf Erden. Wissen wir wirklich alles über Sex? Ein Gespräch mit dem Sexualpsychologen Christoph Joseph Ahlers von Heike Faller. 25. April 2013. ZEITmagazin N° 18/2013. Online unter http://www.zeit.de/2013/18/sexualitaet-therapie-christoph-joseph-ahlers.

Lektorin den Text auch aus der Perspektive einer Frau kritisch gegengelesen und mitunter weitere Fragen aufgeworfen, Perspektiven verändert und ergänzt.

»Vom Himmel auf Erden« will zu einer Expedition einladen, bei der es um nicht weniger als die Gesamtheit sexueller Erlebniswelten und Erfahrungsmöglichkeiten geht: von absoluten Glücksmomenten über gewöhnliche Alltagsprobleme bis hin zu schmerzlichsten Abgründen. Im Internet entstandene und möglicherweise anonyme Gelegenheitssexualkontakte werden ebenso thematisiert wie perspektivisch angelegte partnerschaftliche Sexualbeziehungen.

So schreitet das Buch die gesamte Bandbreite der Phänomene und der jeweiligen Bedeutung von Sexualität für uns Menschen ab. Dieser Umstand war weniger ein vorausgehender Anspruch als vielmehr das Ergebnis unserer Arbeit. Wir sind einmal inhaltlich durch dick und dünn gegangen. Und zwar in einer Art und Weise, von der wir glauben, dass jeder, der will, mitgehen kann.

Herausgekommen ist ein umfassendes Bild davon, worum es für uns Menschen beim Thema Sexualität geht, welche Beglückungen und Erfüllungen es dabei gibt und welche Ängste und Sorgen damit einhergehen können. Und nicht zuletzt, wie man in einer paar- und sexualtherapeutischen Behandlung mit diesen Schwierigkeiten umgehen kann.

Dabei ist dieses Buch kein Beziehungsratgeber. Sollte Ihre Beziehung nach der Lektüre besser laufen (was durchaus möglich ist), dann nicht weil ich Ihnen »Tipps und Tricks« verraten habe. Sondern weil es mir vielleicht gelungen ist, Ihnen ein neues, erweiterndes und dadurch womöglich befreiendes Verständnis von Sexualität zu vermitteln. Ein Bewusstsein für die tiefere Bedeutung von Sexualität, vor allem ihrer kommunikativen Funktion. Diese habe ich mir nicht selbst ausgedacht. Sie ist Errungenschaft und Vermächtnis der Sexualwissenschaft, einer eigenständigen wissenschaftlichen Disziplin, die Ende des 19. Jahrhunderts vor allem in

Berlin entstanden und von hier aus in alle Welt gegangen ist. Sexualwissenschaft, wie ich sie gelernt habe, verstehe und anwende, ist humanistisch, reformatorisch, aufklärerisch und emanzipatorisch. Sie kann helfen, sich von sozialnormativen Erwartungen und Ansprüchen, vor allem von gesellschaftlichen wie persönlichen Leistungsanforderungen bezogen auf den Lebensbereich Sexualität (aber auch anderswo), zu emanzipieren, um so befreiter und glücklicher zu leben.

Dabei betrachte, beschreibe und behandle ich das Thema Sexualität aus meiner beruflichen Perspektive. Ich bin Klinischer Paar- und Sexualpsychologe. In meine Praxis kommen Menschen mit Problemen, Ängsten und Sorgen – und manchmal auch mit krankheitswertigen Störungen. Menschen, die unter Aspekten ihrer eigenen oder der Sexualität ihres Partners oder ihrer Partnerin leiden und Hilfe suchen.

Meine Sichtweise auf Sexualität ist daher von der konkreten, klinischen Anwendung sexualwissenschaftlicher Erkenntnisse und Methoden auf sexuelle Probleme und Störungen geprägt. Das ist der Grund, warum meine Gedanken und Ausführungen weniger einen geistes-, gesellschafts- oder sozialwissenschaftlichen Fokus haben als vielmehr den der angewandten Lebens-, Human- und Gesundheitswissenschaften. Ich bin eher Praktiker als Theoretiker. Wobei meiner praktischen Tätigkeit profunde Theorien zugrunde liegen, die ich ebenfalls ausführe und erkläre. Das Praktischste, was es gibt, ist immer eine gute Theorie ...

Dass ich aus der angewandten Sexualwissenschaft und hier konkret aus der Klinischen Sexualpsychologie komme, führt auch dazu, dass ich bei der Betrachtung sexueller Phänomene und Probleme relativ häufig auf die Randzonen der statistischen Normalverteilung schaue, auf die Extremausprägungen der Gauß'schen Glocke. Ich fokussiere häufig auf seltenere, mitunter exzentrisch anmutende sexuelle Minderheitenphänomene, die statistisch betrachtet zwar nur wenige betreffen, also den »Durchschnittsbürger« eventuell nicht repräsentieren, die aber die grundlegenden Aspekte unserer sexuellen Bedürfnisregulation umso deutlicher vor Augen führen.

Aber was heißt schon »Normalität« im Sexuellen? Die meisten kennen in Verdünnungsstufen seltsam erscheinende, womöglich auch irritierende Phänomene und Probleme in der Sexualität von sich selbst oder anderen. Meistens nicht in einer krankheitswertigen Ausprägung, möglicherweise aber als Vorgestalt – zum Beispiel in Form sexueller Funktionsstörungen, die vielen Menschen im Laufe ihres Lebens widerfahren. Oder das Phänomen der Eifersucht. Meistens gehen solche Ausprägungen nicht so weit, dass jemand im buchstäblichen Sinne *impotent* oder zum *Stalker* wird. Aber eine »Ahnung« davon lernen viele Menschen im Laufe ihres Lebens kennen. Etwa dann, wenn sie sich sorgen, ob beim nächsten Mal in sexueller Hinsicht wieder alles klappt, oder sie den Impuls verspüren, im Handy der Partnerin oder des Partners zu spionieren ...

Dieser Umstand führt dazu, dass es in meinem Denken und (Be-)Handeln kein Entweder-oder gibt. Es gibt nicht »entweder gesund oder krank«, »entweder gestört oder intakt«. Wir alle befinden uns mit unserem Erleben und Verhalten auf einem Kontinuum zwischen gesund und gestört. Mal ein bisschen mehr links, mal ein bisschen mehr rechts – je nach Lebens- und Beziehungssituation. Der eine ist bezogen auf eine bestimmte Eigenschaft ein bisschen mehr gestört als der andere. Auf ein anderes Merkmal bezogen, mag es umgekehrt sein.

Was ich damit vollziehen möchte, ist ein Abschied von kategorialen Einteilungen und Bewertungen menschlicher Eigenschaften und Verhaltensweisen in Sinne eines Entweder-oder (richtig oder falsch / gut oder schlecht), um stattdessen eine konsequent kontinuale Betrachtung und Sichtweise auf Phänomene und Probleme zu ermöglichen. Nicht nur, aber *vor allem* im Sexuellen ist es so, dass so gut wie immer ein »Sowohl-als-auch« vorliegt. Dass wir uns mit unseren Eigenschaften, Erlebnis- und Verhaltensweisen so gut wie immer auf einem Kontinuum in Graubereichen zwischen astral gesund und schwerst gestört bewegen. Aber dazu mehr im Buch.

»Vom Himmel auf Erden« soll eine Einladung sein, einen Eindruck von der gesamten Spannweite dessen zu gewinnen, was uns Menschen in den Lebensbereichen Liebe, Sexualität und Partnerschaft umtreibt. Dass es dabei auch leichtfüßig, verständlich und sogar unterhaltsam zugehen kann, ist sowohl Bestandteil meiner klinischen Arbeit als auch Anliegen der Art und Weise, in der wir dieses Buch geschrieben haben.

Darum wünschen wir nun: viel Spaß beim Lesen!

KAPITEL 1

Erlösung durch Überwindung von Vereinzelung – Sex als Kommunikation

Was den Hütern des tätigen Lebens und den Gottsuchern
so verdächtig ist, die Nähe des Nächsten,
seine Wärme und sein Bild, (…) das ganze Ausmaß
des atmenden dampfenden Körpers (…), es fiel mir zu.
Als ob ich in der Berührung einsänke und verginge …

Hans Henny Jahnn

Wir sitzen hier, um miteinander über Sex zu sprechen. Ist über Sex nicht längst alles gesagt? Was verstehen Sie unter Sex?

Sex ist die intimste Form von Kommunikation, die uns Menschen zur Verfügung steht. Unsere Möglichkeit, Liebe leiblich erleben beziehungsweise bei Leibe begreifen zu können. Sex ist die Möglichkeit, über intimen Körperkontakt elementare Mitteilungen zu machen und zu empfangen. In diesem Verständnis ist Sexualität Körperkommunikation zur Erfüllung psychosozialer Grundbedürfnisse: wahrgenommen, ernstgenommen und angenommen zu werden. Es geht um unsere Bedürfnisse nach Aufmerksamkeit und Beachtung, Zuneigung und Zuwendung, nach Zugehörigkeit und Geborgenheit, nach Sicherheit, Vertrauen und Nähe. Sexualität ist die intimste Möglichkeit, die Erfüllung dieser Grundbedürfnisse körperlich und seelisch zugleich erfahrbar und erlebbar zu machen.

Es geht um Austausch. Aber eben nicht um den Austausch von Körperflüssigkeiten, sondern um den von Botschaften. Mitzuteilen, dass wir einander annehmbar, richtig und gut und im Idealfall auch schön, anziehend und begehrenswert finden. Dieses Gefühl wollen wir geben und bekommen. Wir wollen fühlen, dass uns jemand gut findet, uns deshalb anfasst und sich von uns anfassen lässt. Wir möchten spüren, dass uns der andere in sich lässt, uns in sich aufnimmt oder er in uns dringen will; dass er uns in sich haben oder in uns sein will. Das ist die tiefere Bedeutung vom Küssen und Miteinanderschlafen.

Dieser Vorgang bereitet Erregungs- und Lustgefühle und wird womöglich noch durch einen Orgasmus verstärkt. Und es können am Ende auch Babys dabei herauskommen. Aber das ist nur Zuckerguss auf dem eigentlichen Kuchen der Kontakterfahrung. Erregung und Fortpflanzung sind gegenüber der Intimkommunikation nachrangige Funktionen von Sexualität. Im Wesentlichen geht es um Verständigung, um die Frage, wie wir auf sexuelle Weise miteinander in Kontakt treten, uns austauschen, wie wir Beziehungen auch im Sexuellen führen. Dafür ist aber in unserer Kultur wenig Bewusstsein vorhanden.

Sex hat Ihrer Meinung nach also eine tiefere Bedeutung?

Ja. Wenn ich mit Paaren über ihr Sexualleben spreche, wird in der Regel schnell klar, dass es den beiden – neben Lust und Leidenschaft – vor allem darum geht, jemanden neben und bei sich zu haben, sich nicht alleine zu fühlen. Die Erfüllung dieses Wunsches erleben wir am intensivsten, wenn uns jemand, den wir auch gut finden, berühren möchte, Sex gibt uns auf unvergleichlich intensive Weise das Gefühl, dass wir richtig und in Ordnung sind. Viel intensiver, als Worte allein das können, denn Berührungen erreichen uns unmittelbarer als Worte. Das hat damit zu tun, dass Körperkommunikation in unserer stammesgeschichtlichen und individuellen Entwicklung die primäre Möglichkeit der Verständigung war. In beiden Entwicklungslinien gilt für den gesamten Zeitraum *vor* dem Spracherwerb, dass Bindung über Körperkontakt hergestellt, wahrgenommen, erlebt und stabilisiert wird. Erst später tritt die Sprache ergänzend hinzu. Über Körperkontakt reduzieren wir Aufregung, Anspannung und Angst, und wir befördern Beruhigung, Entspannung und Wohlgefühl. Das ist die tiefere Bedeutung von Sexualität.

Sie sagen, in unserer Gesellschaft gebe es ein gering ausgeprägtes Bewusstsein für den Kommunikationsaspekt von Sex. Woran liegt das?

Das liegt daran, dass sich Bewusstsein in einer Kultur nur entwickelt, wenn kollektiv Einigkeit darüber herrscht, dass man es mit etwas Wertvollem zu tun hat. Nur dann entsteht auch der Wunsch, diesen Wert zu kultivieren – Stichwort Naturschutz.

Sex ist aber in unserer Kultur nichts Wertvolles.

Wenn man sich die Bewertungsgeschichte von Sexualität in unserer Kultur anschaut, sieht man, dass sie über Jahrhunderte stark von der römisch-katholischen Amtskirche geprägt ist. In deren Glaubenslehre wird Sexualität auf die beiden Pole Erregung und Fortpflanzung reduziert. Erregung ist das potenziell Negative, das Schmuddelige, das Sündhafte, welches weder *in Gedanken, Worten noch Werken* annehmbar ist. Fortpflanzung ist das Erwünschte, die »eigentliche«, die »natürliche« Funktion und der Endzweck aller Sexualität. Und nur wenn eine sexuelle Begegnung innerhalb einer kirchlich sanktionierten Ehe der Fortpflanzung dient, darf dabei, quasi als lässliche Sünde, auch Erregung entstehen – aber nicht getrennt davon!

Das ist das Konzept, das sich bis heute im Sexualitätsbewusstsein unserer Kultur wiederfindet. Nicht weil sich die Menschen mit dem Katechismus der römisch-katholischen Amtskirche identifizieren, sondern weil diese Prägung im Sinne einer sozialen Vererbung über Generationen hinweg weitergegeben wurde. Dieses Konzept hat das kollektive Sexualitätsverständnis unserer Kultur geprägt. Dabei liegt *zwischen* der Erregung und der Fortpflanzung genau das, was die zentrale Qualität von Sexualität für uns Menschen ausmacht, nämlich die Intimkommunikation zur Erfüllung unserer Bedürfnisse nach Zugehörigkeit, Angenommensein und Geborgenheit. Ebendiese Erlebnisqualität aber koppelt die Kirche von Sexualität ab und nennt sie »Himmel«.

Psychologisch nicht dumm ...

Nicht nur psychologisch, auch ökonomisch nicht dumm. Die Kirche hat ihre Vertreter immer sehr gut ausgebildet: Der Klerus war von jeher ein Bildungsstand, er hatte Zugang zur Schriftsprache, zu Texten, zu Wissen. Deshalb können wir davon ausgehen, dass sich im Laufe der Jahrhunderte viele gebildete Kleriker Gedanken über das Wesen des Menschen gemacht und die Dinge im

Kern erfasst haben. Sie haben erkannt: Der Kern des Menschseins ist das Streben nach Zugehörigkeit und Bindung, nach Gewollt- und Gemochtwerden, Angenommen- und Aufgehobensein, nach sozialer und emotionaler Sicherheit. Und sie haben gesehen: Ein Produkt, das die Erfüllung dieser Grundbedürfnisse in Aussicht stellt, können sie problemlos auf dem Markt platzieren, weil das jeder haben will. Dieses Produkt haben sie dann »Himmel« genannt und den Menschen gesagt: Wenn ihr unsere Regeln, die sogenannten »Gebote«, befolgt, dann habt ihr eine Chance, nach eurem Leben in den Himmel zu kommen und dadurch totale Zugehörigkeit und Geborgenheit zu erfahren. Welche Gebote? Zum Beispiel kein Sex – auch nicht mit sich selbst –, außer in einer von uns gestifteten, gegengeschlechtlichen Ehe und allein zum Zwecke der Fortpflanzung! Weil wir aber wissen, dass ihr diese Regeln nicht einhalten könnt, weil ihr Menschen seid, müsst ihr bei uns für eure Regelverstöße, genannt »Sünden«, bezahlen, und zwar mit Schuldgefühlen und in barer Münze. Der Weg in den Himmel führt nur über das Einhalten unserer Regeln. Und über unseren Klingelbeutel.

Sexuelle Kommunikation zwischen Menschen existiert in diesem Kirchenverständnis nicht. Und wenn, ist sie, wenn nicht gerade innerehelich zum Zwecke der Fortpflanzung, Sünde. Das ist der Hintergrund, warum in unserer Kultur ein so geringes Bewusstsein dafür herrscht, dass wir die Erfüllung unserer psychosozialen Grundbedürfnisse auf sexuelle Weise in Beziehungen erleben können. Dabei ist das die tiefere Bedeutung von sexueller Vereinigung: Erlösung durch Überwindung von Vereinzelung. Diese Erlösung erleben wir im besten Fall als »Himmel auf Erden«. Und zwar ohne dass wir dafür irgendeiner Organisation beitreten und ihre Vertreter bezahlen müssen.

Woher stammt die Unterscheidung der verschiedenen Funktionen von Sexualität in Fortpflanzung, Erregung und Kommunikation?

Die Frage, was Liebe, Sexualität und Partnerschaft für uns Menschen bedeuten, war schon immer Gegenstand philosophischer Betrachtungen. Entsprechende Überlieferungen reichen zurück bis vor die Zeit der klassischen Antike. Auch hieran wird erkennbar, welch essenzielle Bedeutung diese Lebensbereiche für uns Menschen haben. Die Art, Sexualität zu denken, zu betrachten, zu untersuchen, zu verstehen, zu beschreiben und zu behandeln, wie ich sie in diesem Buch darstelle, bezieht sich auf den Begriff *Syndyastik*, der von dem griechischen Wort *syndyastikós* abgeleitet ist, das Aristoteles vor über zweitausend Jahren in seiner *Nikomachischen Ethik* geprägt hat. Aristoteles beschrieb mit *syndyastikós* den Umstand, dass wir Menschen in unserer Wesensart dazu neigen, uns in einer Zweierbeziehung zu Paaren zusammenzuschließen (*Syn-Dyade*). Aber nicht nur weil wir zu zweit mehr Nüsse sammeln oder besser Feuer machen können, sondern weil wir in Paarbeziehungen unsere psychosozialen Grundbedürfnisse nach Zugehörigkeit, Angenommensein und Geborgenheit besonders gut erfüllen können. Natürlich hat Aristoteles das nicht mit diesen Worten ausgedrückt. Auch hat er das nicht explizit mit Sexualität verknüpft. Aber den Grundgedanken formuliert hat er.

Die Unterscheidung zwischen Erregung und Fortpflanzung reicht ebenfalls bereits in die Zeit der vorchristlichen Antike zurück und wurde von der römisch-katholischen Amtskirche später lediglich aufgegriffen und im oben beschriebenen Sinne bewirtschaftet. Die Differenzierung verschiedener Funktionen von Sexualität war aber auch von Anfang an Gegenstand der Sexualwissenschaft. Die programmatische Ergänzung der (neben Fortpflanzung und Lust) dritten Funktion, nämlich der Beziehungsfunktion von Sexualität, taucht explizit erst in der zweiten Hälfte des 20. Jahrhunderts auf. Und bereits Anfang der 70er Jahre wurden am Hamburger Institut für Sexualforschung empirische Untersuchungen zu diesen drei Dimensionen von Sexualität durchgeführt.

Die konkrete Umsetzung in der Sexualtherapie fand ab Ende der 70er Jahre statt, maßgeblich durch Kurt K. Loewit an der Klinik für Medizinische Psychologie und Psychotherapie der Universität Innsbruck. In seinen Werken »Sprache der Sexualität« und »Damit Beziehung gelingt« entwickelte Loewit sein klinisches Konzept einer beziehungs- und kommunikationsfokussierten Sexualtherapie, das er ab Mitte der 90er Jahre, nach der Gründung des Instituts für Sexualwissenschaft an der Berliner Charité, gemeinsam mit Klaus M. Beier zu einem komplementären Ansatz zur Klassischen Sexualtherapie nach dem »Hamburger Modell« ausbaute. Ab 1998 war ich als dortiger Mitarbeiter an der Weiterentwicklung dieses sexualtherapeutischen Ansatzes beteiligt, den wir, gemeinsam mit Alfred Pauls, im Jahr 2004 in dem Buch »Lust in Beziehung« als *Syndyastische Sexualtherapie* veröffentlicht haben.

Sie sagen, dass wir über Körperkontakt ein Gefühl des Angenommenseins erleben. Reicht dafür nicht auch Kuscheln? Warum müssen die Berührungen denn sexuell sein?

Ist Kuscheln für Sie nicht sexuell? Sie meinen mit *sexuell* vermutlich *erregend*, oder? Die Intensivierung eines Körperkontaktes im Sinne von Stimulation stellt lediglich eine Vertiefung der Erlebnismöglichkeiten dar. Auch geschwisterlicher oder freundschaftlicher Körperkontakt gibt uns das Gefühl, angenommen und gemocht zu werden. Aber durch sexuelle Erregung mit einem Partner oder einer Partnerin kann das Gefühl des Angenommenseins noch intensiviert werden. Und hierin liegt der eigentliche Grund, warum Menschen auch in länger währenden, partnerschaftlichen Sexualbeziehungen immer wieder miteinander schlafen wollen: nicht allein zur wechselseitigen Herbeiführung sexueller Erregungshöhepunkte, das kriegt man im Zweifelsfall auch allein hin. Es ist der intime Körperkontakt mit geteilter sexueller Erregung, durch die wir das Gefühl geben und bekommen: Du bist okay, dich will ich haben, ich mag dich, mit dir will ich was zu tun haben, ich kann dich gut leiden, ich mag dich riechen, schmecken, anfassen. Ganz direkt, ganz unmittelbar, ganz intensiv und sinnlich.

19

Im Grunde genommen ist die Sexualisierung von Körperkontakt also eine Erweiterung und Vertiefung des Gefühls von Angenommensein und Geborgenheit, das wir im Idealfall schon als Kinder im Körperkontakt mit unseren Eltern oder primären Bezugspersonen erleben. Aber es ist selbstverständlich nicht so, dass man sich nur durch sexuelle Erregung geliebt und angenommen fühlt und sich nur durch Orgasmen beruhigen und entspannen kann.

Wo beginnt sexuelle Kommunikation überhaupt? Erst im Bett? Oder kommunizieren wir schon zu einem viel früheren Zeitpunkt sexuell miteinander?

Sexuelle Kommunikation steckt schon in jedem Gespräch, das über eine rein sachliche Befassung mit Inhalten hinausgeht und eine persönliche Beziehungsqualität erlangt. Immer wenn ich bemerke, dass die Kommunikation von einer Farbe getönt ist, die überhaupt erst dadurch entsteht, dass mein Gegenüber mich potenziell sexuell interessiert. Wenn also eine heterosexuelle Frau mit einem Mann anders kommuniziert als mit einer Frau, und zwar über dieselbe Sache, dann wohnt dem bereits eine sexuell-kommunikative Komponente inne. Dann sind wir beim Flirt, bei der Erotisierung, der Verführung.

Darin liegt ein großer Reiz, der übrigens interkulturell unterschiedlich wahrgenommen wird. In der mediterranen Kultur ist ein Flirt viel weniger zielgerichtet als in Mittel- und Nordeuropa. Bei uns hat Flirten häufig eine funktionale, zielgerichtete Komponente. Geflirtet wird, um etwas zu erreichen, um den anderen rumzukriegen, klarzumachen, abzuschleppen … Und wenn das angestrebte Ziel nicht erreicht wird, entsteht Frustration. Das ist etwas, das zum Beispiel Franzosen ziemlich befremdlich finden. In deren Kultur ist Flirten integraler Bestandteil des Geschlechterverhältnisses und als solcher alles andere als zweckgebunden. Beim Flirt, der allerersten sexuellen Kommunikation, geht es ja gerade *nicht* darum, dass etwas dabei herauskommen muss. Er ist ein Spiel, und ein Spiel ist Selbstzweck und benötigt kein Ergebnis. Wenn Zielstrebigkeit Einzug hält, erlischt der Spaß, und das Spiel ist aus. Dann wird aus Flirt Anmache und aus Verführung Belästigung.

Ist Sex eine Sprache? Kann Sex noch mehr ausdrücken als Angenommensein und Geborgenheit?

Ich würde sagen, ja. Der Facettenreichtum sexueller Kommunikation ist ähnlich vielfältig wie der der gesprochenen Sprache. Jeder weiß, dass durch ein und dieselbe Aussage etwas völlig Unterschiedliches ausgedrückt werden kann. Das ist beim Sex genauso. Sex bedeutet auch nicht immer das Gleiche. Ein und dieselbe sexuelle Handlung, zum Beispiel Geschlechtsverkehr, kann einmal beliebig und belanglos, ein anderes Mal die totale Erfüllung und Offenbarung sein. Und in wieder einem anderen Zusammenhang gar eine Vergewaltigung! Die Handlung ist immer dieselbe, aber die auf der Kommunikationsebene vermittelte Bedeutung kann sich erheblich unterscheiden. Sex ist nicht gleich Sex.

Das liegt daran, dass auch hier kommunikative Botschaften enthalten sind, die man so oder so lesen kann. Geschlechtsverkehr im Rahmen der Prostitution zum Beispiel weist selten über die körperliche Vereinigung und die sexuelle Stimulation hinaus. Fast nie gehen Menschen aus einem Prostitutionskontakt beseelt heraus. Allenfalls befriedigt, häufiger vielleicht sogar frustriert, bezogen auf das, was sie eigentlich wollten. Was sie kriegen, ist eine kurzfristige sexuelle Befriedigung, was sie entbehren, ist eine langfristige emotionale Erfüllung. Emotionale Erfüllung ist aber das, wonach wir alle suchen. Unser ganzes Leben lang.

Sex ist also eine Sprache. Sie kommt allerdings nicht durch spezielle sexuelle Handlungen oder Praktiken zum Ausdruck, sondern durch die Art und Weise, in der Sex stattfindet: mal kommunikativer, mal weniger kommunikativ. Es gibt ja auch sexuelle

Kontakte, bei denen man eher bei sich bleibt und nicht so stark mit dem anderen in Beziehung tritt. Das ist dann eben eine andere Aussage.

Muss man die Sprache des anderen kennen und verstehen lernen?

»Kein Mensch muss müssen!«, sagt Lessing. Das ist die Überschrift über allem, worüber wir hier reden.

Zum Glück haben wir die schöne Situation, dass wir die Körpersprache als Bestandteil unserer Muttersprache erwerben, ohne dass wir sie auf anstrengende Art und Weise wie Vokabeln erlernen müssen. Irgendwann sprechen wir sie, der eine besser, der andere schlechter. Wie im Linguistischen gibt es auch im Körpersprachlichen Analphabeten und Sprachakrobaten, auch hier unterscheiden sich die Menschen voneinander. Man kann auch keinen Kurs besuchen, um dort die »Sprache der Sexualität« zu lernen. Das funktioniert nicht. Sie lässt sich nur in echten Beziehungen erlernen.

Woran es allerdings Menschen häufig mangelt, ist die Fähigkeit, nichtverbale Botschaften eines anderen wahrnehmen, lesen und erschließen zu können. Das Verständnis dafür, dass wir im Sexuellen Grundbedürfnisse ausdrücken und erfüllen können, fehlt vielen. Beide, die Fähigkeit des Lesens und des Verstehens, sind keineswegs selbstverständlich verfügbar. Dafür fehlt es an kulturellem und gesellschaftlichem Bewusstsein.

Lernt man denn diese Sprache mit jedem Partner immer wieder neu? Dadurch, dass man sich einschwingt, zuhört und eben nicht »weiß«, wie es geht?

Ja, bei jedem neuen Partner gibt es auch in körpersprachlicher und sexueller Hinsicht ein neues Kennenlernen. Automatismen, auf stereotype Art sexuell in Kontakt zu treten, sind in aller Regel Ausdruck von Verunsicherung, Selbstunsicherheit und einem

Gefühl von Hilflosigkeit und Überforderung. Und zwar sowohl bezogen auf die eigenen Bedürfnisse als auch auf die des Gegenübers. Es ist der Ausdruck einer Unfähigkeit, den anderen zu sehen, zu hören und zu erfahren, was er oder sie eigentlich möchte. Wer er oder sie letztlich ist. Beim Sex geht es ja nicht darum, sich gegenseitig zu bedienen, es sich zu »besorgen«, sondern darum wahrzunehmen, wer der andere ist, diese Einsicht im sexuellen Verhalten zu würdigen und zum Ausdruck zu bringen.

Das Gegenteil davon ist das, was ich »Porno-Posing« nenne und was häufig von unerfahrenen Personen exerziert wird. Das Nachturnen einer sexuellen Choreografie, die durch Internetpornografie erworben wurde. Und zwar mit der Vorstellung: So geht das! So muss man das machen! Wenn ich das so mache, dann hab ich's drauf, dann produziere ich »guten Sex«, bin ich ein »toller Lover« oder eine »geile Braut«. Mache ich das nicht so und beherrsche die einzelnen Praktiken und Stellungen nicht, bin ich auch nicht »gut im Bett«, dann ist der Sex »schlecht«, und ich bin ein Loser oder eine Versagerin.

Bei einem solchen Ansatz fehlt es am Wesentlichen, an der Substanz dessen, worum es im Sexuellen eigentlich geht. Oder besser, gehen kann. Nämlich ums Hinschauen und Zuhören, im Verbalen wie im Körpersprachlichen. Das wäre der Schlüssel. Aber das kann ich nur, wenn mein Selbstwertgefühl das hergibt und mir eine solche Öffnung erlaubt. Wenn ich selbstunsicher bin, die Befürchtung habe, nicht zu genügen, oder wenn ich glaube, mich in sexueller Hinsicht bewähren und beweisen zu müssen, dann fange ich an zu agieren. Dann tue ich nicht das, was mir guttut oder dem anderen gefallen könnte, sondern ich arbeite sexuelle Strickmuster ab. Pornografie, die fiktionale Darstellung von Sexualität, führt genau das vor: die unverwandte, weil beziehungslose sexuelle Interaktion in Form von genitaler Stimulation zur Provokation von Erregung. Der gesamte Kontakt ist auf Orgasmusproduktion reduziert. Auf diese Weise wird jede Intimität verlässlich vermieden.

Ich glaube nicht, dass »man« Intimität »herstellen« kann. Wir können nur Voraussetzungen dafür schaffen, dass Intimität entstehen kann. Ein ziemlich großer Unterschied, wie ich finde.

Intimität ist das, was Sexualität intensiv und erfüllend macht, aber gleichzeitig auch das, was vielen Menschen an Sexualität Angst macht. Nicht Oral- oder Analverkehr macht Menschen Angst, sondern die Intimität, die durch solche Praktiken womöglich entstehen kann. Eine der Voraussetzungen für das Entstehen von Intimität ist, dass die beteiligten Personen ein ausreichend gesundes Selbstwertgefühl haben, um eine Situation ausgangsoffen entstehen und geschehen lassen zu können, ohne sie hektisch weg-agieren zu müssen. Intimität kann dann wachsen, wenn nichts geschehen *muss*. Wenn das, was geschieht, langsam und bewusst geschieht. Und wenn die Bedeutung dessen, was geschieht, im Vordergrund des Erlebens steht. Nicht die Stimulation und die Orgasmusproduktion.

Wenn ich danach frage, berichten mir Paare in der Sexualtherapie immer wieder, dass die intimsten Momente diejenigen sind, in denen ganz wenig geschieht. Blickkontakt, sich nackt anschauen – ohne sofort die Körperdistanz aufzuheben, ohne dass etwas Konkretes geschieht. Das beschreiben viele als kaum auszuhalten, als »erschreckend intim«. Es kann bis zur Beklommenheit gehen und löst in der Regel den Impuls aus, sich zu umarmen, um die Körperdistanz aufzuheben. Aber gleichzeitig empfindet man das auch als ungeheuer intensiv, faszinierend und verbindend. Fehlt es hingegen beiden an Bewusstsein für diese Qualität von Sexualität, so fehlt auch die Resonanz in den Augen des anderen, und jeder bleibt trotz körperlicher Vereinigung für sich allein. Dann passiert das, was viele Menschen von anonymen Gelegenheitssexualkontakten kennen: Sie fassen einander an, ohne dass es sie berührt, weil es nichts bedeutet. Da hilft dann nur noch schnelle genitale Stimulation und Orgasmusproduktion, damit Erregung die Leere der Begegnung überlagert.

Wie verhält sich eigentlich Sex zur Paarzufriedenheit? Ist das Paargeschehen gut, ist es auch der Sex – und ist der Sex gut, klappt es auch in anderen Bereichen?

Es gibt durchaus Paare, bei denen die partnerschaftliche und die sexuelle Beziehung divergieren, Paare, die sich im einen verstehen und im anderen uneins sind. So wie es – und das würde ich gerne gleich zu Beginn unseres Gespräches sagen wollen – in sexueller und partnerschaftlicher Hinsicht so gut wie nichts gibt, was es nicht gibt.

Im Allgemeinen aber ist es so, dass sich die Qualität der partnerschaftlichen und der sexuellen Beziehung wechselseitig widerspiegeln. Das hat einen einfachen Grund: Wenn ich mich als Mensch in meiner Beziehung gemeint, gesehen und gewollt fühle, dann erlebe ich genau das auch in sexueller Hinsicht. Und umgekehrt: Wenn ich mich in sexueller Hinsicht angenommen und gemocht fühle, dann fühle ich mich auch als Partner oder Partnerin so. Wenn aber auf der einen Ebene diese positiven Gefühle ausbleiben, wirkt sich das meist auch auf die andere aus. Konkret: Wenn ich mich ungesehen, unbeachtet oder gar missachtet fühle, dann vergeht mir dadurch auch die Lust, mit dem anderen zu schlafen.

Kompliziert daran ist, dass Männer durch Sex Nähe herstellen (wollen) und Frauen Nähe brauchen, um Sex haben zu können. Jedenfalls ist das in der Regel so. Hieran wird bereits sichtbar, dass gelingende Kommunikation der einzige Schlüssel ist, um Geschlechterdifferenzen und wechselseitig versperrte Türen zu öffnen.

Wenn das ein spiegelbildliches Geschehen ist, dann ist der Teufelskreis ja nicht weit. Einer der Partner findet: »Du fragst mich gar nichts mehr«, während der andere sagt: »Wir schlafen ja auch nicht mehr miteinander ...«

Ja, genau. Der eine hat dem anderen nichts mehr zu sagen und der andere dem einen dadurch auch nichts mehr zu geben. Ein Klassiker.

Nehmen wir ruhig einmal dieses klischeehafte Beispiel: Sie will keinen Sex, und deshalb kommt er nicht mit zu den Schwiegereltern, wie sie sich wünscht. Gestritten wird über den Besuch bei Mutti und Vati, aber eigentlich geht es darum, dass er sich nicht angenommen fühlt, was sich für ihn im ausbleibenden Sex ausdrückt. Das kann er aber selbst nicht bewusst wahrnehmen und folglich auch nicht sagen, und deshalb kann sie das auch nicht verstehen. Der Besuch bei den Schwiegereltern ist der Stellvertreterschauplatz dessen, worum es eigentlich geht.

Wenn es dem Paar überhaupt gelingt, den eigentlichen Konflikt zu erkennen und zu benennen, also die Tatsache, dass es hier eigentlich um Angenommenheit und Anerkennung durch Sex geht – versanden die Argumente des Mannes meiner Erfahrung nach häufig auf einer Ebene rein somatischer, biophysiologischer Hydraulik, im Sinne von: »Ein Mann braucht nun mal Sex«, weil er sonst einen »Samenstau«, eine »Hodenschwellung« oder »Prostataschmerzen« bekommt – oder was da sonst noch an abstrusen Körpersensationen zusammenfantasiert wird. Das zugrundeliegende Konzept dieser Argumentation ist »Notdurft«. *Es* muss regelmäßig raus, sonst platzt was! »Man kann's ja nicht ausschwitzen.« Und die Frau muss dafür herhalten. Eine Frau hat in einer Therapiesitzung einmal ihrem so argumentierenden Mann entgegnet: »Und was soll ich deiner Meinung nach jetzt damit machen? Dein Samenklo sein?« Dieses Verständnis sexueller Bedürfnisse ist ungefähr so, als wenn jemand sagen würde: »Ich muss regelmäßig weinen, weil sonst meine Tränendrüsen platzen.«

So etwas wie Samenstau gibt es physiologisch nicht, folglich gibt es auch keinen Druckanstieg und demzufolge keine körperlich begründeten Schmerzen. Wenn über einen längeren Zeitraum kein Samenerguss stattgefunden hat, werden »ungebrauchte« Spermien vom männlichen Körper entweder resorbiert, oder es kommt im Zuge der obligatorischen nächtlichen Erektionen früher oder später zu einem spontanen Samenerguss und damit zu einer Entleerung der Samenblase. Das war's. Fertig. Kein

Anschwellen, kein physischer Druck, keine physisch bedingten Schmerzen, kein Platzen.

Entscheidend ist zu verstehen, worunter der Mann hier wirklich leidet: Er leidet unter dem Gefühl, bei seiner Frau nicht anzukommen, von ihr nicht angenommen zu werden. Anerkennung würde sich für ihn darin ausdrücken, dass sie mit ihm schläft. Sie kann dreimal sagen: »Du hast den Rasen super gemäht« oder »Du und die Bohrmaschine, ihr seid ein Team!« – hilft ihm alles nicht weiter. Sein Bedürfnis ist, ein körpersprachliches Ja zu erleben, durch sexuelle Einlassung. Das ist seine Entbehrung, die er aber in der Regel selbst nicht wahrnehmen und folglich auch nicht formulieren kann. Er sagt stattdessen: »Hier gibt's ja nie Sex!«, nach dem Motto »Hier gibt's ja nie Steak, immer nur Spinat«. Eine Reklamation der Bestellung. Der Mann leidet nicht unter einem Samenstau, sondern unter einem Gefühlsstau!

Woraufhin die Frau sagt – jetzt kommen wir auf die andere Seite dieses klischeehaften Stereotyps: »Sorry, aber wenn du mich nie fragst, wie es mir geht, nie schaust, womit ich eigentlich beschäftigt bin, wenn du dich nie an etwas beteiligst und dich für nichts interessierst, dann interessiere ich mich auch nicht dafür, am Abend mit dir zu schlafen!«

Dieses Geschehen ist die Schleife, die Acht, die die Betroffenen wie eine Furche in die Auslegeware ihres Schlafzimmerbodens laufen. Der Konflikt speist sich daraus, dass die Erfüllung von Grundbedürfnissen gegenseitig frustriert wird. Beide schaffen es nicht, ihre eigentlichen Bedürfnisse wahrzunehmen und zu formulieren, geschweige denn sie wechselseitig zu berücksichtigen und zu erfüllen. Gelänge das, würde es auch mit dem Sex klappen. Weil der eine andere Bedeutung hätte. Wenn ein Gefühl von Beachtung und Wertschätzung entsteht, kriegen Menschen auch wieder Lust aufeinander.

Aber in diesem Klischeefall müsste doch der Mann der Frau entgegenkommen, oder etwa nicht? Sie würden in der Therapie doch nicht zu der Frau sagen: »Ja, Mensch, dann schlafen Sie doch einfach mal mit ihm«?

Doch. Auch. Sowohl als auch. Aber nicht nur. Und vor allem nicht als Aufforderung, sondern wenn, dann als Frage! Tatsächlich ist es so, dass es bei dieser Standardindikation, die ich *Appetenz-Diskrepanz* nenne, darum geht, beide Seiten zu provozieren und so auch zu mobilisieren. Sowohl ihn zu fragen, wo er eigentlich mit seiner Aufmerksamkeit ist, und was er – abgesehen vom Sex – eigentlich von seiner Frau will. Ob er nachvollziehen kann, dass seine Frau nicht unbedingt das Gefühl hat, in seinen Wünschen als Person vorzukommen, wenn er wirklich nichts anderes von ihr fordert als Geschlechtsverkehr wegen Samenstau. Die Frau würde ich im therapeutischen Prozess beispielsweise fragen: »Was ist *eigentlich* das Problem? Warum schlafen Sie nicht mit Ihrem Mann? Tut das weh?« »Nein.« »Macht das Mühe?« »Nein.« »Ist es anstrengend oder problematisch?« »Na ja, wenn ich einen langen Tag hinter mir habe …« »Gut, klar, aber ansonsten?« »Nein.« »Und wofür steht dann, dass Sie sagen: Ich mach dir zwar Schnittchen, ich kauf auch Bier für dich ein – was Sie ja alles nicht zu tun bräuchten –, aber Sex gibt's nicht! Worum geht es denn da? Warum wird ausgerechnet an dieser Stelle der Verweigerungspflock eingeschlagen?«

Das heißt, auch die Aufforderung, einfach mal Sex zu haben, kann als Türöffner für ein therapeutisches Geschehen dienen?

Die Aufforderung nicht, aber die Anregung in Form von provokativen Fragen. Einfach mal die Fallhöhe reduzieren! Zu sagen: Wir sprechen hier nicht über ein Mammutprojekt, sondern über einmal Sex bitte. Das ist etwas, das in der Regel keine zwanzig Minuten in Anspruch nimmt, seien wir doch mal ehrlich. Es geht nicht um nächtelange *Koital-Akrobatik,* die uns den Schlaf raubt und uns für den nächsten Tag ermattet. Für beide Seiten lautet die Devise: Schauen wir doch einfach mal, was hier eigentlich los ist. Kann doch nicht so schwer sein! Ich bevorzuge eine niedrigschwellige, pragmatische Herangehensweise.

Viele erwarten, dass in der Sexualtherapie ein großer, abstrakter, gendertheoretischer Diskurs über das Geschlechterverhältnis, Geschlechtsrollenkonzepte, patriarchalische versus feministische Theorien und so weiter stattfindet. Ich sage dann immer: Kirche im Dorf lassen! Ganz bewusst. Denn diese intellektualistischen Diskurse dienen häufig als Ausweichmanöver, um nicht über sich selbst sprechen zu müssen. Die Paare sollen merken: Wir beide können in der Therapie nicht die Welt retten, sondern nur uns und unsere Beziehung! Unser Problem ist nicht die Häufigkeit oder die Art und Weise des Geschlechtsverkehrs oder das »generelle Geschlechterverhältnis«. Es geht um *uns,* und *unser* Problem ist, dass wir uns nicht mehr wirklich ansehen und dadurch wechselseitig unser Ansehen beieinander verloren haben. Das drückt sich aus in fehlendem Körperkontakt, ausbleibender Zärtlichkeit und Intimität sowie nicht stattfindendem Sex. Ein Paar, das unter fortgesetzten Konflikten und Streitigkeiten leidet, unter einer festgeschriebenen Rollenzuweisung, unter einer starren Täter-Opfer-Dynamik und permanenten »Aber-du-Anklagen« – ein solches Paar braucht ein Bewusstsein dafür, dass es kein Verbrecher-Paar ist, weil es weder Täter noch Opfer gibt. Beide sind Leidtragende einer nicht funktionierenden Beziehungskommunikation, beide sitzen in ein und demselben Boot. Sie rudern nur in entgegengesetzte Richtungen, drehen sich im Kreis und kommen deshalb nicht von der Stelle.

Wenn in der Sexualtherapie diese Erkenntnis reift, merke ich das schon an der Mimik und an der Körpersprache der beiden. Sie schauen einander an, häufig mit einem Schmunzeln. Und ich höre, wie die Groschen fallen! Wenn ihnen klar wird, dass sie einen ganz anderen Ansatz wählen könnten, als zu verhandeln, ob sie alle zehn oder alle vierzehn Tage Geschlechtsverkehr haben oder nicht … Wenn ein Paar das versteht, ist es nicht mehr auf faule Kompromisse über den kleinsten gemeinsamen Nenner angewiesen, die keinen der beiden wirklich zufriedenstellen. Sie können neu anfangen, indem sie sich neu ansehen, neu aufeinander zugehen, neu kennenlernen. Und dadurch auch wieder aufeinander neu-gierig werden.

Stellt sich Ihnen denn dieses »klassische« Problem häufig in Ihrer Praxis?

Allerdings, sonst wäre es ja kein »Klassiker«. Auf jeden Fall kennen das viele Paare, die unter Problemen mit ihrer sexuellen Beziehung leiden. Sexuelle Beziehungen werden zumeist dadurch in Mitleidenschaft gezogen, dass die partnerschaftliche Kommunikation erodiert. Es wird nicht mehr miteinander übereinander gesprochen. Beide reden allenfalls noch zusammen über das Außen: Arbeit, Familie, Urlaub, Geld, Kinder, Fernsehen. Aber sie sprechen nicht mehr über sich selbst, ihre Gedanken und Gefühle bezogen aufeinander und ihre eigene Beziehung. Es wird geredet, aber nichts gesagt.

Wenn ich aber in einer Beziehung das Gefühl habe, dass der andere sich nicht für mich interessiert, dass er mich nicht wichtig findet, sondern nur sein Ding durchzieht, dann fange auch ich irgendwann an, mein Ding zu machen. Deshalb vergeht uns die Lust, mit dem anderen zu schlafen, und nicht etwa, weil wir uns gegenseitig schon so gut kennen oder weil visuell der Anreiz des Neuen und Unbekannten fehlt, wie das vordergründig oft dargestellt wird. Der Körper des anderen ist keine Seife, die sich nach mehrmaliger Nutzung verbraucht. Die Unzufriedenheit mit dem eigenen Sexualleben liegt nicht an einem Abnutzungseffekt des körperlichen Attraktivitätsempfindens. Sie rührt meines Erachtens daher, dass die meisten von uns nicht gelernt haben, Beziehungen durch Kommunikation zu führen. Eine Beziehung nicht nur zu haben, sondern zu führen, bedeutet, miteinander im Kontakt und im Austausch zu bleiben und sich auseinanderzusetzen – vor allem auch übereinander! Sich zu fragen: Wer ist der Mensch neben mir auf dem Sofa? Nur der, der die Fernbedienung kontrolliert? Wer ist die Person, der ich die Füße massieren soll? Mein WG-Partner – oder die Person, die ich liebe? Und was ist das hier eigentlich für eine Veranstaltung? Eine zweckgerichtete Wohngemeinschaft? Betreutes Wohnen, bei der ich die Fürsorgepflicht für meinen pflegebedürftigen Partner habe? Oder sind wir zwei nur eine Kreditnehmer-Gemeinschaft für unser Eigenheim? Wichtige Fragen! Wenn das Bewusstsein und der Mut vorhanden sind, sich diese Fragen zu stellen, in einen Austausch darüber zu treten und zu bleiben, was man einander bedeutet, gelingt es am ehesten, auch im Sexuellen eine erfüllende Beziehung zu erhalten.

Wir können beim Sex nur dann etwas Erfüllendes erleben, wenn uns das, was wir in sexueller Hinsicht wollen und tun, etwas bedeutet. Wenn es mir etwas bedeutet, dem anderen etwas sagt – und unsere Beziehung uns wichtig ist. Dazu ist es nötig, dass wir miteinander kommunizieren und nicht nebeneinander her oder aneinander vorbei reden und leben.

Aber den Fall, dass man zwar Wahnsinnssex hat, sich aber ansonsten nicht viel zu sagen hat, den gibt es doch auch.

Klar gibt es das. Dass man jemanden trifft, mit dem man sich sexuell super versteht, aber schon nach dem ersten Sex merkt, dass man sich darüber hinaus nicht viel zu sagen hat. Solche Beziehungen sind aber meist nicht von langer Dauer. Es sei denn, es handelt sich um Fern- oder Außenbeziehungen, wenn ein Paar sich selten und vor allem deshalb sieht, um Sex miteinander zu haben. Solange das für beide in Ordnung ist, geht es dann so weiter. Probleme treten erst auf, wenn daraus ein gemeinsames Leben mit einem gemeinsamen Alltag werden soll.

Wenn man fragt, ob das irgendeiner Gesetzmäßigkeit folgt, würde ich sagen, dass die beteiligten Personen in solchen Konstellationen in der Lage sind, sich im Sexuellen ihre Bedürfnisse zu erfüllen, im Sozialen aber nicht. Der Sex klappt deshalb gut, weil sich beide körpersprachlich offenbar das Wesentliche sagen können. Nämlich ein Ja! Das reicht aber oft nicht für die Etablierung einer festen Beziehung. Das eine, die sexuelle Befriedigung, kann das andere, die fehlende Beziehung, nicht ersetzen. Deshalb kennen viele Menschen den Umstand, dass sie eine Affäre hatten, die sexuell erfüllend war, aber partnerschaftlich nicht erbaulich. Und auch andersherum: Dass sie eine Partnerschaft hatten, in der es sexuell vielleicht nicht so geschnackelt hat, die dafür aber auf vielen anderen Ebenen stimmig und stabil war: geteilter Humor, gemeinsame Interessen, kompatibler Freundeskreis und so weiter. Und nicht wenigen gelingt es, jemanden zu finden, mit dem es passt und zu dem sie in allen Bereichen im Großen und Ganzen Ja sagen können. Das ist dann das, was wir als Liebe empfinden.

Ein großes Wort.

Ich neige manchmal dazu.

Welche Rolle spielt in der Paarkommunikation eigentlich der berüchtigte »Versöhnungssex«? Oder ist der ein Mythos?

Nein, das ist kein Mythos. Davon berichten mir viele Menschen. Beim Versöhnungssex geht es darum, sich durch körperliche Wiederannäherung von dem angstauslösenden Gedanken zu befreien, vom anderen abgelehnt und womöglich verlassen zu werden. Im Kern geht es um die Furcht vor Beziehungsabbruch, um die Angst vor Bindungsverlust. Jeder Beziehungskonflikt birgt potenziell die Gefahr, der andere könne Schluss machen. Wenn es dann nach einem Streit zu Sex kommt, entsteht dadurch das ganz unmittelbare Gefühl: Der andere will mich noch! Wir wollen uns doch! Das drückt sich dann oft in der Intensität der sexuellen Interaktion aus. Und das macht die besondere Erlebnistiefe von Versöhnungssex aus.

Die geschlechtstypischen Verschiedenheiten nehmen allerdings auch hier Einfluss auf das Geschehen: Männer wollen Sex haben, um Stress abzubauen – Frauen wollen Stress abbauen, um Sex zu haben. Natürlich ist auch das wieder eine holzschnittartige Verkürzung, wieder eine Art Klischee, aber das Grundprinzip gibt es trotzdem; so wie viele Klischees einen wahren Kern haben. In diesem Fall: dass sich Männer entängstigen, entlasten und entspannen, indem sie Sex haben; Frauen hingegen sagen: Gerade wenn ich gestresst bin und Beziehungskonflikte im Raum stehen, kann ich keinen Sex haben. Ich muss erst den Stress abbauen, den Konflikt beilegen – dann kann ich mich vielleicht auf Sex einlassen. Das ist etwas, was dem Versöhnungssex und dem Versuch, über Sex einen Konflikt zu mildern oder beizulegen, strukturell im Wege steht. Und trotzdem gibt es ihn. Und zwar in der Regel dann, wenn die verbale Auseinandersetzung ein Sättigungsniveau erreicht hat, bei dem beide Partner mehr Übereinstimmung als Verschiedenheit empfinden. Wenn sie merken: Wir haben trotz des Streits Zugang zueinander, und die Zuneigung ist noch da. Wenn sie sehen: Okay, wir sind vielleicht nicht einer Meinung, aber irgendwie hat keiner von uns recht. Wenn diese Sättigung der verbalen Konfliktlösung erreicht ist, kann sich das Geschehen auf die körperliche Kommunikationsebene verlagern. Und es kann zum Versöhnungssex kommen. Ganz ohne vorausgehende verbale Kommunikation gelingt das meiner Erfahrung nach aber selten.

Das Paar wechselt also die Sprache? Eine Fortsetzung des Streits mit anderen Mitteln?

Ich würde eher sagen, eine Erweiterung der Kommunikation auf eine andere Ebene, nämlich die der Körperlichkeit und Sexualität.

Versöhnungssex ist für viele Paare »der beste Sex«, den sie jemals hatten, obwohl der Körper des anderen derselbe ist wie vorher und auf der Ebene der sexuellen Handlungen und Praktiken möglicherweise auch nichts anderes passiert ist als sonst. Der Grund liegt darin, dass die gesamte Konfliktspannung in die sexuelle Begegnung eingetragen wird. Die Aggression, die den vorher verbal ausgetragenen Konflikt befeuert hat, findet jetzt im Sexuellen Ausdruck. Und hinzu kommt das Gefühl der Wiederannahme. Das Paar empfindet: Wir können uns streiten und zanken – wir können es uns dann aber *auch wieder* richtig geben, uns richtig ran- und durchnehmen! Sie treten wieder in positiven Austausch, in das große Geben und Nehmen … Es dem anderen so richtig geben: Aufmerksamkeit und Zuwendung, Anerkennung und Wertschätzung. Und das große Nehmen: Wahrnehmen, Ernstnehmen, Annehmen, Rannehmen, Durchnehmen. Dadurch fließt dann wieder etwas, das Gefühl von Zusammengehörigkeit kehrt zurück: Erlösung durch Überwindung von Vereinzelung. Diese Kombination ist meines Erachtens das Geheimnis für die besondere Erregungs- und Erlebnisqualität von Versöhnungssex.

Man sieht an diesem Beispiel aber auch noch etwas anderes. Nämlich dass es wichtig ist, Konflikte auszutragen. Häufig treten erst in einer Konflikteskalation Qualitäten einer Beziehung zutage, die vorher in den Menschen nur verborgen geschlummert haben. Streit kann also durchaus positiv sein. Dauernde Streitigkeiten allerdings eher nicht.

Kommuniziert Sex also zu unterschiedlichen Zeiten verschiedene Bedeutungen? Oralverkehr, nehme ich an, hatte in den fünfziger Jahren des vergangenen Jahrhunderts eine ganz andere Bedeutung, als er heute hat?

Gerade dadurch, dass eine Handlung tabuisiert ist, erfährt sie eine besondere Bedeutung. Etwas »Verbotenes« miteinander zu machen erleben viele als besonderen Reiz. Grenzüberschreitung entfaltet ein konspiratives Potenzial und vertieft dadurch die Bindung wie eine Verschwörung.

Was »verboten« ist und was nicht, unterliegt einem stetigen zeitlichen und kulturellen Wandel. Spätestens seit Mitte des 20. Jahrhunderts wissen wir aus Ergebnissen der empirischen Sexualforschung, hier vor allem aus den *Kinsey-Reports,* dass Oralverkehr

zu diesem Zeitpunkt mehr oder weniger bei allen Gesellschafts-
schichten als Sexualpraktik integriert war. Trotzdem können wir
davon ausgehen, dass die Bedeutung von Oralverkehr damals eine
andere war als heute.

Ende des 20. Jahrhunderts bedeutete Oralverkehr vermutlich
nicht mehr so viel wie fünfzig Jahre vorher – der Nimbus des
Außergewöhnlichen und Verbotenen war weg. Und seit Beginn
des 21. Jahrhunderts scheint sich geradezu ein Verschleiß der Bedeutung einzustellen, dahingehend, dass sich Oralsex durch das
Modell der Internetpornografie zum Vorspielpflichtprogramm ge-
wandelt hat. Ich habe in meiner Praxis Frauen, die sagen: »Wenn
ich nicht mit meinem Mann schlafen will, dann blas ich ihm halt
einen, dann hab ich's hinter mir!« Was heißt das? Man kann sich
heute mit Oralsex den anderen paradoxerweise *vom Hals halten.* Die Bedeutung von Oralsex ist dann geringer als die von Geschlechtsverkehr.

**Aber wie kommt die Welt unter die Bettdecke? Woher kommen solche
Veränderungen?**

Die mediale Repräsentation von Sexualität spielt eine große Rolle,
weil für die meisten Menschen die Medien nach wie vor die wich-
tigste Informationsquelle sind. Vor allem auf dem Gebiet der Sexualität, das zwar jeden angeht und interessiert, das aber für viele
mit Selbstunsicherheit und Minderwertigkeitsgefühlen verbunden
ist ... Sex ist ein Thema, über das in Freundschaften nach wie vor
höchstens allgemein, also wenig konkret geredet wird. Und wenn,
dann oft in Form zotiger Witze oder plakativer Schilderungen.
Über das eigene sexuelle Erleben und Verhalten zu sprechen, vor
allem auch über die eigenen Wünsche und Bedürfnisse, aber auch
die Ängste und Befürchtungen, das geschieht meiner Erfahrung
nach selbst in Freundschaften selten.

Wir haben hier eine Gemengelage aus Interesse, Unsicherheit
und Orientierungsbedürfnis. Diese Mischung bereitet den Markt

für eine mediale Berichterstattung, die mehr auf Sensation als auf Information ausgerichtet ist. Und sie ist der Marktplatz für die fiktionale Darstellung von Sexualität in Form von Pornografie. Die ersten Pin-up-Girls in den zwanziger Jahren des 20. Jahrhunderts, die Erotikfilme in den Klein- und Bahnhofskinos der Siebziger, Pornografie auf VHS-Videobändern in den Achtzigern: Waren das alles noch Nischenphänomene, die so gut wie ausschließlich von erwachsenen Männern mittleren Alters wahrgenommen und konsumiert wurden, änderte sich das schlagartig, als zu Beginn des 21. Jahrhunderts das Internet aufkam. Seitdem ist Pornografie erstmals bevölkerungsweit, unbeschränkt, rund um die Uhr, anonym, dezentral und überwiegend kostenlos zugänglich und verfügbar, und zwar für alle Geschlechts- und Altersgruppen. Das hat dazu geführt – ich erlebe das auf die eine oder andere Weise in meiner Praxis beinahe täglich –, dass sich bei vielen Menschen quasi pornografische Modelle und (Selbst-)Konzepte entwickelt haben. Ganz oberflächlich betrachtet erkennt man das an Themen wie Körperenthaarung, Intimrasur oder gar Intimchirurgie. Selbst dem unbedarftesten Saunagänger stellte sich Anfang des 21. Jahrhunderts irgendwann einmal die Frage: Wie kommt es eigentlich, dass auf einmal alle enthaart sind, vor allem im Genitalbereich? Meines Erachtens sind das Auswirkungen der Internetpornografie. Aber darüber werden wir ja später noch ausführlich sprechen.

Sex gilt doch eigentlich als das »Natürlichste auf der Welt«. Je länger wir aber darüber sprechen, desto deutlicher wird, dass Sex kulturell geprägt, historisch determiniert und gesellschaftlich bestimmt ist. Ist Sex überhaupt etwas Natürliches?

Ich weiß gar nicht, wer diesen Topos vom Sex als dem »Natürlichsten auf der Welt« geprägt hat. Aber er hat sich festgesetzt. Sex ist jedoch weder etwas Natürliches noch etwas Kulturelles. Sex ist etwas Bio-Psycho-Soziales! Und damit genauso natürlich, kulturell und gesellschaftlich bedingt wie alles, was uns als Menschen ausmacht.

Die Vorstellung, dass es entweder »natürliche« Dinge gäbe – Instinkte, Bauchgefühle und Hormone – oder »kulturelle Überformungen«: Diese Vorstellung stammt aus dem 19. Jahrhundert. »Ist es dieses oder jenes?«, »Entweder – oder«? Das sind kategoriale Denkmuster, die die Wirklichkeit nicht abbilden können. Es ist nicht dieses oder jenes, die Wahrheit liegt stets dazwischen – nicht Entweder-oder, sondern Sowohl-als-auch. Wir sollten uns meines Erachtens von solchen kategorialen Denkmustern verabschieden und eine offenere und zugleich differenziertere und subtilere Sichtweise entwickeln, wenn wir verstehen wollen, wie wir Menschen nicht nur, aber vor allem in sexueller Hinsicht funktionieren. Wir sind mit unseren Merkmalen, Eigenschaften, Bedürfnissen und Verhaltensweisen nicht in Kategorien geteilt, sondern befinden uns in allen Belangen auf Kontinua zwischen den jeweiligen Polen. Menschen sind zwar von natürlichen Prozessen geprägt und folgen evolutionären Mustern, aber zu dem, was wir sind, machen uns ebenso unsere individualgeschichtlichen Erlebnisse und Erfahrungen. Und noch dazu sind wir von soziokulturellen Prägungen beeinflusst! Eine Entweder-oder-Unterscheidung lässt sich bei genauer Betrachtung an keiner Stelle aufrechterhalten. Gerade und vor allem Sexualität besteht immer sowohl aus biologischen Mitbringseln, die wir Dispositionen nennen, als auch aus den sozialen und soziokulturellen Prägungen, aus denen dann die individuellen psychologischen Merkmale entstehen, die wir zusammengefasst *Persönlichkeit* nennen.

Seit Beginn des 21. Jahrhunderts stelle ich in der Wissenschaft allerdings eine reaktionäre Tendenz zu einem eindimensionalen Biologismus fest, der nur noch auf den »Körper« und seine Funktionen starrt. Er möchte uns einreden, wir seien ferngesteuerte und fremdbestimmte Nacktaffen, festgelegt auf den Schienen der Evolution. Wandelnde biochemische Molotowcocktails, angefüllt mit Neurotransmittern, Neuropeptiden und Hormonen, die sowohl über unser inneres Erleben als auch über unser geäußertes Verhalten entscheiden. Aus dieser »Ordnung der Dinge« wird dann auch die Behauptung abgeleitet, wir hätten keinen freien Willen, »es« treibe uns, und niemand sei Herr oder Herrin seiner oder ihrer Entscheidungen, alles sei determiniert und genetisch vorherbestimmt. Was für ein erschütternder wissenschaftstheoretischer Rückschritt ins 19. Jahrhundert! Und wahrscheinlich nur denkbar und möglich dadurch, dass wir in der zweiten Hälfte des 20. Jahrhundert die Gegenbewegung zu verzeichnen hatten: In dieser Zeit wurden alle biologischen Dispositionen geleugnet, und es galten ausschließlich soziokulturelle Prägungshypothesen. Alles war allein Resultat sozialer und gesellschaftlicher Prägungsprozesse. Das »Anlage-Umwelt-Dilemma«. Was wir daran wissenschaftshistorisch ablesen können, ist der Umstand, dass auch erkenntnistheoretische Prozesse dem kategorialen Entweder-oder-Schema zu folgen scheinen. Entweder Anlage oder Umwelt.

Aber Neurotransmitter oder Hormone sind doch verantwortlich für unser Empfinden – oder etwa nicht?

Nein, sind sie nicht. »Neurotransmitter« heißt übersetzt »Nervenbotenstoff«. In populärwissenschaftlichen Publikationen wird immer wieder behauptet, dass diese Botenstoffe für unser inneres Erleben und somit auch für unsere Gefühle verantwortlich seien und dass sie damit nicht nur unser Verhalten beeinflussen (was stimmt), sondern letztlich unser Erleben und Verhalten bestimmen (was nicht stimmt). Botenstoffe vermitteln und verbreiten nur das, was wir vorher erlebt haben! Neurotransmitter generieren keineswegs unser Erleben. Wenn man davon ausginge, dass Botenstoffe die Ursache dafür seien, dass wir uns verlieben – oder dass unsere Hormone uns glücklich machten –, wäre das so, als würde man behaupten, dass sich Brieftauben ihre Nachrichten selber schreiben! Ein Gedanke, auf den wohl niemand käme. Brieftauben und Neurotransmitter übermitteln Nachrichten und Botschaften, aber sie generieren nicht die Ereignisse, die übertragen und verbreitet werden. Die von Neurotransmittern vermittelten und verbreiteten Nachrichten sind unsere Erlebnisse. Und Erlebnisse sind Ereignisse, die für uns bedeutungsvoll sind oder die wir mit Bedeutung versehen. Das, was wir erleben, vermitteln in unserem Organismus Botenstoffe. Nicht mehr, aber auch nicht weniger. Und vor allem nicht andersherum.

Aber die Frage, ob beispielsweise eine sexuelle Störung organisch oder psychisch ist, erscheint mir doch nicht unwichtig.

Diese Frage wird mir in der Praxis tatsächlich immer wieder gestellt. Ob beispielsweise eine sexuelle Funktionsstörung psychisch oder organisch sei … Dann weiß ich nie, was ich antworten soll. Denn die mit Abstand meisten sexuellen Funktionsstörungen sind maßgeblich verursacht durch internalisierten Leistungsdruck und daraus resultierende Versagensangst. Angst wiederum entsteht im Gehirn, und das Gehirn ist ein Organ. Ist die Störung jetzt also psychisch oder organisch? Sie merken schon, auch hier scheitert das kategoriale Konzept des Entweder-oder. Gerade und vor allem im Sexuellen haben wir es ausnahmslos mit bio-psycho-sozialen Phänomenen zu tun. Weil wir hier mit unserem ganzen Körper und unserer ganzen Seele mit einem ganzen anderen Menschen konfrontiert sind, sind ausnahmslos immer biologische, psychologische und soziale Aspekte in gleicher Weise beteiligt. Darum müssen wir immer alle drei Komponenten erfassen und berücksichtigen, um verstehen und beschreiben zu können, durch welche Faktoren eine Störung verursacht, ausgelöst und aufrechterhalten wird. Eine gute Sexualtherapie sollte immer alle drei Komponenten zusammenführen: die Berücksichtigung körperlicher Prozesse, die Erfassung psychischer Aspekte und die obligatorische Einbeziehung von Partnerinnen und Partnern als Würdigung des sozialen Geschehens, in dem ein sexueller Kontakt stattfindet. Denn Leib ist Seele, und Sex ist Kommunikation.

Dieses Verständnis hat vor über hundert Jahren (1906) einer der Begründer der Sexualwissenschaft, nämlich Iwan Bloch, in seinem Buch »Das Sexualleben unserer Zeit« dargelegt und begründet. Dann hat es noch mal 70 Jahre gedauert, bis das »Bio-psycho-soziale Modell« als Grundlage der Beschreibung, Untersuchung und Behandlung der menschlichen Gesundheit international publiziert wurde. Und noch immer ist es in vielen Köpfen nicht angekommen. Wenn es verstanden und beherzigt würde, dürfte es die Frage, ob eine Störung körperlich *oder* seelisch, physisch *oder* psychisch, geistig *oder* organisch ist, gar nicht mehr geben! Stattdessen müsste in der gesamten Medizin und Klinischen Psychologie vollkommen unabhängig vom Indikationsgebiet grundsätzlich gefragt werden: Welche körperlichen, welche seelischen und welche sozialen Aspekte kommen hier zusammen, um die Ursachen, die Auslöser und die aufrechterhaltenden Faktoren einer Krankheit verstehen, beschreiben, unterscheiden und behandeln zu können? Davon scheint mir unser Gesundheitssystem insgesamt aber noch weit entfernt. Interessanterweise bezeichnen wir Menschen uns ja als *Individuen* und scheinen darin unbewusst dieses ganzheitliche Verständnis zum Ausdruck zu bringen, denn *Individuum* heißt »Unteilbares«! In dieser Bezeichnung wird der Untrennbarkeit von Leib und Seele also schon Rechnung getragen.

Dieses bio-psycho-soziale Bewusstsein und Verständnis zeigt außerdem auf, wie eindimensional diejenigen biologistischen Darstellungen sind, die propagieren, wir seien Marionetten unserer evolutionären und biochemischen Festlegungen – und diese entschieden über Weh und Wohl unseres Lebens. Wenn wir uns klarmachen, dass dieser ganze Diskurs monoton auf die Variable »Soma«, also auf den Körper und seine Funktionen, reduziert ist, wird deutlich, dass *zwei Drittel* des gesamten Geschehens vollkommen unberücksichtigt bleiben, nämlich die psychologischen und die soziologischen, vor allem auch die sozialen, und hier vor allem die partnerschaftlichen, die auch und vor allem im Sexuellen eine genauso große Rolle spielen wie alle evolutionären und biologischen Dispositionen.

Wir haben bisher hauptsächlich über die glücklich machenden Funkti-
onen sexueller Kommunikation gesprochen. Sex kann aber auch ganz
andere Aussagen transportieren: Beschämung, Erniedrigung, Demü-
tigung ...

Opfer von sexuellen Übergriffen können neben einer physischen
vor allem auch eine psychische Traumatisierung davontragen, die
oft weit über das hinausgeht, was die Opfer von Gewalttaten ohne
sexuelle Konnotation erleiden. Das hat auf der neurophysiologi-
schen Ebene auch damit zu tun, dass die Botschaften, die wir im
Sexuellen empfangen, körpersensorisch in den stammesgeschichtlich älteren Regionen unseres Gehirn verarbeitet werden, vor allem im *Limbischen System.* Sie nehmen nicht den Umweg über
die Großhirnrinde, das eine reflektorische Filterfunktion hat, sondern gelangen direkt in die Hirnregionen, in denen Affektregula-
tion stattfindet. Und es sind die Gefühle, die darüber entscheiden,
was wir als Erinnerung in unserem Langzeitgedächtnis behalten
und was nicht. Was emotional bedeutsam war, ist das, was erhalten bleibt. Allen voran negative Erfahrungen wie Bloßstellung und
Beschämung. Solche Gefühle sind beinahe unauslöschbar – sogar
Menschen mit Gedächtnisstörungen erinnern bloßstellende Erfahrungen und schambesetzte Erlebnisse besonders gut.

Opfer eines sexuellen Übergriffs zu sein ist zwangsläufig beschämend. Man wird im Intimen zu etwas gezwungen, das niemand Fremdes verlangen darf. Man wird real entblößt und tatsächlich bloßgestellt. Das ist es, was Erinnerungen an sexuelle
Übergriffe so schwer zu vergessen und unerträglich macht. Was
hinzukommt, ist, dass sexuelle Übergriffe über Netzwerke ner-
valer Verbindungsstrukturen übertragen werden, die vornehmlich gebildet wurden, um *gute* Gefühle zu vermitteln: Beruhigung,
Entspannung, Bindung ab der Kindheit, später auch sexuelle Erregung und Lust. Und genau über diese Leitungen jagt ein Täter
durch einen sexuellen Übergriff psychisches Gift! Wenn – was tatsächlich passieren kann – bei einer solchen Tat auch noch sexu-

elle Erregungsgefühle aufseiten des Opfers aufkommen, ist eine Fehlverarbeitung programmiert und die Bewältigung erheblich erschwert. Konträre Gefühlszustände wie Angst, Scham und Kontrollverlust gleichzeitig mit sexueller Erregung zu spüren – das ist beinahe unintegrierbar. Das stellt eine strukturelle Überforderung dar, und genau das kann ein besonderer Bestandteil des sexuellen Psychotraumas sein. All diese Besonderheiten finden bei Übergriffen ohne sexuelle Komponente nicht in derselben Weise statt.

Diese negative Form von sexueller Kommunikation ist also diejenige, die sich den Menschen am intensivsten einprägt?

Ja, leider. Die Tiefe der psychotraumatischen Schädigung, die Opfer sexueller Übergriffe erleiden können, lässt sich auch über die psychosoziale Ebene erklären. Wir müssen zur gesellschaftlichen Teilhabe sehr viel geben: Äußerlichkeit, Aufmerksamkeit, Bildung, Konzentration, Energie, Wachheit, Zeit. Das letzte Reservat, das wir uns in unverbrüchlicher Privatheit haben erhalten können und nicht zum Zwecke gesellschaftlicher Teilhabe zur Verfügung stellen müssen, ist sexuelle Einlassung. Das ist etwas, worüber wir ganz alleine verfügen dürfen, können und wollen. Und genau in dieses letzte Rückzugsgebiet bricht nun jemand ein und begeht eine Grenzüberschreitung gegen die sexuelle Selbststimmung! Das ist ein weiterer Grund, weshalb ein solcher Übergriff so besonders traumatisierend sein kann.

Vielleicht kann man es so zusammenfassen: Kein anderer Lebensbereich birgt potenziell so viel Lust und so viel Leid wie das Sexuelle. Hier können die größte Erfüllung und die tiefste Verletzung geschehen. Nirgendwo sonst sind wir so ungeschützt und nackt. Und gerade darum können wir im Sexuellen so viel Intimität und Nähe erleben wie in keinem anderen Lebensbereich. Deshalb sind wir in diesem Bereich so unvergleichlich empfänglich und erregbar, aber eben auch angreifbar und verletzbar. In diesem Sinne könnte man sagen, Sex ist wie Beton: Es kommt darauf an, was man daraus macht!

KAPITEL 2

Worauf stehen wir? –
Sexualpräferenz und Beziehungspräferenz

*Nicht die Schönheit bestimmt, was wir lieben,
sondern die Liebe bestimmt, was wir schön finden.*

Walter Schubart

Stellen wir uns folgende Situation vor: Man ist zu einem Essen einge-
laden und betritt das Wohnzimmer der Gastgeber. Und scannt sofort
den Raum nach Frauen oder Männern, die einem in sexueller Hinsicht
gefallen könnten ... Warum macht man das?

Ich weiß nicht, ob »man« das immer so macht, und ob Männer
und Frauen es in gleicher Weise tun. Ich glaube auch nicht, dass
es in einer solchen Situation automatisch um Sexualpartner geht.
Was sich in einem solchen Fall allerdings tatsächlich beobachten
lässt, ist, dass wir eine strukturelle Wachsamkeit für Personen
besitzen, die unserer Sexualpräferenz entsprechen; und die binden unsere Aufmerksamkeit stärker als andere. Das ist ein Prinzip, das sich auch Wirte von Kneipen, die überwiegend von Männern besucht werden, zunutze machen: Sie stellen vorzugsweise
attraktive Kellnerinnen ein. Dieselbe Arbeit könnten genauso gut
ältere Herren oder Damen verrichten. Wenn aber in einer Kneipe
hübsche, junge Mädchen herumlaufen, finden das heterosexuelle
Männer in der Regel gut. Diese Männer betrachten die Kellnerinnen nicht unbedingt als potenzielle Sexualpartnerinnen, sondern
schauen nur gern an, was sie in sexueller Hinsicht anspricht. Das
empfinden sie als angenehm. Klar, dass das in einer Schwulenbar
andersherum genauso läuft.

Lässt man seine Blicke auch wandern, wenn man in einer festen Be-
ziehung ist?

Diese Blicke sind vollkommen unabhängig davon, ob man sich
in einer festen, womöglich sogar in einer glücklichen oder erfüll-
ten Beziehung befindet oder ob man Single ist. Die Lenkung der
Aufmerksamkeit findet quasi automatisch statt. Solche Prozesse sind wahrnehmungspsychologisch ziemlich gut erforscht. In

einem Versuch hat man Menschen gebeten, durch eine Fußgängerzone zu laufen, und sie anschließend gefragt, wen sie gesehen hätten beziehungsweise wer ihnen aufgefallen sei. Wenig überraschend zeigte sich: Die Probanden erinnerten sich signifikant häufiger an Personen, die ihrer Sexual- und Beziehungspräferenz entsprachen. Was sonst noch in der Fußgängerzone geschah, schien an ihrem Bewusstsein vorbeizurauschen.

Männer blicken dabei tendenziell vor allem auf Busen, Beine und Po. Frauen schauen zwar auch auf die Figur, darüber hinaus aber auch ins Gesicht und in die Augen. Diese »Wachsamkeit« macht sich bekanntlich auch die Werbung zunutze und arbeitet stark mit sexuellen Reizen, die unsere Aufmerksamkeit binden.

Was ich damit sagen will, ist: Unsere gesamte soziale Wahrnehmung ist von unserer sexuellen Präferenz beeinflusst. Unsere Geschlechtlichkeit und Sexualität durchwirkt alle Lebens- und Erlebensbereiche – selbst wenn wir bloß durch eine Fußgängerzone laufen.

Sie haben gerade eine Unterscheidung zwischen »Sexualpräferenz« und »Beziehungspräferenz« gemacht. Wo liegt denn da der Unterschied?

Das könnte jetzt ein bisschen theoretisch werden.

Wenn es der Wahrheitsfindung dient …

Wahrheitsfindung weiß ich nicht, aber dem Verständnis, wenn wir *genauer* wissen wollen, »worauf wir stehen«. Diese Formulierung lässt mich spontan an die allgemein bekannten Befunde der Attraktivitätsforschung denken, die in Ratgebern und Zeitschriften verbreitet werden: evolutionsbiologisch geprägte Körperfigurmuster – V-Form bei ihm, Taille-Hüft-Verhältnis bei ihr –, Weiblichkeits- und Männlichkeitsattribute wie Busen und Bizeps, »Gegensätze ziehen sich an«, »Ähnlichkeit verbindet« und so weiter. Sie kennen die reißerischen Magazintitel: »Worauf Frauen im Bett wirklich stehen«, »Was Männer an Frauen wirklich anmacht«, »Worauf Sie beim Flirten achten sollten« usw. Ich denke, diese wiederkehrenden Schlagzeilen sind vor allem ein Ausdruck des großen Interesses daran, wer wen warum attraktiv findet und worin sich das äußert.

Um zu verstehen, wie sich das Phänomen, dass wir in sexueller Hinsicht »auf etwas stehen«, tatsächlich zusammensetzt, müssen wir ein paar Dinge voneinander unterscheiden.

Die »Sexualpräferenz« ist der Oberbegriff für all das, was unserem sexuellen Verlangen zugrunde liegt. Ich übersetze diesen Begriff manchmal spielerisch mit *Liebesrichtung*. Drei Achsen sind es, auf denen ich die Sexualpräferenz verorte: die Orientierung, die Ausrichtung und die Neigung. Die sexuelle Orientierung gibt an, ob sich jemand zu Männern oder/und Frauen hingezogen fühlt. Die sexuelle Ausrichtung besagt, ob das sexuelle Interesse auf kindliche, jugendliche oder erwachsene Körper gerichtet ist, sie zeigt also den körperlichen Entwicklungsstatus des begehrten Sexualpartners an. Die sexuelle Neigung schließlich betrifft einerseits die Frage, welchen Typus man bevorzugt, und zwar sowohl den *Phänotyp* (groß, klein, dick, dünn usw.) als auch den *Genotyp,* also die »genetische Passung«. Andererseits geht es bei der Neigung auch um den Modus, also die bevorzugte Art und Weise der sexuellen Betätigung: wie wir es gerne hätten, was uns Spaß macht und uns sexuell am meisten erregt. Auch da gibt es Vorlieben, die viele Menschen für sich benennen können, und auch die gehören zur Sexualpräferenz.

Das müssen Sie genauer erklären: Wir haben eine Präferenz für einen Genotyp, der genetisch zu uns passt? Wie stellen wir das denn fest – das kann man doch nicht sehen?

Nein, sehen kann man sie nicht, aber »riechen«. Die meisten Menschen kennen die Erfahrung, dass sie jemanden, den sie mögen und attraktiv finden, auch gut riechen können – und gern riechen wollen. Umgekehrt gibt es aber auch solche, die wir partout »nicht riechen können.« Partner erkennen einander oft am Geruch, und sie mögen es, an Kleidungsstücken zu schnüffeln, die der andere getragen hat. Die Parfumindustrie lebt davon, dass Liebe nicht nur durch den Magen, sondern auch durch die Nase geht und wir ebenfalls in olfaktorischer Hinsicht beim anderen ankommen wollen.

Aber es gibt noch eine unbewusste Schiene bei diesen Geruchssensationen. Wir nehmen olfaktorisch nämlich auch wahr, wie gut der andere in genetischer Hinsicht zu uns passt.

Nicht Ihr Ernst!

Nein, nicht mein Ernst – aber der der Kollegen, die das erforscht haben. Die sagen Folgendes: Wir Menschen senden Ausdünstungen aus, die andere durch ein entwicklungsgeschichtlich sehr altes Riechzentrum in der Nase, das sogenannte *Vomeronasal-Epithel* oder *Jacobson-Organ,* wahrnehmen können. Auf diese Weise funktionieren übrigens auch die Pheromone. Diese Ausdünstungen nehmen wir zwar nicht als »Geruch« im eigentlichen Sinne wahr, aber die entstehenden olfaktorischen Sensationen sind offenkundig erlebens-, entscheidungs- und verhaltenswirksam. Jemanden, dessen Gene unseren eigenen halbwegs ähneln, erleben wir als sexuell weniger attraktiv als einen Menschen, der in genetischer Hinsicht eine ganz andere Ausstattung hat als wir selbst – der im Sinne der Durchmischung verschiedener Erbanlagen also genetisch gut zu uns »passt«.

Zu diesem Thema gibt es spannende experimentelle Untersuchungen, unter anderem von Verhaltensforschern aus Wien. Sie haben untersucht, wie sich die olfaktorische Wahrnehmung beispielsweise auf die Sitzplatzwahl auswirkt: In einem Wartezimmer wurden Stühle mit verschiedenen »Gerüchen« unterschiedlicher Personen präpariert. Man schickte Probanden in diesen Raum und beobachtete, welchen Sitzplatz sie jeweils wählten. Und es hat sich herausgestellt, dass sich die Probanden überwiegend auf genau *den* Stuhl setzten, der mit dem »Geruch« einer Person präpariert war, die genetisch möglichst anders ausgestattet war und darum gut zu ihnen passte.

Sehr spannend. Aber irgendwie auch ernüchternd. Der Mensch als Marionette der Biologie?

Nein, keine Sorge! Wir sprechen hier ja nur von *einem* Aspekt menschlicher Attraktivitätswahrnehmung, dem biologischen Drittel! Zu den psychologischen und soziologischen Anteilen, aber auch den sozialen, nämlich partnerschaftlichen Anteilen, die die beiden anderen Drittel ausmachen, kommen wir noch.

Die Sexualpräferenz entsteht in einem Zusammenspiel aus biologischen Dispositionen, sozialisatorischen Prägungen sowie dem Aufgehen dieser beiden Einflüsse in der psychologischen Ausformung einer Persönlichkeit. Dass ein *Teil* der Sexualpräferenz allerdings auch biologisch angelegt ist, kann man an dem Umstand erkennen, dass für die meisten Menschen schon in der Kindheit, spätestens aber ab der Pubertät einigermaßen klar ist, was sie in sexueller Hinsicht anspricht. Und im Großen und Ganzen ändert sich das im Laufe ihres Lebens nicht mehr grundlegend. Die sexuelle Ansprechbarkeit kann über die Lebensspanne schon mal schwanken und variieren, bleibt im Kern aber ziemlich konstant. Das gilt übrigens nicht nur für die Sexualpräferenz, sondern auch für andere stabile Persönlichkeitsmerkmale.

Um die Entstehung und die Konstanz der Sexualpräferenz zu verdeutlichen, vergleiche ich sie gern mit einem anderen stabilen Persönlichkeitsmerkmal des Menschen: der Intelligenz. Die intellektuelle Leistungsfähigkeit bestimmt sich zu gleichen Teilen aus biologischen Dispositionen – was haben wir genetisch von unseren Eltern, sozusagen »ab Werk«, mitbekommen? – und aus sozialisatorischen Prägungen, heißt: Wie wurde die Entwicklung der

Intelligenz des Kindes gefördert bzw. gehemmt? Wurde mit ihm gesprochen? Wurden ihm Fragen gestellt und beantwortet? Wurde es zum Erzählen aufgefordert? Wurde ihm zugehört? Aus diesen beiden Faktoren, den biologischen Dispositionen und den sozialisatorischen Prägungen, bildet sich auf der psychologischen Ebene eine individuelle intellektuelle Leistungsfähigkeit heraus, die dann Bestandteil der Persönlichkeit ist.

Am Ende der ersten beiden Lebensjahrzehnte ist unser körperliches Wachstum abgeschlossen, und genauso verhält es sich mit unserem nichtkörperlichen Wachstum, nämlich der Persönlichkeitsentwicklung. Daran, dass auch die Ausdifferenzierung unseres Gehirns bis zum 20. Lebensjahr fortdauert, wird erkennbar, wie untrennbar beide Prozesse miteinander verknüpft sind – Leib ist Seele!

Von der Intelligenz wissen wir nun, dass sie nach den ersten beiden Lebensjahrzehnten weitgehend stabil bleibt. Jemand, der mit zwanzig Jahren hochbegabt ist, wird mit vierzig Jahren wahrscheinlich kein Trottel sein. Und jemand, der mit zwanzig ein geistiger Tieflieger ist, wird als Vierzigjähriger mit großer Wahrscheinlichkeit kein Genie sein. Wenn wir »ausgewachsen« sind, wenn sich unsere Persönlichkeitseigenschaften genauso wie unsere Körpermerkmale entfaltet haben, bleibt die Intelligenz weitgehend stabil.

Bei der Intelligenz leuchtet das eigentlich jedem ein.

Nur bei der Sexualpräferenz gibt es seit hundert Jahren einen anhaltenden Diskurs darüber, wie man sie verändern und »verbessern« könnte. Ewiger Wunsch vieler Ärzte und Therapeuten: Da muss man doch etwas wegmachen, löschen, ausradieren oder zumindest umkehren können! Bei der Intelligenz käme niemand auf die Idee, einen fünfzigjährigen Hochintelligenten mal ein bisschen runterzudimmen, weil er sich immer so schnell langweilt und darunter leidet. Bei der Sexualpräferenz, insbesondere bei der Homophilie und vor allem der Pädophilie, ist das sehr wohl der Fall.

Ich finde diesen Wunsch deswegen interessant, weil er meines Erachtens verdeutlicht, wie schwer die Tatsache auszuhalten ist, dass wir etwa ab dem 20. Lebensjahr in sexualpräferenzieller Hinsicht genauso ausgewachsen sind wie in allen anderen Belangen von Körpermerkmalen und Persönlichkeitseigenschaften auch. Das bedeutet ja nicht, dass wir uns nicht lebenslang weiterentwickeln können, aber dieser Wunsch nach Umkehrbarkeit offenbart meines Erachtens die Sehnsucht nach einer selbstbestimmten, freiheitlichen Entscheidung für oder gegen die eigene sexuelle Orientierung, Ausrichtung und Neigung. Man möchte sich *entschließen* können, auf wen oder was man in welcher Weise steht, ob man hetero oder homo oder pädo oder was auch immer ist. »Geht aber nicht«, sagt uns die empirische und klinische Realität. Wir können uns lebenslang weiterentwickeln, Umgangsformen erwerben, Spielräume erweitern, aber wir können uns nicht umpolen oder ins Gegenteil verkehren. Auch mit Therapien nicht.

Und trotzdem leben dieser Diskurs und dieser Wunsch seit über hundert Jahren fort. Woran liegt das? Meines Erachtens daran, dass die Sexualpräferenz eine wesentlich stärkere Identitätsbedeutung hat als beispielsweise die Intelligenz. Intelligenz kann zwar *ein Teil* des Selbstkonzeptes eines Menschen sein, aber sie wird in der Regel nicht annähernd als so identitätsstiftend erlebt wie unsere sexuelle Präferenz. Die Sexualpräferenz erscheint mir der identitätsstiftendste Anteil all unserer Persönlichkeitsmerkmale zu sein. Aus diesem Grund entstehen um »Sexuelles« ganze gesellschaftspolitische Strömungen, Bewegungen und Gruppierungen. Trans-, Queer-, Inter-, Homo- oder Bisexuelle Communitys dienen – neben der Emanzipationsbeförderung – auch dazu, den engagierten Aktivisten Identifikationsmöglichkeiten und damit Identität zu verleihen.

Sie sprachen vorhin von fördernden und hemmenden Faktoren, die mir im Fall der Intelligenz auch sofort einleuchten. Aber was wäre ein analoger Faktor für die Entwicklung der Sexualpräferenz? Was und wie kann man da fördern oder hemmen?

Lassen Sie mich von einer Patientin erzählen, die mir im Rahmen ihrer Sexualanamnese von einem Doktorspiel aus ihrer Kindheit berichtete, das beim Indianerspielen in einem Zelt stattgefunden hat. In diesem Spiel war sie die »Squaw des Häuptlings«. Um das sein zu können, musste in diesem Spiel sichergestellt werden, dass sie Kinder bekommen konnte. Dazu wurde sie von den anderen Indianern, allesamt Jungs, untersucht: Sie zog sich nackt aus und legte sich im Zelt auf den Rücken. Unter ihren Po wurden Kissen gelegt, damit das Becken hochgelagert war und gut untersucht werden konnte. Der Häuptling, der auch »in echt« ihr Freund war, hielt ihre Arme an den Händen über ihrem Kopf, während die anderen »Indianer« vorsichtig ihre angewinkelten Beine spreizten und behutsam ihre Scheide untersuchten, um zu sehen, ob aus dieser auch ein Baby würde kommen können.

Es gab im Erleben des Mädchens beziehungsweise der Frau keinerlei Druck oder Gewaltanteile in diesem Spiel, und sie fühlte sich bei dem, was geschah, von ihrem Freund, dem Häuptling, vollkommen gehalten und beschützt. Das Gefühl, passiv und ausgeliefert zu sein, wurde von ihr sogar eindeutig als sexuell erregend empfunden. Sie hatte bei diesem Doktorspiel wiederholt Orgasmen, weshalb sie die anderen »Indianer« immer wieder aufforderte, die Untersuchung (»sicherheitshalber«) zu wiederholen – was diese gern taten ...

Dieses in vorpubertären Sexualspielen etablierte Reizmuster erlebte die Frau seitdem als Kernstimulus ihrer sexuellen Fantasien, und zwar nicht nur bei der Selbstbefriedigung, sie baute es auch immer wieder in die sexuelle Interaktion mit Partnern ein.

In ihrem dritten Lebensjahrzehnt entwickelte sich dieses Reizmuster dahingehend weiter, dass ihr Kinderwunsch, den sie schon seit ihrer Vorpubertät erinnerte, in den Vordergrund trat und Teil ihrer Sexualfantasien wurde: Die Frau stellte sich nun vor, schwanger zu sein und mit ihrem Mann eine Ultraschalluntersuchung beim Frauenarzt wahrzunehmen. In ihrer Fantasie lag sie mit unbekleidetem Unterleib auf dem Gynäkologenstuhl, ihr Mann hielt ihre Arme über ihrem Kopf an den Händen, während ein Arzthelfer (keine Helferin!) durch Verstellung des Untersuchungsstuhls ihre Beine vorsichtig weiter spreizt und der Arzt (keine Gynäkologin!) behutsam ihre Scheide untersucht und eine Ultraschallsonde einführt. In dem Moment, in dem auf dem Monitor das Baby erkennbar wird, bekam sie einen Orgasmus und wurde dabei von ihrem Mann fest an den Händen gehalten.

Was können wir anhand dieses Fallbeispiels über prägende Einflüsse auf die Sexualpräferenz sagen? Erstens, zur sexuellen Orientierung: Sowohl in den sexuellen Spielen ihrer Kindheit als auch in ihren Begleitfantasien bei der Selbstbefriedigung kamen bei dieser Frau in sexueller Hinsicht keine Mädchen und Frauen vor, wodurch wir auf eine gegengeschlechtliche Sexualorientierung schließen können.

Die Achse der sexuellen Ausrichtung war, zweitens, für diese Frau (wie für die meisten Frauen) lebenslang weitgehend bedeutungslos, weil es immer altersähnliche Jungen und Männer waren, die sie sexuell attraktiv fand. Und drittens finden wir zwar auf der Achse der sexuellen Neigung keine Anhaltspunkte für einen speziellen Typus eines bevorzugten Sexualpartners (was ebenfalls bei Frauen häufiger der Fall ist als bei Männern).

Bis hierher scheinen Veranlagungen zu überwiegen und Prägungen eine untergeordnete Rolle zu spielen. Aber wir finden eine explizite Ausprägung bezogen auf den bevorzugten Modus ihrer sexuellen Betätigungen, der auf Prägungseinflüsse zurückgehen könnte: Biografisch überdauernd liebt sie es, in sexueller Hinsicht passiv ausgeliefert zu sein und dabei gleichzeitig von einem verlässlichen Partner sicher gehalten zu werden, während sie von einem oder mehreren Männern vorsichtig erforschend vaginal berührt, untersucht, stimuliert oder penetriert wird. Das ist seit ihrem sechsten Lebensjahr das zentrale sexuelle Reizmuster für diese Frau, und zum Zeitpunkt ihrer Sexualanamnese war sie 45 Jahre alt. Hat das Spiel, in dem sie die Squaw des Häuptlings war, diesen Teil ihrer Sexualpräferenz geprägt? Davon ist meines Erachtens auszugehen.

Imposant an diesem Fall ist für mich aber vor allem die Integration aller drei Funktionen von Sexualität: Im Laufe ihrer sexuellen Entwicklung integriert diese Frau neben der Erregungsfunktion (Jungen oder Männer manipulieren an der Scheide, während sie passiv ausgeliefert ist) und der Beziehungs- und Kommunikationsfunktion (starker Partner hält ihre Hände), auch noch die Fortpflanzungsfunktion in ihr sexuelles Erleben: Der Indianerhäuptling wird zum Sexualpartner. Die Gebärfähigkeit der Squaw wird zur Fruchtbarkeit der Frau. Das Indianerzelt wird zur Gynäkologenpraxis. Die eigene Schwangerschaft zum Bestandteil des sexuellen Selbsterlebens. Das Ultraschallbild des Babys auf dem Monitor ist mit dem Eintritt eines Orgasmus verbunden.

In einer Nebenbemerkung erwähnte die Frau noch, dass dieses sexuelle Reizmuster bei ihren Geburten für sie sehr hilfreich war; weil sie im nämlichen Setting dadurch die Geburten nicht nur erwartungsvoll aufregend, sondern auch sexuell anregend habe erleben können. Ihre Sexualfantasien handeln von Erregung, Beziehung und Fortpflanzung. Alles in einem! Eine imposante Integration aller drei Funktionen von Sexualität, über die wir im letzten Kapitel gesprochen haben.

Die Tatsache, dass das, worauf wir stehen, auf allen drei Achsen – Orientierung, Ausrichtung und Neigung – durch unsere Erlebnisse in den ersten beiden Jahrzehnten unseres Lebens beeinflusst und geprägt wird, ist meines Erachtens von erheblicher Bedeutung in der Diskussion um die Auswirkung des Konsums von multimedialer Internetpornografie durch Kinder und Jugendliche.

Aber darüber reden wir ja später noch …

Noch eine Rückfrage. Die Frau hat also Ihrer Meinung nach durch ein Spiel in ihrer Kindheit eine Prägung des Modus ihrer Sexualpräferenz erfahren. Der Modus erscheint mir aber der »weichste« oder formbarste Faktor in unserem sexuellen Erleben zu sein. Werden denn auch andere Bestandteile der Sexualpräferenz, wie zum Beispiel die Orientierung, möglicherweise sozialisatorisch geprägt?

Ich denke schon, dass auch hier frühe Einflüsse prägend sein können. Sie sind es nicht allein, die die letztliche Ausprägung einer Sexualorientierung bestimmen, aber sie bilden meines Erachtens einen beeinflussenden Faktor. Ich gebe Ihnen auch hier ein Beispiel: Ein Mann, Mitte vierzig, Akademiker, verheirateter Familienvater, kam nach einer Serie von sexuellen Übergriffen auf Kinder mit dem Verdacht einer pädophilen Ausrichtung zur Begutachtung und anschließenden Behandlung zu mir.

Er berichtete in der Sexualanamnese von seinem Vater, der unter dem Deckmantel der Sexualaufklärung und -erziehung immer wieder im Badezimmer an seinem Penis manipuliert hatte, mit der fadenscheinigen Begründung, die Vorhaut müsse zurückgezogen werden, und Männer machten das so. Der Mann erinnerte das als übergriffig und unangenehm. Gleichzeitig erlebte er, dass der Vater bei diesen Handlungen sexuell erregt war, wodurch auch bei ihm sexuelle Erregung entstanden sei und er eine Erektion bekam, was der Vater abwertend leistungsbezogen kommentierte, indem er zum Beispiel sagte: »Na, größer wird er nicht?«

In der Schule schwärmte er für Klassenkameradinnen und verliebte sich in der Vorpubertät in die gleichaltrige Stefanie aus der Nachbarklasse. Es scheint also so gewesen zu sein, dass er sehr früh eine gegengeschlechtliche Orientierung bei sich feststellte. Parallel dazu wurde er aber ab seinem zwölften Lebensjahr von seinem sechs Jahre älteren Cousin auf eine besonders manipulative und erpresserische Art und Weise sexuell missbraucht: »Wenn du Moped fahren willst, musst du mir vorher einen runterholen – und wenn du Moped gefahren bist, musst du mir auch einen runterholen, weil ich sonst sage, dass du Moped gefahren bist. Und wenn du jemandem verrätst, was wir hier machen, sage ich, dass du hier sexuelle Sauereien gemacht hast und dabei selber einen Ständer hattest!«

In der Regel liefen die Übergriffe so ab, dass er von seinem Cousin mit Bademantelgürteln gefesselt und fixiert wurde und der Cousin ihn in dieser Zwangslage mit der Hand und dem Mund am Penis stimulierte. Selbiges musste er bei seinem Cousin machen. Später wurde er in dieser Haltung auch vom Cousin anal penetriert, was er als sehr schmerzhaft erlebt hat. Während dieser Handlungen empfand er nichtsdestotrotz eine starke sexuelle Erregung, und während eines solchen Übergriffs erlebte er seinen ersten Samenerguss. Dann kam er in die Pubertät und verliebte sich erneut in ein Mädchen. Die fand er süß und anziehend, mit ihr unterhielt er eine Händchenhalten- und Kussfreundschaft. Seine Gefühle für sie konnte er allerdings in keiner Weise mit seiner Sexualität verknüpfen. Die war für ihn kontaminiert mit den Bildern der »sexuellen Sauereien«, die er mit seinem Cousin hatte »treiben müssen«. Auch während der Selbstbefriedigung dachte er zwar zunächst an Mädchen, in seinen Begleitfantasien tauchten aber gleichwohl immer wieder die sexuellen Handlungen mit seinem Cousin auf. Und das, obwohl er die Übergriffe als traumatisierend, demütigend, bloßstellend und beschämend erlebt hatte.

Erst mit Mitte zwanzig hatte er seinen ersten Geschlechtsverkehr mit einer älteren Kollegin aus seinem Betrieb. Ende zwanzig heiratete er sie und gründete mit ihr eine Familie. Die sexuelle Beziehung zu seiner sieben Jahre älteren Frau erlebte er bis zum Zeitpunkt der Untersuchung als zufriedenstellend. Parallel dazu hatte er immer sexuelle Kontakte mit Männern, mit denen er auch befreundet war.

In seinen Begleitfantasien bei der Selbstbefriedigung blieb es bei dem oben beschriebenen Ablauf: Anfangs stellte er sich Frauen vor, sukzessive aber wurden sie von sexuellen Handlungen mit seinem Cousin überblendet, die für ihn maximal sexuell erregend und emotional demütigend zugleich waren. Die Überblendung der Fantasien führte zu einem sich stetig steigernden inneren Konflikt, den er selbst nicht aufzulösen vermochte – und der schließlich zu einer Erosion der sexuellen Beziehung mit seiner Frau führte. Obwohl er seine Erinnerungsfantasien ablehnte, obwohl er versuchte, sich gegen sie zu wehren, kamen sie gegen seinen Willen immer wieder. Auch die Übergriffe des eigenen Vaters, die er ja ebenfalls als abstoßend und erregend zugleich erlebt hatte, verschwanden nie.

Mit Anfang vierzig beging der Mann eine Serie von sexuellen Übergriffen auf vorpubertäre Jungen. Dafür wurde er angezeigt und verurteilt. Die eigene sexuelle Erregung während der selbst erlittenen Übergriffe bestimmten auch sein sexuelles Erleben bei den von ihm selbst verübten Übergriffen auf die vorpubertären Jungen. Er hatte sich (vermeintlich!) in die Jungen hineinversetzt und sich vorgestellt, diese erlebten sexuelle Erregung genau wie er früher.

Der Umstand, dass die sexuellen Übergriffe, die er selbst erlitten hatte, zum vornehmlichen Gegenstand seiner Sexualfantasien bei der Selbstbefriedigung geworden waren, erlebte der Mann als qualvoll unerträglich, er fühlte sich ihnen gegenüber hilflos und ausgeliefert. Er hatte das Gefühl, als hätten sich seine eigenen Missbrauchserfahrungen unentfernbar wie Säure in seine Fantasien eingeätzt. Auf die Frage, wie er sich selbst in sexueller Hinsicht definiere, antwortete der Mann, dass er »eigentlich ganz normal heterosexuell« sei und »auf Frauen stehe«, dass aber für ihn ebenfalls sexuelle Reize vom kindlichen Penis und den ich-fremden Erinnerungen an seinen Cousin ausgingen. Die sexuellen Kontakte mit seinen Freunden kamen in diesem Selbstbild nicht vor. Hierzu befragt, definierte er sich selbst als »allenfalls bisexuell«.

Was sagt uns all das über unser Thema – Prägung der Sexualpräferenz in den ersten beiden Lebensjahrzehnten?

Ich glaube, dass hier eine hochambivalente bzw. mit widerstreitenden Gefühlen verbundene Erfahrung zum prägenden Einfluss auf die Ausformung der Sexualpräferenz geworden sein könnte, von der der Mann das Gefühl hat, sie nicht mehr loswerden zu können, und die er – ihres Stimulationspotenzials wegen – gleichzeitig auch nicht loswerden *wollte!*

Prägende Faktoren könnte man hier zum einen auf der Achse der sexuellen Orientierung verorten, auf der er sich quasi primär als heterosexuell erlebt hat, bei der aber womöglich durch seine sexuellen Erfahrungen in Kindheit und Jugend eine Orientierung auf beide Geschlechter entstanden ist. Auch auf der Achse der sexuellen Ausrichtung könnte so eine sexuelle Ansprechbarkeit für vorpubertäre Jungen entstanden sein.

Die entsprechende Hypothese zu diesen beiden Fällen würde also lauten: Wo bei der Frau durch ihr Indianerspiel auf der Neigungsachse der Modus geprägt wurde, wurde bei dem Mann auf der Orientierungsachse das männliche Geschlecht und auf der Ausrichtungsachse der vorpubertäre Jungenkörper geprägt.

Wir sprechen hier übrigens nur über die psychosozialen Prägungsanteile. Über eine mögliche biologische Veranlagung ist damit noch nichts gesagt. Es geht nicht um ein Entweder-oder – es geht um ein Sowohl-als-auch!

Okay. So viel zur Sexualpräferenz. Aber was verstehen Sie unter »Beziehungspräferenz«?

Wie wir gesehen haben, ist die Sexualpräferenz die *Grundlage* dessen, was uns sexuell anspricht. Hinsichtlich der Orientierung bedeutet das: Mann oder Frau? Hinsichtlich der Ausrichtung: kindlich, jugendlich oder erwachsen? Hinsichtlich der Neigung: dick, dünn, blond, passiv/aktiv und so weiter.

Mit dem Begriff *Beziehungspräferenz* beschreibe ich nun die weitere Auswahl aus diesem doch ziemlich großen Pool an potenziellen Partnern, den unsere Sexualpräferenz auf ihren drei Achsen vorgibt. Sie umfasst die *soziale* Ansprechbarkeit für bestimmte partnerschaftliche Beziehungstypen und Interaktionsmuster. Was die Sexualpräferenz für das Sexuelle ist, ist die Beziehungspräferenz für das Soziale einer Partnerwahl.

Wenn wir alleine festgelegt wären auf die Parameter unserer Sexualpräferenz, wäre jede Person, die diese Parameter erfüllt, ein potenzieller Partner. Und das wäre ziemlich anstrengend. Sagen wir, jemand steht auf blonde Frauen mit großen Brüsten. Würde allein seine Sexualpräferenz über seine Partnerwahl bestimmen, dann würde dieser Mann *alle Frauen* haben wollen und jeder den Hof machen, die diesen Kriterien entspricht. Das ist aber nicht so. Es ist vielmehr so, dass es unter denen, die diese Parameter erfüllen, nur wenige ausgewählte Frauen sind, die ihn *wirklich* anziehen. Und wer das ist, das bestimmt die Beziehungspräferenz.

Ein Beispiel wäre eine Frau, die aus einer Familie stammt, in der der Vater alkoholabhängig war, und die im Erwachsenenalter in ihren Partnerschaften immer wieder an suchtkranke Männer gerät. Solche wiederholt scheiternden, stets schwierigen und aufreibenden Partnerschaften geht sie aber nie willentlich oder intentional ein – diese Beziehungen *widerfahren* ihr, und zwar immer wieder. Und dieses erkennbare Muster gibt ihr Rätsel auf.

Davon abgesehen, dass es *Männer* sind, in die sich die Frau in diesem Beispiel stets verliebt, geht es hier nicht um ihre Sexualpräferenz, sondern um eine problematische Beziehungspräferenz: Diese Frau reagiert auf abhängige Persönlichkeiten, die man früher Suchtcharaktere nannte. Sie reagiert auf Verhaltensmuster, die ihr vertraut sind: aus ihrer Kindheit, aus der Beziehung zu ihrem Vater. Die vermitteln ihr ein Gefühl von Bekanntheit, Vertrautheit und Nähe. Auch wenn das überhaupt nicht gesund für sie ist, sondern im Gegenteil: Oft führt dies sogar zu einem Teufelskreis. Frauen, die als Kinder geschlagen wurden, haben statistisch ein höheres Risiko, an Partner zu geraten, die ebenfalls zu häuslicher Gewalt neigen.

Also schon wieder Determinierung – diesmal jedoch in sozialer Hinsicht?

Nein, schon wieder *nicht*! Und dies trotz der Tatsache, dass es so etwas wie »soziale Vererbung« gibt. Ich habe zunächst ja nur gesagt, *dass* man auf bekannte Verhaltensmuster reagiert – nicht, *wie* man reagiert! Wenn man in der Kindheit geschlagen wurde, kann man dieses Verhalten im späteren Erwachsenenleben imitieren – oder aber aversiv verarbeiten und völlig gewaltfeindlich sein. Soziale Beziehungsmuster sind meines Erachtens dynamischer und flexibler als sexuelle Präferenzmuster.

Trotzdem würde ich auch hinsichtlich der Beziehungspräferenz behaupten wollen, dass sie stark von dem abhängig ist, was wir in den ersten zwei Lebensjahrzehnten erleben. Die Frau, die immer wieder an abhängige Männer gerät, nimmt bestimmte Verhaltensweisen ihres Gegenübers als bekannt und vertraut wahr. Und darauf reagiert sie. Warum nimmt gerade sie diese Verhaltensweisen wahr? Weil sie sie kennt. Wir nehmen wahr, was wir kennen; wir können nur das sehen, was uns bekannt ist. Was wir nicht kennen, bleibt für uns weitgehend unsichtbar.

Dazu kommt ein weiterer interessanter Aspekt auf der lernpsychologischen Ebene: Wenn diese Frau als Kind für ihren Vater immer wieder Bier kaufen oder, wenn gestritten wurde, die Fenster schließen musste – wenn sie also co-abhängige, unterstützende Verhaltensweisen erlernt hat, die Kindern dabei helfen, Konflikte zwischen Erwachsenen auszugleichen und durchzustehen –, dann ist das zwar alles unschön und ungesund; aber gerade weil es Situationen sind, in denen vertraute Muster in ihr aktiviert werden, vermitteln sie ihr auch ein Gefühl von Stärke: »Das kenne ich! Ich bin in einer Helferrolle! Das kann ich! Und weil ich es kenne, gehe ich wieder rein.« Außerdem gehören zum Zusammenkommen immer zwei Personen: Wenn sie sich auf diese Weise unterstützend verhält, ist sie für alle Suchtkranken eine sehr attraktive Partnerin.

Sie sagen, die Beziehungspräferenz sei flexibler als die Sexualpräferenz. Kennen Sie aus Ihrer Praxis noch andere Muster, in denen Personen nicht unbedingt das suchen, was sie kennen, sondern bei ihrer Partnerwahl von ganz anderen Motiven gesteuert werden?

Die Frau, die sich immer wieder in vergebene beziehungsweise verheiratete Männer verliebt. Beim ersten Mal mag das Zufall gewesen sein, beim zweiten Mal Schicksal – beim dritten Mal wird es allerdings verdächtig. Und wenn das so weitergeht, ist das ein Hinweis darauf, dass es in diesen Beziehungskonstellationen um etwas geht, das einen *Benefit* für die Betroffene hat. Diesen Benefit nennt man auch »sekundäres Bindungsmotiv«.

Was heißt das? Im Falle der Frau, die immer wieder an verheiratete Männer gerät, sieht man den Benefit recht gut: Sie muss sich selbst nie ganz auf jemanden einlassen! Sie kann ihre eigene Bindungsambivalenz externalisieren und auf den anderen projizieren. Er ist es, der Schuld hat, sie ist das »Opfer« – und dadurch nebenher auch noch gesellschaftlich sanktioniert. Die Geliebte als Leidtragende: »Die Arme sitzt zur Weihnacht alleine unterm Christbaum, während er mit Ehefrau und Kindern heile Familie spielt!«

Das Ansprechen auf unerreichbare Personen kann durchaus Teil einer Beziehungspräferenz sein: Auf diese Weise wird die Einlösung von Bindungssehnsüchten, die die betreffende Person psychologisch nicht verwirklichen kann, von vornherein ein Ding der Unmöglichkeit – vielleicht weil die Person Angst vor Exklusivität und Verantwortung, vor Verbindlichkeit oder Intimität hat. Wenn man sich vor alldem fürchtet, bleibt man lieber in der Rolle der Geliebten, der Affäre – und damit Ziel und Schauplatz von Leidenschaft, Erotik und »eigentlicher« Liebe. Die genau deswegen so »eigentlich« ist, weil sie nicht eingelöst und gelebt werden kann.

Warum solche Affären relativ stabil sein können, wird nachvollziehbar, wenn man sich vergegenwärtigt, dass dabei die Bedürfnisse *beider* Partner vordergründig befriedigt werden, eben auch die der Frau. Sonst könnte es ja so ablaufen: Da ist eine Frau, die verliebt sich in einen Mann, doch der Mann ist verheiratet, sodass die Frau feststellt: »Okay, besetzt: Dann geh ich eben weiter! Wäre schön gewesen, wird aber nichts.« Wie bei Toilettentüren: Ich drücke die Klinke herunter, und wenn ich merke, es ist besetzt, nehme ich die nächste Kabine. Das passiert hier aber gerade nicht: »Du bist der eine, der da kommen soll!« Liebe als Schicksal ...

Das passiert im Übrigen vielen, die »fremdgehen«. In diesen Außenbeziehungen erleben sie oftmals das hypnotische Gefühl: »Eigentlich sind *wir* die Königskinder! Endlich haben wir zueinandergefunden!« Bedauerlicherweise sind beide in der Wirklichkeit mit jemand anderem verheiratet, und beide müssen nachher die Kinder aus der Kita abholen. Sie hat außerdem diesen reichen Unternehmer zum Mann und lebt eigentlich ganz komfortabel in einer Villa am Stadtrand. Und auch der Geliebte hat seine Verpflichtungen. Dann hält die Weltlichkeit Einzug – beide verbleiben in ihren Herkunftsbeziehungen und treffen sich zu gelegentlichen sexuellen Übereinkünften. Aber das Gefühl: »In Wahrheit sind wir schicksalshaft füreinander bestimmt!«, das haben die beiden trotzdem.

Ohne das lächerlich machen zu wollen oder zu entromantisieren: Bei so einer Begegnung und der gegebenen Stärke der Gefühle, die die Beteiligten ja echt erleben, spielt die programmierte *Unmöglichkeit der Realisierung* eine große Rolle. Ich vergleiche das gerne mit Liebesbriefen: Mit jedem Kilometer, der zwischen den Liebenden liegt, werden die Liebesschwüre größer und die Treuebekundungen heißblütiger. Nach Neuseeland schreibt man mit wesentlich gelösterer Zunge und schwungvollerer Feder als nach nebenan! Beziehungsweise als man es *aussprechen* würde, wenn man vor dem anderen stünde. Erlebnistiefe kann mit Unmöglichkeit verknüpft sein. Das klingt paradox, weil immer behauptet wird, wir wollten die »Erfüllung«. Es gibt aber noch einen anderen Teil, und der will schmachten!

Hat jeder und jede so eine Beziehungspräferenz?

Ja.

Auch wenn man bei den Partnerinnen und Partnern, mit denen man im Laufe seines Lebens zusammen war, keinerlei Übereinstimmungen entdecken kann?

Die Frage, ob alle Menschen eine Beziehungspräferenz haben, bejahe ich spontan. Eine Beziehungspräferenz legt aber auch hier nicht deterministisch fest, dass man immer den *gleichen* Partnertypus auswählt. Im Laufe eines Lebens kann man durchaus mit ganz verschiedenen Personentypen liiert sein. Hinsichtlich der Beziehungspräferenz sind wir vielleicht weniger festgelegt als bezüglich unserer Sexualpräferenz. Der Grund ist nicht zuletzt der, dass die Person, die ich begehre, vor allem im Prozess des Kennenlernens eine Projektionsfläche für die Erfüllung meiner Wünsche und Bedürfnisse ist. Sie ist diejenige, in der ich zu sehen meine, wonach ich mich sehne und immer gesucht habe. Und das bindet mich, zieht mich an, bringt mich dazu, mich zu verlieben. Wonach ich mich sehne, was ich mir wünsche, worauf ich stehe: All das ändert sich aber im Laufe eines Lebens. Ein heterosexueller Mann wird sich im Alter von zwanzig Jahren in eine *andere* dunkelhaarige Frau verlieben als mit vierzig. Eine homosexuelle Frau Anfang zwanzig wünscht sich von ihrer Partnerin womöglich etwas anderes, als dieselbe Frau es mit fünfundvierzig tut.

Wenn man sich Sexualpräferenz und Beziehungspräferenz als aufeinanderfolgende Stufen vorstellt, dann entscheidet die Sexualpräferenz über die grundlegenden Parameter – die Beziehungspräferenz hingegen über die interaktionellen, dynamischen und partnerschaftlichen Attribute. Den Unterschied kann man auch daran erkennen, dass es sein kann, dass es zwischen beiden Präferenzanteilen Widersprüche gibt: Der, auf den ich in sexueller Hinsicht total abfahre, ist nicht der, mit dem ich eine partnerschaftliche Beziehung haben will. Und umgekehrt! Relativ viele Menschen erleben solche Widersprüche und stehen vor der Herausforderung, einen Kompromiss finden zu müssen.

Heißt das, dass eine »defekte Beziehungspräferenz«, die Tatsache, dass man immer an den »Falschen« gerät, therapeutisch relativ leicht zu beheben ist?

»Therapeutisch leicht zu beheben«... Ich würde mal sagen, dass sich eine »ungünstige« Beziehungspräferenz – ich möchte nicht von einem Defekt sprechen – psychotherapeutisch leichter flexibilisieren lässt als eine problematische Sexualpräferenz. In diesem Prozess bekommt der Patient oder die Patientin die Möglichkeit, in die Mechanik der eigenen Partnersuche Einblick zu nehmen. »Warum beiße ich immer wieder auf denselben Köder und stelle erst danach fest, dass es wieder eine Kröte war, die ich schlucken muss?« Man kann lernen: »Okay, da schwimmt schon der nächste Köder, und ich kriege meinen altbekannten Schnappreflex – aber jetzt warte ich einfach mal einen Augenblick ab, halte einen Moment inne und die Klappe und schaue, ob das wirklich das ist, was ich brauche.« Auch wenn dieser Köder für den Betroffenen eine beinahe unerträgliche Anziehung verströmt! Man kann lernen, einen solchen Köder einfach mal schwimmen zu lassen. Und zur Abwechslung seine Aufmerksamkeit auf jemanden zu richten, der einen nicht spontan auf diese Art und Weise *triggert* – der aber vielleicht ein ganz anständiger, interessanter Mensch ist! Möglicherweise beginnen meine Hände nicht sofort zu zittern, und der andere bringt nicht gleich mein Herz zum Rasen – aber mit ihm kehrt eventuell zum ersten Mal so etwas wie Ruhe in mein Beziehungsleben ein.

Wobei ich einschränkend sagen muss, dass hier grundsätzlich dasselbe gilt wie für die Sexualpräferenz: So etwas kann man zwar gut und erfolgreich behandeln, aber nicht »heilen« im Sinne einer Auflösung bzw. Löschung des zugrunde liegenden Musters. Ich werde immer zucken und diese Kopfbewegung zu »meinem« Köder hin machen! Aber ich muss nicht mehr reflexhaft zuschnappen und mich festbeißen. Ich kann mich davon distanzieren und sagen: »Hallo! Da ist ja wieder jemand für mich – mein potenzielles nächstes Problem ... Schön vorbeischwimmen lassen!«

»Ruhe in der Beziehungsgestaltung« statt »Händezittern«? »Interessante Menschen« statt »Herzrasen«? Vielleicht will ich so etwas ja gar nicht lernen, weil es sich so langweilig anhört?

Die Gegenüberstellungen, die Sie da treffen, sind schon wieder Entweder-oder-Kategorien. Hypothetische noch dazu. Es geht ja nicht darum, *entweder* biedere, eintönige Langeweile *oder* tabulose sexuelle Ekstase zu erleben. Viele Menschen haben das Glück, jemanden zu finden, mit dem sie zwischen diesen beiden Extremen leben können, mit dem sie sowohl partnerschaftliche Ausgeglichenheit als auch sexuelle Erfüllung erfahren.

Im Wesentlichen geht es für uns Menschen darum, eine lebbare Integration von sexueller Ansprechbarkeit und partnerschaftlicher Passung zu finden. Wenn ich einen Partner finde, der von beidem etwas hat, sollte ich das zu schätzen wissen. Prognostisch weniger segensreich ist eine gelebte Entweder-oder-Kategorie, die beispielsweise folgendermaßen aussehen könnte: Entweder ich wähle einen Partner nur aus Passungsgründen, wegen ihres oder seines sozioökonomischen Status oder eines ähnlichen Bildungsniveaus, obwohl mich Sex mit dieser Person überhaupt nicht interessiert. Oder umgekehrt: Ich wähle mir z.B. eine emotional instabile Persönlichkeit, mit der ich vielleicht sexuelle Ekstase erlebe, mit der es partnerschaftlich aber der totale Horror ist. Beides nicht so super.

Sie haben vorhin gesagt, die Sexualpräferenz sei biografisch relativ stabil. Nun gibt es aber immer wieder Fälle von verheirateten Männern und Frauen, die homosexuelle Kontakte, manchmal über Kon-

taktbörsen, eingehen. Hat sich bei denen im Laufe ihres Lebens etwas in der Präferenz geändert?

Nein, denn wir können vom sexuellen *Verhalten* einer Person keine Rückschlüsse auf ihr inneres sexuelles *Erleben* ziehen. Wenn jemand nach einem normkonformen Familienleben »plötzlich« gleichgeschlechtliche sexuelle Kontakte aufnimmt, hat sich nicht seine Sexualpräferenz geändert, sondern der Umgang mit seiner – bis dahin vermutlich geleugneten, unterdrückten, verborgenen oder sogar unbewussten – Sexualpräferenz. Sie sprechen damit die Thematik der Fassadenehen, der sogenannten *Krypto-Homosexualität* an. In der Regel geht die mit einem nicht vollzogenen oder gescheiterten Integrationsversuch der eigenen Sexualorientierung einher. Heißt übersetzt: Ich stelle fest, ich bin gleichgeschlechtlich orientiert und …

Entschuldigung: Man »stellt« eine gleichgeschlechtliche Orientierung »fest«?

Viele Menschen haben Erinnerungsspuren an eine Vorpubertät, in der sie gleichgeschlechtliche Schulkameraden oder Schulkameradinnen sexuell anziehend fanden. Dann kommt die Pubertät und mit ihr die große Identitätsfindung, die große Konfusion, das große Ausprobieren in alle Richtungen. Man bildet zusehends ein Bewusstsein von Normkonformität und Abweichung aus. Und dann trifft ein Junge irgendwann vor seinem zwanzigsten Geburtstag vielleicht die Feststellung: »Auch wenn ich mit Paula zusammen bin, spukt in meinen Fantasien immer Paul herum.« Was dann häufig einen inneren Konflikt auslöst: »Ich will das nicht haben!«

Und dann?

Für dieses Dilemma gibt es verschiedene Lösungen. Das Beste wäre wohl, das innerlich zu akzeptieren und nach außen zu kommunizieren: »Ich bin schwul / ich bin lesbisch. So sieht's aus. Ende der Durchsage.« Nicht einmal: »Und das ist auch gut so«, denn eine Sexualorientierung ist weder gut noch schlecht – sie ist, wie sie ist. Sie ist genauso gut oder schlecht wie meine Augenfarbe oder Schuhgröße. Aber zur eigenen Homosexualität offen zu stehen ist für viele immer noch leicht gesagt und schwer getan.

Früher war ganz klar, dass eine gleichgeschlechtliche Sexualorientierung ein No-Go war. Das war »krank«, das war falsch, es auszuleben war sogar verboten, das verbaute einem die beruflichen, sozialen und privaten Existenzmöglichkeiten, das schockierte die Eltern, die keine Enkel bekamen, die Erbschaft war futsch und so weiter.

Als Resultat dieses dysfunktionalen Umgangs mit Homosexualität folgte für die betroffenen Männer häufig die *Verklappung* der eigenen Sexualität in die Klappensexualität. »Klappen« sind öffentliche Toiletten, in denen sich Männer treffen, um mit Männern Sex zu haben. Es geht also im billigsten Sinne des Wortes um öffentliche Bedürfnisanstalten. Das sind meist ebenso schlecht beleuchtete wie beleumundete Orte, an denen Männer mit Männern oft regelrecht notdürftig anmutende, anonyme Gelegenheitssexualkontakte wahrnehmen. Mit der Ausübung einer solchen Untergrundpraxis war aber auch die Sexualität dieser Männer in den Untergrund verdammt – während oberirdisch Fassadenehen inszeniert und ausgelebt wurden. Diese Zweiteilung des Lebens in oben und unten, sichtbar und unsichtbar, war früher ein beinahe programmierter Weg für homosexuelle Männer. Im Laufe des 20. Jahrhunderts sind solche Lebensentwürfe aber zum Glück seltener geworden.

1969 und 1973 wurde der diskriminierende Paragraf 175 StGB entschärft, aber erst 1994 vollständig aus dem Strafgesetzbuch gestrichen – übrigens hundert Jahre nachdem der Sexualforscher Magnus Hirschfeld eine entsprechende Petition initiierte, die ein Jahr später vom SPD-Vorsitzenden August Bebel in den Deutschen Reichstag eingebracht wurde! Klappensex, Cruising und

Darkrooms sind trotzdem noch immer integraler Bestandteil der homosexuellen Subkultur. *Männlicher* homosexueller Subkultur, muss man sagen, denn die Lesbenszene kennt so etwas in dieser Form interessanterweise nicht. Warum ist das so? Weil die Neigung zu anonymen Gelegenheitssexualkontakten nicht typisch für Homosexualität ist, sondern für Männersexualität! Mit anderen Worten: Würden an jenen Orten, wo schwule Männer nächtens auf gleichgesinnte, willige Männer treffen, ebenso bereitwillige Frauen anzutreffen sein, die mit Männern Sex haben wollten, dann gäbe es dort allabendlich eine Love-Parade, weil massenhaft heterosexuelle Männer dort hinströmen würden.

Trotzdem ist es bemerkenswert, dass gerade zu einem Zeitpunkt, zu dem Homosexualität nicht mehr strafbar war, die »Klappe« einen Boom erlebte. Sie scheint, wenn man Schwule fragt, von einem Makel zu einer Art *Distinktionsmerkmal* gegenüber den »Heten«, von einem Manko zu einem *Way of Life* geworden zu sein. So wie die Bedeutung des Wortes »schwul« für die Betroffenen eine Bedeutungsverschiebung vom Negativen zur stolzen Selbstbezeichnung erlebt hat, scheint es sich auch mit der Klappe zu verhalten.

Aber zurück zu unserem Thema: Früher war klar, dass eine gleichgeschlechtliche Orientierung unerwünscht, ja eine Katastrophe war. In manchen kleinen Orten Deutschlands ist Homosexualität bis heute absolut verpönt, ebenso wie in manchen Familien. Selbst in Städten wie Berlin oder New York gibt es eine nicht kleine Anzahl von Menschen, die es nicht schaffen, ihre Homosexualität in ein lebbares Selbstkonzept zu integrieren. Sie lehnen ihre sexuelle Orientierung innerlich ab – merken aber gleichzeitig, dass sie das, was sie ablehnen, total anmacht. Ihre Sexualität auszuleben scheidet für sie aus. Außerdem wollen sie heiraten, Kinder haben und eine Familie. Das Paradoxe dabei: Dieses Leben wollen sie auch wirklich selber! Sie lieben ihre Partner – auch wenn sie sexuell keinerlei Interesse an ihm beziehungsweise ihr haben. Und sie lieben ihre Kinder und wollen ihre bürgerliche Existenz um keinen Preis aufs Spiel setzen. Aus all diesen Gründen kommt es für sie nicht infrage, offen in einer gleichgeschlechtlichen Beziehung zu leben. Daher der Weg über die anonymen Kontakte, über anonyme Kontaktbörsen.

Wissen die Partner oder Partnerinnen denn von dieser Orientierung ihrer Frauen bzw. Männer?

In der Regel nicht. Sie spüren etwas. Das Gefühl wird aber nicht Wort. Wenn ich die Partnerinnen im Rahmen der Sexualanamnese befrage, wie sie die Partnerschaft und die Sexualität erleben, formulieren sie häufig ein Gefühl des Alleinseins in ihrer Beziehung, der Vereinzelung: »Er war eigentlich nie richtig da.« Geschlechtsverkehr hat zwar »regulär« stattgefunden, und es sind auch Kinder dabei herausgekommen. Aber ein Gefühl von Zugehörigkeit, von Gemeintsein oder gar von Begehrt- und Gewolltsein in der eigenen Geschlechtlichkeit als Frau, dieses Gefühl existiert nicht. »Ich war nie diejenige, die ihn verrückt machen konnte!« Gleichzeitig bemerken aber die Frauen zum Beispiel das Leuchten in den Augen ihres Mannes im Kontakt mit dem jungen Assistenten, mit dem netten Kellner, dem schneidigen Immobilienmakler, der die neue Wohnung vermittelt hat.

Interessant finde ich, dass ich diese Fassadenehen zum überwiegenden Teil mit androphilen Männern in gegengeschlechtlichen Partnerschaften sehe. Den umgekehrten Fall, gynaephile Frauen in einer gegengeschlechtlichen Partnerschaft, sehe ich in meiner Arbeit ganz selten (androphil = sex. Orientierung auf das männliche, gynaephil = auf das weibliche Geschlecht). Aber selbstverständlich gibt es das auch. Diese Frauen haben aber, anders als die Männer, meistens nicht den Versuch unternommen, sexuelle Beziehungen zu Frauen aufzunehmen. Oft ist ihnen die Diskrepanz zwischen ihren sexuellen Fantasien und ihrem sexuellen Verhalten gar nicht bewusst. Und wenn, dann lautet die Begründung oft: So etwas macht man nicht, so etwas geht nicht, so etwas machen nur Männer. In ihren heterosexuellen Partnerschaften erleben diese Frauen in der Regel keinen sexuellen Erregungshöhepunkt. Sie »kommen« nur bei der Selbstbefriedigung, während der sie Frauen fantasieren. Das Ganze verbleibt – wie bei den Männern – desintegriert, führt aber – anders als bei den Männern – nicht zu sexuellen Außenkontakten und zu einem Identitätskonflikt. Dieser Konflikt wird in der Therapie zwar beschrieben, aber nicht weiter reflektiert oder bearbeitet. Diese Frauen wollen in der Regel ihre Beziehungen reparieren beziehungsweise erhalten – weniger ihre eigene Sexualität thematisieren. Übrigens: Wenn Frauen in gleichgeschlechtlichen Partnerschaften leben, heißt das nicht automatisch, dass sie deswegen gynaephil sind. Ganz anders als Männer, die in Beziehungen mit Männern leben – die sind (wenn man mal von halbgewerblichen Sugardaddy-Konstellationen absieht) so gut wie immer androphil! Ein Grund dafür könnte meines Erachtens darin liegen, dass Frauen sich defensiv oder resigniert von Männern ab- und Frauen zuwenden. Wenn sie in sexueller Hinsicht schlechte oder sogar traumatisierende Erfahrungen mit Männern gemacht haben, erleben sie mit einer anderen Frau eher und einfacher eine Erfüllung ihrer psychosozialen Grundbedürfnisse. Dies kann sich körpersprachlich in Zärtlichkeiten, Schmusen und Streicheln ausdrücken – ohne dass genitale Stimulation und Interaktion gewünscht oder vermisst wird.

Aber man könnte doch meinen, dass Fassadenehen seltener werden, weil Homosexualität nicht mehr als etwas Krankes oder Falsches gilt, sondern inzwischen gesellschaftlich durchaus lebbar ist, oder?

Das stimmt möglicherweise. Aber auch heute noch begeben sich homosexuelle Personen in Fassadenehen, wenn sie etwa aus beruflichen oder sozialen Gründen auf keinen Fall als homosexuell wahrgenommen werden wollen. Vor allem, wenn sie in der Öffentlichkeit stehen. Dann heiratet man eben und bekommt Kinder, dann gibt's keine lästigen Fragen mehr, und es ist Ruhe. Auch heute noch ängstigt viele verheiratete Homosexuelle die Vorstellung eines Coming-outs. Auch die Angst davor, geoutet zu *werden,* ist bei vielen noch groß. Und die lässt sich auch nicht mit einem Fingerschnippen und dem Verweis, dass Homosexualität »doch nichts Schlimmes mehr« sei, auflösen. Auch aus diesem Grund gibt es bis heute im »Klassifikationssystem psychischer und Verhaltensstörungen« der Weltgesundheitsorganisation die Diagnose »Ich-fremde Sexualorientierung«. Gemeint ist damit nicht, dass irgendeine Ausprägung von Sexualorientierung krankhaft sei, sondern eine *nicht integrierte* Sexualorientierung, die Leidensdruck erzeugt – was ja nicht immer der Fall sein muss.

Was konkret heißt denn »nicht integriert«?

Das heißt beispielsweise: Ich merke, ich bin sexuell gleichgeschlechtlich orientiert, also homophil, aber mir gelingt es nicht, einen lebbaren, offenen und gesunden Umgang damit zu finden. Einen Umgang, der mich nicht bedrückt, mir keinen Leidensdruck beschert.

Wo ich gerade »gesund« sage – ein Wort, das nicht nur in diesem Zusammenhang heikel ist –, lassen Sie mich ein wenig ausholen.

Viele sexuell übertragbare Krankheiten werden immer noch sehr häufig bei gleichgeschlechtlichen sexuellen Kontakten zwischen Männern übertragen. Warum ist das so? Weil viele dieser sexuellen Kontakte *desintegriert* stattfinden, unter Drogen, betäubt. Die Häufigkeit der Infektionen in diesem Kontext liegt nicht an einem mangelnden Wissen über ansteckende Krankheiten, sondern daran, dass viele homosexuelle Kontakte ich-fremd geschehen. Viele Männer sind nur unter Drogen ausreichend enthemmt, um diesem Teil ihres Ichs nachgehen zu können. Sie machen irgendwie mit, und sie lassen irgendwie mit sich machen. In einem ich-fremden Vorgang greift niemand steuernd oder kontrollierend ein, benutzt niemand Präservative: weil das ja nicht *Ich* bin! Nur was *Ich* ist, will geschützt sein.

Einer meiner Patienten war wegen wiederholter Syphilis-Infektionen in psychiatrischer Behandlung. Diese Krankheit ist an sich gut behandelbar. Wenn sie allerdings nicht oder zu spät erkannt wird, können als Spätsymptomatik psychotische Episoden auftauchen. Keiner verstand, warum ein intellektuell gut strukturierter Beamter, ein sympathischer, netter, leicht zwanghafter Mann, immer wieder diese unerklärlichen Syphilis-Infektionen hatte. Die übrigens jedes Mal neu diagnostiziert werden mussten, weil er bei den diversen Ärzten, die er aufsuchte, nie angab, so etwas schon einmal gehabt zu haben. Erst durch die mühsame Rekonstruktion von Krankenakten wurde überhaupt diese *Serie* aufgedeckt, und zwar zu einem Zeitpunkt, zu dem er schon stationär in der Psychiatrie war.

Nachdem sich sein Zustand gebessert hatte, wurde mir dieser Mann überwiesen. Was ich bei ihm erlebte, war eine hermetische Leugnung jedweder Geschlechtlichkeit, aller Sexualität: keine Selbstbefriedigung, keine Fantasien, keine Neigungen, keine Veranlagungen, keine Vorlieben: NICHTS!

Das blieb über fünf Gespräche hinweg so. Weil ich mittlerweile wusste, dass der Mann gern las und Klassiker liebte, sprach ich ihn beim sechsten Treffen auf *Tod in Venedig* an, diese »Tragödie einer Entwürdigung«, wie Thomas Mann seine Novelle selbst nannte. Da konnte er mir sehr vorsichtig mitteilen, dass junge Männer nicht nur bei Gustav von Aschenbach gewisse Saiten zum Klingen brächten, sondern auch bei ihm …

In der Folge lud ich ihn ein, mir sein Leben im Detail zu schildern: »Was machen Sie denn so am Feierabend? Was machen Sie am Wochenende? Gehen wir das doch mal durch: vom Aufwachen über das Aufstehen, Rasieren, zum Frühstücken …«

Puh – wenn mir jemand solche Fragen stellen würde, wäre ich schnell über alle Berge!

71

Ja, solange Sie keine Hilfe suchen und nicht unter etwas leiden. Wenn Sie aber leiden, lassen Sie Fragen zu, denen Sie sonst ausweichen würden. Ich bin kein Nussknacker, und ich bin kein Kriminalkommissar. Es geht bei meiner Arbeit nicht darum, zu schnüffeln oder mich in eine Privatsphäre zu drängen. Es geht darum herauszufinden, was wirkt! Meine Aufgabe ist nicht, eine vermeintlich objektive Wahrheit herauszufinden, sondern Menschen dabei zu helfen, ihre eigene Wahrheit zu entdecken und benennen zu können. In dieser Hinsicht bin ich eine Art Psycho-Archäologe: Ich trage vorsichtig Sedimentschichten der biografischen Lerngeschichte ab und wische behutsam Staubschichten fort. Dafür habe ich Instrumente. Stichel und Spachtel, auch mal einen groben Besen. Aber vor allem eine weiche Bürste. Die Instrumente sind meine verschiedenen Fragen: mal insistierendere und investigative, mal offenere und gewährendere.

Auf jeden Fall geht es nicht darum, was *ich* zutage fördere oder was *ich* sehen kann, sondern darum, was der leidende Mensch, der meine Hilfe sucht, für sich sehen und erkennen kann. Das ist das Ziel der Übung. Ich bin nur der Grabungsassistent. Wenn jemand etwas festhält, die Hand drüberhält, es und sich verbirgt, kann ich mit meinem weichen Pinsel nichts sichtbar machen. Ich kann nur *mit* meinen Patienten arbeiten, nicht gegen sie.

Der Mann, von dem ich sprach, hatte Leidensdruck. Er war innerlich bitter vereinsamt und verbarg dieses Innere vor allen. Wir sind uns in unserer Arbeit nähergekommen. Unsere therapeutische Beziehung hat funktioniert, weil sie echt war. Und so konnte er das, was er über Jahre versteckt hatte, erzählen.

Es stellte sich heraus, dass sich dieser Mann so gut wie jedes Wochenende stark betrank, meistens in Kombination mit Beruhigungsmitteln. Und dann fuhr er von Berlin mit dem Zug nach Polen. Im Zug weiterer Alkoholkonsum, und in Polen angekommen suchte er bestimmte Bahnhöfe auf, von denen er wusste, dass es dort eine Szene gab, dass da Männer waren, die gegen Geld Sex mit anderen Männern hatten. Dort hatte er ich-fremde, anonyme, bezahlte Sexualkontakte. Oft machten es mehrere Männer mit ihm, oft erwachte er morgens zwischen Kinositzen in Erbrochenem, besudelt mit Sperma von Männern, an deren Gesichter er sich nicht mehr erinnerte. Das waren für ihn immer wieder grauenhafte und widerliche Erfahrungen. Danach die verkaterte Rückfahrt nach Berlin, voller Beschämung und Reue, den ganzen Sonntag war er mit Reinigungsritualen beschäftigt, bis er am Abend pünktlich zum »Tatort« seine bürgerliche Fassadenidentität wiederhergestellt hatte – um montagmorgens wieder ganz normal zum Dienst gehen zu können.

Das hat er über Jahre hinweg so praktiziert und sich auf diese Weise immer wieder sexuell übertragbare Erkrankungen, unter anderem Syphilis, geholt. Durch einen glücklichen Zufall war er nicht HIV-positiv. Die Geschichte ist allerdings schon einige Jahre her.

Was können Sie an diesem Fall ablesen?

Auch im 21. Jahrhundert, auch in Großstädten, auch bei gebildeten Personen, die Einblick haben in die Vielfältigkeit und Vielgestaltigkeit der menschlichen Wesensart und Sexualität, gibt es Menschen, die ihr So-Sein nicht zu integrieren in der Lage sind. Und die suchen irgendwann womöglich sachverständige Hilfe. Nicht, um ihre Sexualpräferenz zu *ändern,* sondern um einen Umgang mit sich und ihrem So-Sein zu erlernen!

Eine solche Integration ist für Personen mit »normkonformer« Sexualpräferenz, also mit mehrheitstypischen Wünschen und Bedürfnissen, keine besondere Schwierigkeit. Die eigene sexuelle Identitätsbildung fällt solchen Personen leichter als solchen mit sexuellen Besonderheiten, Akzentuierungen oder »Absonderlichkeiten«. Für Letztere ist die Aufgabe, einen Umgang mit der eigenen Sexualität zu finden, allerdings eine große Herausforderung! Sie haben häufig das Gefühl: »Ich bin falsch. Das, was ich mir wünsche, ist nicht in Ordnung. Meine Fantasien sind verwerflich, sie sind ekelhaft, vielleicht ›pervers‹… also bin auch *ich* pervers, ich bin ein Schwein, mit mir will eigentlich keiner etwas zu tun haben. Also muss ich das verbergen.« In den Jahren des Verbergens merken sie aber, dass ihre Wünsche nicht verschwinden. Die Bedürfnisse bleiben, und – schlimmer noch – sie wollen irgendwie raus. Durch eine solche Fehlverarbeitung wird in der Regel das Selbstwertgefühl stark in Mitleidenschaft gezogen.

Integration drückt sich darin aus, dass ein Mensch das eigene So-Sein als Teil seiner Persönlichkeit akzeptieren und in sein Selbstbild und seine Identität einbauen kann. Es bedeutet, dass der Betroffene mit seinen von ihm als problematisch erlebten Eigenanteilen ein Selbstkonzept entwickelt, das weder ihn selbst noch andere beeinträchtigt.

Um ein Beispiel zu nennen, das gar nicht mal so selten vorkommt: Eine Person steht auf die Einbeziehung von Ausscheidungen in die sexuelle Interaktion, »Natursekt und -kaviar« und solche Sachen. Wenn er das akzeptieren könnte, wäre er eventuell in einem weiteren Schritt in der Lage, diese Präferenz seinem Partner oder seiner Partnerin gegenüber zu äußern. Und der/die könnte dann sagen: »Du, das muss ich nicht haben. Wenn du nicht drauf bestehst … Ohne fänd ich schöner.« Oder: »Hab ich nichts dagegen – ist vielleicht nicht meine besondere Vorliebe, schreckt mich aber auch nicht ab.« Wie die Reaktion ausfällt, weiß man vorher nicht. Bei »Integration« geht es nicht um das Verhandlungsergebnis, sondern darum, in der Lage zu sein, seine Vorlieben innerlich zu akzeptieren und sich mit seinen eigenen Wünschen und Bedürfnissen zu offenbaren. Wenn das gelingt, muss der Betroffene seine Sexualpräferenz weder an die große Glocke hängen oder zum einzigen Modus seiner sexuellen Begegnungen machen, noch muss er sie unterdrücken und im stillen Kämmerlein verbergen. Er hat für sich einen Weg gefunden, sein So-Sein in ein Kontakt- und Beziehungsgeschehen einzubinden, und zwar im Sinne eines Sowohl-als-auch: Er hat eine Präferenzbesonderheit, die er akzeptieren und kommunizieren kann, ohne dass diese

Besonderheit unbedingt in jeder sexuellen Interaktion inszeniert und ausagiert werden muss.

Bei Patienten, die ich in solchen Integrationsprozessen unterstütze und begleite, kommt es nicht selten vor, dass sie zu Beginn der Therapie in eine Art Überkompensation verfallen, die ich *Over-Coming-out* nenne: Alles, was diese Menschen ihr ganzes Leben lang unterdrückt, geleugnet und verborgen haben, das kann, darf, soll und muss jetzt endlich und ein für alle Mal raus! Und zwar immer und überall und gegenüber allen und jedem, ganz egal in welcher Beziehung sie zu dieser Person stehen. Das Pendel, das über Jahre in der Ecke totaler Unterdrückung und Verdrängung arretiert war, schwingt jetzt plötzlich ins Gegenextrem. Am liebsten würden solche Menschen mit einem Transparent herumlaufen, auf dem steht: »Seht her! Ich bin schwul!« Sie rutschen vom einen Extrem des Entweder-oder-Dilemmas in das andere, was bedeutet: Eine Integration ihrer Präferenz in ein lebbares und angebrachtes Sowohl-als-auch ist ihnen noch nicht gelungen.

In der weiteren Arbeit können die Betroffenen dann lernen, dass sie niemandem irgendetwas über ihre Sexualität erzählen müssen, um sozial gut zurechtzukommen. Wir üben das, indem ich frage: »Was wissen Sie denn von der Sexualität der Person, der gegenüber Sie sich jetzt unbedingt outen wollen?« Dann stellt sich raus: Nichts! »Und genauso viel müssen Sie auch dieser Person über Ihre Sexualität mitteilen! Wesentlich ist stattdessen zu lernen, sich demjenigen Menschen gegenüber zu öffnen, der als einziger mit Ihrer Sexualität konfrontiert ist: Ihrem Partner oder Ihrer Partnerin.«

Ich würde gern noch einmal auf das »nicht integrierte Geschehen« des Mannes, der nach Polen fuhr, zurückkommen und versuchen, es auch auf andere Fälle zu übertragen. Ist denn jedes betrunkene Rumvögeln als »nicht integriertes Geschehen« zu bezeichnen?

Nein. Wenn sich zwei Leute kopflos betrinken, dann die ganze Nacht rumvögeln und das super finden, gibt es kein Problem und keinen Anhaltspunkt dafür zu sagen, da sei irgendetwas desintegriert!

Rauschmittel wirken enthemmend. Das heißt, die Bedürfnisse, die vorhanden sind, treten nackt zutage, und der moralische Wasserpegel sinkt. Was übrig bleibt, sind die Inseln des Begehrens, die sozusagen aus dem moralischen Ozean herausragen. Diesen Wasserstand gemeinsam sinken zu lassen ist die Funktion alkoholischer Enthemmung. Dadurch kommt man leichter zueinander, übereinander und – wenn der Alkoholpegel nicht zu hoch ist – auch leichter ineinander und miteinander ... Aber das hat mit Desintegration überhaupt nichts zu tun. Denn das, was diese Menschen wollen, finden sie eigentlich in Ordnung, sie finden sich auch in ihren Wünschen und Bedürfnissen im Großen und Ganzen in Ordnung. Sie haben vielleicht nur das Gefühl, dass das, was sie da miteinander tun, eventuell nicht ganz so okay ist, wenn sie vielleicht gerade fremdgehen. Wenn sie auf dem Elternabend gewähnt werden, während hier ganz andere Sachen stattfinden. Das ist das, was zwickt und beißt. Und über diese moralische Hemmschwelle kann ein gemeinsames Trinken leichter hinweghelfen. Mit Desintegration hat das aber nichts zu tun.

Wenn allerdings jemand seine eigenen Wünsche so wenig aushalten und ertragen kann, dass er sich selbst betäuben und so weit enthemmen muss, um überhaupt einen Kontakt zulassen zu können, dann kann man das durchaus als Ausdruck von Desintegration bezeichnen.

*Unser Kapitel heißt »Worauf stehen wir?«. Nicht nur das Beispiel des homosexuellen Mannes, der nach Polen fährt, macht aber deutlich, dass es sexuelle Verhaltensweisen gibt, auf die die beteiligten Personen gerade **nicht** stehen, obwohl sie sie ausüben. Ist Sexualität also nicht nur der von Ihnen beschriebene »Himmel auf Erden«, sondern manchmal auch eine »Hölle im Kopf«?*

So ist es. Oder vielleicht noch ein bisschen komplizierter. Denn dieser Mann, der nach Polen fuhr, stand ja sehr wohl auf Männer. Aber er konnte den Umstand, dass er sich von Männern angezogen fühlte, nicht ertragen und nicht integrieren. Deswegen war seine Homosexualität für ihn die Hölle im Kopf. Die erniedrigenden Umstände seiner sexuellen Erlebnisse sind nicht das Resultat seiner sexuellen Orientierung, sondern das Resultat einer nicht integrierten Sexualpräferenz und einer dysfunktionalen Realisation auf der Verhaltensebene. Die Gefühle, die er für Männer empfand, hätten sehr wohl sein Himmel auf Erden werden können. Seine fehlende Fähigkeit aber, diese Gefühle auf gesunde Art und Weise auszuleben, führte dazu, dass sie für ihn auch noch zur Hölle auf Erden wurde.

Heißt das: Irgendetwas anderes ist böse? Die Gesellschaft, der »Trieb« – aber nicht der Sex?

Böse ist nur Dr. No bei James Bond. Alles andere ist menschlich.

KAPITEL 3

Der Illusionsvertrag –
Verlieben und Zusammenkommen

I'll be your mirror
Reflect what you are
In case you don't know

The Velvet Underground

Verlieben: Der Taumel, der uns erfasst, wenn uns Amors Pfeil erwischt. Dichter dichten, Philosophen philosophieren darüber, Sänger singen davon ... Aber sind Sie als Sexualpsychologe, lieber Herr Ahlers, überhaupt der richtige Ansprechpartner für dieses Thema?

Leider trete ich in der Regel erst auf den Plan, wenn die Schmetterlinge verflogen und die Geier auf den Bäumen gelandet sind. Trotzdem habe ich auch mit Verliebtheit zu tun – nicht nur mit den Ruinen davon.

Zu Beginn einer Paar- bzw. Sexualberatung kläre ich mit den Partnern, welches Anliegen jeder einzelne hat und was beide voneinander wollen. Stellt sich dabei heraus, dass es eine Schnittmenge der Anliegen gibt und beide ihre Beziehung erhalten wollen, weil ihnen etwas aneinander und an der Partnerschaft liegt, dann beginnen wir mit einer Paaranamnese. Dabei bietet es sich an, die Phase des Kennenlernens und der ersten Verliebtheit aufzurufen und das Paar von seinen Anfängen erzählen zu lassen. Um zu klären, was sie ursprünglich im jeweils anderen sahen, wie sie sich ihre Zweisamkeit vorstellten – und wo sie sich heute sehen, was eventuell seit damals verloren gegangen oder aber neu entstanden und gewachsen ist. Ich prüfe also mit dem Paar, wessen innere Ampel welche Lichtfarbe zeigt. Beide grün bedeutet: Wir haben vielleicht eine Aufgabe, aber kein Problem. Einer grün, einer gelb bedeutet: Wir haben ein Problem, das klärungsbedürftig ist. Einer gelb, einer rot bedeutet: Hier liegt womöglich eine Störung vor, die gegebenenfalls behandlungsbedürftig sein könnte. Beide rot bedeutet: Trennungsbegleitung, die Geier kreisen schon.

Diese sogenannte »Beziehungsklärung« ist eine unbedingte Voraussetzung für jede Paar- oder Sexualtherapie. Ein ziemlich unromantischer Vorgang. Da geht es nicht ums Schwärmen, Begehren, Verführen, Den-Hof-Machen. Da schauen zwei Menschen zurück und fragen sich: Wie sind wir eigentlich zusammengekommen und warum? Was ist dann mit uns passiert? Wie sind wir dorthin gekommen, wo wir jetzt sind? Und wo stehen wir heute?

Die Beziehungsklärung beginnt mit der Erzählung davon, wie die beiden sich verliebt haben? Warum?

Weil das Paar dadurch seine Ressourcen aktiviert. Die Phase der Verliebtheit ist der Zeitraum einer Beziehung, den aller Wahrscheinlichkeit nach beide toll fanden. Denn wenn zu Beginn nicht beide das Ganze in irgendeiner Weise, aus irgendwelchen Gründen gut gefunden hätten, wären sie ja kein Paar geworden. Anders gesagt, weil sie sich in dieser Phase vermutlich noch weitgehend einig waren, ist dies eine so gute Übung.

Die Partner vergewissern sich also ihrer Gemeinsamkeiten, versichern sich wechselseitig ihrer geteilten Geschichte. Damit schaffen sie eine gute Basis, um sich auseinander- und eventuell auch wieder neu zusammenzusetzen. Beide können erst einmal ankern und sagen: »Ja, das war schön, damals. Weißt du noch, dieses Konzert, auf das du mich mitgenommen hast, mit verbundenen Augen? Ach Mensch, und dann spielte PUR ›Komm mit ins Abenteuerland‹. Großartig!« Das legt ein Fundament und macht Mut, um von dort aus gemeinsam auf die schwierigeren Themen des Beziehungsverlaufs zuzugehen.

Aber es geschieht noch etwas anderes. Wir bekommen durch diese Erzählung einen Einblick in den Gründungsmythos der Beziehung und in die möglicherweise unterschiedlichen Bindungsmotive der Partner. Und wenn ich »wir« sage, meine ich mich und das Paar. Dieser Einblick geschieht dadurch, dass beide davon berichten, wie sie ihr Kennenlernen damals erlebt haben: wie euphorisiert, romantisch, schwärmerisch – oder wie nüchtern, sachlich und pragmatisch. Eventuell merkt einer der beiden dadurch: »Ich war offenbar ganz allein in meinem Schmetterlingswolkennebel!

Für mich hat sich das damals angefühlt wie eine schicksalhafte Bestimmung und die größtmögliche Erfüllung all meiner Sehnsüchte und Bedürfnisse – aber wenn ich höre, wie *du* unseren Start erlebt hast, war das wohl eher etwas, das vor allem *in mir* abgelaufen ist.« Dann setzt möglicherweise auch Ernüchterung ein.

Man kann an diesem Beispiel aus der Paaranamnese schön die integrale Verknüpfung von therapeutischem und diagnostischem Gespräch sehen: Das eine geht mit dem anderen einher. Jede Frage, die ich im diagnostischen Prozess stelle, hat bereits eine therapeutische Auswirkung auf das Paar.

Sie sprachen gerade von unterschiedlichen »Bindungsmotiven«. Könnten Sie die genauer beschreiben?

Bindungsmotive sind vielfältig. Sie können von innen und von außen kommen. Deshalb spreche ich auch von intrinsischen und extrinsischen Bindungsmotiven.

Intrinsisch und anastatisch nenne ich ein Bindungsmotiv, wenn die Verliebtheit zunächst keinerlei sonstigen Zweck für den Liebenden erfüllen muss. Wenn man den anderen einfach auf sich zukommen lässt, ihn oder sie freundlich beäugt und genießt. Verliebtsein in Reinform sozusagen. Bei dieser Motivation geht es nicht darum, dass ich den anderen für mich (für irgendetwas) *brauche,* sondern seinet- oder ihretwegen *will.* Ein großer Unterschied. Es geht um gemeinsames Wachstum, um Entwicklung und Entfaltung: »Mit dir gemeinsam bin ich *mehr* als allein. Mit dir wachse ich. Zusammen sind wir mehr als die Summe unserer Teile.« So ungefähr. Das kommt in dieser Ausschließlichkeit aber selten vor.

Extrinsische Bindungsmotive bezeichne ich auch als funktionale, utilitaristische oder defizitkompensatorische Bindungsmotive. Woran man schon hören kann, dass die Bindung in einem solchen Fall vorrangig einen Zweck erfüllen soll: einen als unangenehm empfundenen oder befürchteten Zustand zu beheben oder zu vermeiden. Menschen mit solchen Bindungsmotiven wollen allerhand: Nicht mehr alleine sein, jemanden nur für sich haben, sich mit jemandem schmücken, bei Einladungen jemanden mitbringen können; sie wünschen sich finanzielle Entlastung beziehungsweise Versorgung, alltagsorganisatorische Arbeitsteilung, gemeinsame Urlaubsplanung, wollen an Weihnachten nicht alleine unter dem Christbaum sitzen, ihren langgehegten Kinderwunsch erfüllen und eine Familie gründen und so weiter und so fort.

Ist das etwas Schlechtes?

Gut oder schlecht sind keine Kategorien meiner Berufsausübung. »Es ist, was es ist«, sagt der Therapeut. Ohnehin ist alles, was uns Menschen bindet, ein Mischgeschehen aus extrinsischen und intrinsischen Bindungsmotiven. Die astrale Reinform, in der jemand ausschließlich altruistisch liebt und nichts für sich haben möchte, die gibt es wie gesagt selten. Den anderen Extremfall, dass jemand sich einen Dreck für seinen Partner interessiert und lediglich Löcher in seinem emotionalen, finanziellen und organisatorischen Haushalt stopfen möchte, den gibt es schon öfter, aber auch so gut wie nie pur. In der Regel haben wir es mit einer Mischung aus beiden Motivationen zu tun. Auch hier haben wir es mit einem Kontinuum zu tun, auf dem wir alle platziert sind, mal mehr hier, mal mehr dort. Das Allermeiste liegt wie immer *zwischen* den Extremen.

Deshalb ist es in einer ersten therapeutischen Bestandsaufnahme hilfreich, eine Übersicht über diese möglicherweise unterschiedlichen Beweggründe zu bekommen. Das ist nicht immer schön, das fühlt sich nicht immer gut an und fällt den Partnern dementsprechend schwer: Chiffon-Tutu und Paravent müssen zur Seite. Häufig verblassen dann der romantische Schimmer und die Poesie des Gründungsmythos. Stattdessen hält die Prosa der Verhältnisse Einzug, und die Banalität der eigenen Motivation tritt zutage: »Ich wollte vor allem ein Kind. Das war für mich das Wesentliche.« Oder: »Ich war das Alleinsein satt und wollte die lästigen Fragen von Freunden und Verwandten loswerden.« Beide Aspekte haben erstmal nichts mit dem jeweils anderen zu tun. Das ist ein Prozess der Desillusionierung und der Entromantisierung. Er fordert Mut und Kraft und vor allem die Bereitschaft, erwachsen zu werden. Denn der Illusionsvertrag, den wir beim Verlieben schließen, ist ja auch Ausdruck kindlichen Schwärmens. Und wir alle wollen auch ein bisschen Kind bleiben.

Illusionsvertrag?

Im Verliebtsein suggerieren wir uns gegenseitig, dass sich all unser Sehnen und Streben einzig auf den anderen richtet. Wechselseitig versichern wir uns, dass es allein um den anderen geht – obwohl Verliebtheit wesentlich mit uns selbst und der Erfüllung unserer Bedürfnisse zu tun hat.

Illusionsverträge schließen wir übrigens recht häufig im Leben. Bei jedem Film, den wir gucken, bei jedem Märchen, das wir hören, bei jedem Theaterstück, in das wir gehen, schließen wir einen Illusionsvertrag: Wir beschließen zu glauben, dass das, was uns erzählt wird, was wir sehen und hören, wahr ist. Darauf lassen wir uns immer wieder ein, weil wir sonst nicht unterhalten werden und nichts erleben können.

Heißt das, dass der andere eine Projektionsfläche ist?

Aber ja! Stellen Sie sich vor, Sie lernen jemanden kennen, den Sie toll finden. Warum finden Sie den toll? Weil er erstens Ihrer Sexual- und zweitens Ihrer Beziehungspräferenz entspricht und drittens zufällig zur rechten Zeit am rechten Ort ist. Nun sagen Sie mir: Was hat all das mit der anderen Person zu tun? Davon abgesehen, dass die Kompatibilität des anderen mit diesen Aspekten überhaupt die Voraussetzung für den Prozess des Verliebens darstellt, hat sie nur wenig mit dem anderen zu tun.

Wenn das Gefühl der Verliebtheit vom anderen erwidert wird und es vielleicht sogar zu sexuellem Kontakt kommt, wird er (oder sie) auf Gedeih und Verderb und von Tag zu Tag mehr zur Quelle der vermeintlichen Erfüllung all meiner Bedürfnisse und Sehnsüchte. Die Fantasiemaschine läuft auf Hochtouren: Absichten, Ansichten, Anliegen, Bedürfnisse und Wünsche, alles kommt da mit hinein, und zwar von beiden Seiten. Die Maschinen erhöhen die Umdrehungszahl, beide idealisieren, glorifizieren, imaginieren und fantasieren, wie Gegenwart und Zukunft mit der anderen Person aussehen könnten. Alles schäumt über wie ein Vollwaschgang mit zu viel Pulver, und genau das heißt Verlieben! »Mit dem anderen wird alles toll, mit dem kann ich ganz anders und endlich einmal ich selbst sein, meine Sorgen werden weniger, und ich werde glücklich sein.«

In diesem Illusionsvertrag, bei diesen Projektionen, ist der andere Mensch nicht ausgeblendet, sondern von unseren Bedürfnissen, Wünschen und Sehnsüchten überblendet und dadurch womöglich sogar geblendet. Er ist beteiligt, indem er eine passende Leinwand für unsere Projektionen bildet. Dabei ist diese Leinwand keineswegs irrelevant, die *muss* es geben, und sie kann gut oder schlecht reflektieren. Aber die *Inhalte,* die Wünsche, um die es geht, die sind eingespeist, und zwar vom Projizierenden.

In diesem Prozess interpretieren wir Gesten und Verhaltensweisen des anderen so, dass sie unseren Wünschen und Bedürfnissen entsprechen, was dazu führt, dass sie eine überhöhte Bedeutung erlangen. Viele Menschen haben beispielsweise das Gefühl, sich in ihrem alltäglichen Leben zwar verständlich machen zu können, aber sie fühlen sich nicht unbedingt im eigentlichen Sinne »verstanden«. Sie haben also nicht das Gefühl, dass jemand Zugang zu dem hat, wer sie *wirklich* sind, was sie *wirklich* meinen und wollen. Gerade dieses Gefühl erleben aber viele Menschen im Verlieben. Ich bekomme oft von ersten Dates erzählt: »Ich habe sofort gemerkt, dass wir uns verstehen. Sie (oder er) wusste genau, was ich meine.« Seelenverwandtschaft, eine tiefere, mitunter spirituell erlebte innere Verbundenheit. Und die wird ganz häufig abgeleitet aus total zufälligen Momenten der Synchronisation: »Wir haben im selben Moment das Gleiche bestellt! Dasselbe gedacht! Dasselbe gesagt! Wir mögen beide Spaghetti Carbonara und Eros Ramazzotti, ist das nicht irre?!«

Neben der Synchronisierung von Blicken und Gesten, durch die sich die Verliebten wechselseitig reflektieren, gibt es dazu noch eine andere körperliche Entsprechung, den ich als »Drall« bezeichne: Verliebte berichten oft davon, wie sie beim Spazierengehen mit dem Objekt ihrer Liebe das Gefühl hatten, sie wären voneinander quasi biomagnetisch angezogen. Sie berührten sich im Gehen unwillkürlich mit den Armen und Händen, rempelten sich mitunter sogar an oder stießen aneinander. Als entstehe da eine Drift, ein merkwürdiger Taumel, eine Art Drall zueinander hin. Als würden aus Parallelen unwillkürlich Tangenten. Ein Phänomen, das sie beim Gehen mit Personen, die nicht in einer solchen Weise affektiv besetzt sind, niemals erleben.

Das mag alles so sein: Aber aus der Vielzahl dieser faszinierenden Details eine tiefe Verbundenheit und Seelenverwandtschaft abzuleiten – *das* geschieht nur im Prozess des Verliebens, und deshalb spreche ich von einem Illusionsvertrag. In ihm spiegelt sich unser Grundbedürfnis nach Zugehörigkeit, nach Erlösung durch die Überwindung von Vereinzelung. Es geht darum, mit dem eigenen Erleben und dem eigenen Sein nicht alleinzustehen, sondern auf jemanden zu treffen, mit dem dieses Gefühl von Vereinzelung abklingt oder sogar überwunden werden kann.

Aber das Gefühl erscheint verdammt echt. Fantastisch – und nicht fantasiert.

Gefühle sind immer wahr! Und diese Gefühle sind fantastisch! Nichts daran ist fantasiert. Alles findet wirklich statt. In der Paartherapie schauen wir allerdings dahinter, wir versuchen zu erkennen, was hinter den fantastischen Gefühlen wirkt, wie die Mechanik dieses Phänomens aussieht. Als blickte man in das Innere einer Spieluhr. Die wunderbare, verzaubernde Melodie bleibt echt, wahr und da, aber wir können sehen, wie sich die Zahnräder im Inneren drehen.

Die Intensität dieses menschlichsten aller Gefühle bildet sich durch Botenstoffe in unserem Organismus ab. Schmetterlinge im Bauch fühlt man ja wirklich! Es gibt Menschen, die bekommen vor Verliebtheit feuchte Finger, einen trockenen Mund, Durchfall, fangen an zu stottern, reden dummes Zeug oder laufen gegen Laternen! Der Zustand des Verliebtseins ist dem Zustand des Wahnsinns sehr nahe. Und das ist er nicht nur psychosozial, sondern auch biochemisch. Wenn es uns richtig erwischt hat, ist die Pulsation der Botenstoffe in unserem Körper ähnlich ausgeprägt wie bei tatsächlichen psychischen Erkrankungen, zum Beispiel bei psychotischem Beziehungserleben, in dem der Betroffene das unverrückbare Gefühl hat, der Nachrichtensprecher im Fernsehen vermittle geheime Botschaften eigens an ihn.

Verliebt sind wir alle nicht ganz bei Trost, nicht recht bei Verstand, das nennt man dann die »rosarote Brille«. Und durch die sehen wir den anderen nicht als den, der er ist (was auch immer das sein soll) – sondern als das, was wir in ihm sehen wollen. Ein Rest an Kritikpotenzial bleibt vielleicht vorhanden – deutlich problematische Verhaltensweisen des anderen nimmt man schon noch wahr –, aber im Wesentlichen hat der römische Komödiendichter Terenz recht gehabt mit seinem Diktum *»Amantes amentes«* – Verliebte sind Verrückte.

Das klingt alles etwas ernüchternd ...

Ich weiß, dass das, was ich über die Verliebtheit als Illusionsvertrag und Projektionsprozess sage, für viele eine irritierende und provozierende Sichtweise darstellt. Schließlich ist die romantisierende Verklärung von Verliebtheit in unserer Gesellschaft eine Art Dogma. Das ist das, was alle Partnerportale ausloben, das ist das, was wir alle haben wollen, letztlich ist es das Schmiermittel einer ganzen Partnerindustrie. Vom Deo über die Versicherung bis hin zum Auto verkauft sich so gut wie alles über Verliebtheitsversprechungen. Wenn man das Ganze aber als einen Prozess entbirgt, in dem es im Wesentlichen um das Selbst geht und gar nicht so sehr um den anderen – wenn man den Verliebtheitsvorgang also als das beschreibt, was er ist, nämlich als einen autoreferenziellen Prozess, bei dem der andere *Auslöser* unserer Affekte, nicht aber *Ursache* unserer Gefühle ist, dann wird das als unromantisch, störend und empörend empfunden. Als Trivialisierung eines faszinierenden Phänomens, als Banalisierung eines erstrebenswerten Zustandes, als Profanierung eines heiligen Gefühls. Als Desillusionierung eben.

Wenn ich Verliebtsein als Illusion beschreibe, widerspricht das keinesfalls der Tatsache, dass es sich dabei um eines der schönsten Gefühle des Lebens handeln kann. Wenn Menschen das nicht erleben – oder erleben können –, stellt das oft eine Entbehrung dar. Wenn jemand unter unerwiderter Verliebtheit leidet, nehme ich das als Therapeut sehr ernst und versuche dem Betroffenen dabei zu helfen, hinter die Vorgänge zu schauen und herauszufinden, welche Motivation seinem Verlieben innewohnt, welche tieferliegenden Wünsche und Bedürfnisse unerfüllt sind, die durch Verlieben erfüllt werden sollen.

Projizieren Männer eigentlich andere Dinge als Frauen?

Wir haben es bei geschlechtstypischen Unterscheidungen immer mit holzschnittartigen Stereotypisierungen zu tun. Im Großen und Ganzen scheint es aber so zu sein, dass sich Projektionen bei Männern – zumindest beim ersten Date – stärker auf die Erfüllung erotischer Wünsche beziehen. Männer stellen sich die Frau, die ihnen gegenübersitzt, relativ rasch nackt vor und fragen sich, wie es wohl im Bett mit ihr ist, ob sie leidenschaftlich und experimentierfreudig ist oder eher schüchtern und zurückhaltend. Frauen hingegen scheinen von Anfang an stärker mit der Beziehungs-ebene befasst zu sein: Bringt mich mein Gegenüber zum Lachen? Ist er treu? Könnte ich es mit dem aushalten? Es sei denn, es ist klar, sie will ihn nur für eine Nacht oder eine erotische Affäre ab-schleppen, dann unterscheiden sich die Projektionen bei Männern und Frauen wenig.

Viele Menschen erinnern sich an ihre ersten, jugendlichen Verliebt-heiten nicht unbedingt als toll oder betörend, sondern eher als ver-störend.

Die ersten Lieben gehören zu dem Prägendsten, was ein Mensch erleben kann. Ich erinnere mich an einen Patienten, dem durch eine erste, widrige Erfahrung einer unerwiderten Verliebtheit alle Leichtigkeit und Heiterkeit des Verliebens abhandengekommen zu sein schien. Er berichtete von dem Gefühl, unbezähmbaren Kräften ausgeliefert zu sein, denen er aber auch gar nichts entge-genzusetzen hatte. Er erinnerte sich an eine Theateraufführung, während der er geschlagene zwei Stunden anstatt auf die Bühne gebannt auf die Hände der Angebeteten starrte … Die Vorstellung, dieses Mädchen jemals zu berühren oder gar zu küssen, war für ihn undenkbar, unaushaltbar! Jeder Blick, jede Geste, jedes Wort, jedes Haar-hinters-Ohr-Streichen ihrerseits förderte seine totale Verfallenheit. Seine Welt war geronnen in der Gebanntheit durch diese Vertreterin des anderen Geschlechts, so beschrieb er mir das. Sie erwiderte seine Gefühle jedoch nicht. Stattdessen wurde er in seiner Verliebtheit bloßgestellt und dadurch tief beschämt. Das hat ihn traumatisiert und ihn gelehrt, dass Verliebtheit etwas Schreckliches, Bedrohliches und Gefährliches ist. Bis in sein Er-wachsenenalter hatte dieser Mann Beklemmungsgefühle, wenn ihm eine Frau entgegenkam, die dem Phänotyp seiner damali-gen Angebeteten entsprach. Er muss sich setzen und durchatmen. Nicht bildlich, sondern tatsächlich! »Eisenbänder ums Herz«, so nannte er das. Auch das kann Verliebtsein bedeuten, größtes Leid

und tiefste Qual. Eingespannt zu sein in ein magnetisches Kraft-
feld, hilflos, haltlos, rettungslos.

*Ist »Liebe« nicht gerade für junge Menschen ein Zeichensystem, das
schwer zu verstehen ist?*

Über die Zeichensprache der Liebe haben ja vor allem französische Philosophen und Semiologen schlaue Bücher geschrieben,
Roland Barthes, Jean Baudrillard, Julia Kristeva. Große Teile von
Marcel Prousts Romanzyklus »Auf der Suche nach der verlorenen
Zeit« handeln davon, wie die Liebeszeichen der anderen zu lesen
seien. Und tatsächlich – wenn auch etwas profaner: Verliebtheit
kann tatsächlich wie eine fette 300-GB-Datei auf dem eigenen
Rechner sein, die sich bei Doppelklick nicht öffnet. Nach wiederholten Versuchen erscheint auf dem Bildschirm ein Fenster mit ro-
tem Kreuz, und da steht: »Anwendungssoftware nicht verfügbar«.
Das erleben viele Jugendliche: Alles ist da, die Erfüllung all meiner Bedürfnisse liegt vor meinen Augen auf meiner eigenen Fest-
platte. Ich klicke drauf, doppelt, immer wieder, aber die Anwendungssoftware fehlt. Ich weiß nicht, was ich tun muss, um mein
Herz und das des anderen zu öffnen und zueinanderzukommen.

Heißt verlieben nicht auch, sich in Würde lächerlich zu machen?

Ich finde, eine anrührende Form, sich bloßzustellen und zu entäu-
ßern, ist Verliebtheit dann, wenn sie auf Gegenliebe stößt. Nicht
erwiderte Verliebtheit erleben die meisten Menschen als buchstäblich peinlich. Damit Verliebtheit nicht schmerzhaft wird, braucht
es einen liebevollen und gütigen Blick des anderen. Der ist aber
nicht immer gegeben – meist aus Gründen der Überforderung
oder Hilflosigkeit. Grausam kann es werden, wenn der Verliebte sich offenbart und vom anderen darin nicht gehalten, sondern
ins Offene gestellt wird. Und das in einer Situation, in der er un-
geschützter nicht sein kann. Eigene Verliebtheit offenbaren heißt,

vollständig exponiert, vollständig nackt zu sein. Wenn der andere kein emotionales Badelaken zur Hand nimmt, unsere Blöße damit bedeckt und sagt: »Mit uns, das wird nichts, ist aber nicht schlimm, zieh dich mal wieder an, damit du dir keinen Schnupfen holst«, dann kann das äußerst beschämend sein.

Solche Erlebnisse haben den Euphemismus »Liebeskummer« in keiner Weise verdient. Es handelt sich dabei um lebensgefährliche Krisen. Um Phasen, in denen sogar Selbstmordgedanken entstehen können – auch bei ansonsten relativ stabilen Personen. So wie Verliebtsein ein privates Weltereignis ist, ist die nicht erwiderte oder sogar lächerlich gemachte Verliebtheit der private Super-GAU. Man kann tatsächlich an gebrochenem Herzen sterben. Im klinischen Kontext ist das eine sehr ernstzunehmende Situation, nicht nur im jugendlichen Alter. Ich habe Patienten, die an nicht erwiderter Verliebtheit, an Zurückweisung und Ablehnung beinahe zugrunde gegangen sind. Sie leiden nicht nur darunter, dass ihre Gefühle nicht erwidert werden; viel schlimmer noch: Die Nichterwiderung »beweist« für sie die absolute Wertlosigkeit und Unwürdigkeit ihrer eigenen Person!

Manche Menschen können so etwas leicht wegstecken: »Das geht schon vorbei, trinken wir einen Tequila, die Zeit heilt alle Wunden« und so weiter. Andere tun sich damit erheblich schwerer. Sie bleiben an dieser Klippe hängen. Für sie ist nicht erwiderte Verliebtheit der schlimmste *Bug* im Betriebssystem des lieben Gottes.

Es gibt relativ neue Untersuchungen über Menschen, die eindeutige Symptome eines Herzinfarkts aufweisen: Schmerzen in der Brust, Atemnot, Kaltschweiß. Im Krankenhaus beim EKG kann man bei ihnen alle infarkttypischen Veränderungen der Herzstromkurve messen, dazu erhöhte Enzymwerte im Blut ... Erst die Herzkatheter-Untersuchung liefert den überraschenden Befund: kein Herzkranzgefäß verstopft, alle Gefäße offen – ein Herzinfarkt ohne biophysiologisches Korrelat. Und wissen Sie, wie man eine solche Krankheit nennt? *Broken-Heart-Syndrom.*

Liebeskummer – der Einfachheit halber verwende ich diesen Euphemismus nochmals – trifft einen in der Jugend aber schon härter als später im Leben; so kommt es mir zumindest vor.

Das würde ich nicht uneingeschränkt bestätigen. Aber klar ist: Wenn man jung ist, ist man im Zweifelsfall »mit Haut und Haar« verliebt, also: *nichts anderes als* verliebt. Je jünger wir sind, desto größer und absoluter erleben wir unsere Gefühle. Für viele ist die erste Liebe so global und so absolut, dass sie den Eindruck haben, später nie wieder eine vergleichbare Intensität des Verliebtseins erlebt zu haben. Das sollte man bedenken, wenn man solche Gefühle bei Teenagern als Pubertätsquerelen abtut. Je kleiner der Mensch, desto größer die Gefühle! Als junger Mensch hat man im Zweifelsfall noch kein stabiles Selbstwertgefühl, kein Fundament, auf dem man sicher steht. Wenn man erwachsen ist, weiß man in der Regel: Ich bin nicht nur ein unglücklich Liebender, sondern *auch* eine tolle Köchin, *auch* eine gute Freundin, ein geschätzter Kollege, ein guter Gärtner und so weiter. Das ist einer der wohltuenden mildernden Nebeneffekte des Älterwerdens: gelassener werden zu können, sich nicht vollständig in einem Verliebtheitsgeschehen verlieren und auflösen zu müssen. Das könnte man als Reifung bezeichnen.

Verlieben ist etwas Wunderschönes – und zugleich etwas, das uns zur Disposition stellt und aufs Spiel setzt.

Ich möchte noch einmal auf die Projektionen zurückkommen. Das Schöne am Verlieben ist ja nicht unbedingt, dass ich projizieren darf – viel schöner ist doch, was auf mich projiziert wird! Dass ein aufregendes, intelligentes, schönes Gegenüber mich toll findet ... Die mitreißende Erfahrung, aufgewertet zu werden durch die Augen des anderen.

Das, was Sie da beschreiben, nennt man in der Kriminalpsychologie »*Etikettierung*«: Wir werden zu dem, als der oder als das wir vom anderen gesehen und bewertet werden. »Einen Menschen lieben heißt, ihn so zu sehen, wie Gott ihn gemeint hat«, sagt

Dostojewski. Ihn nicht zu sehen, wie er *ist,* sondern ihn in seinen Ressourcen und Potenzialen erkennen. Das ist der Grund, warum wir uns am liebsten *immer wieder* verlieben wollen. Wenn mich jemand bewundert und umschwärmt und anbetet, dann fühlt sich das verflixt gut an. Dann *werde* ich auch schön und begehrenswert und richtig und wichtig. Ein dazu passendes volkstümliches Sprichwort lautet: »Für die ganze Welt bin ich nur irgendjemand. Werde ich geliebt, bin ich für irgendjemand die ganze Welt!« Wir werden tatsächlich zu dem, was der andere in uns wahrzunehmen vermag, und sind dann das, was er in uns sieht. So, wie alles Leben dem Licht zustrebt, streben wir dem Geliebtwerden entgegen. So, wie das Sonnenlicht alles wachsen und gedeihen lässt, so lässt die Liebe uns wachsen und gedeihen.

Und andersherum kann unerwiderte Verliebtheit uns gefühlt unter Bewährung stellen. Wir haben das Gefühl, uns beweisen zu müssen. Und Bewährung ist Beschattung. Unter Beschattung wächst nichts.

Allerdings gibt es Verliebtheit auch in neurotischen Ausprägungen. Ich spreche vom Don-Juan-Typ, Mr Perfect, Latin Lover: Ein schöner Mann, ein Traumtyp, der alle Frauenherzen erobert, für den alle Frauen schwärmen, der sich aber nach einer Eroberung niemals auf eine Partnerin einlassen kann, weil er eigentlich bindungsgestört ist. Er tut alles dafür, dass sich Frauen in ihn verlieben, ohne dass es in ihm selbst eine Bereitschaft oder Möglichkeit zur Einlassung gäbe. Er überschüttet eine Frau mit Aufmerksamkeiten und Charme, bis sie vollends verliebt ist – was für ihn die maximale Gratifikation seines brüchigen Selbstwertgefühls darstellt – und wendet sich dann der nächsten Quelle seiner Selbstbestätigung zu. Denn wer ihm einmal seine Liebe gestanden hat, ist für ihn als Verstärker verbraucht, nur noch eine ausgesaugte Hülse am Wegesrand, eine leere Puppenhülle. Und so schreitet er zur nächsten Frau, die sein Selbstwertgefühl zu stützen geeignet ist – indem sie sich in ihn verliebt.

Das Heimtückische dabei ist: Gerade aufgrund seiner Selbstwert- und Bindungsstörung ist ein solcher Mann der perfekte Verführer – denn er ist emotional nicht involviert! Jemanden zu steuern und zu manipulieren ist nur möglich, wenn man selbst nicht emotional in das Beziehungsgeschehen eintritt, wenn man in der Rolle des Beobachters und Kontrollers verbleibt, weil man nichts fühlt und nur der andere etwas erlebt. In der Sekunde aber, in der ich verliebt bin, lasse ich mich ein und gehe in der Begegnung auf. Und das kann ich nur, wenn mein Selbstwertgefühl das hergibt und ich dadurch Kontrolle abgeben kann. Dann aber bin ich nicht mehr der größte Verführer aller Zeiten, sondern: *ein Liebender!*

Mich erinnert das an eine Szene in dem wunderbaren Film *Don Juan DeMarco* mit Johnny Depp, wo er, Don Juan, seinen Therapeuten, Marlon Brando, fragt: »Haben Sie je eine Frau so geliebt, dass ihr vor Leidenschaft die Milch aus ihren Brüsten floss, als hätte sie gerade die Liebe selbst zur Welt gebracht und müsste sie nähren? Haben Sie jemals eine Frau so vollkommen lieben können, dass sie nur noch im Weinen ihre Erlösung fand?« Im Film endet hier das Zitat. In meiner Fantasie fügt Don Juan hinzu: »Nein? Ich auch nicht!«

Don Juan ist also kein Mann mit einem außerordentlich beweglichen Herzmuskel – sondern ein Neurotiker mit einer Bindungsstörung?

Ja, so würde ich das tendenziell einschätzen. Ganz abgesehen davon, dass es wahrscheinlich andere Muskelgruppen waren, die ihn berühmt gemacht haben ...

Don Juan und seine Pendants der Jetztzeit handeln nicht aus großer Liebe zu »den Frauen«, sondern aus zu wenig Liebe zu sich selbst. Früher nannte man diese Art von unersättlichem sexuellem Eroberungsbedürfnis tatsächlich »Don-Juanismus«, heute wird das unter dem unscharfen Begriff der »Sexsucht« eingeordnet. Sexsüchtige brauchen Menschen, die ihnen verfallen, denn das ist für sie die potenteste Quelle, um ihr brüchiges Selbstwertgefühl zu stabilisieren. Wenn ein anderer so für mich schwärmt, dass er (oder sie) mir zu Füßen liegt und mich anbetet, dann sagt mir das etwas, was ich mir selbst nicht sagen kann. Nämlich dass an mir etwas dran sein und ich etwas wert sein könnte. Weil ich mir das aber selbst nicht sagen kann, brauche ich jemand anders dafür. Und kann gar nicht genug davon bekommen. Ich lasse unzählige Opfer am Wegesrand zurück. Zugleich bin ich selbst eine Art Opfer meiner selbst, weil ich auf neurotische Weise versuche, mein brüchiges Selbstwertgefühl zu korsettieren, indem ich andere dazu missbrauche, mir die Liebe zu geben, die ich für mich selbst nicht habe. Und das Ganze immer wieder von Neuem, ohne meine eigentlichen Bedürfnisse dadurch jemals erfüllen zu können ...

Bei Männern ist dieses Phänomen am häufigsten vergesellschaftet mit einer narzisstischen Persönlichkeit. Die Betreffenden müssen ständig bewundert und bejubelt werden, ihr zentrales Persönlichkeitsmotiv ist Geltung. So muss dauernd ein strahlend weißes Größen-Selbst inszeniert werden – auch durch Verführung –, um dahinter den kleinen grauen Selbstwert-Zwerg verbergen zu können. Das geschieht oftmals über berufliches Erfolgsstreben und ein dickes Portemonnaie – aber auch das Verliebt-Machen ist für solche Persönlichkeiten ein geeignetes Muster der Selbstwertstabilisierung.

Bei Frauen ist die Analogie dazu die histrionische Persönlichkeit, die man früher »hysterisch« nannte: »Männer umschwärmen mich wie Motten das Licht – dass sie im Kerzenschein verbrennen, interessiert mich nicht«, sang Marlene Dietrich. Frauen mit einer solchen Persönlichkeitsstruktur tun alles dafür, umworben, beachtet und begehrt zu werden, sie sind immer lasziv, verführerisch in ihren Angeboten und erotischen Auslobungen. Und in dem Moment, in dem der andere anbeißt und seine Verliebtheit offenbart und einen Antrag macht, wendet sich die Hysterikerin pseudoerschrocken ab und sagt: »Ich weiß überhaupt nicht, wie er dazu kommt ... Ich habe gar nichts gemacht! Ich wollte doch nur spielen!« Oder sie lassen sich auf einen sexuellen Kontakt ein und gehen dann übergangslos weiter zum nächsten Objekt ihrer

Selbstbestätigung. Dieses Verhalten nannte man früher *Nympho-manie*, weil die Frauen in sexueller Hinsicht unersättlich schienen. Bei beiden, der hysterischen, lasziven »Nymphomanin« und dem verführerischen, narzisstischen Don Juan, geht es aber nicht um ein Zuviel an sexuellem Verlangen, sondern um ein Zuwenig an Selbstwertgefühl. Im Hintergrund ihres Verhaltens steht nicht zu viel sexuelle Leidenschaft, sondern zu wenig verfügbare Selbstge-wissheit und vor allem Angst. Angst vor eigener Wert- und Bedeu-tungslosigkeit und Angst vor Intimität und Nähe, vor Einlassung und Verbindlichkeit. Weil sie das Gefühl haben, selbst nichts wert zu sein, können sie nicht glauben, dass ein anderer sie wertvoll fin-det. Deshalb lassen sie sich vorsorglich lieber gar nicht ein; denn sie glauben: Wenn der andere sie erst einmal näher kennenlernt, wird er ihre Wertlosigkeit entdecken und sie fallen lassen.

Wenn solche Persönlichkeiten überhaupt zu mir in die Sprech-stunde kommen, sprechen sie in der Regel keinen Behandlungs-auftrag, sondern einen Beachtungsauftrag aus. Auch beim Thera-peuten wollen sie vor allem bewundert und bestärkt werden, selbst an dieser Stelle ist ihnen die selbstkritische Reflexion ihrer eignen Bedürfnisse oder gar ihres eigenen Verhaltens fremd. Weil ihnen ihre eigene Problematik in der Regel nicht bewusst ist. Bei ihrer Art der Kontakt- und Beziehungsgestaltung handelt es sich nicht um bewusste, vorsätzliche Strategien. Diese Persönlichkeitsanteile sind in der Regel nicht ich-fähig. So gut wie nichts an einem sol-chen Verhalten ist rational oder intentional geplant.

Aber kann es nicht sein, dass manche Frauen von Jugend auf so schön sind, dass sie immer schon bestaunt und umschwärmt wurden? Oder dass Männer schon als Jungs wahnsinnig gut ausgesehen haben und so cool waren, dass ihnen immer schon die Mädchen zu Füßen gele-gen haben?

Natürlich gibt es das. Sexuelle Attraktivität ist der Stimulus, der unsere Aufmerksamkeit am unmittelbarsten bindet, und das hat

Auswirkungen auf den jeweiligen »schönen Menschen«. Aber diese führen nicht zwangsläufig zu solchen Kontakt- und Beziehungsgestaltungen, auch nicht zwangsläufig zu solchen Charakterausprägungen wie den eben beschriebenen.

Bei Menschen, die von früher Jugend an so attraktiv waren, dass sie unablässig begehrt wurden, die immer das Gefühl hatten, sie trügen in einer Welt voller Bienen einen Honigtopf vor sich her, die entwickeln häufig eine Art *Beauty Identity,* das heißt, ihr Identitätsmittelpunkt ist die eigene physische und sexuelle Attraktivität. Über ihre Schönheit bauen sie soziale Interaktionen auf und entwickeln womöglich auch einen etwas prätentiösen Beachtungsanspruch. Aber das muss nicht zwangsläufig zu einem neurotischen Beziehungsmuster führen, das andere Menschen instrumentalisiert und zur Gratifikation des eigenen brüchigen Selbstwertgefühls ausbeutet.

Die *Beauty Identity,* ob männlich oder weiblich, geht so lange gut, wie der Lack keine Blasen wirft. Wenn das aber passiert, in der Regel Ende des vierten Lebensjahrzehnts, kommt die Identitätskrise. Denn wer oder was bin ich eigentlich, wenn ich nicht mehr *beauty* und sexy bin? Wenn ich nicht in jeder Warteschlange nach vorne gerufen werde, sondern mich plötzlich anstellen muss wie jeder andere? Und plötzlich nichts zu sagen weiß, wenn es nicht um Schönheit, Mode, Kosmetik und Aussehen geht? Wenn mich jemand fragt, wofür ich mich interessiere, außer für gutes Aussehen? Was kann ich überhaupt anderes als *aussehen?* Dann wird es schwierig.

Noch schwerer aber haben es Menschen mit einem wirklich schwachen oder brüchigen Selbstwertgefühl. Das Selbstwertgefühl ist meines Erachtens die Keimzelle aller seelischen Gesundheit. Bei allen psychischen und Verhaltensstörungen, bei beinahe sämtlichen seelischen Erkrankungen finden wir eine Beteiligung, wenn nicht sogar eine Verursachung durch ein beeinträchtigtes oder beschädigtes Selbstwertgefühl. In meiner ganzen Arbeit ist das der Dreh- und Angelpunkt. Bei den narzisstischen Don Juanisten wie den hysterischen Nymphomaninnen müssen wir in der Regel davon ausgehen, dass deren Selbstwertgefühl so beeinträchtigt ist, dass sie es über den immer gleichen kompensatorischen Mechanismus stabilisieren müssen: über das Verliebt-Machen eines Gegenübers. Diese Menschen haben, um ein Bild zu gebrauchen, eigentlich Hunger. Sie haben Hunger danach, gemeint zu sein und gewollt zu werden. Aber sie haben nie gelernt, sich ein Brot zu schmieren oder eine Tomate aufzuschneiden. Was tun sie? Sie stopfen eine Tüte Chips in sich hinein. Das sind die erotischen Eroberungen. Chips gibt es überall, rund um die Uhr, an jeder Tankstelle, und sie kosten nicht viel. Da braucht man nichts zuzubereiten, muss nichts wissen, einfach Tüte aufmachen und rein damit. Und welche sensorischen Sensationen eine Handvoll Chips auslösen kann! *Spicy, crispy, more than anything else!* Da kann keine Käsestulle mithalten. Dumm nur, dass eine halbe Stunde später, nach einem gelinden Mattigkeitskatergefühl, der Hunger wiederkommt … Und was macht man dann, wenn man keine andere Nahrung zubereiten kann? Wieder Chips essen! Was diese Menschen benötigten, wären echte Lebensmittel. Und echte Lebensmittel, die unseren Hunger nach Erfüllung unserer psychosozialen Grundbedürfnisse stillen könnten, wären echte, gelingende Beziehungen.

Übertragen auf unser Thema ist das die dysfunktionale Schleife der wiederholten Verführung und Eroberung. Immer wieder müssen sich die Don Juans und Diven dieser Welt beweisen, dass sie jemanden rum- und abkriegen können; das wiederum soll ihnen beweisen, dass sie etwas wert sind. Selbst verlieben sie sich dabei nie. Der Hunger bleibt. Solche Menschen sind emotional chronisch mangelernährt. Über Jahre! Und damit sind sie viel schwerer betroffen als jemand mit einer *Beauty Identity* in einer *Midlife-Crisis.*

Insgesamt gibt es viel mehr Menschen, die sich nie verlieben, als wir glauben. Weil wir selten davon hören, weil es nicht chic ist, nicht dem Mainstream entspricht. Durch Medien und soziale Resonanz haben wir gelernt, dass man gefälligst verliebt gewesen zu sein hat. Und dass man auch möglichst regelmäßig Sex haben muss. Aber es gibt Menschen, bei denen dies nicht der Fall ist. Und deshalb verbergen sie es in der Regel schamhaft.

Hinter dem Umstand, dass sich Menschen nicht verlieben, steht in der Regel keine schicksalhafte Fügung im Sinne von: »Da ist eben nie der/die Richtige aufgetaucht.« Die Fähigkeit, sich zu verlieben, hat mehr mit der eigenen Persönlichkeit und dem Selbstwert einer Person als mit widrigen Umständen zu tun. Sich nicht verlieben zu können ist in der Regel ein Anhaltspunkt dafür, dass es für die betroffenen Personen schwer ist, sich einzulassen. Bei diesen Menschen schließt sich der Illusionsvertrag nicht. Es ist, als gingen sie ins Kino und kommentierten innerlich ständig Regie- und Ausstattungsfehler, anstatt sich auf die Handlung des Filmes einzulassen. So erleben sie nichts. Nähert sich ihnen jemand, reagieren sie spontan mit Abwehr, häufig verbunden mit einer Rationalisierung und Relativierung des Geschehens: »Was will der denn jetzt? Na, nu' übertreib mal nicht mit deiner Zuneigung.« Dahinter steckt Angst vor Enttäuschung, Angst vor Verletzung, Angst vor Zurückweisung, Angst vor Kränkung. Und diese Angst wird unter anderem durch eine Entwertung der anderen Person bewerkstelligt: »Wenn die mich so liebt, obwohl sie mich gar nicht kennt, kann sie ja nicht alle Tassen im Schrank haben.« So in etwa. Das sind angstmotivierte Abwehrreaktionen, die mit mangelnder Vertrauensfähigkeit zu tun haben. Mit der inneren Frage: »Kann ich darauf vertrauen, dass jemand es gut mit mir meint und Gutes mit mir im Schilde führt? Kann ich glauben, dass mich jemand toll findet aufgrund meiner bloßen Existenz?« Solche Menschen können das nicht glauben; sie können nicht glauben, dass man sie voraussetzungslos gut finden könnte. Und zwar deshalb nicht, weil sie sich selbst nicht gut finden können. Das haben sie nie erfahren, das haben sie nie gelernt.

Wer allerdings das Glück hat, sich verlieben zu können, hat vermutlich in seiner Kindheit eine große Dosis Urvertrauen mitbekommen. Und deshalb ist er in der Lage, sowohl anderen Menschen als auch einem Beziehungsgeschehen zu vertrauen. Wenig Angst, viel Vertrauen: Das ist die Voraussetzung, die es einem ermöglicht, sich einlassen und fallen lassen zu können, *to fall in love* ... Die einen bekommen von dieser Fähigkeit ein bisschen mehr mit, die anderen ein bisschen weniger. Je mehr wir davon in uns tragen, desto leichter ist unser Leben – je weniger wir davon haben, desto stärker wird es von Ängstlichkeit, Misstrauen und Befürchtungen, Skepsis und Zweifel belastet.

Verlieben hat viel mit Grenzüberschreitung zu tun. Und zwar auf eine ganz basale Weise: Ich lasse jemanden nahe an mich heran ... Nasen nähern sich, Körper nähern sich ... Dieses Nähe-Distanz-Spiel ist es ja, was beim ersten Date für so viel Aufregung sorgt.

Was Sie als »Grenze« beschreiben, ist ein individueller Distanzraum, der im Übrigen individuell messbar ist. Die Aufstellungstherapie arbeitet mit dieser Grenze: Wie nah darf jemand herankommen, damit ich mich noch wohlfühle? Wo beginnt eine Nähe, bei der man sagt: »Stopp, Schluss!«? Eine solche Zone umgibt uns alle. Für gewöhnlich freuen wir uns nicht, wenn jemand in diese Zone eindringt, wie man auch in überfüllten U-Bahnen feststellen kann – die eigene Nase in einer fremden Achselhöhle ... das gefällt nur einigen wenigen Fetischisten.

Ein Teil des Zaubers beim Verlieben besteht in der Einladung, diesen persönlichen Distanzraum betreten zu dürfen. Der eigene Körper ist die letzte Autonomiebastion, die wir haben. Aussehen, Aufmerksamkeit, Intelligenz, Leistung, Zeit: All das müssen wir der Welt rund um die Uhr zur Verfügung stellen. Das Einzige, worüber wir autonom ausschließlich für uns bestimmen können und dürfen, ist Körperkontakt und Intimität. Kein Chef, kein Vorgesetzter, kein Kollege kann von mir erwarten, sie zu teilen.

Im Verliebtsein geschieht es auch, dass dieser individuelle Wohlfühlraum zu einem Instrument wird, mit dem ich experimentell kommunizieren kann. Indem ich mich in den Raum des anderen begebe und schaue, wie er darauf reagiert. Wird das zugelassen oder reglementiert? Wird die Hand zurückgezogen, der Kopf leicht abgewendet – oder bleibt die Hand liegen, und der Kopf neigt sich mir zu? Es geht um das Spiel von Annäherung und Distanzierung. Einer anderen Person zu gewähren, meinen ganz persönlichen Distanzraum zu betreten, ist das, was den Moment des Verliebtseins so besonders macht. Ich lade jemanden ein, mir nahezukommen. Da lädt mich jemand ein, ihm nahe zu sein. Warum wollen wir das? Weil wir Gesellungswesen sind. Wir sind darauf programmiert, uns in Gruppen zusammenzuschließen. Und die kleinste Gruppe ist ein Paar. Auf diese Weise erfüllen wir unsere Grundbedürfnisse, sowohl die biophysiologischen – zu zweit baut sich eine Hütte leichter als allein – als auch unsere psychosozialen Grundbedürfnisse, nämlich unsere Bedürfnisse nach Zugehörigkeit, nach Angenommensein, nach Aufgehobensein, nach Bindung.

Ist Verliebtheit eine moderne Erfindung? Gab es vor der Romantik überhaupt so etwas wie Schmetterlingswolkennebel?

Verliebtheit als Zustand, wie wir ihn beschrieben haben, hat es immer schon gegeben, würde ich denken. Jemanden zu sehen, ihn umwerfend zu finden, ihn zu begehren, ist meines Erachtens völlig unabhängig von soziokulturellen und historischen Kontexten. Das gab es schon immer, das gibt es überall.

Was allerdings relativ neu ist, ist die Institutionalisierung von Verliebtheit, und vor allem der Wunsch nach ihrer Konstanz in einer »Liebesehe«. Das ist ein Produktdesign, das vor etwa 200 Jahren von der Romantik erfunden wurde. Im Rahmen der Menschheitsentwicklung handelt es sich also um ein relativ modernes Phänomen. Wie Richard David Precht in seinem Buch über die Liebe von einem »unordentlichen Gefühl« schreibt, waren die Ideen der Romantik zuerst einmal Fantasien einer Oberschicht, »eine Passion von Privilegierten«. Noch bis Mitte des

20. Jahrhunderts wurden ganz überwiegend Versorgungs- und Vernunftehen geschlossen. Dass zwei Menschen nur aufgrund ihrer anfänglichen Verliebtheit heiraten sollten, hat sich also eigentlich erst in der 2. Hälfte des 20. Jahrhunderts bevölkerungsweit durchgesetzt.

Und diese Entwicklung hat auch für eine ganze Menge Probleme gesorgt. Seither muss in einer Partnerschaft alles unter einen Hut gebracht werden: Der, mit dem ich eine Lebensgemeinschaft gründe, soll auch der sein, den ich liebe und von dem ich mich geliebt fühle, mit dem ich mich sozial identifiziere und den ich lebenslang auch sexuell attraktiv finde ... Das ist ganz schön viel auf einmal, oder? Anhaltende Verliebtheit, die zugleich die Grundlage einer langjährigen Beziehung ist, stellt ein Anforderungsprofil dar, dem die wenigsten Partner und Partnerinnen in der Realität genügen können. Viele Ehen scheitern an diesem *All-inclusive*-Anspruch. Es muss alles auf einmal da sein und alles in Bestausführung: *Mr Perfect and Mrs Right,* drunter macht man's nicht. Aber darüber sprechen wir im nächsten Kapitel noch ausführlicher.

Brandneu erscheint mir allerdings eine Entwicklung, die ich in den letzten 15 Jahren beobachtet habe: die Funktionalisierung von Verliebtheit als Lifestyle-Attribut, als Lebensintensivierungsmaßnahme, die jedem Menschen zustehen soll. »So verlieben Sie sich richtig!«, »Alle 11 Minuten verliebt sich bei uns ein Single« – mit solchen Sprüchen werben Partnerschaftsportale im Internet. Verliebtheit ist in den vergangenen Jahren zu einem Konsumartikel geworden, auf den die Menschen glauben, ein Recht zu haben. Um seine »Verliebtheitsperformance« zu verbessern, kann man Flirtcoachings besuchen, mittlerweile wird sogar an der Entwicklung von Medikamenten gearbeitet, die dazu führen sollen, dass wir uns verlieben. Früher widerfuhr einem das Verlieben – oder es widerfuhr einem eben nicht. Wo einst der Begriff »Schicksal« auf der inneren Landkarte der Menschen auftauchte, steht heute »Selbstoptimierung«. Und Verliebtheit ist zu etwas geworden, das die Menschen verschnürt und verpackt erwerben möchten. Auch gegen Geld.

Interessant finde ich in diesem Zusammenhang, dass Menschen in arrangierten Ehen, die es bis heute in vielen Kulturen gibt und auf die wir mit unserem Kulturhochmut empört herabschauen, im Durchschnitt nicht unglücklicher sind als die Ehepartner unserer »Liebesehen«. Die Partner arrangierter Ehen befinden sich Statistiken zufolge nach 15 Jahren auf etwa dem gleichen Level der Zufriedenheit oder Unzufriedenheit wie Partner, die aus Verliebtheit geheiratet haben.

Was es im Übrigen mit unseren vermeintlichen »Liebeshochzeiten« auf sich hat, erkennt man ganz gut bei der Beziehungsklärung zu Beginn einer Paar- und Sexualtherapie. In dem motivationalen Mischgeschehen, das man dabei beobachten kann, geht es beileibe nicht nur um »Liebe«. Auch Sozialstatus, ökonomische Leistungsfähigkeit, Ausbildung, Zeugungsfähig- oder -willigkeit beeinflussen unsere »Verliebtheitsgefühle« mindestens ebenso sehr, wie sie die Entscheidung einer Familie beeinflussen, die für ihren Sohn oder ihre Tochter diesen oder jenen Ehepartner bestimmt.

Es kann ja kein reiner Zufall sein, dass sich sexuell attraktive Frauen übermäßig häufig in wohlhabende und einflussreiche Männer verlieben. Und dass sich umgekehrt Männer mit einer gewissen finanziellen Gestaltungsmöglichkeit selten einäugige und bucklige Partnerinnen suchen. Das Topmodell wählt sich höchst selten den Hartz-IV-Aufstocker. Wenn aber angeblich blinde Liebe waltet, müsste es doch mehr solcher Fälle geben, oder?

Topmodel und Bankmanager sind also nicht ineinander verliebt?

Doch, natürlich sind sie das! Sie verliebt sich vehement in seine Brieftasche und er sich unsterblich in ihre Körbchengröße. Und beide fühlen sich dabei füreinander bestimmt und voneinander ganz gemeint. Ganz ehrlich …

KAPITEL 4

Paar-Mikado –
Die Erosion der Beziehungssexualität

> Sei doch ein bisschen nett zu mir
> damit ich dich nicht ganz verlier'
> denk' an die schöne Zeit zurück
> die Liebe auf den ersten Blick
> wie ich am Abend zu dir kam
> und dich in meine Arme nahm
> an meinem Herzen, das wär' schön
> da lass dich geh'n, da lass dich geh'n!
>
> *Charles Aznavour*

Verlieben ist also Projektion und hat mehr mit uns selbst als mit dem anderen zu tun. Nichtsdestotrotz: Menschen finden zueinander und binden sich aneinander. Wie kommt es eigentlich dazu? Was passiert nach dem Verlieben?

Am Ende der Verliebtheit werden die Projektionen weniger. Der andere tritt aus der Leinwand, die er war, hervor und wird Gestalt. Zur reinen Projektion benötigt man eine weiße, glatte Fläche; alles, was stört, wird von der eigenen Erwartung wegretuschiert. Was also in der Phase *nach* der Verliebtheit geschieht, ist, dass die eigenen Wünsche und Projektionen zusehends auf eine dreidimensionale Figur treffen. Der andere wird immer mehr er selbst. Und die Projektionen, die noch da sind, werden durch die Identität des anderen verzerrt. Aus der glatten Projektionsfläche der Verliebtheit tritt ein Gesicht hervor, die Persönlichkeit des anderen mit eigener, dreidimensionaler Kontur. Oder ein anderes Bild: Wenn die Projektion an ihr Ende kommt, geht das Saallicht an, niemand wird mehr geblendet, und auch die Person, die hinter dem Projektor stand, wird sichtbar ...

An dieser Stelle beginnt die eigentliche Auseinandersetzung mit dem anderen in seiner Andersartigkeit. Das ist etwas Interessantes und Herausforderndes – und markiert den Übergang vom Verliebtsein zur *Beziehungsetablierung.*

Diese Phase ist in der Regel von einer langsam nachlassenden Koitusfrequenz geprägt. Paare berichten, dass sie nicht mehr so häufig Sex miteinander haben wie zu Anfang. Die sexuelle Beziehung ist nicht mehr so »wahnsinnsnah« wie in der Verliebtheitsphase, aber sie ist verstetigt, tiefer. Das liegt vor allem daran, dass sich beide zusehends sicherer fühlen, ihrer selbst sicherer und sicherer des anderen. Das Gefühl, sich bewähren und beweisen zu müssen, lässt nach. Man hat nicht mehr so stark das Bedürfnis, einen guten Eindruck machen und sich von der besten Seite zeigen zu müssen. Statt der Designer-Unterwäsche tut's jetzt auch mal ein normales T-Shirt. Wir muten uns dem anderen immer mehr zu und können eventuell Eigenschaften zeigen, die wir in der Kennenlernphase verborgen haben. Neben der »Schokoladenseite« tritt jetzt auch unsere »Lakritzseite« zutage: diejenigen unserer Eigenschaften, bei denen es vielleicht auch schwierigere Anteile gibt. Denn Lakritz muss man mögen.

Durch all das reift und wächst die Beziehung. Vertrautheit und Gemeinsamkeit nehmen zu und führen zu mehr Entspanntheit und Gelassenheit. Das Selbstwertgefühl beider Partner steigt, sie fühlen sich angenommen und aufgehoben. Und das bringt Ruhe in die Beziehung.

Wir haben im letzten Kapitel schon viel über das Selbstwertgefühl gesprochen. Sie sagten, es werde in den ersten Lebensjahren geprägt. Jetzt steht dieses Selbstwertgefühl bei der Beziehungsetablierung erneut im Raum, und zwar als sich verstärkendes. Ist das Selbstwertgefühl eher etwas Statisches oder etwas Dynamisches?

Sie werden es nicht glauben, aber die Antwort lautet: Sowohl-als-auch!

Die Grundlage unseres Selbstwertgefühls wird in den ersten zwei Lebensjahrzehnten gelegt, vor allem in der Kindheit. Diese Grundstruktur prägt uns auch als Erwachsene nachhaltig. Hinzu kommen aber natürlich lebensphasische Einflüsse. Mangelnde Liebe, Wärme und Annahme in der Kindheit, aber auch unerwiderte Verliebtheit in der Jugend können, wie wir gesehen haben, eine starke Bedrohung des Selbstwertgefühls bis hin zur klinisch relevanten Selbstwertstörung auslösen. Andersherum führen sicheres Bindungserleben in der Kindheit, erwiderte Verliebtheit in der Jugend und gelingende Liebesbeziehungen im Erwachsenenalter zu einer Stabilisierung des Selbstwertgefühls, ausgelöst durch die Erfahrung, trotz aller Fehler und Schwächen Annahme zu finden.

Dass Sympathie oder Verliebtheit erwidert werden, stärkt unser Selbstwertgefühl wie nichts anderes. Das ist wesentlich nachhaltiger als die Goldmedaille im Marathon, der Orden vom General oder die Gehaltserhöhung vom Chef. Leistungsbezogene Belohnung ist ein Surrogat, ein Ersatz, der sich schnell abnutzt und verbraucht, weil er nicht *eigentlich* ist. Sozialer Zuspruch durch Zugehörigkeit zu Bezugsgruppen wie Familie, Freunde und Bekannte ist aus der Perspektive unserer seelischen Gesundheit wichtiger als Leistungsgratifikation und beruflicher Erfolg. Und das Gefühl, von demjenigen, den ich liebe, auch körperlich angenommen zu werden, ist das eigentliche Lebens-Mittel, von dem wir uns seelisch ernähren und lebenslang zehren. Das ist es, was wir in echten Beziehungen suchen und in gelingenden Beziehungen finden. Und die intimste und sinnlichste Möglichkeit, das zu erleben, ist Sex.

Wenn ich unverhüllt, unbedeckt, unbekleidet und nackt bin – und Sie müssen das nicht einmal als Metapher verstehen – und mich der andere so haben will, so annimmt und mich das auch körperlich spüren lässt, indem er mich anfasst, dann birgt das eine enorme Erfüllungstiefe. Sie geht über alle sozialen und verbalkommunikativen oder gar materiellen Belohnungen weit hinaus. Dieses Gefühl, das mir jemand schenkt, der mir die Welt bedeutet, führt dazu, dass mich die Welt da draußen nicht mehr irritieren kann. Die Welt kann mir Orden umhängen, und ich nehme sie lächelnd entgegen. Sie kann mich mit Dreck bewerfen, und er wird an mir abgleiten. Erfüllte Liebe ist der Schutzschirm vor den Zumutungen des Lebens, vor der Unbill der Welt. Liebe schützt aber nicht nur vor Unheil, sondern auch vor Eitelkeit und Verstiegenheit. Sie lässt den Wunsch nach äußeren Erfolgsattributen klein werden, weil ich innerlich reich bin.

Umgekehrt: Wenn ich in Liebesdingen entbehrungsreich leben muss, bin ich in meiner Immunabwehr gegen psychotoxische Einflüsse der Umwelt geschwächt und durch äußerliche Anerkennung und Geltung korrumpierbar. Dann bin ich anfälliger, leicht zu kränken, reizbar, verletzlich, empfindlich, ehrgeizig – und das Leben ist anstrengend und kompliziert. Wenn ich im Speck der Liebe lebe, bin ich relativ gelassen und unempfänglich für die Kompliziertheit des Lebens. Der Volksmund äußert gern Sätze wie »Der/die müsste mal wieder richtig gut vögeln, dann wäre er/sie entspannter« – und da ist auch etwas dran. Wobei es nicht um den physiologisch-hydraulischen Vorgang geht, sondern darum, dass wir uns körperlich und damit auch seelisch angenommen fühlen. Das zu erfassen vermag die Weisheit des Volksmunds leider nicht.

Nehmen wir einmal ein »Modellpaar«, das jetzt also nach dem Verlieben im Speck der Liebe lebt. Ist der irgendwann aufgegessen, der Speck? Tauchen bei dem, was Sie Beziehungsetablierung nennen, nicht auch Bewährungssituationen auf, in denen der/die andere möglicherweise »versagt« oder aber die Erwartungen des anderen überbietet?

In der Phase der Beziehungsetablierung stellt sich heraus, ob ein gemeinsames Leben funktionieren könnte. Ob die Beziehung zumindest mittelfristig tragfähig ist, eine Perspektive hat, etwas taugt. Das zeigt sich in wechselseitigem Interesse am Leben des anderen, Anteilnahme an den Dingen, die den anderen bewegen, daran, wie viel Zeit man sich zum Zuhören nimmt, ob man sich den Namen ihres oder seines Bruders merkt und so weiter. Daran sieht man, ob der andere mir zur Seite stehen oder lieber für sich bleiben will. Und man sieht auch, ob der andere eventuell die entstehende Beziehung missbraucht, um Verantwortung für das eigene Leben abzugeben.

Vielen Menschen ist, glaube ich, nicht klar, dass die Phase der Beziehungsetablierung einige Jahre andauern kann. Es geht hier nicht um Tage, Wochen oder Monate, sondern tatsächlich um die ersten Jahre. In unserer beschleunigten Gesellschaft meinen wir oft, dass unsere psychischen Prozesse mit dem gleichen Tempo ablaufen wie unsere mediale Kommunikation und optimierte Mobilität. Das tun sie nicht. Wir Menschen funktionieren in unseren inneren Abläufen langsam. Wir schreiben in unseren psychischen Verarbeitungsprozessen immer noch mit der Hand und gehen seelisch zu Fuß. Alles in uns braucht Zeit.

Nehmen wir einmal an, die Beziehung hat sich bei unserem Paar über die ersten Jahre als tragfähig erwiesen. Wie geht es dann in der Regel weiter?

Was für eine Regel? Aber gut, ich weiß ungefähr, worauf Sie hinauswollen. Also, unter der Maßgabe, dass es »die Regel« nicht gibt, versuche ich mal, Ihre Frage nach dem »Ablauf einer normalen Paarbeziehung« zu beantworten, und zwar anhand eines heterosexuellen Paares, das auch sonst in vielerlei Hinsicht dem Durchschnitt entspricht. Dann könnte es zum Beispiel sein, dass dieses »normale« Paar nach einer Weile einen gemeinsamen Hausstand gründet.

Dabei zeigt sich eine ganze Menge. Wie gestaltet sich die gemeinsame Wohnungssuche? Wer ergreift die Initiative? Wer trifft die Entscheidungen? Wie wird die Wohnung eingerichtet? Wie viel Raum reklamiert wer für sich? Kann man Entscheidungen gemeinsam treffen und tragen, oder hat einer der beiden das starke Bedürfnis, an seinen Vorstellungen festzuhalten, womöglich gegen den Willen des anderen?

Wenn das für beide zufriedenstellend funktioniert hat, dann wohnen sie jetzt zusammen. Clever genug, einen Haushaltsplan zu entwerfen, waren sie auch: Sie räumt ihre leeren Bierflaschen weg, damit die nicht immer auf der Fensterbank rumstehen, er lässt seine Stricksachen nicht im Wohnzimmer herumliegen … Sagen wir, beide sind berufstätig (was ja auch nicht immer der Fall ist), beide gehen um acht aus dem Haus und kommen um 18 Uhr wieder. Jobmäßig und finanziell ist alles in Ordnung, die Schwiegereltern haben beide kennengelernt, Kaffee getrunken, Kuchen

gegessen. Alles glattgelaufen! Der Freundeskreis funktioniert …
Kurzum: alles in Butter.

In dieser Phase der Beziehung hat sich die Häufigkeit sexueller
Kontakte für gewöhnlich weiter verringert. Das macht »in der Regel« aber keinem von beiden viel aus. Es ist nicht mehr so wie am
Anfang, doch das muss es auch nicht, die abnehmende Frequenz
sexueller Kontakte wird in dieser Phase meistens gut integriert
und von beiden toleriert. Dann rückt »in der Regel« früher oder
später der Kinderwunsch auf der Liste der Prioritäten nach oben.

*Sprechen Paare über diesen Kinderwunsch? Sagt einer von beiden ir-
gendwann: »Hör mal, ich will jetzt gerne ein Kind?«*

Das findet schon viel früher statt. Bereits in der Kennenlernphase
wird dieser Punkt gescannt. Eine Frau, die für sich weiß, dass sie
einen Kinderwunsch hat und eine Familie gründen möchte, wird
ihren potenziellen Partner von Anfang an daraufhin durchleuch-
ten und abklopfen, ob er diesen Wunsch teilt. Und ob er dafür
taugt. Das gehört zum Suchprofil ihrer Beziehungspräferenz, die
die Wahl des potenziellen Beziehungspartners mitbestimmt; darüber haben wir ja bereits gesprochen.

Wenn ein Mann sagt: »Kinder kannst du mit mir vergessen!
Kinder sind anstrengend, wenn irgendwo Kinder sind, geh ich
weg. Damit will ich nichts zu tun haben, ich lasse mich sterilisie-
ren …«, dann turnt das eine Frau mit Kinderwunsch nicht nur
ab, sondern lässt die anfangs heiße Liebe in Windeseile erkalten;
dann vergeht den meisten Frauen im wörtlichen Sinne die Lust.
Die Frage der *grundsätzlichen* Offenheit und Bereitschaft gegenüber einem Kind ist zu dem Zeitpunkt, an dem wir uns mit unserem Durchschnittspaar befinden, längst evaluiert und geklärt.

Aber weiter. Sagen wir, das Paar teilt den Kinderwunsch, sagen wir, die Frau wird auf Anhieb schwanger … Ich weiß nicht,
ob Sie merken, wie viele Unwahrscheinlichkeiten wir für diesen
vermeintlich »normalen« Fall heranziehen müssen – was unseren

»Fall« keineswegs abwertet, wohl aber ein bezeichnendes Licht auf den Begriff »normal« wirft.

Schwangersein bedeutet für die Frau enorme Veränderungen. In jeder Hinsicht, biologisch, psychologisch und sozial. Die Schwangerschaft verändert nicht nur ihr Körpergefühl, sondern auch ihre Gedanken und damit ihre Gefühle. Die Einstellung zur eigenen Mutterschaft und zum Kind ist häufig ambivalent: Vorfreude, Erfüllung und Glück treffen auf Befürchtungen, Sorgen und Beklommenheit: »Was wird jetzt? Was kommt jetzt?« Und all das wirkt sich, wie nicht anders zu erwarten, auch auf die partnerschaftliche Beziehung und die gemeinsame Sexualität aus.

Spätestens ab der zweiten Hälfte der Schwangerschaft haben viele Frauen das Gefühl, sie seien dick, unförmig und unattraktiv – und deshalb finde ihr Mann sie nicht mehr gut und nicht mehr sexy. Die Männer denken analog dazu etwas ganz Ähnliches: »Meine Frau hat sich körperlich verändert, vielleicht findet sie sich jetzt nicht mehr so gut, dann halte ich mich besser etwas zurück.« Weil er aber nicht mehr aktiv wird, hat *sie* das Gefühl: »Ich bin dem zu dick, der will nicht mehr mit mir schlafen.« Es gibt Ausnahmen von dieser Regel, zum Beispiel bei Frauen, die in der Schwangerschaft ein verstärktes sexuelles Verlangen erleben und dieses auch kommunizieren. Oder bei Männern, die auf die körperlichen Veränderungen ihrer Frau mit gesteigertem Begehren reagieren, und die Frau kann das genießen. Das gibt es auch, ist aber im Vergleich zu dem vorher Beschriebenen eher selten. Vor allem kommen solche Menschen selten in meine Sprechstunde.

Häufig bekomme ich aus dieser Phase auch seltsam magische Vorstellungen berichtet, etwa die Sorge, durch Geschlechtsverkehr könne die Fruchtblase platzen oder das Baby geschädigt werden. Manche Männer sagen, sie wollten keinen Sex mit ihrer schwangeren Frau haben, um ihrem Kind nicht als Erstes, noch vor der Geburt, ihren Penis unter die Nase zu drücken. Es sind also mitunter irrationale Vorstellungen verbreitet, über die Paare beziehungsintern meist nicht sprechen, weil keiner weiß, was er wie sagen kann und soll, ohne dem anderen zu nahe zu treten oder ihn gar zu verletzen. So kann das Paar unmerklich in eine Konstellation geraten, die durch Vermeidung gekennzeichnet ist, die partnerschaftliche Schweigespirale: »Sagst du nix, sage ich auch nix. Sagen wir beide nix, haben wir kein Problem.« Das nenne ich *Paar-Mikado*: Wer sich zuerst bewegt, verliert! Beide lauern, ob der andere etwas macht oder sagt. Passiert das, werden die Weichen für die Zukunft falsch gestellt – einmal auf der falschen Kommunikationsschiene, kann das ein Problem für die Bewältigung aller noch kommenden Herausforderungen werden.

Es gibt Paare, die haben diese Probleme nicht. Die Regel ist allerdings: Die Körperveränderungen der Frau führen zu Irritationen und Verunsicherungen, die als vermeintliche Unzumutbarkeiten nicht mitgeteilt werden. Und die neuen Rollen, in die beide rutschen, entpuppen sich als knifflig: raus aus dem Job, rein in die Mutterrolle, Ende der partnerschaftlichen Zweisamkeit, Aufbau eines Familiengefüges, Befürchtungen und Empfindlichkeiten über Gegenwart und Zukunft ... Das alles ist aber nur deshalb ein Problem, weil keiner der beiden offen darüber spricht. Und deshalb der Kitt der Kommunikation in der Beziehung zerbröselt. Dann kann es zu einer Drift kommen, einem Auseinandergleiten derjenigen, die sich vorher nahe waren. Beide bleiben womöglich mit ihren Empfindungen allein. Es wird nicht *miteinander übereinander* gesprochen, sondern allenfalls noch zusammen über das *Außen* geredet: Schwangerschaft, Geburtsvorbereitung, Ernährung, Rückbildungsgymnastik, Baby-Yoga, Arbeit, Einkauf, Versicherungen, Fernsehen und so weiter. Und weil das so ist, kann die Integration der Veränderungen in die Beziehung leicht scheitern.

Wichtig zu verstehen ist, dass es nicht die Hormone sind, nicht der dicke Bauch, nicht die Rollenveränderungen, nicht die Zumutung, am Wochenende bei IKEA rosa oder himmelblaue Babybetten kaufen und sich dabei von der Lautsprecherstimme duzen lassen zu müssen. Es ist auch nicht die Sorge um den Job oder die zukünftigen Finanzen. Das sind alles keine *Ursachen* für Beziehungsprobleme, sondern allenfalls deren Auslöser! Das eigentliche Problem ist die misslingende oder gar fehlende Kommunikation zwischen den Partnern.

Solche Schweigespiralen gibt es natürlich nicht nur in der Phase der Schwangerschaft und der Familiengründung. Sie sind eines der häufigsten Probleme in Partnerschaften überhaupt. Problematisches, Kritisches, Heikles, aber auch Ersehntes, Gewünschtes oder Vermisstes wird systematisch nicht angesprochen. Weil man meint, dass darüber, worüber man nicht spricht, auch nicht gestritten werden kann. Die Vorstellung, dass etwas nicht existiert und sich nicht auswirkt, solange es nicht angesprochen wird, entspricht ungefähr dem entwicklungspsychologischen Niveau eines dreijährigen Kindes, das sich versteckt, indem es sich selbst die Augen zuhält.

All das scheint mir aber noch kein riesiges Problem darzustellen – eher eine erste Drift, wie Sie es nennen. Dann kommt die Geburt …

Auch hier hat sich in den letzten Jahrzehnten eine Menge verändert. Früher waren die Männer während der Geburt ihrer Kinder in der Kneipe, haben sich betrunken und nachher eine Lokalrunde geschmissen. Heute sind sie im Kreißsaal, atmen mit ihrer Frau gemeinsam in den Bauch und müssen zu diesem Zwecke im Zweifelsfall von der Krankenschwester Sauerstoff gereicht bekommen. Über Jahrhunderte war es undenkbar, dass der Mann bei der Geburt seiner Kinder dabei war, ein Tabu. Heute ist das ein sozialnormatives Anforderungsprofil an den Mann: »*Was?* Du willst bei der Geburt deines eigenen Kindes nicht dabei sein? Du willst deine Frau dabei alleine lassen?« Aus einem Tabu ist eine moralische Pflicht geworden: Männer *müssen* heute bei der Geburt ihrer Kinder dabei sein, im besten Fall mit der Kamera zwischen den Beinen ihrer Frau, um nachher das Bild der Plazenta online stellen zu können …

Vom No-Go zum Must-have.

Besonders integriert klingen diese beiden Extreme für mich nicht. Schon wieder treffen wir auf kategoriale Vorstellungen eines *Entweder-oder,* mit allen damit verbundenen Problemen. Ein integrativer und damit gesunder Sowohl-als-auch-Umgang bestünde für ein Paar darin, vorher miteinander über das Geburtsgeschehen zu sprechen, und zwar ergebnisoffen. Eine Frau sollte sagen dürfen: »Geh du mal lieber Tennis spielen, ich bin froh, wenn ich dich während der Geburt nicht auch noch an der Backe habe« oder »Mir würde es guttun und helfen, wenn du bei mir bist«. Und ein Mann sollte seine mögliche Furcht vor dem imaginierten »Blutbad« einer Geburt formulieren und sich eventuell währenddessen verkrümeln dürfen. Oder eben nicht. Aber das sollte von ihm selbst kommen – und nicht einer gesellschaftlichen Erwartung geschuldet sein.

Doch es ist, wie es immer ist: Tabus machen stumm. Sozial-normative Anforderungen machen stumm. Was als »natürlich« oder »normal« gesetzt wird, macht stumm. Und Stummsein in einer Beziehung bedeutet, dass man keine Möglichkeit hat, mit einem Problem umzugehen …

Aber Sie haben nach der Bedeutung der Geburt für die Beziehungssexualität unseres Paares gefragt.

Das Kind ist nun also auf der Welt, und die enge körperliche und seelische Bindung zwischen Mutter und Kind, die schon während der Schwangerschaft begonnen hat, setzt sich – wenn alles gut geht – fort. Prinzipiell findet eine Symbiose zwischen Mutter und Kind statt. Heute bezieht sie zunehmend auch den Vater mit ein, weil Väter für den primären Versorgungsprozess mit in die Verantwortung genommen werden und dies auch häufig selber wollen.

Fortan wird, in einer Art Dreieck, ganz viel über das Kind kommuniziert, und ganz viele psychosoziale Grundbedürfnisse werden darüber erfüllt. Ein Kind bringt Körperkontakt, Innigkeit und Nähe. Und die neuen Rollen dienen auch der Selbstwertstabilisierung beider Partner: »Auch wenn ich vorher ›gefühlt‹ wenig war, jetzt bin ich etwas: Ich bin Vater oder Mutter!« Das ist ein großer Identitätszugewinn, eine Bestärkung für das eigene Selbst, die ohne ein Kind in dieser Form ausbleiben würde. Und selbstverständlich hat das eine große Bedeutung für das Paargeschehen. Denn bevor das Kind auf der Welt war, wurde eine Identitätsstärkung über die Partnerschaft generiert, das heißt: Der andere war es, der mir Bedeutung gegeben hat, der mich mit Bedeutung versehen, ja gleichsam aufgeladen hat. Jetzt aber wird diese Quelle der Selbstbestätigung von der durch das Kind entstandenen Elternrolle überlagert: Er ist Vater, sie ist Mutter. Das *Kind* macht sie zu etwas, nicht mehr allein der *Partner*. Der tritt in seiner Bedeutung in den Hintergrund.

Hinzu kommen die haptischen Sensationen, die mit einem Kind einhergehen: Kuscheln und Knuddeln, Küssen und Kitzeln. Mit kleinen Kindern findet – wenn alles gut läuft – ganz viel Körperkontakt statt, das ist ein körperlich und seelisch erwärmender Vorgang. Außerhalb einer Eltern-Kind-Beziehung haben wir das in dieser Selbstverständlichkeit und Innigkeit eigentlich mit niemandem. Wir kennen das in Abwandlungen allenfalls aus den Anfängen sexueller Beziehungen, wo wir ja auch stundenlang rumschmusen können. Das passiert jetzt aber hauptsächlich mit dem Kind.

Das sind die positiven, die schönen Aspekte der neuen Lebensphase mit Kindern. Zu diesen positiven Aspekten gesellen sich die Schwierigkeiten, die die Geburt eines Kindes mit sich bringt.

Sehr häufig bekomme ich folgende Situation geschildert: Die Frau ist aus ihrer Berufstätigkeit vorübergehend ausgestiegen und mit dem Kind allein zuhause. Die Bestätigung und Anerkennung, die sie vorher über ihren Job erfahren hat, sind weg. Sie freut sich zwar über ihr Kind, fühlt sich aber intellektuell zunehmend unterfordert: »Wofür habe ich überhaupt studiert!?« Der Mann, der in dieser Phase häufig die ökonomische Familienabsicherung gewährleistet, kommt abends nach Hause und wird sofort für die Kindsfürsorge in Anspruch genommen. Er hat die Schuhe noch nicht ausgezogen und schon die volle Windel mit Kind drin im Gesicht: »Du hast dich den ganzen Tag draußen rumgetrieben, während ich mich hier alleine mit dem Kind rumschlagen muss-te! Ich verblöde hier, JETZT BIST DU DRAN!« So beginnt das problematische Spiel der Aufrechnung, die *Fifty-fifty-Falle*: Das gemeinsame Kind und die einhergehenden Veränderungen wer-den nicht mehr als Gemeinschaftsaufgabe erlebt, zu der jeder bei-trägt, was er kann, sondern als Tauschgeschäft. Jeder übernimmt bestimmte Aufgaben, und die Verteilung muss immer für beide Seiten gleich verteilt, fair und gerecht sein. Aufgaben im Famili-enleben sind aber nie gleich verteilt, fair und gerecht! So ist dem Streit Tür und Tor geöffnet.

Hinzu kommen die unerträgliche Müdigkeit wegen schlafloser Nächte, Doppelbelastungen, vielleicht auch Geldnöte und tau-send andere Faktoren. Das Baby muss vorgezeigt werden, man muss bei der Familie antanzen, deine Eltern, meine Eltern, unse-re Freunde: Nach der Geburt eines Kindes dreht sich das Hams-terrad auch im Privaten, und die Erschöpfung ist programmiert. Aber weil all das als »natürlich« gilt und jeder Mann und jede Frau weiß, dass nach der Geburt alles anders ist, kein Sex statt-findet und dies alles »nun mal so ist«, deshalb wird darüber auch nicht gesprochen. Und *das* ist das eigentliche Problem!

In dieser Phase entsteht aus der Drift schlimmstenfalls eine Kluft, eine Erosion der Partnerschaftlichkeit. Der Blick der Part-ner aufeinander verändert sich. Das während der Schwanger-schaft eventuell entstandene Gefühl der Entfremdung von der partnerschaftlichen Sexualität verstärkt sich. Der andere ist jetzt, eingefärbt durch die Folie der Elternschaft, nicht mehr Partner oder gar Lover – sondern plötzlich *Mama* oder *Papa*. Und die müssen Dinge tun, die Mamis und Papis eben so tun müssen: stil-len, kochen, putzen, waschen, aufräumen, Geld verdienen, vorle-sen, Lieder singen, rechtzeitig zuhause sein und so weiter. Dabei kann der liebevolle Blick auf den Partner so schnell verloren ge-hen wie die zweite Socke in der Waschmaschine. Der Wahnsinn der Verliebtheit, die Verrücktheiten des Beziehungsanfangs, der Sex auf dem Kunstbärenfell vor dem elektrischen Kamin fallen nun genauso weg, wie die Kommunikation zwischen den beiden rar wird. Und sowieso muss erst einmal die Wäsche aufgehängt werden ... So degenerieren die beiden zu funktionierenden Elternteilen und fragen sich – wenn überhaupt – erst viel zu spät: »Was ist aus uns geworden?« So beginnt das, was bei einer möglichen späteren Trennung mit der Plattitüde umschrieben wird: »Wir haben uns auseinandergelebt.«

Aber ist es nicht so, dass man für den Verlust der »Wahnsinnsliebe« des Anfangs durch ein bisher nie erlebtes Gefühl von Zugehörigkeit und Wärme nach der Geburt eines Kindes entschädigt wird? Sodass man also auch auf Sex zu verzichten bereit ist?

So wie Sie das darstellen, scheint ja alles in Ordnung zu sein. Man liegt miteinander im Bett, glücklich ermattet, das Kind dazwischen, schaut sich in die Augen und sagt: »Schau, was wir zustande gebracht haben!« Familienglück. Hafen. Angekommensein. Heimat. Jetzt sind wir komplett ... Das Paar bildet mit seinem Kind eine symbiotische Allianz: Da draußen ist die kalte Welt, hier drinnen ist unser warmer Kokon, in dem wir uns zusammenkuscheln und gegen alle Unbill der Welt gefeit sind.

Das ist ja auch in Ordnung, das ist etwas, was sich viele, wenn nicht alle Menschen wünschen: einen Ort der Zugehörigkeit. Dass da ein Kind zwischen den beiden Partnern liegt, ist der leibliche Beleg für die Zusammengehörigkeit. Und dieses Gefühl zu erleben ist ja für viele der Grund für die Familiengründung.

Das Problem kann jedoch sein, dass gleichzeitig zur Kuschelwärme eine Erosion auf der Ebene der partnerschaftlichen und sexuellen Körperkommunikation beginnt. Die Beziehung vergeschwisterlicht sich, Körperkontakte finden nur noch auf der sozialen Ebene statt: Streicheln? Selten. Im-Arm-Halten? Oft nur noch vor dem Fernseher und nebenbei. Die verbale, sexuelle, genitale und intime Mann-Frau-Beziehung beginnt zu verschwinden. Die wenigsten Paare bemerken das in dieser Phase allerdings, weil das Familienglück so groß ist. Den Paaren fehlt in der ersten Zeit nach der Geburt eines Kindes scheinbar wenig. Um ein Manko zu spüren, haben sie auch viel zu wenig Zeit und Energie: Das Kind benötigt rund um die Uhr Aufmerksamkeit, Nerven, Zeit und Liebe. Leidensdruck herrscht zu diesem Zeitpunkt selten.

Problematisch wird es erst, wenn die Phase der frischen Erfahrung vorbeigeht, etwa nach ein oder zwei Jahren. Das Kind wird größer, geht irgendwann in den Kindergarten, kann am Wochenende schon mal bei Omi und Opi schlafen. Das heißt, auch wenn das Leben des Paares nun definitiv *anders* ist als vorher, kehren Aspekte des früheren Lebens *ohne Kind* zurück. In dieser Zeit entscheidet sich, ob es zu einer »Wiedervereinigung« des Paares auf intimkommunikativer Ebene kommt oder ob aus der Drift bereits eine unüberbrückbare Kluft geworden ist.

Das ist nicht selten ein schwieriger Übergang; die Anstrengungen des Lebens bleiben für eine junge Familie auch in dieser Phase enorm. Zu der drängenden Forderung des modernen Berufslebens nach permanenter Bestleistung ist die Forderung nach der bestmöglichen Organisation einer Familie getreten: Wann kann ich abstillen? Soll ich die Babynahrung selber kochen, oder sind auch Gläschen in Ordnung? Stoff- oder Plastikwindeln? Gitterbettchen und Laufstall oder lieber nicht? Wie kriegen wir in unserer Stadt einen Kindergartenplatz, und wie sollen wir den bezahlen? Sollen wir unser Kind impfen lassen – und wenn ja, wogegen? Junge Paare mit einem Kind machen vieles, wenn nicht *alles* zum ersten Mal. Und sie können, anders als das noch früher der Fall war, dabei wenig auf Erfahrungen oder gar Vorbilder der Generationen vor ihnen zurückgreifen, weil sich alles so schnell ändert; die guten Ratschläge der Großeltern werden deswegen heute oft als gut gemeint, aber wenig brauchbar erlebt. So fließt also enorm viel Energie in die Infrastruktur des Familienalltags.

Bleiben wir im Klischee: Etwa ein Jahr nach der Geburt des

Kindes geschieht es häufig, dass dem Mann Kuscheln und Schmusen vor dem Fernseher nicht mehr reicht. Und er wendet sich, auf die eine oder andere Art, an seine Frau. Häufig ist die müde, erschöpft, hat das Gefühl, alle wollten etwas von ihr, sie fühlt sich leer, ausgelaugt. Aber sagen wir, sie sagt: »Okay, können wir machen, wenn's sein muss«, und es kommt zum Sex. Dann kann sich ein Muster in die sexuelle Beziehung einschleichen, das aus sexueller Bedürftigkeit aufseiten des Mannes und gewährenlassender Barmherzigkeit aufseiten der Frau besteht. »Gnadensex«, auf den eigentlich keiner von beiden Lust hat.

Wenn so aus dem sexuellen Begehren, das vor der Geburt des Kindes womöglich noch Wunsch und Glück beider war, eine reine Verrichtung wird, kann das problematisch werden. Die Intimkommunikation der beiden kommt nicht wieder in Gang, die Beziehung wird asymmetrisch. Sex wird zur Verhandlungssache. Die Intimbeziehung droht zu einem Dienstleistungsverhältnis zu verkommen, das unter der impliziten Prämisse steht: »Der Mann braucht's – und die Frau kann's ihm geben.« Kommunikativ wird das dann auf der gleichen Ebene verhandelt wie Haareschneiden: Die wachsen halt, dann müssen sie ab. Und weil der Mann nicht zum Friseur gehen will und soll, sprich ins Bordell, sagt die Frau: »Dann mach ich's ihm halt ...«

Das Problem ist, dass dieses Muster an den eigentlichen Bedürfnissen *beider* vorbeigeht. An denen der Frau sowieso – aber auch an denen des Mannes. Oft kann er das aber selbst nicht richtig wahrnehmen und ausdrücken, sondern merkt diffus, dass er unten ist und sie Oberwasser hat. Und dass das Gegenangebot seiner Frau – Gnadensex, auf welche Art auch immer – sich nicht so toll anfühlt wie erwartet, sondern irgendwie erniedrigend ist. Außerdem besteht durch solchen Sex die Gefahr, dass der Mann in den Augen der Frau an Ansehen und Achtung verliert.

Aber wie löst man so ein Problem? Denn das Gefühl, keinen Sex mehr haben zu wollen, zumindest sehr viel seltener als früher, ist bei der

Frau ja nun mal vorhanden. Genauso vorhanden wie früher ihre Lust auf Sex.

Es ist wichtig klarzustellen, dass aufseiten der Frau beide Gefühle *authentisch* sind: vorher Lust auf Sex gehabt zu haben und nachher kein Verlangen in dieser Hinsicht zu verspüren. Die Frau sucht sich ihre ablehnenden Gefühle genauso wenig aus wie der Mann, der sich Sex wünscht. Es geht also nicht um die sinistre Strategie der Gottesanbeterin, die ihr Männchen nach erfolgter Begattung verspeist. Es ist nicht so, dass die Frau willentlich und vorsätzlich Sex als Pfand für Kind und Beziehung eingesetzt hat. Vielmehr ist es so, dass das *eben passiert,* so wie ich es gerade beschrieben habe. Vielen Frauen widerfährt das. Und viele reagieren auf diese Entwicklung selbst erschüttert, sprachlos und traurig: »Ich habe wirklich Spaß daran gehabt – und nachher war das wirklich weg!« Es geht hier überhaupt nicht um die *bösen Frauen,* die die *guten* Männer abblitzen lassen. Und es geht nicht um die *bösen Männer,* die immer nur ihre *guten* Frauen penetrieren wollen, während der Babybrei überkocht und das Kind schreit. Das wäre das moralische Bewertungsbild, das oft über diese Situation gelegt wird und damit eine Täter-Opfer-Dynamik programmiert, die niemandem weiterhilft. Viel wichtiger erscheint mir die Frage: Was hat es damit auf sich? Was bedeutet es für *jeden Einzelnen und für die beiden als Paar,* dass sich die Beziehung so entwickelt hat? Wie kann angesichts der Tatsachen ein anderer, ein *gemeinsamer, gelingender* Umgang gefunden werden, der die Integrität beider berücksichtigt und die Beziehung erhält?

Wenn ich in einer solchen Situation konsultiert werde – und das ist eine Standardindikation –, mache ich zuerst eine Bestandsaufnahme und lasse beide Partner nacheinander ihr Erleben schildern. Dann wird recht schnell klar, dass wir es nicht mit einem Verbrecherpaar aus Täter und Opfer zu tun haben, sondern mit einer Schicksalsgemeinschaft, mit zwei eigentlich wohlwollenden Menschen, die die schwierige Phase der Familiengründung durchleben.

Darüber hinaus ist es auch wichtig, den biografischen Hintergrund zu erhellen: Wie war das in früheren Beziehungen? Gab es da ähnliche Erfahrungen? Ist der Frau vielleicht schon bekannt, dass ihr sexuelles Verlangen in der Zeit der Beziehungsetablierung ausgeprägt war, danach aber nachließ? Wenn das so ist, dann kann es sein, dass Sexualität im Erleben dieser Frau verknüpft ist mit der Erlangung bestimmter Ziele, mit bestimmten Funktionen, nämlich mit *Bindung* und *Fortpflanzung* – sexuelle Aktivität für sich alleine genommen für sie aber eine untergeordnete Rolle spielt. Solche Frauen berichten in der Regel auch von einer geringen Begeisterung für sexuelle Selbstbetätigung. Wenn eine solche Tendenz zur Funktionalisierung von Sex vorliegt, ist sie erst einmal als das zu konstatieren, was sie ist, und zwar ohne jede Bewertung.

Was ich dann versuche zu vermitteln, ist, dass Sex hier nicht als Möglichkeit der Beziehungskommunikation erlernt, erkannt und erlebt wurde. Ich bemühe mich darum, deutlich zu machen, dass die Frau sich nicht schlecht fühlen muss, weil sie »es« nicht haben will. Andererseits ist es mir ebenso wichtig klarzustellen, dass er kein triebgesteuerter geiler Bock ist, weil er »es« haben will. Vielmehr geht es mir darum, dem Paar ein erweitertes Verständnis von Sexualität als Kommunikation zu eröffnen: Ein Bewusstsein dafür zu schaffen, dass sexuelle Interaktion auch eine Möglichkeit sein kann, Bedürfnisse nach Angenommensein und Zugehörigkeit zu erfüllen. Das kriegen Personen, die ein utilitaristisches Konzept von Sexualität haben (Sex als Pfand für xyz), nicht zusammen. Sex ist für sie reduziert auf Erregung und Orgasmus, und den zu erreichen kann sogar mühsam und anstrengend sein. Angenommensein und Geborgenheit entsteht für sie ausschließlich durch soziale Interaktionen, durch Fürsorglichkeit und Kümmern, Arbeitsteilung und Versorgung. Ein erweitertes Verständnis von Sexualität als Kommunikation würde ihnen ermöglichen, anders aufeinander zu- und miteinander umzugehen. Verständnisvoller und dadurch weniger vorwurfsvoll.

Den meisten Paaren fehlt leider ein Bewusstsein für die Bedürfnisse, die sie eigentlich miteinander teilen, vor allem in kritischen Lebensphasen wie der beschriebenen. Für viele Frauen, die so erleben, wie gerade beschrieben, ist Sex ein Pfand für Bindung, etwas, das die Männer wollen und das sie ihnen geben sollten, um zu kriegen, was ihnen selbst wichtig ist. Für die Männer ist Sex hingegen häufig elementarer Bestandteil von Lebensqualität und Selbstbestätigung. Aber Sexualität als *Beziehungskommunikation* – dieses Bewusstsein ist bei beiden selten vorhanden, und das zu entwickeln ist Kernbestandteil der *Syndyastischen Sexualtherapie*.

Frauen empfinden in dieser Lebensphase den Wunsch ihres Mannes nach Sex häufig als Anforderung, als etwas, das zu all dem, was sie sonst tagtäglich zu leisten haben, noch hinzukommt: »Und dann soll ich abends *auch das noch* können!« An so einer – nicht selten gewählten – Formulierung erkennt man, dass Sexualität als Zwang zu absurden Turnübungen verstanden wird. Sex ist anstrengend geworden, er ist *on top,* »als wenn ich nicht schon genug am Hals hätte, will der mir am Abend auch noch an die Wäsche!«

Wofür kein Bewusstsein existiert, ist das wohltuende und entspannende Potenzial von Sexualität. Dass man am Abend, wenn das Baby schläft, in aller Ruhe miteinander schlafen könnte – um sich miteinander zu verbinden und danach gemeinsam einzuschlafen: Ein solches Bewusstsein haben die wenigsten. Ritualisierte und routinierte, ins Familienleben integrierte Sexualität könnte das Paar zur Ruhe bringen – so wie das Baby ins Bett geschuckelt wird, und der Käfer spielt noch einmal das Schlaflied, alles kommt zur Ruhe. Dafür müsste aber dem »Sex« eine andere Bedeutung beigemessen werden, jenseits von Lust, Geilheit und Turnübungen.

Weil ein solches Bewusstsein i. d. R. nicht vorhanden ist, kommt es zu wechselseitigen Reklamationen: Der Mann reklamiert seine vollen Hoden und leeren Hände, die Frau ihre volle Waschmaschine und leeren Brüste. Oft geht das dann so weiter, dass sich der Mann immer weiter zurückzieht, vielleicht immer mehr Internetpornografie konsumiert und dabei häufiger masturbiert, eventuell geht er ins Bordell oder initiiert Seitensprünge oder nimmt sogar eine regelrechte sexuelle Parallelbeziehung auf. Und dann kann das, was zunächst als Drift begonnen hat, als unüberbrückbare Kluft die Beziehung durchaus gefährden.

Was hält das Paar in einer solchen Situation denn noch zusammen?

Einerseits die Erinnerung an das, was sie früher füreinander waren. Andererseits spielen auch äußere Klammern der Beziehung eine nicht unwesentliche Rolle: Darlehen und Schulden für gemeinsames Wohneigentum, ein gemeinsames soziales Umfeld, internalisierte Konzepte von »der heilen Familie«, die Kosten einer möglichen Scheidung, die Liebe zu den Kindern, die mit beiden Elternteilen aufwachsen sollen und so weiter. Früher kam noch das kirchliche »Sakrament der Ehe« als Klammer hinzu, was für viele heute nicht mehr so wichtig ist. Trotzdem gibt es in beinahe jeder Beziehung eine äußere Klammer, und die hält das System eine ganze Weile stabil. Aber wie bei einem Einmachglas, in dem sich ein Keim eingenistet hat, hält die Klammer auf dem Deckel nur so lange, wie der Druck im Glas nicht zu hoch wird. Was den Druck im Innern steigen lässt, ist Gärung. Und irgendwann fliegt der Deckel ab – oder das Glas zerspringt in tausend Scherben. Das ist der Moment, in dem es zu spät ist. Da ist dann nichts mehr zu retten. Doch es gibt auch Paare, die vorher, wenn der Druck im Inneren spürbar steigt und die Beziehung auf der Kippe steht, wo Trennung droht, aber noch nicht erfolgt ist, zum Telefonhörer greifen, um sich Hilfe zu suchen, um das Schlimmste zu verhindern. Und dann kann man in der Regel noch etwas machen. Um in dem Bild zu bleiben, lässt sich das Beziehungsglas bewahren, und in der Therapie werden dann verdorbene Inhalte ausgeleert, das Glas gereinigt und gemeinsam neue Früchte eingeweckt.

Aber selbst ohne Keime verändert sich doch das Einkochgut: Pflau-
menmus wird über die Monate und Jahre immer besser – Pfirsichmar-
melade verliert erfahrungsgemäß an Aroma. Was ich damit sagen
will: Auch beim Konservieren werden immer Abbau- oder Umbaupro-
zesse stattfinden, oder?

Es ist wichtig, dass man sich einmal wirklich klarmacht, dass
sich *immer alles* verändert, dass nichts so bleibt, wie es ist. Wenn
es gelingt, damit einen gemeinsamen Umgang zu finden, fühlt es
sich nicht nach Verfall, sondern nach Reifung und Entwicklung
an. Und, wie Sie schon sagten, einiges wird auch besser, wie zum
Beispiel Pflaumenmus. Aber alles, was sich verändert, kann innerhalb einer Beziehung miteinander geteilt werden. Wenn das gelingt, droht kein Verfallsdatum. Erfüllendes Teilen erfordert gelingende Kommunikation, doch die kommt nicht von selbst. Wir
können aber lernen, Beziehungen zu *führen,* statt zu glauben, es
reiche, eine Beziehung zu *haben.*

Mir scheint es zu einfach, immer wieder darauf zu verweisen, dass wir
kein Bewusstsein für diese Form der Kommunikation hätten. Das mag
so sein – aber das hilft unserem Paar doch nicht weiter. Und selbst
wenn ein Paar, wie Sie es nennen, »miteinander übereinander« spre-
chen kann: Es wird in einer Situation wie der von Ihnen beschriebe-
nen vermutlich trotzdem an der Unhintergehbarkeit authentischer
Gefühle scheitern müssen. Er sagt: »Es geht mir schlecht ohne körper-
liches Angenommensein«, sie sagt: »Verstehe ich. Aber ich habe wirk-
lich keine Lust.«

Sie sagen es! Und es ist auch überhaupt nicht mein Anliegen, den
Eindruck zu erwecken, als sei das alles ein Selbstläufer, sobald
man *miteinander übereinander* sprechen kann.
  Bleiben wir aber noch ein wenig bei dem Klischee vom Mann,
der Sex will, und der Frau, die keinen will ... Wenn das wirklich
der Fall ist, wenn die Frau authentisch sagt: »Bei mir existiert

keinerlei Bedürfnis nach sexuellem Körperkontakt«, dann würde ich vermuten, dass sie, aus welchen Gründen auch immer, engen, nahen oder gar intimen Körperkontakt womöglich schon früher nicht als beziehungsstiftend und wohlgefühlerzeugend erfahren hat. Vielleicht waren sexuelle Kontakte zur Etablierung von Beziehungen und zur Fortpflanzung unumgänglich – aber sie haben in ihr nie einen positiven emotionalen Niederschlag hinterlassen und bewirken ihn folglich auch jetzt nicht. Das kommt durchaus vor. Die Menschen unterscheiden sich in ihrer Körperlichkeit und in ihrem Bedürfnis nach Anfassen und Angefasstwerden, das ist dann einfach so. Und wenn dann noch ein Baby hinzukommt, das ständig berührt werden will, ein Baby, mit dem gleichsam von selbst eine starke körperliche Kommunikation stattfindet, dann ist das ohnehin rare Bedürfnis nach Körperkontakt bei dieser Frau durch das Kind über-erfüllt – und wird folglich mit dem Mann noch weniger angestrebt.

Wenn dieses Paar die Chance bekommt zu verstehen, worum es beiden *eigentlich* geht; wenn sie versteht, dass sie es ihm nicht »machen« soll oder sogar muss, und er, dass er keinen Samen loswerden, sondern Anerkennung bekommen will; wenn also beide begreifen, dass sie etwas miteinander teilen und sich dadurch auch etwas mitteilen wollen, dann erleichtert ihnen das die Möglichkeit, miteinander und mit ihren Verschiedenheiten umzugehen. Dann ist sie vielleicht in der Lage zu sagen: »Ich selbst habe zwar kein großes Bedürfnis nach Sex, aber wenn es *das* ist, was du möchtest ... damit kann ich etwas anfangen, das kann ich verstehen und mich auch darauf einlassen.« Und er könnte lernen zu sagen: »Mir ist jetzt klar, dass ich kein Druckventil brauche, sondern Kontakt.« Und er kann lernen, dass er keinen Samenstau, sondern einen Gefühlsstau hat.

Daraus resultiert auch, dass kein Paar »Angst« vor einer Diagnose haben muss. Selbst wenn herauskäme, dass eine Funktionsstörung im Sinne einer Störung des sexuellen Verlangens vorliegt, heißt das noch lange nicht, dass die beiden damit nicht einen

Umgang finden könnten. Mit einer Beeinträchtigung der Funktionstüchtigkeit endet gar nichts – das ist der Anfang eines gemeinsamen Weges, auf dem die beiden herausfinden können, wie sie unter dieser Voraussetzung glücklich miteinander leben können. Kein Mensch muss funktionieren, und kein Mensch muss Lust auf Sex haben, um gelingende und erfüllende Sexualität erleben und teilen zu können.

Die einzige Modulationsmöglichkeit, die wir haben, um einen Umgang miteinander zu finden, ist gelingende Kommunikation. Und zwar völlig unabhängig davon, was dabei herauskommt. Geschlechtsverkehr ja oder nein, und wenn ja, wie oft oder auf welche Weise – alles sekundär. Das Gefühl, sich selbst zu verstehen, vom anderen verstanden zu werden und das einander mitteilen zu können: All das reduziert den Entbehrungsdruck und die Anforderungsempfindung so weit, dass es *zweitrangig* wird, was am Ende in sexueller Hinsicht konkret passiert. Ich sage nicht irrelevant – ich sage zweitrangig! Wenn solche Kommunikation gelingt, kann der Druck auf beiden Seiten reduziert werden.

Wir haben von den vielen Anforderungen gesprochen, denen das Paar im Laufe seines Zusammenseins, besonders nach der Geburt eines Kindes, ausgesetzt ist. Sprechen Sie auch über solche Anforderungen und die Gestaltung des Alltags mit Ihren Patienten?

Alltagsorganisatorische Dinge bespreche ich mit meinen Paaren selten, das kriegen die auch ohne mich hin. Auszuhandeln, wer die Brote schmiert und wer den Müll hinunterträgt, das können die Paare alleine. An alltagsorganisatorischen Themen erschöpft sich ein therapeutischer Prozess außerdem schnell, darum widme ich dem wenig Zeit. Wichtig ist für mich der Fokus auf die Ressourcen und die Potenziale der Beziehung, die für das Paar auch in ihrer Sexualität liegen. Denn darauf kommen die Paare nicht von alleine!

Wenn der Mann versteht, wonach er sich wirklich sehnt, und er lernt, dies adäquat zu kommunizieren, verändert das eventuell auch die Art, wie seine Partnerin damit um- und darauf eingeht. Das Ziel ist, dass beiden klarer wird, worum es in ihrer Intimbeziehung eigentlich geht: Eben nicht um »Druck« oder um »Notdurft«, sondern um Nähe und um Kontakt, um das Gefühl, gehalten zu werden. Dieses Wissen baut Hemmschwellen für beide ab, es erleichtert die Einlassung. Dann sinkt der Druck, und man kann sich beschenken lassen.

Wichtig erscheint mir auch, festgefahrene Rollen in Beziehungen aufzulösen. Wenn ich frage, wie sich die beiden in ihren jeweiligen Rollen fühlen, sie, wenn sie sich verweigert, er, wenn er bettelt und wieder eins auf die Finger bekommt, dann stellt sich schnell heraus, dass sich in diesem absurden Spiel beide *grässlich* fühlen.

Ich frage dann: »Was halten Sie denn davon, wenn Sie diese Rollen einmal aufgeben würden? Wenn Sie einfach die Hüte, die Sie aufhaben, aus dem fahrenden Zug werfen? Was wäre, wenn Sie miteinander die Vereinbarung träfen, fortan anders mit der Situation und miteinander umzugehen? Und der- oder diejenige, der oder die bisher in der Verweigerungsrolle war, spräche ab jetzt *Einladungen* aus, *Beziehungsangebote* an den Bettler, der daraufhin nie wieder betteln muss, sondern sich einladen lassen kann.« Was in diesen Verabredungen geschieht, vereinbaren die beiden vorher konkret miteinander. Somit ist klar: Beide können sicher sein, dass etwas miteinander stattfindet, was auch immer das sein wird – aber keiner braucht sich Sorgen zu machen, dass irgendetwas stattfinden muss oder etwas stattfinden wird, was er oder sie nicht will. Auf diese Weise können Paare ihre Rollen dynamisieren.

Was dabei wichtig ist: Bei solchen Verabredungen sollte es um *absichtslosen Körperkontakt* gehen. Nicht um zufälligen oder beiläufigen Kontakt, sondern um einen, der erst einmal keinen Zweck erfüllen muss – außer eine Kommunikation zwischen den beiden in Gang zu setzen.

Die meisten Menschen haben gelernt, dass nackt beieinanderliegen, sich streicheln usw. etwas ist, das mehr oder minder unmittelbar auf Geschlechtsverkehr und dann auf Orgasmus abzielt. Beieinanderliegen wird mit Stimulationsambition gleichgesetzt. Diese Ambition überlagert alle anderen Begegnungskomponenten. Das ist ein generelles Prinzip: Erregung kann Gefühlsreaktionen wie Scham und Ekel überlagern, aber eben auch das Gefühl von Nähe und Intimität. Wenn sich Menschen ihrer selbst, des anderen und der Beziehung nicht sicher sind, tendieren sie häufig dazu, diese Unsicherheit zu kaschieren, indem sie versuchen, zielgerichtet Erregung herbeizuführen. Absichtsvolle genitale Stimulation ist dann die Brücke, die sich über das Tal der Scham, der Unsicherheit und der beängstigenden Qualität von Intimität spannt. Dieses Prinzip ist auch der Grund dafür, warum im Rahmen der Prostitution keine Intimität entsteht: Die Interaktion ist vollständig reduziert auf Orgasmusproduktion. Intimität kann hingegen dann entstehen, wenn gerade keine intentionalen Handlungen im Vordergrund stehen. Entsprechend wäre das der Kern dessen, was bei den Verabredungen des Paars zu Hause idealerweise passiert: Es gibt kein Ziel und keinen Zwang und kein Müssen, es soll nichts produziert werden – und dadurch kann das Eigentliche zwischen den beiden (wieder?) in Erscheinung treten. Weg von intentionaler Stimulation – hin zu partnerschaftlicher Kommunikation. Dann wird *Intimität ohne Angst* möglich, weil nichts mehr klappen, funktionieren, passieren und dabei herauskommen muss. Kein Muss mehr! Das macht aus Sexualität im wahrsten Sinne des Wortes wieder ein *Liebes-Spiel,* weil nichts dabei und dadurch produziert werden muss.

Wir haben jetzt über die Erosionsgefahren bei Paaren mit Kindern gesprochen. Wie ist das bei kinderlosen Partnerschaften: Erodiert bei denen weniger?

Na, raten Sie mal! Das Einzige, was kinderlose Paare von solchen mit Kindern unterscheidet, ist, dass die Familiengründung als kritische Beziehungsphase wegfällt. Mehr nicht. Keine Kinder zu haben bedeutet keineswegs, dass man automatisch besser miteinander kommuniziert oder ein größeres Bewusstsein für die eigenen Bedürfnisse hat. Erosionsprozesse entwickeln sich bei kinderlosen Paaren genauso wie bei Eltern-Paaren.

Noch einmal: Der Umstand, dass eine Familie gegründet worden ist, ist nicht die *Ursache* dafür, dass eine Beziehung in Mitleidenschaft gezogen wird. Die Familiengründung ist der *Auslöser*. Ursache der aufkommenden Probleme ist die eingeschränkte Kommunikationsfertigkeit, das eingeschränkte Bewusstsein für die Bedeutung von Beziehungssexualität. Das Kind oder die Welt oder der Alltag oder Funktionsstörungen oder das leere Bankkonto sind niemals ursächlich schuld an unseren Beziehungsproblemen – sie sind Kristallisationspunkte dysfunktionaler Kommunikation und damit allenfalls Auslöser für Konflikte.

Wenn die kommunikativen Mittel zur Beziehungsführung eingeschränkt sind, kann es im Laufe der Jahre *bei allen* zu einer ersten Drift kommen: ob durch ein Kind beschleunigt oder ohne Kind eventuell verlangsamt. Drift und Erosion geschehen immer, wenn die Beziehung nicht *geführt*, sondern als statisch vorhanden, verfügbar und selbstverständlich wahrgenommen wird. Wenn sie sächlich wird, ein Ding wie ein Möbel: »Institution Ehe«!

Lassen Sie mich dies noch dazu sagen: Es scheint einen Konsens in der Sachbuchliteratur darüber zu geben, dass langjährige Beziehungen zwangsläufig sexuell langweilig werden und einschlafen. Ich kann mich, wie gesagt, dieser Einschätzung nicht anschließen. Meiner Auffassung nach ist sexuelle Anziehung nicht von der Veränderung der Körper oder der Dauer der Vertrautheit und der damit vermeintlich einhergehenden Langeweile abhängig. Fehlender sexueller Anziehung liegt meines Erachtens immer eine Erosion partnerschaftlicher Kommunikation zugrunde! Wenn es einem Paar gelingt, sich sowohl individuell als auch als Paar weiterzuentwickeln – also weder mit sich noch miteinander fertig zu sein –, und wenn es gelingt, bei der Frage nach dem, was man eigentlich *voneinander* will und was man *füreinander* ist, miteinander im Kontakt zu bleiben, dann erhält das, meiner Überzeugung nach, auch die sexuelle Beziehung aufrecht. Solche Paare haben gelernt, dass man, um schönen Sex zu haben, nicht wild vor Begierde aufeinander zu sein braucht, sondern einfach miteinander schlafen kann, wie man auch gemeinsam zu Abend isst, ohne dafür einen Bärenhunger haben zu müssen. Es geht dabei nicht um ein maximal scharfes, aufregendes und exotisches Menü. Es reicht, dass es gesund, nahrhaft und mit Liebe zubereitet ist, »Slow Food« eben. Und genauso können Paare »Slow Sex« lernen: keine Notwendigkeit für Geilheit und Gier, Unbekanntheit und Spontanität, Erotik und Exotik! Anstatt der Vorstellung hinterherzuhecheln, dass Sex nur dann »gut« ist, wenn man »geil zusammen fickt«, kann man lernen, einfach regelmäßig miteinander zu schlafen, so, wie man regelmäßig gemeinsame Mahlzeiten miteinander einnimmt, ohne als bedingende Voraussetzung dafür vorher ausgehungert sein zu müssen. Das ist meines Erachtens eine geeignete Strategie für die Erhaltung einer sexuellen Beziehung in langjährigen Partnerschaften, ein probates Mittel gegen die Erosion sexuellen Kontaktes. Und wenn man so regelmäßig miteinander schläft und das für beide etwas bedeutet, weil beide damit etwas verbinden, dann führt das nicht dazu, dass die sexuelle Begegnung langweilig und eintönig wird. Genauso wenig, wie regelmäßige gemeinsame Mahlzeiten bedeuten, dass uns dadurch die Lust am Essen vergeht.

Ich nutze diese Perspektive bei Paaren, die zehn, zwanzig Jahre zusammen sind und sich in eine Sexualtherapie begeben, weil alles eingeschlafen ist. Bei denen geht es vor allem darum, dass sich beide zu einer Auseinandersetzung entschließen und bereit sind, auf ihre Beziehung mit neuen Augen zu blicken, sich selbst neu zu betrachten und einander neu zu begegnen. Sie merken dann: Mitnichten ist alles klar! Bei dem anderen ist ja in den letzten Jahren wahnsinnig viel passiert, was ich gar nicht mitgekriegt habe ... Wenn diese Paare bereit sind, wieder miteinander übereinander zu sprechen und ein erweitertes Bewusstsein für die kommunikative Funktion von Sexualität zu entwickeln, merken sie, dass auch Sex wieder gut geht – weil Sex dann eine Fortsetzung ihrer verbalen Kommunikation ist.

Was uns im Zwischenmenschlichen, im Kulturellen und Sozialen belebt, ist das Gleiche wie das, was uns auch im Intimen zu animieren imstande ist: die Wachheit nämlich, die Lebendigkeit! Diese Lebendigkeit bleibt aber nur erhalten, wenn wir am Leben des anderen teil-nehmen, an ihm teil-haben. Wenn wir den Mut haben, uns der Kommunikation mit dem anderen zu stellen, ihm Fragen zu stellen – und auch den Mut haben, seine Antworten hören zu wollen! Das gibt es viel zu selten. Stattdessen wird oft genug eine Kompensation von Drift und Erosion im Inneren der Beziehung durch Aufhübschung von Äußerlichkeiten versucht: Ablenkung, Unterhaltung, Beschäftigung, Konsum von Luxusartikeln, Veranstaltungen und Fernreisen, aber auch Busenvergrößerungen, Potenzmittel, Intimpiercings, Swingerclubs, Außenkontakte, Parallelbeziehungen usw. Das alles können auch Versuche sein, eine Leere im Inneren durch Sensationen im Außen zu kompensieren: Es wird kurzfristige konsumatorische und sexuelle Befriedigung generiert, aber langfristige emotionale Erfüllung bleibt aus. Das entspricht ungefähr der Behandlung eines Furunkels mit Make-up: Wir streichen etwas darüber, decken etwas zu, doch der Schmerz bleibt, sobald etwas auf die Beule drückt.

Ich will nicht behaupten, dass das immer funktioniert, dass bei jedem Paar die Fähigkeiten und Ressourcen dafür vorhanden sind. Viele Paare stellen sich den Problemen in ihrer Beziehung erst viel zu spät. Gleichwohl spricht der Ansatz, die partnerschaftliche Kommunikation zu verbessern, keineswegs nur die oberen Zehntausend oder nur Akademiker an, das habe ich in langjähriger Praxis immer wieder bestätigt bekommen. Kommunikation, vor allem Intimkommunikation, ist kein *intellektueller* Vorgang. Es geht um ein Bewusstsein für Beziehung, um konkrete *Kontaktaufnahme,* die jeder leibhaftig erleben kann, ohne dass er oder sie dafür (aus-)gebildet sein muss.

Sie haben gerade kurz das Thema »Außenkontakte« angesprochen, das Fremdgehen. Ein bisschen zu kurz für meinen Geschmack. Denn soweit ich das einschätzen kann, sind Außenkontakte ja kein seltenes Problem in Partnerschaften. Und haben nicht selten mit einer »Erosion« zu tun ...

Da haben Sie recht. Häufig ist der Grund für eine Außenbeziehung die Tatsache, dass einer der beiden Partner die Partnerschaft als »langweilig« erlebt. Sich fragt, ob »das jetzt schon alles« war. Aber was heißt das, langweilig? Das heißt meistens, dass die sexuelle, aber vor allem die partnerschaftliche Beziehung der beiden erodiert ist: Man spricht nicht mehr miteinander, man sieht sich nicht mehr in die Augen, befragt sich nicht mehr, erlebt sich gegenseitig nicht mehr als neu und anders. Im Gegenteil: Jeder der beiden fühlt sich für den anderen zuhanden wie ein Möbelstück, selbstverständlich wie die Jahreszeit, trivial wie ein Alltagsgegenstand. Das kann dazu führen, dass einer der beiden Partner sein »Heil« woanders sucht – bei jemand anderem, von dem er das Gefühl bekommt, neu, aufregend, spannend und interessant zu sein. Das »Heil« des Fremdgehens besteht für die meisten darin, durch eine sexuelle »Eroberung« ein Gefühl der Selbstwirksamkeit als Mann oder Frau zu erfahren, also in der Stabilisierung des eigenen Selbstwertgefühls: »Der andere reagiert auf mich als Mann bzw. Frau. Ich kann den anderen für mich gewinnen. Ich werde begehrt und fühle mich selbst wieder attraktiv, weil ich attraktiv gefunden werde.« Deshalb ist der prädestinierte Schauplatz zur Kompensation von Selbstwertmangel sowie innerer und partnerschaftlicher Leere ein sexueller Außenkontakt.

Meistens fliegt die Sache aber irgendwann auf. Und der »betrogene« Partner erlebt ein unheimlich intensives Gefühl des Vertrauensbruches. Der Illoyalität. Des Alleinseins. Warum das so wehtut, darüber haben wir schon gesprochen: Vertrauensbruch und Eifersucht durch Selbstwertminderung ...

Und vielleicht ist dieser Bruch das schlimmste Gefühl von allen: »Wie kann ich dir jemals wieder vertrauen? Was soll ich denken, wenn du sagst, du musst länger arbeiten?« Das ist das Misstrauen gegenüber dem Partner. Gleichzeitig entsteht aber ein Misstrauen gegenüber sich selbst: »Wie konnte ich nur so dumm sein und nichts bemerken? Warum habe ich nicht genauer hingesehen? Wollte ich es selbst nicht wahrhaben? Was stimmt mit mir nicht?« Schlimme Gefühle.

Dieses Misstrauen erfüllt eine psychologische Funktion, es ist ein Schutzschirm. Aber ein *schädlicher Schutzschirm*. Was heißt das? Misstrauen führt zu erhöhter Wachsamkeit. Es soll die betroffene Person vor erneuten Enttäuschungen und Verletzungen schützen. So weit, so gut. Schädlich wird Misstrauen aber dann, wenn es nicht nur gegen Enttäuschungen schützt, sondern eine Wiederannäherung verhindert. Wenn man nicht in der Lage ist, *noch einmal* zu vertrauen. Ohne Vertrauen keine Bewältigung und Verarbeitung der Enttäuschung, dadurch keine Wiedergutmachung und Wiederbelebung und folglich auch keine Weiterentwicklung der Beziehung. Über die Frage, ob Vertrauen wieder möglich wird oder nicht, entscheidet einmal mehr die Gesundheit des Selbstwertgefühls. Je geringer es ausgeprägt bzw. je stärker es beschädigt ist, desto schwerer ist es, wieder zu vertrauen.

Wie dem auch sei: Außenkontakte sind für den »betrogenen« Partner enorm schmerzhaft, das macht ihm/ihr riesige Probleme, keine Frage. Aber: Es ist möglich, die Kränkung zu überwinden und dieses intensive emotionale Geschehen innerhalb einer Partnerschaft nutzbar und fruchtbar zu machen.

Dann nämlich, wenn das Paar es schafft, sich gerade dadurch, dass da eine Bombe in der Beziehung detoniert ist, neu anzusehen. Die Bombe nimmt sie auseinander – aber sie bietet die Möglichkeit, sich auch wieder neu zusammenzusetzen. Und zwar, wenn beide es schaffen zu erkennen, dass der andere eben *nicht* zum eigenen Lebensinterieur gehört – sondern durchaus autonom, selbständig und souverän ist. Ein Mensch mit eigenen Vorstellungen, Bedürfnissen, Entscheidungen und Verhaltensweisen, der tun und

lassen kann, was er will. Nicht des anderen Eigentum. Der Beleg dafür ist ja gerade das Fremdgehen: Hier hat einer der beiden Partner souverän und autonom gehandelt. Ich erlebe es nicht selten, dass sich Paare gerade durch Außenbeziehungen wieder einander annähern. Dass das Fremdgehen eine Art *Wake-up-Call* darstellt, der das Paargeschehen gehörig beleben kann. Dass durch den Vertrauensbruch ein gemeinsamer Auseinandersetzungsprozess möglich wird, der vorher so noch nie stattgefunden hat. Und dass die Befremdung über das Geschehen zu einer neuen, belebenderen Sicht auf den anderen führt.

Gehen Ihrer Erfahrung nach viele Menschen in Beziehungen fremd? Und sprechen sie mit Ihnen darüber?

Bei der Hälfte der Paare, die zu mir kommen, gibt es sexuelle Außenkontakte. Und in den seltensten Fällen wissen die Partner davon. In der Regel haben diese Menschen auch Angst davor, ihre Außenbeziehung offenzulegen, Angst, die Familie zu verlieren und so weiter. Aber gleichzeitig hängen sie sehr intensiv an der Außenbeziehung, weil die »einfach rattenscharf ist«. Und zwar in erotischer und in selbstwertstabilisierender Hinsicht! Kurz gesagt: Verwirrung. Unsicherheit. Ambivalenz. Desintegration.

Wenn diese Menschen zu mir kommen und ich mit ihnen zurate gehe, um zu schauen, ob es einen gangbaren Weg zu einer Integration geben könnte, kommen wir immer an den Punkt, wo es darum geht, ob man nicht eventuell den Partner oder die Partnerin in die Beratungen miteinbeziehen könnte und sollte. Und immer sehe ich dann in schreckgeweitete Augen: »Heißt das etwa, dass ich dann hier *alles* erzählen muss?«

Die Antwort lautet: Nein, heißt es nicht. Erstens muss bei mir niemand etwas. Und zweitens heißt, mit dem Partner über die Außenbeziehung zu sprechen, nicht, einen Selbstzweck-Seelen-Striptease hinzulegen, bei dem auch noch die letzte Hülle fällt. Das ist völlig unnötig. Gelingende Kommunikation und Integration bedeutet grundsätzliche Aufrichtigkeit und Ehrlichkeit, *das Wesentliche* zu sagen, das, was den Partner und die gemeinsame Beziehung betrifft. Nicht sämtliche Details der Außenkontakte auszubreiten.

Nichtsdestotrotz: Ohne Verletzungen geht das so gut wie nie ab. Über eine Außenbeziehung zu sprechen ist keine Ayurveda-Packung. Ein solches Gespräch kann verdammt wehtun. Denn die Wahrheit erscheint oft brutal.

Aber was sollte ein Mann, der fremdgegangen ist, seiner Frau sagen? Was ist die Wahrheit?

Keine Ahnung, was die Wahrheit ist. Aber der Mann könnte beispielsweise sagen: »Ich habe jemanden kennengelernt, und da ist etwas gelaufen. Und das bringt mich in einen echten Konflikt. Und zwar weil ich dich liebe – und dich und die Kinder nicht verlieren und verlassen will. Aber was mit dieser anderen Frau abgeht, ist gefühlsmäßig für mich der Hammer, dagegen ist zurzeit kein Kraut gewachsen. Ich will mit dieser Frau keine Beziehung begründen, aber ich kann und will mich jetzt auch nicht von ihr trennen … Irgendetwas ist da …«

Solche Sätze wären eine klare Ansage. Mit ihnen stellt – in diesem Beispiel – der Mann ausreichende Transparenz her und versetzt seine Partnerin in eine Position mündiger Teilhabe. Sie ist nach solchen Sätzen zwar mit großer Wahrscheinlichkeit schwer verletzt, aber im Bilde und orientiert. Kann sich positionieren und schauen, wie sie damit umgehen will. Transparenz bedeutet in einem solchen Fall aber nicht zu sagen: »Liebe Gisela, wir sind seit 25 Jahren verheiratet, unsere Kinder gehen aufs Gymnasium – und es gibt übrigens jetzt die Claudia, und die Claudia hat 'n Knackarsch und trägt Stringtangas, und mit der laufe ich an der Spree entlang, und wenn es Sommer ist, bläst die mir im Gebüsch einen, und ansonsten gehen wir Cocktails trinken und danach in ein Penthouse, wo wir im Champagner baden …« Ob Sie

es glauben oder nicht: Menschen, die von ihren »Fehltritten« berichten, tun das sehr häufig auf diese vollkommen dysfunktionale Art und Weise: Detailgetreu benennen sie körperliche Einzelattribute des Außenkontaktes, berichten minutiös von Häufigkeiten, Orten, Zeitpunkten und sogar sexuellen Praktiken ... Helfen tut das keinem! Denn das Einzige, was dabei entsteht, ist noch mehr Misstrauen, Eifersucht, Zorn, vielleicht sogar Hass. Weil mit solchen Geschichten der Selbstwert des »betrogenen« Partners noch weiter bedroht wird.

Aber es sind nicht nur diejenigen, die selber fremdgegangen sind, die auf diese Weise ihrem Partner von ihrem Außenkontakt berichten. Viel verstörender finde ich, dass auch die »Betrogenen« in quasi masochistischer Manier übermäßig detaillierte Fragen ausschließlich zu diesen Äußerlichkeiten stellen, nicht hingegen zum inneren Erleben des Partners! Das beginnt mit der grundsätzlich falschen Frage: »Was hat sie, das ich nicht habe?« Ein referenzieller Abgleich zwischen dem Außenkontakt und der eigenen Person – total dysfunktional, tut nur weh, trägt nichts bei, führt nirgendwohin! Der nächste Schritt ist dann: »Wenn du mein Vertrauen zurückhaben willst, dann musst du jetzt reinen Tisch machen!« Also: Totalbeichte. »Jetzt will ich aber alles ganz genau wissen. Wo trefft ihr euch? Wie ist das? Und wann? Und was trägt die dann für Wäsche? Was macht die bei dir? Ist die rasiert? Oder nicht?« Das ist erschütternderweise die Ebene, auf der oft Außenkontakte in meiner Praxis zwischen Paaren verhandelt werden. Das führt zu Gemetzeln, zu einer Schlachtplatte von Kränkungen und Verletzungen.

Wenn ich ein solches Gespräch moderieren soll, stelle ich in Anwesenheit beider beteiligten Personen vorher immer klar: Hier geht es nicht darum, die Farbe von Unterhosen zu diskutieren oder Sexualpraktiken zu analysieren – sondern allein darum, *das* auszutauschen und zu besprechen, was die beiden Menschen *als Paar* angeht, nämlich: Wer denkt was darüber? Wie fühlt sich das für wen an? Und vor allem: Was bedeutet der sexuelle Außenkontakt für wen? Und wie kann und soll es jetzt weitergehen? Dafür braucht man keine Beschreibung von Liebesnestern, Reizwäsche und Koituspositionen.

Sollte man Ihrer Meinung nach jeden Außenkontakt seinem Partner oder seiner Partnerin berichten?

Selbstzweckbeichten bringen meines Erachtens wenig. Wenn das, was »außen« stattgefunden hat, belanglos ist, zum Beispiel ein zufälliger One-Night-Stand auf einer Geschäftsreise, der überhaupt kein Beziehungserleben generiert hat, dann dient ein Geständnis zwar der Offenheit, Transparenz und Ehrlichkeit, kann aber auch Probleme hervorrufen, die das Ereignis selbst gar nicht rechtfertigt. Jeder hat (nicht nur im Rahmen des Grundgesetzes) ein Recht auf seine Geheimnisse: Solange der Partner oder die Partnerin und die gemeinsame Beziehung nicht beeinträchtigt werden, nimmt eigentlich niemand Schaden. Ob ich alles sage oder nicht, kann und muss letztlich jeder für sich selbst entscheiden. Und das hat auch mit der Offenheits- und Transparenzkultur der jeweiligen Beziehung zu tun. Viele Menschen erleben Seitensprünge oder Mini-Affären beispielsweise als durchaus stimulierend für ihre eigentliche Beziehung. Mit ein bisschen Scham, Schuld und schlechtem Gewissen kehren sie zurück, häufig sogar mit einem warmen Gefühl der Dankbarkeit und einer ganz tiefen Herzlichkeit und dem Gefühl: Eigentlich will ich dich, und ich bin mit dir und uns zufrieden!

Sobald es aber nicht mehr um einen einmaligen Seitensprung oder ein beliebiges Fremdgehen geht, sondern um eine Liebesaffäre oder eine regelrechte Parallelbeziehung, sollte dieser Umstand meines Erachtens so früh wie möglich ausgesprochen werden. Denn dann handelt es sich – pragmatisch und infrastrukturell – nicht mehr um ein kleines »Geheimnis«, sondern um ein strukturelles, fortgesetztes Lügen und Betrügen, Täuschen und Hintergehen. Und das ist nicht nur unanständig und unschön, sondern ein nachhaltiger Vertrauensbruch, der eine Beziehung tatsächlich beschädigen und zerstören kann.

Ist Beziehung »Arbeit«? Auch dieser Begriff geistert ja durch die Ratgeberliteratur.

Er geistert vor allem durch den sehr lustigen Sketch von Hape Kerkeling, in dem er als Sexualberaterin Evje van Dampen ein Buch mit dem Titel *Liebe ist Arbeit Arbeit Arbeit* verkaufen will ...

Aber im Ernst: Wenn die Behauptung, Beziehung oder gar Liebe sei Arbeit, stimmen würde, müsste man analog auch sagen, dass Atmung, Ernährung und Schlaf Arbeit seien. Essen ist ein wunderbares Ritual, und eine gemeinsame Mahlzeit, während der man zusammen am Tisch sitzt, erzählt, lacht und zuhört: Das ist für mich keine Arbeit. Miteinander kochen ist auch keine Arbeit, wenn man Lust hat, sich etwas *miteinander* zuzubereiten! Wenn ich allerdings an der Pfanne stehe, der andere sich einen Dreck für mich interessiert und im Wohnzimmer alleine fernsieht: Dann erst wird das Arbeit!

Genauso ist es in Beziehungen. Beziehungsführung ist keine Arbeit, sondern Bestandteil unserer Lebendigkeit. Ich halte von dem Arbeitsbegriff an dieser Stelle überhaupt nichts. Schlimm genug, dass wir diesen Begriff im Zusammenhang mit unserer Berufstätigkeit ausgeprägt haben, denn »Arebeit« hatte ursprünglich und über viele Jahrhunderte hinweg die Bedeutung von »Mühsal, Plage, Not«. Als Kategorie im Intim- und Privatleben möchte ich so was nicht haben.

Liebe, Sex und Beziehung sind keine Mühsal, sie sind der schönste Ausdruck unseres Menschseins, unserer Energie und Vitalität. Klar kann Beziehung manchmal auch verdammt anstrengend sein. Aber wer hat gesagt, dass das Leben ein Ponyhof ist?

KAPITEL 5

Zwischen Hamsterrad und Herzstillstand – Sexuelle Funktionsstörungen in der Burn-out-Society

> Das Leistungssubjckt, das sich frei wähnt,
> ist in Wirklichkeit ein Knecht.
> Es ist insofern ein absoluter Knecht,
> als es ohne den Herrn sich freiwillig ausbeutet.
>
> *Byung-Chul Han*

Was sind denn die häufigsten Probleme, mit denen Menschen zu Ihnen in die Praxis kommen?

Partnerschaftliche Beziehungsstörungen. Zwei Menschen kommen nicht mehr miteinander klar, streiten und missverstehen sich oder misstrauen einander. Solche Kommunikations- und Beziehungsstörungen machen den Menschen Probleme und führen wie bereits ausgeführt nicht selten zu sexuellen Funktionsstörungen – oder auch zu sexuellen Außenbetätigungen. Es gibt sehr wenige Beziehungen, bei denen die Beziehungskommunikation gestört ist, die aber im Bett noch wunderbar »funktionieren« – wenn ich das ausnahmsweise einmal so technisch ausdrücken darf. Funktionsstörungen sind vielfältig; letztlich ist *jeder Moment* des sexuellen Reaktionszyklus störungsanfällig.

»Sexueller Reaktionszyklus«? Was versteht man darunter?

Unsere sexuellen Reaktionen vollziehen sich in einem Ablauf aufeinander aufbauender Phasen. Es beginnt mit dem, was umgangssprachlich als »Lust auf Sex« bezeichnet wird. Der Fachausdruck dafür lautet »sexuelle Appetenz«. Ich unterscheide zwei Unterarten, nämlich zum einen das *sexuelle Verlangen* als *ungerichtete* Appetenz nach Sex ganz allgemein – und zum anderen das *sexuelle Begehren* als *gerichtete* Appetenz auf einen bestimmten Sexualpartner.

Die zweite Phase des sexuellen Reaktionszyklus setzt ein, wenn sexuelles Verlangen zu konkretem Verhalten führt, nämlich entweder zu sexueller Selbstbetätigung oder zu sexuellen Interaktionen mit einem anderen Menschen. Dann entsteht durch Stimulation *sexuelle Erregung*. Auf körperlicher Ebene kommt es zu einer Durchblutungssteigerung in den Genitalien und dadurch zu einem Anschwellen von Vulva und Penis, was dann wiederum mit vermehrter Scheidenfeuchtigkeit (Lubrikation) bei der Frau und einer Penisversteifung und -aufrichtung (Erektion) beim Mann einhergeht.

Danach folgt (im Lehrbuch) die sogenannte *Plateauphase,* während derer die sexuelle Erregung eine Weile bestehen bleibt, bevor als nächste Phase ein *sexueller Erregungshöhepunkt* beziehungsweise ein *Orgasmus* eintreten kann. Anschließend setzt beim Mann die sogenannte *Refraktärphase* ein, in der kein neuer Erregungsaufbau möglich ist. Frauen hingegen können mehrere Orgasmen hintereinander bekommen. Der sexuelle Reaktionszyklus endet für gewöhnlich mit der Phase der sexuellen Befriedigung und Entspannung.

Und in allen diesen Phasen können Störungen auftreten?

Zunächst: Wenn wir von Problemen mit den Sexualfunktionen sprechen, müssen wir uns einmal mehr von Entweder-oder-Kategorien verabschieden. Denn natürlich ist es nicht so, dass es entweder Menschen *mit* Funktionsstörungen gibt oder solche *ohne.* Wir befinden uns auch hier auf einem Kontinuum sexueller (Dys-)Funktionalität und sind – abhängig von unserer Körperlichkeit und Persönlichkeit einerseits, von unseren Beziehungs- und Lebensverhältnissen andererseits – in unseren sexuellen Funktionen mal mehr und mal weniger betroffen. Das Kontinuum reicht von ungestört, über beeinträchtigt und irritiert, bis zur Störung. Jeder kennt das von sich selbst, dass es Begegnungen, Situationen und Kontakte gibt, in denen Funktionsbeeinträchtigungen auftauchen. Und umgekehrt gibt es ebenso Menschen, die jahrelang unter Störungen gelitten haben, und dann klappt es mit einem neuen Partner oder in einer anderen Lebenssituation wieder wunderbar.

Schon in der Phase der sexuellen Appetenz, sowohl beim ungerichteten Verlangen als auch beim gerichteten Begehren, können erste Probleme auftreten. Es gibt Menschen, die sagen: »Sexuelles Verlangen hab ich nicht, ist bei mir gleich null, findet nicht (mehr) statt.« Wenn der- oder diejenige dieses Empfinden schon länger hat und als Problem erlebt, darunter leidet und das ändern möchte, dann liegt eine sogenannte »Störung der sexuellen Appetenz« vor, eine »Störung durch vermindertes oder ausbleibendes sexuelles Verlangen«.

Früher wurden sexuelle Appetenzstörungen oft als *»Libido- oder Luststörungen«* bezeichnet. Durch diese undifferenzierte Benennung blieb völlig unklar, worauf sich die Problematik bezieht: Hat die Person keine Lust *auf* Sex? Oder erlebt sie keine Lust *beim* Sex? Hat sie zwar Lust auf Sex, aber nicht mit ihrem Partner (also kein sexuelles *Begehren*) – gleichzeitig aber ein ausgeprägtes sexuelles *Verlangen* nach sexueller Selbstbetätigung oder sexuellen Kontakten mit anderen? Es tun sich also wie immer unzählige Differenzierungen auf, wenn man genau hinschaut. Außerdem gibt es hinsichtlich der sexuellen Appetenz nicht nur ein *Zuwenig,* sondern auch ein *Zuviel:* Menschen, die darunter leiden, dass sie permanent übermäßiges sexuelles Verlangen verspüren, die nicht mehr wissen, was sie machen sollen, und gleichsam »wahnsinnig werden vor Geilheit«.

Auf der zweiten Stufe, der sexuellen Erregung, kann es sein, dass die körperlichen Folgen der Erregung ausbleiben: keine Penisversteifung, keine Scheidenfeuchtigkeit. Beim Mann würden wir das Erektionsstörung nennen, bei der Frau Lubrikationsstörung. Auf dieser Stufe des sexuellen Reaktionszyklus kann es darüber hinaus noch zu Störungen durch Schmerzen bei genitaler Stimulation kommen (das ist die sogenannte *Dyspareunie*) oder zu einem Scheidenkrampf bei vaginaler Penetration, dem sogenannten *Vaginismus.* Und auch auf der dritten Stufe, beim Orgasmus, gibt es Störungen: Man kann zu früh, zu spät oder gar nicht »kommen«. Wobei bei Männern der ausbleibende Orgasmus (die sogenannte *Anorgasmie*) eine klinische Rarität ist – für Frauen hingegen einer der häufigsten Gründe, eine Sexualtherapie zu beginnen. Bei Männern ist bezüglich dieser Phase des sexuellen

Reaktionszyklus der häufigste Grund, einen Therapeuten aufzusuchen, der vorzeitige Orgasmus, also der als belastend empfundene Umstand, dass der Erregungshöhepunkt eher einsetzt, als sich der Mann das wünscht. Diese Problematik ist eine genuin soziosexuelle Störung, weil Männer mit vorzeitigem Orgasmus ja eigentlich einen ungestörten Reaktionszyklus haben. Flapsig gesagt: Die Natur hat nichts dagegen, dass der Orgasmus und der damit in der Regel verbundene Samenerguss eines Mannes früh und schnell kommt. Eine Störung wird es, wenn diese Tatsache den Mann belastet. Meistens ist das der Fall, wenn er ahnt, glaubt oder weiß, dass seine Partnerin es sich anders wünschen würde. Unsere Sexualität ist auf den anderen bezogen. In der Sexualität wollen wir etwas mit dem anderen erleben. Deshalb löst der vorzeitige Orgasmus bei manchen Männern mittelbar Leidensdruck aus.

Die letzte Phase dieses sexuellen Reaktionszyklus ist die Phase der sexuellen Befriedigung und Entspannung. Nach Eintritt des Erregungshöhepunktes kommt es für gewöhnlich zu einer Phase der Beruhigung, zu abklingender Erregung und – für die meisten Menschen – zu Befriedigung. Wenn der Orgasmusreflex eingetreten ist, führt das dazu, dass dieses Erleben über Botenstoffe auch an den Organismus kommuniziert wird. Das ist der Moment, in dem Männer häufig einschlafen und Frauen zufrieden sind. Störungen in dieser Phase, wie etwa das Ausbleiben sexueller Befriedigung und eines Entspannungsgefühls, sind möglich, aber insgesamt selten.

Dass der Orgasmus ein Reflex ist, wissen die wenigsten. Das Wort Reflex suggeriert, dass da etwas »automatisch« passiert. Aber wie bei allen anderen Reflexen unseres Körpers gilt auch hier: Reflexe können nur im Zustand der Entspannung ausgelöst werden. Bei zusammengekniffenen Augen lässt sich kein Lidschluss-Reflex, bei angespannter Beinmuskulatur kein Patellasehnen-Reflex auslösen. Und beim verkrampften Festhalten an einem Geländer werden Sie keinen Flexor-Reflex beobachten können. Ohne Entspannung kein Reflex. Und darum dann auch kein Orgasmus.

Damit kommen wir zu dem spannenden Punkt der *Ätiopathogenese* von Funktionsstörungen – also zu der Frage, wie diese eigentlich zustande kommen. Und die Antwort lautet: Sie rühren ganz überwiegend daher, dass wir angespannt und verkrampft sind.

Ist das wirklich so einfach?

Ja, so einfach ist das. Woran sich selbstredend die Frage anschließt, *warum* wir angespannt und verkrampft sind statt locker und gelöst. Und die Antwort lautet in Analogie zum Flexor-Reflex: weil wir festhalten, innerlich festhalten an unserem Streben und Bemühen, »es« hinzukriegen. Wir halten fest an unserer Ambition, etwas zu produzieren – im besten Fall einen Orgasmus, vor allem beim anderen! Wir lernen Sex als: »Du musst beim anderen killekille machen, damit bei dem etwas passiert.« Wir werden sexuell auf Fremdwahrnehmung, Fremdaufmerksamkeit und Fremdzuwendung sozialisiert. Und je mehr wir uns darauf fokussieren, wie der *andere* im Bett reagiert, desto weniger kriegen wir mit, wie es *uns selbst* geht. Erfüllende sexuelle Kontakte sind jedoch vor allem dann möglich, wenn beide Personen bei *sich* sind. Wenn zwei Menschen beieinander sind und jeder darauf achtet, dass es ihm gut geht, dann kann das gewährleisten, dass es beiden *miteinander* gut geht. Wenn jedoch beide nur darauf achten, wie es dem anderen geht, besteht die Gefahr, dass es keinem von beiden gut geht. Der Grund dafür ist, dass keiner von ihnen bei sich ist, sondern einer oder gar beide sich in eine Macher-, Produzenten- und Beobachterrolle verlieren.

Ich weiß, dass das ein vollkommen anderer Fokus ist als der, den wir aus der medialen Repräsentation von Sexualität kennen. Im allgemeinen Bewusstsein muss der Mann der Frau mit der Straußenfeder über den Rücken streichen und die Frau die Massageölflasche rausholen, um den Mann mal wieder »so richtig zu verwöhnen« ... Aber darum geht es nicht. Wenn ich versuche, das einem Paar zu erklären, kommt es oft vor, dass die Patienten (vor allem Männer) sagen: »Wie? Ich dachte, beim Sex geht es darum, mal nicht nur auf sich selbst zu gucken?! Sonst ist man doch ein Egoist?!« Dann muss ich zunächst ein Missverständnis ausräumen und klarstellen, dass Selbstachtsamkeit und Egoismus grundverschiedene Dinge sind: Selbstachtsamkeit ist ein Bewusstsein für die eigenen Bedürfnisse, es ist eine Form der Selbstfürsorge. Egoismus hingegen ist die Missachtung der Bedürfnisse eines anderen. Den meisten geht es beim Sex weniger um Verführung, um Seduktion, als vielmehr um Leistung und Produktion. Und zwar um Orgasmusproduktion! Der Orgasmus ist eine Vergewisserung, die Sichtbarmachung, dass es »geklappt« hat, dass es »toll« war. Dass *ich* toll war, weil es *beim anderen* »geklappt« hat. Wir finden diese Fixierung auf die Sichtbarmachung eines Produktes in seiner deutlichsten und gleichzeitig absurdesten Ausprägung übrigens im Porno, wo männliche Orgasmen durch literweise gefaktes Sperma, weibliche Höhepunkte durch lautstarke Lustschreie oder »Squirting« – die weibliche Ejakulation – demonstriert werden. Nichts darf im Verborgenen, im Intimen stattfinden, alles muss gezeigt und ins Licht gehalten werden …

Der Orgasmus des anderen stabilisiert jedenfalls bei den meisten Menschen das Selbstwertgefühl. Man kann es dem anderen »besorgen«, und der »kommt« dann »durch mich« … toll! Das generiert aber gleichzeitig einen Leistungsdruck, unter dem vor allem Frauen mit ausbleibendem Erregungshöhepunkt leiden. Dass sie beim Sex mit ihrem Partner selbst keinen Orgasmus haben, wäre für viele Frauen akzeptabel. Worunter sie leiden, ist das Gefühl der Frustration aufseiten des Mannes, der minutenlang an und auf ihnen »herumarbeitet«, ohne dass etwas passiert. Und es passiert nichts, weil etwas passieren *muss!* Frauen, die unter Anorgasmie leiden, berichten mir, dass sie das Gefühl hätten, ihr Orgasmus müsse ihren Mann bestätigen. Dadurch entstehe eine »Bringschuld«, nämlich die Notwendigkeit, den Mann zu bestätigen und ihm in seiner Selbstwertirritation Erleichterung zu verschaffen. Aber genau das hält die Frau davon ab, bei sich zu bleiben und damit sexuell erlebnisfähig zu sein.

An alldem kann man den Druck erkennen, der entsteht, wenn Sexualität zielgerichtet, ergebnisorientiert ausgerichtet ist, wenn Sexualität zu einer Frage von Leistung und Produktion wird. Für die meisten Menschen ist Sex nur etwas wert, wenn etwas dabei *herauskommt*, er ergibt nur Sinn, wenn er *funktioniert*.

So eine Konzeptualisierung von Sexualität findet sich – und ich bin befugt, das zu sagen – bei so gut wie *jedem* Patienten mit Sexualfunktionsstörungen im soziosexuellen Kontakt als zumindest *ein* wesentlicher Faktor, der die Störung auslöst oder aufrechterhält. Ich möchte nicht behaupten, dass sich alle Schwierigkeiten in diesem Problem erschöpfen. Aber das Konzept der Sexualität als zu erbringende Leistung ist meines Erachtens die Kernvariable so gut wie aller sexuellen Funktionsstörungen.

Aus Leistungsdruck resultiert Versagensangst, die wiederum zu Selbstbeobachtung führt. Denn wenn ich Angst habe, nicht zu genügen, wenn ich immer super und toll sein und etwas beim anderen auslösen muss, dann kann das zu einem seltsamen *Big-Brother-Effekt* führen: Ewig schwebt die Kamera meiner Selbstbeobachtung über mir, ewig glimmt die rote Leuchtdiode. Ich bin auf Sendung und frage mich: »Wie ist meine Performance?« Dabei erlischt das Erleben. Denn wir können nicht gleichzeitig erleben und beobachten. Wenn ich mich selbst beobachte, bleibe ich abgeschnitten von einer Intimität, die mir vielleicht meine Ängste nehmen könnte. Ich bleibe im Stressmodus.

Wobei ich deutlich unterscheiden möchte zwischen Selbst*wahrnehmung* und Selbst*beobachtung!* Unter Selbstbeobachtung verstehe ich eine kritische Selbstobservation, die uns lähmen kann. Demgegenüber ist Selbstwahrnehmung im Sinne einer Selbstachtsamkeit wünschenswert und wichtig. Mitzubekommen, wie es mir geht und wie dem anderen; auf den anderen einzugehen, auf ihn/sie zu reagieren; resonant zu sein für das, was zwischen uns stattfindet. Das ist für viele Menschen schwierig und keineswegs selbstverständlich.

Zu verstehen, dass Leistungsansprüche Kernvariablen aller sexuellen Funktionsstörungen sind, ist von erheblicher Bedeutung, auch und vor allem für die Betroffenen. Denn sie erleben ja, dass sie auf ihre Sexualfunktion *willentlich* keinen Einfluss nehmen können. Menschen mit Funktionsstörungen, egal auf welcher Ebene des Reaktionszyklus, würden buchstäblich *alles* tun, wenn sie dadurch ihre Sexualfunktion »verbessern« und kontrollieren könnten. Und warum? Weil sie angenommen sein wollen, vor allem im Sexuellen. Sexualität ist sowohl die Verbindung als auch die Sollbruchstelle unseres Beziehungslebens. Und genau *an dieser Stelle* helfen weder stählerner Wille noch Überstunden, weder Zähnezusammenbeißen noch mehr Disziplin und Ehrgeiz – es hilft alles nichts, sondern macht alles nur noch schlimmer! Ich kann mich im Beruf verausgaben, im Sport, in der Musik – überall kann ich mich durch Leistung, Engagement und Anstrengung in Spitzenpositionen bringen. Im Bereich von Liebe, Sexualität und Partnerschaft kann ich das nicht. Über Leistung wird auf diesem Feld keine Sicherheit erlangt. Und das macht vielen Menschen Angst.

Apropos »stählerner Wille«. Ein Mann mit einer Erektionsstörung sagte einmal zu mir: »Wenn es etwas helfen würde, würde ich meinen Penis auf einen Amboss legen und mit dem Hammer draufhauen! Ich würde ihn schmieden wie glühendes Eisen, damit ich nachher einen Stahlschwanz, eine garantierte stahlharte Erektion habe!« Dieses Bild hat mich sehr bestürzt. An ihm lässt sich ablesen, wie groß die Verzweiflung ist. Und die Hilflosigkeit. Beides entsteht unter anderem dadurch, dass wir das gesellschaftliche Paradigma der Leistung auf die zartesten und intimsten Aspekte unseres Lebens übertragen und feststellen müssen: Es hilft nichts.

Sie haben gesagt, dass die häufigsten Probleme, mit denen Patienten zu Ihnen kommen, partnerschaftliche Kommunikations- und Beziehungsstörungen sind, zählen dann aber die ganzen sexuellen Funktionsstörungen auf. Wie passt das zusammen?

Das passt insofern zusammen, als partnerschaftliche Kommunikations- und Beziehungsstörungen in der Regel Teil der Ursache für sexuelle Funktionsstörungen sind. Und sie erschweren das Zurechtkommen damit, wenn sie erst einmal eingetreten sind. Mit anderen Worten: Wenn es zu sexuellen Funktionsstörungen kommt und es vermeintlich *deshalb* in der Beziehung kriselt – dann ist es in der Regel so, dass nicht die Sexualfunktionsstörungen die Ursache für die Krise sind, sondern die mangelnden kommunikativen Fähigkeiten der Partner, mit diesen Funktionsstörungen umzugehen. Eine produktive Umgangsweise damit ist nur durch gelingende Kommunikation möglich. Genau hier hapert's aber in der Regel. Deshalb hängen partnerschaftliche Kommunikations- und Beziehungsstörungen so eng mit sexuellen Funktionsstörungen zusammen. So entpuppen sich viele sexuelle Appetenzstörungen als partnerschaftliche Kommunikations- und Beziehungsstörungen, zum Beispiel: Die Frau fühlt sich von ihrem Mann nicht gesehen, gemeint und gewollt, sie fühlt sich folglich von ihm vernachlässigt und missachtet, und deshalb vergeht ihr die Lust auf Sex mit ihm. Wenn man hier den Hintergrund der partnerschaftlichen Beziehungssituation und -kommunikation nicht miterfasst und berücksichtigt, bleibt nur: Die Frau hat keine Lust auf Sex – gibt's da eine Tablette?

Aber es gibt doch bestimmt auch viele Funktionsstörungen, die tatsächlich körperlich bedingt sind?

Natürlich gibt es auch auf körperlicher Ebene eine Vielzahl von Erkrankungen und Behandlungen, die sexuelle Funktionsstörungen begünstigen, auslösen und aufrechterhalten können. Das gilt zum Beispiel für Stoffwechselstörungen wie die Zuckerkrankheit oder Herz-Kreislauf-Erkrankungen wie Bluthochdruck. Und auch natürliche Alterungsprozesse können dazu führen, dass unsere sexuellen Reaktionen weniger ausgeprägt ausfallen.

Prinzipiell aber vergehen unsere sexuellen Funktionen und Reaktionen niemals ganz. Es gibt keine Halbwertzeit sexueller Gesundheit, weder bei Frauen noch bei Männern nach dem Motto »Tausend Schuss, und dann ist Schluss«. Das sexuelle Erleben ist vielmehr in einen Prozess allgemein nachlassender Sinneskraft eingebettet. Wir sehen nicht mehr so gut, werden aber nicht automatisch blind. Wir hören nicht mehr so gut, werden aber nicht automatisch taub. Wir spüren und tasten nicht mehr so gut, werden dadurch aber nicht empfindungslos. Genauso verhält es sich im Sexuellen: Zwar werden wir mit zunehmendem Alter nicht mehr so oft und so schnell sexuell erregt, und es dauert womöglich länger, bis wir einen Erregungshöhepunkt erleben können – doch *asexuell* werden wir dadurch noch lange nicht! So wie wir mit zunehmendem Alter vielleicht eine Brille und ein Hörgerät brauchen und unsere Speisen mit mehr Pfeffer und Salz würzen, so ist es auch beim Sex: Die Intensität der Stimulation, die notwendig ist, um erregt zu werden, nimmt zu. Das sagt den alten Leuten aber niemand! Die glauben dann eben, der Ofen sei aus. Ist er aber nicht. Unter der Asche ist meist noch Glut. Sie müsste nur entfacht werden. Dafür brauchte es Zunder. Und der Zunder unseres Lebens ist Kommunikation, verbale und körpersprachliche, sexuelle Kommunikation.

Unsere Geschlechtsorgane sind nicht bloß Fortpflanzungs- und Lustorgane, sie sind vor allem Sinnes- und Kommunikationsorgane. Darum sollten sie eigentlich besser *Sensualien* und *Kommunikalien* statt Genitalien heißen. Aber wir dürfen nicht vergessen: Wenn wir über das Biologische sprechen, über krankheits- oder altersbedingte Veränderungen des Körpers, dann betrachten wir immer nur ein Drittel des Gesamtgeschehens. Ohne Einbeziehung und Berücksichtigung der anderen zwei Drittel, nämlich der psychologischen und sozialen Aspekte, ist eine genaue Erfassung sexueller Funktionsstörungen unmöglich.

Kommen wir noch mal auf die angesprochene Entwicklung der Funktionsstörung aus dem Geiste der Leistungsgesellschaft zurück. Können Sie das noch ein wenig präzisieren?

Ein wesentlicher Faktor für das Zustandekommen und Bestehenbleiben sexueller Funktionsstörungen besteht wie gesagt in internalisiertem Leistungsdruck und daraus resultierender Versagensangst. Dieser subjektiv empfundene Leistungsdruck kommt aber nicht nur aus den vermeintlichen Anforderungen einer Partnerin oder eines Partners, sondern vor allem aus den *Selbst*anforderungen. Der andere fordert in der Regel keine Leistung; *wir* sind es, die Leistung von uns selbst erwarten. In erster Linie entsteht dieser Anspruch also nicht in der Intimität unserer Beziehungen, sondern er resultiert aus den Wertmaßstäben der Gesellschaft, in der wir sozialisiert wurden: der Leistungsgesellschaft. Deren Weltbild reduziert – radikal zu Ende gedacht – den Wert einer Person auf den Wert ihrer Funktion. Erlischt der Wert der Funktion, so erlischt auch der Wert der Person. Wir wollen aber vor allem in unserer Sexualität nicht funktionieren müssen, sondern angenommen werden. Wir wollen Wertigkeit und Zugehörigkeit qua Existenz – so wie das Neugeborene gehalten und geliebt wird, weil es *da* ist – und nicht, weil es etwas *kann!*

Schon bei der Partnersuche haben die meisten das Gefühl, etwas vorzeigen, darstellen, vorweisen oder bestimmte Fähigkeiten »liefern« zu müssen, um überhaupt die Chance zu haben, einen Partner »abzubekommen«. Es geht also gefühlt um einen Verteilungskampf wie im Tierreich. So zu sein, wie man ist, reicht nicht. Was du hast, definiert, was du bist. Was du kannst, legitimiert deine Existenz und bestimmt deinen Marktwert. Das ist grausam, aber wahr. Und das spüren viele Menschen im Wertesystem der Leistungsgesellschaft ganz besonders. Wir lernen schon sehr früh: Man muss »es bringen«, machen, draufhaben und dabei noch lächeln – wenn man das nicht kann, wird man abgewiesen und weggeschickt. Das Leben, ein Assessment-Center. Wenn mich dieser Gedanke in der sexuellen Begegnung auch nur streift, kann daraus Versagensangst entstehen. Dann wird aus der Begegnung eine Bewährungsprobe, bei der es um *alles oder nichts* geht. Dieser Gedanke ist für Menschen extrem beängstigend und drückt sich körpersprachlich oft in Sexualfunktionsstörungen aus.

Jetzt könnte man sagen, mein Gott, dann klappt es eben mal nicht, was soll's? Aber das können die wenigsten so hinnehmen. Der Grund dafür ist, dass es uns Menschen beim Sex um etwas Größeres geht: Wir möchten das Gefühl bekommen, dass wir okay sind, dass wir gemocht werden, dass alles gut ist. Aber wenn ich an einer so intimen Stelle wie der Sexualität nicht »funktioniere«, dann setzt bei vielen Menschen die Befürchtung ein: Ich werde geprüft, gewogen und für zu leicht befunden ... Und das ausgerechnet von einem Menschen, der mir etwas bedeutet und dem ich mich »nackt« gezeigt habe. Wenn ich von diesem Menschen abgelehnt und verlassen werde, dann ist wirklich nichts an mir dran, dann bin ich allein, dann bin ich verloren. So fühlt sich das für viele Menschen an.

An dieser Stelle müssen wir uns bewusst machen, dass Ausgesondertwerden und Alleinsein noch bis vor wenigen Tausend Jahren für unsere Spezies den sicheren Tod bedeutete. Menschen haben stammesgeschichtlich nur in der Gruppe überlebt, und die kleinste und intimste Gruppe ist das Paar. Wenn ich also in sexueller Hinsicht nicht »funktioniere« und abgewiesen oder verlassen werde, dann stehe ich alleine da. Gefühlt sitze ich dann alleine in der Steppe und weiß: Ich habe eine Überlebenschance von maximal zwölf Stunden. Dieses Gefühl nenne ich *affektiven Atavismus*, der aus früheren Phasen unserer Stammesgeschichte herrührt und sich heute eben immer noch genauso anfühlt, auch wenn es in industrialisierten Ländern keine objektiv lebensbedrohliche Situation ist, verlassen zu werden oder als Single zu leben. Doch die Frustration der Erfüllung unserer psychosozialen Grundbedürfnisse ist eine elementare Bedrohung für unser Selbstwertgefühl, und darauf reagieren wir mit Resignation und Aggression. Aus der Resignation kann Depression, aus der Aggression kann Gewalt werden. Gewalt gegen uns selbst und/oder gegen den anderen. Hierin liegt die eigentliche Dimension von »Liebeskummer«, der genauso wenig eine bloße Traurigkeit wie »Eifersucht« nur das Gefühl von Neid oder Missgunst ist. Letztere kann vom zwanghaften Observieren und Kontrollieren des Partners über Stalking bis zur Tötung des

Sexualpartners reichen, um den aus der Ablehnung und Zurückweisung resultierenden, unerträglichen Schmerz im Inneren durch die Auslöschung des anderen im Äußeren zu lindern.

Die Angst vor dem Verlassenwerden erklärt sich aber nicht bloß aus unserer Stammesgeschichte. Wenn wir auf die Welt kommen, sind wir auf Bindung und Zugehörigkeit angewiesen. Die bedrohlichste Situation für ein Baby ist der Bindungsverlust. Deshalb halten ganz kleine Kinder die Abwesenheit ihrer primären Bezugspersonen kaum aus. Bis zu einem bestimmten Alter haben Kinder keine sogenannte *Objektkonstanz*. Das heißt: Wenn die Mutter in die Küche geht, dann ist sie *weg*, das Kind fühlt sich verlassen und fängt an zu schreien. Erst ab einem bestimmten Lebensalter lernt es, dass seine Mutter nicht *weg* ist, sondern nur in der Küche und gleich wiederkommt. Wenn wir das auf den erwachsenen Menschen übertragen, dann steht hinter der Befürchtung, im sexuellen Bereich nicht genügen zu können, die tiefe, regressive Angst vor Bindungsverlust. Das ist für uns Menschen eine äußerst angstauslösende Situation.

Die Leistungsanforderung unserer Gesellschaft wirkt sich aber sicher auch auf andere Bereiche unseres Lebens aus, nicht nur auf unsere sexuelle Gesundheit, oder?

Das psychotoxische Potenzial, das das Wertesystem der Leistungsgesellschaft entfaltet, betrifft selbstverständlich nicht nur den Sex, aber als intimer und vulnerabler Lebensbereich ist die Sexualität besonders betroffen. Viele Menschen oszillieren zwischen Leistungsanforderung auf der Arbeit und Erschöpfung in der Freizeit. Wir leben in einer Leistungs- und Erschöpfungsgesellschaft. Eine gesunde Mitte scheint es immer weniger zu geben.

Mittlerweile wissen wir, dass alle Volkskrankheiten massiv vom Stresserleben der Menschen beeinflusst werden. Stress entsteht aber nicht dadurch, dass man mal eine Überstunde machen muss, sondern daraus, dass psychosoziale Grundbedürfnisse frustriert werden. Und das geschieht in der Leistungsgesellschaft strukturell. Um nicht zu sagen: Die Frustration ist Programm – damit wir alle im Hamsterrad bleiben und uns abstrampeln …

In unserer Gesellschaft hat niemand mehr Angst davor, nichts zu essen zu bekommen. Das regelt sich schon irgendwie, und sei es in der Suppenküche. Doch Menschen haben Angst davor, in gesellschaftlicher Hinsicht nicht zu genügen, den Anschluss zu verlieren, auf der gesellschaftlichen Leiter abzusteigen. Und diese Angst ist vollkommen berechtigt und alles andere als unrealistisch. Die Generation der sogenannten Babyboomer, die ab Mitte der 60er-Jahre geboren wurden, hatten nie die Chance, aus eigener Arbeitstätigkeit heraus einen Wohlstand zu erreichen, der hinsichtlich Aufwand und Resultat mit dem ihrer Eltern vergleichbar ist. Das wird zwar gesamtgesellschaftlich durch Milliarden an Erbe kompensiert, die von der vorherigen in die neue Generation transferiert werden – aber diese Menschen haben nicht mehr die Möglichkeit, es aus sich selbst heraus zu schaffen. Mit der Arbeitsleistung, die die Babyboomer erbringen, hätten deren Eltern Häuser oder Grundstücke kaufen und einen erklecklichen Wohlstand generieren können. Das ist für diese Generation vorbei. *Das* ist etwas, das Menschen stresst und frustriert.

Hinzu kommt die durchaus gerechtfertigte Angst, den Arbeitsplatz zu verlieren und in die Arbeitslosenindustrie verlagert zu werden, eine bürokratische Verwaltungsmaschinerie, die Menschen durch die Art und Weise, wie sie »Sozialhilfe« unter erniedrigenden Umständen zuteilt, demütigt und entwertet. Menschen stresst die Angst vor sozialer Abkoppelung und Ausgrenzung – weil die Vermögensverteilung immer weiter auseinanderklafft und gesellschaftliche Teilhabe immer prekärer wird. Übrigens liegt hierin das krank machende Potenzial der Arbeitslosigkeit: Kein Mensch will *der Arbeit wegen* arbeiten – was man ja schon daran erkennen kann, dass die meisten, die welche haben, sogleich versuchen, sie zu reduzieren oder ihr aus dem Weg zu gehen. Menschen ohne Arbeit leiden unter fehlender Beschäftigung, mangelnder Geltung und vor allem: fehlender Teilhabe. Ihr psycho-soziales Grundbedürfnis nach Zugehörigkeit, Anerkennung und Wertschätzung wird frustriert, auch weil sie das Stigma des Gescheiterten tragen. *Das* ist das eigentliche Problem, und nicht nur der zynische Hartz-IV-Regelsatz von 399 Euro.

Und die Verteilung der Mittel polarisiert sich weiter: Einer kleinen Gruppe von Menschen mit zu viel Kapital steht eine immer größer werdende Gruppe von Menschen mit zu wenigen Mitteln gegenüber, um gesellschaftlich vergleichbare Teilhabechancen zu gewährleisten. Schauen Sie sich an, wie eines unserer Grundbedürfnisse, das Wohnen in den Großstädten, unter Druck gekommen ist, Stichwort »Gentrifizierung«. Dass Menschen in ihren angestammten Wohngebieten leben wollen, ist, seit wir nicht mehr nomadisierend leben, ein Kernbestandteil unseres psychischen Sicherheitserlebens. Was Menschen benötigen, ist eine Hütte mit Zaun drum, damit die Ziegen nicht weglaufen! Und jetzt entsteht plötzlich ein Phänomen für Hunderttausende von Menschen, dass sie dort, wo sie geboren und aufgewachsen sind, nicht mehr leben dürfen, weil vor allem seit der Finanzkrise die Milliarden an Erbenkapital in den Anlagemarkt der Immobilienindustrie drücken. Diese muss das Kapital irgendwo platzieren, was bedeutet, dass mit dem Überschuss der vorherigen Generation Altbauten luxussaniert oder direkt Luxusimmobilien gebaut werden, die umsatz- und renditestark sein müssen, um den Anlegern einen Gewinn zu bescheren. Und die Menschen, die vorher dort gewohnt haben, spielen keine Rolle, sie müssen in die Peripherie ziehen und verlieren ihr ursprüngliches soziales Umfeld.

Das und die Angst davor macht Menschen Stress. Bezogen auf das Bruttosozialprodukt ist die Leistungsdoktrin erfolgreich, keine Frage. Bezogen auf die Gesundheit der Menschen wirkt sie sich allerdings psychotoxisch aus. Etwas, das wir im Gesundheitssystem Tag für Tag zu spüren bekommen.

Es sind ganz viele Aspekte dieser Art, die das Wertesystem der Leistungsgesellschaft und das entsprechende Wirtschafts- und Finanzsystem mit sich bringt, die Menschen stressen und schließlich krank machen.

Die Reaktionen sind vielfältig. Wir haben eine epidemische Zunahme an Diagnosen von psychischen, psychosomatischen und Verhaltensstörungen in der Gesamtbevölkerung: Psychovegetative Erschöpfungs- und nervöse Unruhezustände sowie Ausgelaugtheit, neudeutsch *Burn-out,* nehmen seit Jahren zu. Nach Ergebnissen einer Studie zur Gesundheit Erwachsener des Robert-Koch-Instituts aus dem Jahr 2012 geben rund 3,3 Prozent der befragten Männer und 5,2 Prozent der Frauen an, unter einem *Burn-out-Syndrom* zu leiden. Erhebungen der gesetzlichen Krankenkassen zeigen, dass die Anzahl der Krankschreibungstage wegen psychischer Störungen zwischen 1990 und 2010 linear gestiegen ist. Die AOK berichtet für diesen Zeitraum einen Anstieg um fast 80 Prozent! Die BKK verzeichnete im Jahr 2012 neun Millionen und die TKK zehn Millionen Arbeitsunfähigkeitstage ihrer Versicherten wegen psychischer Erschöpfungszustände! Auch manifeste psychische und Verhaltensstörungen wie Ess-, Trink- und Schlafstörungen, Angst- und Zwangsstörungen, Sucht- und Abhängigkeitserkrankungen sowie Gemütserkrankungen häufen sich. All diese Störungen sind längst »Volkskrankheiten« geworden. Die Weltgesundheitsorganisation geht davon aus, dass in den kommenden Jahren Depressionen zu den zweithäufigsten Krankheitsursachen in westlichen Industrienationen werden. Der kompensatorische Missbrauch von Psychopharmaka nimmt stetig zu. Dabei ist die missbräuchliche Einnahme ja nur das Resultat eines massenhaften Verordnungsmissbrauchs, der ähnlich schädliche Ausmaße hat wie der Verordnungsmissbrauch im Bereich der Antibiotika.

Oder nehmen Sie den Suizid. In den westlichen Industrienationen sterben mehr junge Menschen durch Selbstmord als durch Kriminalität und Kriege zusammen. Die Rate der Selbsttötungen ist ein OECD-Indikator für den Gesundheitsstatus der Bevölkerung eines Landes. Die zehn Staaten mit der höchsten Suizidalitätsrate setzen sich im Wesentlichen aus Ländern des ehemaligen Ostblocks zusammen, denen nach 1989 das widerfahren ist, was Naomi Klein in ihrem Buch »Die Schock-Strategie« als Katastrophen-Kapitalismus beschreibt. Unter den OECD-Staaten liegt die Suizidrate in Südkorea am höchsten. Es sind also vor allem radikal kapitalistische Leistungsgesellschaften, die über ihre Suizidrate zeigen, welch zersetzenden Druck rückhaltlose Leistungsforderung zeitigen kann ...

Aus meiner eigenen Praxis kann ich sagen, dass fast alle Patienten und Paare, mit denen ich spreche, angeben, unter extremer Leistungsanforderung bei der Arbeit und absoluter Erschöpfung in der Freizeit zu leiden. Nun ist es so, dass es im Rahmen der Sexualtherapie zentral darum geht, sich zu Hause zu verabreden, um miteinander neue, heilsame Erfahrungen in sexuellen Begegnungen zu machen. Aber wissen Sie was? So gut wie alle Paare klagen wiederholt darüber, dass sie wegen Arbeitsüberlastung, Überforderung und der daraus resultierenden Energie- und Kraftlosigkeit gerade *das* nicht schaffen. Sie pendeln zwischen höchster Leistung und totaler Erschöpfung, Hamsterrad und Herzstillstand. Diese Oszillation ist meines Erachtens ein Kennzeichen dieser Leistungsgesellschaft. Wir sind seit dem Verlust der Sozialen Marktwirtschaft auf dem Weg zu einer *Burn-out-Society.*

Nicht Pornografie und Prostitution sind obszön. Obszön ist eine lobbykorrumpierte Politik, die die Aufspaltung der Gesellschaft in entweder Arme oder Reiche betreibt und so die Erosion der gesellschaftlichen Mittelschicht und, durch die zerstörerische Zentrifugalkraft des Zinssystems, die Zersetzung des gesellschaftlichen Zusammenhalts bewirkt. Diese Politik sorgt dafür, dass wenige Reiche sich unverschämt bereichern, während der mehrheitliche »Rest« beschämt wird, indem er zunehmend von der Möglichkeit, eigenen Wohlstand zu erlangen, abgeschnitten und so aus der gesellschaftlichen Teilhabe verdrängt wird.

Verstehen Sie, worauf ich hinausmöchte? Ein gesellschaftliches Wertesystem schreibt sich in unsere Körper und unsere Seelen ein, und was wir da lesen können, ist meines Erachtens erschreckend. Ein Teil dieses Geschehens wirkt sich selbstverständlich auf unsere Sexualität aus – das ist ja unser Thema. Mir ist es aber wichtig, die sexuellen Probleme im Privaten in einen gesellschaftlichen Gesamtprozess einzubetten.

Wie äußern sich Sorge und kontinuierlicher Stress in körperlicher Hinsicht? Was passiert in unserem Organismus, wenn wir Angst haben?

Früher war das Mammut oder ein menschlicher Gegner Auslöser von Angst. Aber egal ob ein Mammut vor mir steht oder ich befürchte, meinen Job oder meine Wohnung zu verlieren: Angst ist Angst. Der menschliche Körper, dem tierischen in dieser Hinsicht ganz ähnlich, besitzt zwei Modi, mit denen er auf Angst reagiert: Flucht oder Kampf. Die Option, sich totzustellen, wie es manche Vogel- und Reptilienarten können, ist in uns Menschen nicht angelegt – auch wenn Schweigespirale und Paar-Mikado beziehungskommunikativ einem Sichtotstellen gleichen. Kampf und Flucht ist gemeinsam, dass der Blutdruck steigt, die Atemfrequenz und der Hautwiderstand zunehmen, Transpiration einsetzt, die Pupillen sich erweitern. Kurz: Der ganze Organismus wird hochgefahren, um kämpfen oder flüchten zu können. Gleichzeitig wird alles unterdrückt, was Kampf oder Flucht behindert, also alles, was wir in einer solchen Angstsituation nicht gebrauchen können. Und was können wir in einer solchen Situation am allerwenigsten gebrauchen? Sexuelle Erregung! Denn mit einem steifen Penis oder einer geschwollenen Vulva kann ich schlechter kämpfen oder flüchten.

Angst kann sich bis zur Panik steigern. Panik ist ein Angstexzess, der der Überwindung lebensbedrohlicher Situationen dient und den der Organismus nur kurz aufrechterhalten kann, weil er alle Ressourcen verbraucht. Anhand dieser Eskalation, der Panik, kann man besonders deutlich machen, was der menschliche Organismus unter Stress zu leisten imstande ist. Denn die gleiche psychophysiologische Regulation, die ich gerade anhand der

Angst erklärt habe, führt in einer tatsächlichen *Panik* dazu, dass nicht nur alle sexuelle Erregung unterbunden wird, sondern dass im Extremfall sogar Blase und Darm entleert werden. Das ist der Grund, warum wir in echten Paniksituationen, als Opfer von Katastrophen oder Unfällen, so gut wie immer »vor lauter Angst in die Hose machen«.

Warum sind mir diese Phänomene wichtig? Weil man an ihnen erkennen kann, welche Intensität, ja welche Gewalt der Organismus in extremen Angstsituationen aufbietet. Keiner der Betroffenen will in die Hose machen, das ist jedem peinlich und unangenehm, aber der Organismus entleert Blase und Darm autonom, weil mit voller Blase und vollem Darm schlechter gekämpft und geflohen werden kann. Und genauso – nur in abgeschwächter Form – verhält es sich bei unseren Sexualfunktionen, wenn wir innerlich unter Stress geraten: Der Organismus verunmöglicht eine ungestörte sexuelle Reaktion und Funktion, weil wir die beim Flüchten und Kämpfen nicht gebrauchen können.

Lassen Sie mich kurz zusammenfassen, was Sie bisher gesagt haben: Der sexuelle Reaktionszyklus des Menschen ist an fast jeder Stelle irritierbar und störanfällig. Besonders betroffen wird er von Anspannung und Verkrampfung, die häufig daher rührt, dass wir meinen, etwas leisten und produzieren zu müssen – weil wir sonst alleingelassen würden. Dieses Konzept resultiert auch aus dem Wertesystem und den Anforderungen der Leistungsgesellschaft. Um diese These zu untermauern, müsste man beobachten können, dass Funktionsstörungen in den letzten zwanzig Jahren analog zu den erhöhten Leistungsanforderungen des spätkapitalistischen Wirtschafts- beziehungsweise Finanzsystems zugenommen haben – vor allem auch bei jungen Menschen ...

Über die Verbindung von Leistungsanforderung, ihrer Internalisierung und einem daraus resultierenden vermehrten Auftreten sexueller Funktionsstörung ist mir aus der Fachliteratur nichts bekannt. Das kann daran liegen, dass die empirische Sexualforschung eigentlich erst seit den fünfziger Jahren existiert, seit den Kinsey-Reports. Und auch danach fand seriöse epidemiologische Sexualforschung nur in sehr diskretem Ausmaß statt.

Einen Quantensprung in der Menge der Forschungen gab es allerdings in der Zeit zwischen 1995 und 2005. Da sind etwa doppelt so viele Studien über sexuelle Funktionsstörungen veröffentlicht worden wie in der gesamten zweiten Hälfte des 20. Jahrhunderts. 1998 wurde Viagra eingeführt – wie Sie jetzt vielleicht ahnen, war der Großteil dieser Studien von Pharmafirmen in Auftrag gegeben worden. Und was sagen diese Studien? Sie wollen uns weismachen, dass Männer ab fünfzig zu etwa 50 Prozent »impotent« sind und deshalb Medikamente brauchen. Aus solchen Studien stammen auch skurrile neue Diagnosenamen wie z. B. »Erektile Dysfunktion« – was übersetzt »Schwellfähige Fehlfunktion« bedeutet und zu einer pseudowissenschaftlichen Bezeichnung für Erektionsstörungen geworden ist. Alles neue, wichtig klingende Termini und Etiketten, die auf neue Absatzmärkte abzielen und zu einer bisher nicht da gewesenen Medikalisierung sexueller Gesundheit geführt haben.

Kurz gesagt: Epidemiologische Untersuchungen zu unserem Thema sind Mangelware – und die Studien, die nach 1998 im Auftrag von Pharmafirmen entstanden sind, sind überwiegend interessengeleitet.

Was ich in den letzten zehn Jahren allerdings in meiner Praxis beobachten konnte, ist eine Zunahme von Fällen ausbleibenden sexuellen Begehrens bei Männern. Das ist ein Phänomen, das es im 20. Jahrhundert klinisch kaum gegeben hat. Ich erinnere mich zumindest nicht daran, in den neunziger Jahren auf irgendeinem Kongress gewesen zu sein, bei dem das Thema »Männer haben keine Lust auf Sex« diskutiert wurde. Genau das ist aber ein Problem, mit dem wir Sexualtherapeuten seit Beginn des 21. Jahrhunderts zunehmend konfrontiert werden: mit Paaren, die berichten, dass die Frau Sex will, der Mann aber nicht! Mit Frauen, die sagen: »Ich liege wie eine geöffnete Auster auf dem Laken, und mein

Typ geht Fußball gucken?! Jede Frau weiß, Männer wollen immer Sex – warum bloß meiner nicht?«

Lassen Sie mich dazu gleich sagen: Dass diese Problematik jetzt häufiger auftritt und für viele Menschen zum Thema wird, muss nicht zwangsläufig bedeuten, dass es sie vorher seltener gab. Wir wissen, dass das Bewusstsein für sexuelle Gesundheit seit Mitte des 20. Jahrhunderts zugenommen hat. Ebenso wie das Bewusstsein dafür, dass es so etwas wie sexuelle Funktionsstörungen überhaupt gibt; dass sie etwas sind, worunter man leiden darf und gegen die man sich gegebenenfalls auch Hilfe suchen kann. Dieses gesteigerte Bewusstsein hat selbstverständlich auch die Auseinandersetzung mit diesen Themen gefördert. Was früher geleugnet, verborgen, verdrängt und verschwiegen wurde, ist heute viel stärker Gegenstand der Auseinandersetzung. Also: Vielleicht gab es das Problem bereits früher – nur wurde darüber nicht gesprochen, und vor allem wurden deshalb keine Sexualtherapeuten aufgesucht.

Gehen wir davon aus, dass es einen tatsächlichen Anstieg der Problematik gibt, nicht nur der diagnostizierten Fälle. Was glauben Sie, woher dieser stammt?

Wie gesagt: Man weiß es nicht genau. Aber ich habe eine Vermutung. Wir unterscheiden auch in der Ursachenforschung immer zwischen biologischen, psychologischen und soziologischen bzw. sozialen Aspekten. Sind es die biologischen, die das ausbleibende oder mangelnde Begehren von Männern auslösen? Einige behaupten das. Es werden sinkende Hormonspiegel über die Lebensspanne und Umweltgifte diskutiert, Einflüsse von Weichmachern oder Sitzheizungen und deren weitreichenden Folgen. Aber davon auszugehen, dass eine dieser Komponenten für sich alleine dafür sorgen könnte, dass das männliche Begehren nachlässt – dafür gibt es keine begründeten Annahmen. Wir haben keinen Anlass, davon auszugehen, dass sich nach Jahrtausenden

der Stammesgeschichte innerhalb von zwanzi[ ]
gische Grundausstattung plötzlich ändert. Au[ ]
Regel nur das sexuelle Begehren herabgesetzt – [ ]
Verlangen! Das bedeutet: Die Männer bekunde[ ]
ger Lust, mit ihren Partnerinnen oder Partnern [ ]
ben aber eine unverändert aktive sexuelle Selbst[ ]
anderen Worten: Auf biologischer Ebene, also gew[ ]_aisen mit
der »Hardware«, ist alles in Ordnung! Die Männer haben Lust
auf Sex, aber eben nicht mehr mit ihren Partnerinnen oder Partnern, sondern mit sich selbst.

Auf der psychologischen und soziologischen Ebene – also ge-
wissermaßen im Bereich der »Software« – ist es allerdings so,
dass unsere psychische Kontamination durch Leistungsanforderungen in den vergangenen fünfzig Jahren stetig zugenommen hat. Ein Grund hierfür könnte sein, dass sich die Männer auch in ihren sexuellen Beziehungen überfordert fühlen
und sich – in der Regel unter Nutzung von Internetpornografie in sexuelle Selbstbetätigung zurückziehen. Hinzu kommen
weitere gesellschaftliche Veränderungen. Nehmen wir wieder die
Geburtskohorte der Babyboomer. Deren Freiheitserleben unterscheidet sich radikal von dem ihrer Eltern. Für die Elterngenera-
tion galt noch: Freitagnachmittag ist Feierabend, man geht nach
Hause und lässt den Chef einen guten Mann sein. Im Urlaub ein
Handy dabeihaben, jederzeit an- und abrufbar sein? Undenkbar!
(Davon abgesehen, dass es noch gar keine Handys gab.) Im Urlaub war man weg, verschwunden. Und man kam braungebrannt
wieder – als Mann am besten mit einem Vollbart. Was in der Zwi-
schenzeit in der »Firma« passierte? Who cares?! All das gibt es
heute nicht mehr. Die Komplexität der Welt, die Multioptionsge-
sellschaft, die permanente Anforderung zur Selbstoptimierung –
all das hat in den letzten zwanzig Jahren immer mehr zugenommen und das Individuum bis ins Innerste infiltriert.

Und noch etwas: Sehr viel mehr als noch vor fünfzig Jahren
fühlen sich Frauen wie Männer heute nicht nur einem gesell-

...en und ökonomischen Druck ausgesetzt, sondern emp-
... auch hinsichtlich ihres äußeren Erscheinungsbildes einen
...mer stärker werdenden Leistungsdruck. Das ist neu, besonders
für die Männer, und über deren zunehmend ausbleibendes Begehren sprechen wir ja gerade.

Ca. bis Mitte des 20. Jh. war es ausreichend, »ein Mann« zu
sein, und qua dieser Rollenzugehörigkeit hatte man ein »Ansehen«. So ein *Mann* konnte durchaus dick, behaart und nicht besonders modisch gekleidet sein, das tat seiner *Männlichkeit* keinen
Abbruch. Im Gegenteil: Jemand, der dünn, trainiert und gestylt
war, galt irgendwie als »schwul«. Heute hingegen sind dicke Männer klinisch relevante Phänomene, die unter endokrinologischen
Gesichtspunkten als tickende Zeitbomben betrachtet werden.
Wenn Männer sich *nicht* auf die eine oder andere Art stylen, gelten sie als ungepflegt. Diese Entwicklung, das allgemeine Bewusstsein, dass man Körper »shapen« kann und muss, begann Anfang
der achtziger Jahre des 20. Jahrhunderts. Mit dem aufkommenden
Fitnessboom (und wir wissen, was »to fit« heißt) stellten die Männer plötzlich fest, dass es eine gesellschaftliche Anspruchshaltung
an ihre Figur und an ihr Äußeres gab, der sie genügen mussten.
Durch eine veränderte Lebensweise, Sport, Disziplin etc. Frauen
sind diesen Anforderungen an ihre Figur seit Jahrtausenden ausgesetzt und haben Übung und Routine damit und in vielen Fällen
leidvolle Erfahrungen. Für Männer ist das verhältnismäßig neu.

Könnte die Problematik ausbleibender Lust vielleicht auch daher kommen? Ich würde es behaupten wollen. Nicht ausschließlich, aber auch. Denn wenn ich das Gefühl habe, ästhetischen
und sexuellen Leistungsanforderungen nicht zu genügen, dann
reagiere ich potenziell mit Vermeidung: Ich will nicht nackt gesehen werden, weiche unbekleideten, körperlichen Begegnungen
aus und gehe sexuellen Kontakten aus dem Weg. So kann meine
Figur nicht kritisiert und meine sexuelle Leistungsfähigkeit nicht
reklamiert werden.

Anders gesagt, auch unsere Sexualbeziehungen – etwas vermeintlich Biologisches, Natürliches – folgen dem besprochenen Muster: Die Anforderungen der Gesellschaft schleichen sich ein, und zwar überall? Die Welt unter der Bettdecke?

Ich denke schon. Und noch viel perfider, als wir das glauben mögen. Ich bin mir nicht sicher, von wem der ironische Satz über die »ideale Partnerin« stammt, ich glaube von Tucholsky oder von Brecht, zumindest aber aus den 20er-Jahren des vergangenen Jahrhunderts. Wie dem auch sei, er lautet: »Die perfekte Frau ist im Salon eine Dame, in der Familie eine liebende Mutter, in der Küche eine Zauberin und im Bett eine Hure.« Letztlich drückt dieses Diktum einen infantilen Wunsch aus, er beschreibt einen Konflikt, den wir ungefähr im dritten Lebensjahr bewältigen müssen. In diesem Alter wollen wir Eis *und* Pizza *und* Pommes *und* Smarties *und* Cola *und* Nudeln essen, und zwar am liebsten *gleichzeitig,* weil wir alles so toll finden. Doch wir müssen schmerzlich lernen: Zuerst einmal bekomme ich eine Stulle und danach Schokolade; Pizza gibt es übermorgen und die Pommes vielleicht am Wochenende. Ich bekomme nicht alles auf einmal, und vieles von dem, was ich mir wünsche, gibt es vielleicht auch nie! Das führt bei Dreijährigen zu starken Widerständen. Und es gehört zu den großen Herausforderungen des Erwachsenwerdens zu lernen: Alles auf einmal gibt es nicht.

Übersteigerte Wünsche an den Partner oder die Partnerin gab es also immer schon, das ist nichts Neues. Was sich meines Erachtens aber geändert hat, ist, dass das, was sich Männer und Frauen früher voneinander gewünscht haben, von einer eventuell ironisch belächelten *Fremdanforderung* zu einer verbissen verfolgten *Selbstanforderung* geworden ist – erwachsen aus gesellschaftlichen Wertmaßstäben und medial verbreitet. *Men's* und *Women's Health, Fit for Fun, Cosmopolitan* ... Der ganze Zeitschriftenhandel und erst recht das Internet sind voll davon. Heute ist es so, dass wir Menschen alles von uns selbst verlangen: die Heilige und die Hure, den leidenschaftlichen Liebhaber und den fürsorglichen Windelwechsler. Ich beobachte eine zunehmende Internalisierung dieser gesellschaftlichen Leistungsanforderungen an unsere Multioptionalität. Das ist meines Erachtens ein Teil des Problems. Denn was aus uns selbst kommt, ist gegenüber Veränderung extrem resistent. Internalisierungen sind dem *Ich* kaum zugänglich, sie lassen sich nur schwer reflektieren und revidieren.

Ich glaube also nicht, dass das *Was* neu ist, sondern das *Wie:* Das Ausmaß, in dem äußere Anforderungen uns infiltrieren. Wir nehmen die Anforderungen der Gesellschaft nicht mehr als *ein* Wertekonstrukt unter potenziell vielen wahr, sondern glauben, es wäre »alternativlos«. Es erscheint uns gleichsam als objektive Notwendigkeit. Und das wirkt wie ein Nervengift! Dieses Prinzip des internalisierten Leistungsdrucks und die daraus resultierenden Versagensängste bilden meines Erachtens die Kernvariable, die sich in allen Sexualfunktionsstörungen wiederfindet.

Aber ist dann nicht die Therapie ein Paradoxon? Menschen mit »Funktionsstörungen« kommen ja zu Ihnen, um wieder zu »funktionieren« ... Ein Widerspruch?

Die Vorstellung der Sexualtherapie als Reparaturbetrieb, die Idee, wir optimierten hier die *Sexual Performance,* lernen meine Patienten rasch zu verwerfen. Dafür bin ich der falsche Ansprechpartner. Ich bin kein *Performance-Coach* zur sexuellen Leistungssteigerung, sondern begleite und unterstütze als Sexualtherapeut einen Emanzipationsprozess. Hierbei geht es darum, sich von Leistungsanforderungen zu distanzieren, sie zu reflektieren, zu relativieren – und so weit wie möglich zu revidieren. Es geht nicht um ein zu erreichendes Ziel im Sinne einer wiederhergestellten Funktion oder eines zu erreichenden Produktes. Sexuell »funktioniert« es nur, wenn nichts mehr funktionieren *muss!* Erst wenn nichts mehr davon abhängt, ob ein Penis in einer bestimmten Situation steif oder eine Scheide feucht ist oder nicht, erst dann können sich die

sexuellen Funktionen und genitalen Reaktionen er
selbst wieder einstellen.

Es gibt ein Bild, das ich in meiner Therapie
de. Nehmen wir einmal an, wir wollen, dass G
braucht es dazu? Erde, Licht, Luft und Wassഢ, .
wächst. Was passiert aber, wenn eine Waschbetonplatte auf einഢ
Wiese liegt? Nach 14 Tagen ist der Rasen an dieser Stelle gelb.
Und nach vier Wochen ist unter der Platte reine Erde, da wächst
gar nichts mehr. Der Druck der Platte schirmt das Licht, die Luft
und das Wasser ab – Wachstum unmöglich. Das Erste, was wir
also zur Erholung brauchen, ist Abbau von Druck. Wir müssen die
Waschbetonplatte wegtragen und an die Hauswand lehnen. Und
dann? Dann brauchen wir Ruhe. Und Zeit. Und Geduld. Und ein
Bewusstsein dafür, dass Gras nicht schneller wächst, wenn man
daran zieht.

Das ist für viele Menschen kaum zu ertragen. Es fällt ihnen
schwer, dies auszuhalten und zu erlernen, vor allem Menschen mit
tief internalisierten Leistungsanforderungen. Das gilt also in gra-
duellen Abstufungen für uns alle. Wir wollen Fehler korrigieren,
Störungen beheben, Probleme lösen, es anpacken, vorantreiben,
etwas schaffen. Das ist es ja, was wir als vermeintliche Werte in
der Leistungsgesellschaft lernen. Aber im Sexuellen scheitern solche Leistungsstrategien sämtlich. Mit Druck und Disziplin ist da
kein Blumentopf zu gewinnen.

Was wir lernen müssen, ist etwas ganz anderes: *annehmen und
loslassen.* Auf unsere Problematik bezogen bedeutet das, sich zu
sagen: Ich akzeptiere, ich habe keine Lust auf Sex. Ich akzeptiere,
der Penis wird nicht steif, die Scheide nicht feucht, der Orgasmus
kommt zu früh oder bleibt aus. Ich akzeptiere das, und ich lasse
los. Und danach sehen wir weiter. Solange ich innerlich gegen etwas ankämpfe, das ich willentlich nicht verändern und beeinflussen kann, ist meine Energie in einem aussichtslosen Kampf gegen
innere Windmühlen gebunden. Erst wenn ich innerlich annehme
und loslasse, ist der Weg frei für Veränderung, Entwicklung und

,ung. Erst dann können sich blockierte Sexualfunktionen er-
.en und wieder einstellen.

Helfen kann bei diesem schwierigen ersten Therapieprozess
auch die Dekonstruktion populärer Sexualitätsmythen, deren Benennung und Entlarvung viele Patienten als provokant erleben.
Menschen, die zu mir kommen, haben sehr häufig den Satz ver-
innerlicht: »Sex muss natürlich, spontan, ungezwungen, tabulos
und leidenschaftlich sein.« Oder: »Um erfüllenden Sex zu haben,
muss ich tierische Lust darauf haben und geil sein.« Alles Unsinn!
Kein Mensch braucht »Lust auf Sex« für eine erfüllende sexuelle
Beziehung! Wir brauchen auch keine »Geilheit«. Das können wir
lernen: Sex, um miteinander eine Beziehung zu führen und auf
intime Weise miteinander in Verbindung zu treten und zu bleiben. Was wir dafür brauchen, ist ein Bewusstsein für die kommunikative Funktion von Sexualität, bei der es vor allem auch um
Angenommensein, Geborgenheit, Intimität und Nähe geht. Lust
kommt dann, wenn nichts mehr von ihr abhängt, wenn sie nicht
mehr kommen muss.

So betrachtet können sexuelle Funktionsstörungen sogar ein
durchaus *gesunder* Ausdruck internalisierter Leistungsanforderungen sein: Der Körper zeigt an, dass da Ansprüche und Vorstellungen im Spiel sind, die in der Sexualität nichts zu suchen haben.
»Sexuelle Gesundheit« ist nicht die Abwesenheit sexueller Funktionsstörungen, sondern die Abwesenheit sexueller Leistungs- und
Funktionsanforderungen. Das müssen wir akzeptieren. Und wir
müssen von der Vorstellung ablassen, an dieser Stelle etwas mit
eisernem Willen biegen, brechen, schieben oder zerren zu können.
Das ist eine große Herausforderung – aber letztlich vermutlich
das, worum es im Leben insgesamt geht: annehmen und loslassen.

Ich gebe zu, dass das schwer zu schaffen ist. Denn es ist keine
Frage der Optimierung einer Funktion, sondern eine Frage des
Bewusstseins und der Kommunikation. Und Prozesse dieser Art
brauchen immer lange.

Widerspricht diese Auffassung nicht vollständig der Welt, in der wir le-
ben? In der wir Staudämme bauen, Bilder vom Mars betrachten und
Organe transplantieren können ... und demnächst aller Voraussicht
auch noch die Wolken verschieben können?

Das ist wohl so. Und deshalb ist dieses Paradigma einer emanzi-
patorischen Sexualpsychologie ein subversiver und damit immer
auch ein politischer Gegenstand.

Ich hatte einmal einen jungen Vorstandsassistenten als Patienten; einen aufstrebenden, ambitionierten, perfekt gekleide-
ten, physisch attraktiven, sportlichen jungen Mann, der sich auch
selbst genau so wahrnahm: als *High Potential.* Er war Ende zwanzig, hatte sein Hochschulstudium absolviert und seinen *Master of
Business Administration* schon in der Mache. Die Karriere verlief
super – aber noch nie in seinem Leben hatte dieser junge Mann
eine gelingende partnerschaftliche Sexualbeziehung erlebt. Er war
gegengeschlechtlich orientiert, besaß eine Präferenz ohne besondere Akzentuierungen. Das Symptom, welches ihn zu mir geführt
hatte: ausbleibende Penisversteifung beim Versuch, Sex mit einer
Frau zu haben – nicht bei der Selbstbefriedigung.

In der sexualdiagnostischen Exploration stellte sich heraus,
dass dieser junge Mann ein schwerst leistungskontaminiertes
Selbst- und Sexualkonzept mitbrachte. Als ich ihn nach Frauen
fragte, die ihn interessieren würden, gab er an, dass seine potenzielle Partnerin unbedingt seinem intellektuellen und physischen
Niveau entsprechen und auch karrieretechnisch einiges zu bieten
haben müsse. Groß und schlank solle sie sein, aber kleiner als er
und fünf Jahre jünger. Dazu sehr attraktiv, sportlich, intelligent,
mehrsprachig, kulturell interessiert und musisch begabt, beruflich
erfolgreich, auf internationalem Parkett erfahren und reiselustig,
dabei sexuell aufgeschlossen, flexibel und verführerisch. Mit so
einer Frau könne er Kontakt aufnehmen. Doch wenn er eine solche »Traumfrau« mit nach Hause nahm und beide sich entklei-
deten, kriegte er keinen hoch.

Natürlich hat sich dieser junge Elitekarrierist gedopt. All seine bisherigen Sexualkontakte hatten unter Alkohol zur Enthemmung und Viagra zur Leistungsabsicherung stattgefunden. Auf der Funktionsebene hat es dann so auch oft geklappt. Doch was er dabei noch nie erlebt hatte, war eine Verbindung von Sexualität mit Intimität und Beziehung. Und zwar deshalb, weil er sich unbedingt als Leistungsträger präsentieren musste: beim Kennenlernen wie auch beim Sex. Die Angst vor dem eigenen »Versagen« musste er vor sich selbst leugnen und vor einer Partnerin verbergen. Deshalb konnte er niemals mit einer Frau authentisch in Kontakt treten. Seine Ängste und Befürchtungen, seine Sehnsüchte und Bedürfnisse blieben unkommuniziert, Intimkommunikation im eigentlichen Sinne war bei ihm unmöglich. Entsprechend signalisierten ihm die Frauen in der Regel: »Alles schön und gut mit dir, aber irgendwie steril, blutleer und kalt.« One-Night-Stand okay, Beziehung – nein danke.

Nun ist es ja so, dass Menschen, auf die wir uns einlassen, wunderbare Überraschungen für uns bereithalten können – so auch für diesen jungen Mann. Denn die große Entlastung, dass ihm eine Frau die Hand auf die Brust legt und sagt: »Ganz ruhig, Brauner! Alles gut, bist schlau, bist toll, bist super: Aber *take it easy*, halt mal kurz die Luft an, atme durch und schau mich an!« – diese Entlastung hatte er einmal erlebt. Es gab da eine Frau, die sich ihm warm und ruhig zugewandt und den ängstlichen Jungen hinter der Siegerfassade gesehen und angesprochen hat … Aber er konnte das überhaupt nicht annehmen! Grund eins: Sein *Selbstbild* sah völlig anders aus. Was diese Frau in ihm sah, war für ihn sein eigenes Defizit. Grund zwei: Die Frau war in seinen Augen nicht perfekt. Lebenslauf und Figur waren nicht 1 A. Und seine Partnerin musste ja »perfekt« sein.

Aber zurück zur Sexualtherapie als potenziell subversivem Ort: Dieser Patient hat die Therapie abgebrochen. Er sagte mir, unsere Gespräche unterminierten seine Karriereambitionen, sein Wertekonzept zerbröselte ihm dabei, er bekomme das Gefühl, dass er mit seinem Leben auf dem Holzweg sei, aufs falsche Pferd gesetzt habe. Zwar könne er erkennen, dass die Dinge, die Erfüllung, Sinn und Offenbarung bescheren, jenseits der Leistungsdoktrin lägen – aber dieses Bewusstsein würde ihn über Gebühr irritieren und in seinen ehrgeizigen Karriereambitionen eher schwächen als verstärken. Gerade *weil* er so jung und ambitioniert war, irritierten ihn die Möglichkeiten einer leistungsbefreiten Sexualität und Beziehung, die ihm die Therapie eröffnet hatte. Das war für seine Leistungsmotivation bedrohlich und damit subversiv. Eine Emanzipation von Leistungsanforderungen konnte er nicht aushalten. Unsere Gespräche stifteten in ihm einen Ambivalenzkonflikt; er hatte das Empfinden, dass seine neuen Erkenntnisse allem widersprachen, worauf er sonst in seinem Leben gesetzt hatte.

Die subversive Kraft der Sexualität liegt in dem Umstand, dass sie das größte Freiheitspotenzial birgt, das wir Menschen erleben können. Die Möglichkeit, einen wirklich anarchischen Raum zu kreieren, in dem keine Regeln gelten außer Achtsamkeit, Mitmenschlichkeit und Rücksicht aufeinander. Dieses Potenzial ist meines Erachtens das Kernaggregat, aus dem sich die Energie des Themas »Sexualität« speist. Eine Sexualwissenschaft, die das benennt und unterstützt, ist per se subversiv. Unserer Sexualität wohnt eine Kraft inne, gegen die kein Kraut gewachsen ist. Und diese Kraft besteht eben nicht im vielbeschworenen dumpfen »Trieb«, sondern im Gefühl der Aufgehobenheit im anforderungslosen Miteinander. In der Erlösung durch Überwindung von Vereinzelung. Die Lust ist bloß der Zuckerguss. Das erklärt übrigens auch, warum Sexualität gesellschaftlich schon immer reglementiert wurde: Menschen, die sich sexuell emanzipieren wollten, mussten geschichtlich überdauernd unter Repressionen leiden, und zwar schon lange bevor die römisch-katholische Amtskirche diese Inhalte als religionswirtschaftliches Kapitalunternehmen bewirtschaftet hat. Wenn Menschen sich im Sexuellen verbinden, in und durch ihre sexuellen Beziehungen wachsen, sich entwickeln und entfalten, sind sie weitgehend gefeit und geschützt vor gesellschaftlicher Inanspruchnahme und Funktionalisierung. Was glauben Sie, warum in George Orwells Roman *1984* Sex das am strengsten bestrafte Verbrechen ist? Und warum sich jede revolutionäre Bewegung, von den Wandervögeln und Nudisten über die Surrealisten bis zu den Hippies und den Achtundsechzigern »befreite Sexualität« auf die Fahnen geschrieben hat?

Ist die beglückende sexuelle Beziehung ein »asozialer« Zustand?

Asozial würde ich nicht sagen, denn natürlich ist alles, was in sexueller Hinsicht einvernehmlich und gemeinsam stattfindet, eminent prosozial. Menschen in einer solchen Beziehung sind aber für eine gesellschaftliche oder politische Funktionalisierung unbrauchbar, das wollte ich sagen. Asozial ist ein solcher Zustand höchstens in dem Sinne, dass Liebende unter einer Decke stecken, unter einer Glocke leben, unter die kein anderer mehr passt. Aber jeder, der mal geliebt hat, kennt das und wird dafür Verständnis aufbringen. Das ist ein Zustand, der sich nicht gegen andere richtet; vielmehr richten sich die Liebenden aufeinander aus. Ich bin überzeugt, dass es weniger asoziale Tendenzen und weniger Gewaltkriminalität in der Gesellschaft gäbe, wenn es um die sexuelle Gesundheit der Menschen besser bestellt wäre.

So wie ich Sexualwissenschaft gelernt habe, verstehe und ausübe, ist sie humanistisch, reformatorisch und emanzipatorisch – also genuin politisch. Auch deshalb, weil sie anderen Gesellschaftsentwürfen, vor allem der Leistungsgesellschaft, konträr gegenübersteht. Und Sexualtherapie verstehe ich als konkrete Umsetzung dessen, als Unterstützung, die es Menschen ermöglicht, sich von krank machenden Einflüssen zu emanzipieren. Eine Möglichkeit, diejenigen Konzepte über Bord zu werfen, die uns das Leben und Lieben schwer machen. Durch ihre Hilfe können wir den Inhalt des Rucksacks, der uns seit unserer Geburt vollgepackt wird, einmal in Ruhe evaluieren, erwägen, prüfen – und eventuell verwerfen. Und das, was wir gleich zu Beginn verwerfen sollten, ist die Anforderung, überall und permanent leistungen zu erbringen.

Im Sexuellen gibt es keine gesellschaftlichen Schichtenunterschiede, kein Arm oder Reich. Selbst nackt sind wir zwar auch nicht alle gleich, aber wir stehen alle mit denselben Grundbedürfnissen voreinander. Das emanzipatorische Potenzial von Sexualität besteht meines Erachtens in der Chance, einen intimen Schutzraum zu schaffen, in dem es keine Anforderungen gibt und in dem nichts geleistet und produziert werden muss. Ein solcher Schutzraum stellt für mich im wahrsten Sinne des Wortes einen *Anti-Burn-out-Room* dar.

Aber wir leben doch in einer der freiesten Gesellschaften, die es jemals gab. Die den Menschen sehr viel bietet ...

Sind wir wirklich so frei wie nie zuvor? Ich würde eher sagen, dass wir in ein ziemlich paradoxes Verhältnis zur Freiheit geraten sind. Zwar sind viele äußere Zwänge entfallen, doch dafür stecken sie jetzt als Leistungsdoktrin *in uns*. *Das* ist die zeitgenössische Form von Unfreiheit, und die Menschen spüren sie in ihren Herzen.

Wenn Sie sagen, keine Gesellschaft sei je so frei gewesen wie unsere, würde ich zu bedenken geben: Vielleicht war einfach kein System je so raffiniert wie das unsrige. Es gewährleistet zwar die Versorgung der Bevölkerung mit Grundnahrungsmitteln und Konsumgütern so effizient, wie dies bisher noch keinem System gelang. Und das ist ja auch prima. Aber die Bedürfnisse, die da erfüllt werden, sind in erster Linie biophysiologische und konsumatorische. Und *gleichzeitig* wird uns sehr deutlich zu verstehen gegeben, dass gesellschaftliche Teilhabe – also die Erfüllung unserer psychosozialen Bedürfnisse – nur dann stattfindet, wenn die Leistung stimmt: »Wenn du nicht spurst, wenn du nicht mitmachst, und zwar auch im Privatesten, dann bist du raus!«

Diese Doxa unseres Gesellschaftssystems macht uns Angst, Angst macht Stress, und vor Stress laufen wir weg. Wir können uns nicht mehr entspannen, wir verkrampfen, wir kriegen keinen mehr hoch oder werden nicht mehr feucht, wir haben potenziell weniger Lust auf Sex – und auch immer weniger Lust auf andere Sachen. Um unsere innere Leere zu füllen, schauen wir fern oder gehen shoppen. Und halten das System in unserer gefühlten Machtlosigkeit am Laufen. Wir sind die Mitspieler der Leistungs- und Erschöpfungsgesellschaft. Alternativen gibt es gefühlt keine. *Das* ist gemeint mit dem Leben zwischen Hamsterrad und Herzstillstand.

Und doch ist unser System weltweit führend …

Ja, und wissen Sie auch warum? Weil es einerseits die Befriedigung psychosozialer Grundbedürfnisse erschwert und ein gesundes Selbstwertgefühl eher verhindert – andererseits aber gerade dieses Manko als ökonomischen und gesellschaftlichen Motor nutzt. Das nenne ich raffiniert.

Okay, Herr Dr. Ahlers, das war ein ganz schöner Parforceritt. Können Sie mir jetzt mal knackig und in einem Satz sagen, was ein Mann tun muss, wenn er keinen hochkriegt?

Täglich drei Kniebeugen vor geöffnetem Fenster und einen Apfel essen! Dann wird das schon wieder …

KAPITEL 6

Nichts ist unmöglich! –
Die Toyotaisierung der Körper

Das ist das Land der begrenzten Unmöglichkeiten.
Wir können Pferde ohne Beine rückwärts reiten.
Wir können alles, was zu eng ist, mit dem Schlagbohrer weiten,
können glücklich sein und trotzdem Konzerne leiten.

Wir sind Helden

Hat das Wertesystem unserer Gesellschaft auf sexueller Ebene noch andere Auswirkungen?

Wir toyotaisieren unseren Körper und unser Verhalten.

Wir tun was?

»Nichts ist unmöglich«: Das ist der Werbespruch, mit dem die Autofirma Toyota Ende des 20. Jahrhunderts den europäischen Markt eroberte und der seitdem in den allgemeinen Wortschatz übergegangen ist. Ich nehme an, dass die Toyota-Formel nicht nur deshalb so populär wurde, weil sie von Affen gesungen wurde, sondern weil sie etwas ausdrückte, das in der Luft lag: nämlich dass man nicht mehr bereit war, Dinge hinzunehmen, wie sie sind, sondern alles so lange beschleifen und verbessern wollte, bis das Optimum erreicht war. »Nichts ist unmöglich« entspricht einer Absage an das Schicksal und ist die Parole der Multioptions- und Optimierungsgesellschaft – und deshalb empfinde ich diesen Trend auch bezogen auf unsere Sexualität als sehr bemerkenswert.

Ist der Wunsch nach Optimierung nicht generell eine Kennmarke des Rationalismus – und damit unserer westlichen Zivilisation?

Wie rational, wie *vernünftig* Optimierung ist, darüber sprechen wir gleich noch.

Selbstverständlich ist die Menschheitsgeschichte von sinnvollen Errungenschaften und heilsamen Fortschritten geprägt, die eng mit dem Begriff der Rationalität verbunden sind – und die zivilisatorische Leistungen darstellen. Ein Rohr von der Quelle bis zur Hütte zu legen, anstatt jeden Morgen zwei Kilometer zum Wasser zu laufen, einen Ofen aufzustellen, damit es warm wird: Das ist nicht problematisch, das ist innovativ und praktisch. Darüber müssen wir nicht reden. Worüber wir meines Erachtens aber sprechen sollten, ist die »Ausweitung der Kampfzone«, wie Michel Houellebecq es genannt hat, die Ausweitung des Feldes der Optimierungsambitionen.

Fortschritt und Verbesserung betrafen über Jahrtausende der Menschheitsentwicklung die Beherrschung der *äußeren* Natur. Die Menschen versuchten, ihre Lebensumstände zu verbessern, indem sie ihre Umwelt gestalteten, Vorrichtungen ersannen, die sie vor einer als antagonistisch empfundenen Umwelt schützten. Seit Erfindung des ersten Werkzeugs haben Menschen das getan, das unterscheidet uns als Spezies von unseren animalischen Kollegen. Dass aus dieser Umgestaltung der äußeren Natur innerpsychische Veränderungen entstanden, ist auch klar: In einem Haus mit Ofen verhält man sich anders als in einer Höhle, in einer U-Bahn bewegt man sich anders als auf freiem Feld. Heißt: Aus technischen, zivilisatorischen und sozialisatorischen Veränderungen erwachsen psychoregulative Anpassungsnotwendigkeiten, Stichwort: »Affektkontrolle«. Darüber haben Norbert Elias im *Prozess der Zivilisation* und Sigmund Freud im *Unbehagen in der Kultur* schon vor geraumer Zeit ausführlich geschrieben. Sehr kurz gefasst: Wir haben in einem ersten Schritt auf die Umwelt, das uns Umgebende, eingewirkt – und das wirkt sich wiederum auf uns aus.

Darum geht es mir hier aber nicht. Mir geht es um eine recht neue Entwicklung, die ich bereits im letzten Kapitel vorläufig unter dem Stichwort »Bodyshaping« und »Fitness« angesprochen habe: Der Trend, *den eigenen Körper* nicht mehr nur zu gestalten – auch das haben wir schon immer getan –, sondern zu *verbessern* und schließlich zu optimieren, weil man ihn als ungenügend, als Antagonisten der eigenen Normvorstellungen versteht. Dieser Trend ist jedoch nicht bei Fitness und beim Bodybuilding stehengeblieben – und auch nicht bei der kleinen, gesamtgesellschaftlich eher irrelevanten Gruppe der Leistungssportler. Er ist gesellschaftsübergreifend zu einem *Must* geworden, einer gefühlten Anforderung, die allgemeingültig erscheint. Und er geht immer mehr in die Richtung einer ambitionierten Optimierung der eigenen Hard- und Software mithilfe kosmetischer, medikamentöser und chirurgischer Möglichkeiten.

Das müssen Sie ein wenig erläutern.

Ich möchte, um diese neue Entwicklung zu verdeutlichen, noch einmal kurz in die 50er- und 60er-Jahre des vergangenen Jahrhunderts zurückgehen. Und zwar zum *Aussehen* der Vorbilder der damaligen Gesellschaft. Wie war denn das Erscheinungsbild der damaligen Wirtschaftsbosse, Politikkapitäne und Entscheidungsträger? Eines kann man sagen: So, wie die aussahen, würden sie heute kein einziges Bewerbungsgespräch überstehen. Häufig waren sie dick, hatten Hornbrillen und waren körperlich unfit: »No sports!« Sie rauchten vor den Augen der unirritierten Öffentlichkeit wie die Schlote und tranken schon tagsüber und gerne auch im Fernsehen Alkohol: »Internationaler Frühschoppen«. Frisuren und Körperhygiene, Zahnpflege und Kosmetik waren kein Thema. Es ging um Geist, Kompetenz, Qualifikation, Erfahrung, kurz: »die Sache« – aber bestimmt nicht um ein irgendwie gefälliges Äußeres. Bis in die 80er-Jahre war es im Berufsleben Westeuropas eher nachrangig, wie man aussah, wenn man inhaltlich für etwas stand und das vertreten konnte. So, wie es Sten Nadolny in der »Entdeckung der Langsamkeit« auf den Punkt brachte: »Wer das Richtige sagt, braucht dabei nicht gut auszusehen!«

Dann begann eine Veränderung. Fortan war es nicht nur wichtig, dass man eine solide Ausbildung und den passenden Stallgeruch vorzuweisen hatte, um Karriere zu machen, auch die körperlichen Attribute von Leistungsfähigkeit spielten zusehends eine Rolle: Ade wohlstandsdicker Zigarrenonkel ... Körperliche Fitness galt fortan als Vorzeigeattribut des Managers und Chefs. Er musste verkörpern, was er von seinen Mitarbeitern verlangte:

Engagement, Disziplin, Effizienz, Rationalität und vor allem Leistung aus Leidenschaft! *Mens sana in corpore sano:* »Ein gesunder Geist in einem gesunden Körper« reichte nicht mehr. *Mens fervida in corpore lacertoso:* »Ein glühender Geist in einem muskulösen Körper« wurde zur Devise. Mehr ist mehr! Alles Menschlich-Allzumenschliche, alles Unzulängliche, Unförmige wurde zusehends unerwünscht und musste ausgemerzt werden. Je mehr Leistungsattribute der Mensch buchstäblich *verkörperte,* desto höher sein Sozialstatus im Gefüge der Leistungsgesellschaft. Und umgekehrt: Je dicker, unansehnlicher und ungepflegter er war, desto geringer seine Erfolgsaussichten. In beruflicher, aber auch in partnerschaftlicher Hinsicht. Denn der Anspruch an körperliche Funktions- und Leistungsfähigkeit, an *Fitness* blieb nicht auf die Arbeitswelt beschränkt, sondern fraß sich zunehmend in den Privatbereich hinein, in das Beziehungs-, Liebes- und Sexualleben. »Ich muss besser werden, länger können, hart bleiben, es bringen, besorgen und kommen können. Und dafür muss ich etwas tun, ich muss mein Aussehen und meine Performance optimieren ... Und bei all dem muss ich auf jeden Fall auch immer gut drauf sein!« Berufliche Anforderungen infiltrierten zusehends das Private. Als Fremderwartung, aber vor allem eben auch als Selbstanforderung. Und als neuer, kälterer Blick auf den anderen: »Wenn der andere es nicht bringt, wenn er für mich nicht optimal ist, dann gehe ich weiter. Da kommt bestimmt noch etwas Besseres.«

Diese innere Haltung und Bewertung in Beziehungen verhindert eine echte unvoreingenommene und ausgangsoffene *Begegnung.* Sie macht es tendenziell unmöglich, dass mich etwas wider meinen Verstand, wider meinen Willen ereilt: »Jetzt sitze ich hier vor einem Menschen, und er ist ganz anders als der, den ich mir *vorgestellt* habe – aber es passiert etwas zwischen uns. Ich bleib mal sitzen und guck mir das an.« So etwas geschieht nicht, wenn ich innerlich darauf programmiert bin, dass ich in Beziehungen »investiere« und hinter der nächsten Ecke ein optimaleres Modell mit einer höheren Sozialstatusrendite, einem größeren *Sexual*

Benefit oder einem besseren *Reproductive Profit* auf mich warten könnte. *No time to waste!* Und sitzenbleiben ist nicht – denn Sitzen ist das neue Rauchen ...

Wir können die Veränderungen der Ansprüche an das Individuum aber nicht nur an den Anforderungen an unsere Äußerlichkeit, sondern auch an Anforderungen erkennen, die sich an unser soziales und kommunikatives Verhalten richten, zum Beispiel am Einfluss von Mobiltelefonen und Short-Message-Services (SMS) sowie vor allem durch das Internet, besonders an der Verfügbarkeit von E-Mail und mobilen Messenger-Diensten. Früher kam ein Geschäftsbrief per Post, dann wanderte er in die Geschäftsmappe, wurde einen Tag von der Sekretärin in der Unterschriftenmappe bereitgelegt, landete beim Prokuristen auf dem Schreibtisch, der einen Tag später dazu kam, diesen Brief einzusehen. Er machte eine Randnotiz, und der Brief ging zurück ins Sekretariat. Danach brauchte die Sekretärin, weil sie noch anderes zu tun hatte, einen weiteren Tag, um die Randnotiz zu finden oder einen vorher diktierten Antwortbrief abzutippen. Der Antwortbrief wiederum wanderte als Entwurf in die Vorlagenmappe, den der Prokurist einen weiteren Tag später unterschreiben und abschicken lassen konnte. So sah das aus, das war normal. Eine Woche bis zehn Tage dauerte es, bis auf einen Brief eine Antwort kam. Wenn es wirklich schnell gehen musste, wenn etwas wirklich »wichtig« war, schickte man ein Telegramm. Aber der Begriff »wichtig« bezog sich wirklich nur auf Dinge, bei denen es um Leben oder Tod ging – und auch nur Entscheidungsträger betraf.

Und heute? Erwartet man von jedem, auch dem marginalsten Angestellten, dass er sofort und *stante pede* auf jede E-Mail, dem digitalen Pendant zum Telegramm, antwortet. Heute verschicken wir also nur noch »Telegramme«. Und zwar täglich zu Dutzenden. Alles ist wichtig, alles ist eilig geworden! Gerichte befinden darüber, ob Angestellte im Urlaub täglich online sein müssen ...

Diese Ansprüche und Anforderungen aus der Arbeitswelt an Erreichbarkeit, Verfügbarkeit und permanenter sozialer und kommunikativer Resonanz und Performanz wirken sich *selbstverständlich* auf unser Privat- und Sexualleben aus. Es gibt beinahe keinen Lebensbereich mehr, in dem wir einfach mal so sein dürfen, wie wir sind: auch mal faul, auch mal schluffig, auch mal ungepflegt, auch mal nicht auf der Höhe. Und erst recht gibt es diese energiearmen Zustände kaum noch im Bereich der Liebe, der Sexualität und der Partnerschaft. Weil diese Bereiche für uns so wichtig sind, müssen und wollen wir da *erst recht* super aussehen, fit und smart sein. Frauen müssen attraktiv und sexy sein, aber natürlich auch häuslich und mütterlich. Männer sollen bodenständig, selbstbewusst und stark sein, müssen wissen, was sie wollen – aber dabei nicht überheblich, sondern gleichberechtigungsorientiert, egalitär in ihrer Umgangsweise sein – aber natürlich auch ein bisschen Macho und selbstbewusst und durchsetzungsstark.

Diese Multimodalanforderung, mit der wir alle konfrontiert sind, kulminiert für mich im Namen eines Geschäftes für Schwangerenmode, an dem ich im Berliner Stadtteil Prenzlauer Berg unlängst vorbeiging: »Sexy Mama«. Selbst die schwangere Frau muss heutzutage »etwas aus sich machen«, sonst sieht sie mit ihrem dicken Bauch und der ausgeleierten Hose ja aus »wie 'ne usbekische Rübenrupferin«. Diesen Satz habe ich original so gehört! Und das Bemerkenswerte ist, dass Frauen, die keine »sexy Mamas« sind, sich tatsächlich wie »usbekische Rübenrupferinnen« *fühlen!* Absurde Außenanforderungen sind in unser Inneres gedrungen und führen wiederum dazu, dass wir versuchen, unser Äußeres zu verändern und zu optimieren: Schließlich ist ja nichts unmöglich! Und von nichts kommt nichts!

Das Ganze beginnt schon sehr früh: Für pubertierende Mädchen gibt es kaum noch Büstenhalter zu kaufen, die nicht wattiert sind, bei denen das »Shaping« nicht bereits im Mainstreamprodukt enthalten wäre. Was lernen zwölfjährige Mädchen, deren Körperschema sich gerade verändert, daraus? Es muss *mehr* sein; das, was da ist, reicht nicht. Und sie lernen: Du kannst (oder sogar: du musst) deine sexuelle Attraktivität und Aufgeschlossenheit signalisieren; wir helfen dir, sie zu *verkörpern!* Das geht weit über den mütterlichen Hinweis »Rücken grade, Brust raus!« für das erste Rendezvous nach der Tanzstunde hinaus.

Und auf der anderen Seite: Nicht nur hört man von immer mehr zwölfjährigen Jungs, die Muskelaufbautraining betreiben, man weiß auch, dass viele junge Männer zu ihren ersten Dates vorsorglich Viagra mitnehmen, um »auf Nummer sicher zu gehen«. Diese kerngesunden jungen Männer stellen einen beachtlichen Teil der Käuferschaft von Viagra dar.

Gibt es chemisches Doping zur Erfüllung der Anforderungen auch bei Frauen? Oder beschränkt sich deren »Optimierung« auf Kleidung und Mode?

Ich höre in meiner Praxis zunehmend davon, dass Mädchen bei den ersten Dates anscheinend die Gleitcreme gleich mitdenken und mitbringen. »Wenn der Typ was will und du nicht, dann nimm einfach die Tube mit, dann tut's wenigstens nicht so weh …« Von Kolleginnen in Beratungsstellen habe ich gehört, dass dort Teenagermädchen anrufen und nach Lokalanästhetika fragen, nach Salben, die die Hautoberfläche betäuben. Und wenn die Beraterinnen wissen wollen: »Wofür brauchst du das denn?«, lautet die Antwort: »Na, für Analverkehr, damit das nicht so wehtut.« Wenn diese Mädchen dann gefragt werden, warum sie das wollen, wenn es doch wehtut, stellt sich heraus, dass sie darüber noch gar nicht nachgedacht haben. Und nach einer Pause sagen, dass sie selbst es gar nicht wünschen würden – sondern die Jungs. Aber einfach Nein zu sagen schaffen sie nicht. Und warum? Weil »man« das machen muss, um nicht als prüde dazustehen, weil »man« das mitmachen und draufhaben muss, um nicht als uncool zu gelten. Egal ob diese sexuelle Praktik den eigenen Wünschen entspricht oder nicht.

Fragt man auf der anderen Seite die Jungs, ob sie Analverkehr wirklich wollen, kommt oft ein Zögern, eine gewisse Ratlosigkeit, und dann: »Ähm, ich weiß nicht.« Sie haben das in Pornos im Internet gesehen und denken, dass »anal« einfach dazugehört. »Ist ja vielleicht noch geiler.«

Nun sollte man eigentlich und aus eigener Erfahrung annehmen, dass der erste Geschlechtsverkehr für sich genommen schon aufregend genug ist – heute aber anscheinend immer weniger. Schon das erste Mal muss »optimal laufen«, schon da muss man unterschiedlichste sexuelle Praktiken »draufhaben«. Wo früher Händchenhalten und Knutschen angesagt war, geht es heute recht schnell um *Heavy-Petting* und Geschlechtsverkehr. Und der *Blowjob* scheint für junge Mädchen immer mehr zum erwarteten Standardprogramm zu werden.

Auch wenn sich das Gesagte vielleicht anders anhört, will ich mit dieser Beschreibung nicht den Eindruck erwecken, als würde »bei den jungen Leuten von heute in sexueller Hinsicht alles immer schlimmer«... Ich möchte lediglich eine Tendenz beschreiben, ohne damit sagen zu wollen, dass alle jungen Menschen heute sexuell unter Druck stehen. Ob diese Veränderungen gut oder schlecht sind, kann ich und können wir als Sexualwissenschaftler noch nicht sagen, weil die Auswirkungen von multimedialer Internetpornografie auf Kinder und Jugendliche erst seit gut zehn Jahren existieren und deshalb noch gar nicht abschätzbar sind. Ich möchte nur sagen, dass sich da meines Erachtens eine Menge Dinge in sexueller Hinsicht verändert haben, vor allem in Bezug auf die Leistungs- und Optimierungsanforderungen. Und ich glaube, das bedeutet etwas – und hat einen gesellschaftlichen Grund.

Aber diese jungen Menschen, von denen Sie gerade gesprochen haben, sind doch noch nicht im Arbeitsprozess. Sie sind also vermutlich gar nicht so intensiv mit Leistungsanforderungen konfrontiert – woher dann dieser Optimierungswunsch?

Davon abgesehen, dass das nicht stimmt, was Sie behaupten – ich möchte Sie nur freundlich auf den Chinesischkurs im Kindergarten, Ganztagsschule, Abitur nach zwölf Jahren oder die Verkürzung der Bachelor-Studienzeiten hinweisen –, spreche ich hier nicht von der Umsetzung einer einzelnen Anforderung, so als gäbe es eine eindeutige kausale Beziehung im Sinne von: »Von wem viel verlangt wird, der verlangt viel von sich.« So einfach ist das nicht. Wovon ich spreche, ist ein gesamtgesellschaftliches Phänomen. Multioptionalität und Optimierungsanforderung werden als gesellschaftliche Norm kommuniziert, Anforderungsprofile werden über soziale Medien und Peergroups als Erwartungsanspruch verbreitet. Wir reden hier nicht von einer »Macht«, die uns etwas oktroyieren würde, also nicht von »dem autoritären Staat«, der uns mit Bannern und Parolen indoktriniert. Wir haben es zu tun mit dem internalisierten Wertesystem der Leistungsgesellschaft, das uns als »alternativlos« verkauft wird und darum auch so erscheint. Es handelt sich um ein System vieler kleiner »Mächte«, die in unseren Köpfen sind und uns sagen, was wir zu tun und wie wir zu sein haben. Der französische Philosoph Michel Foucault hat dieses Phänomen schon in den siebziger Jahren des letzten Jahrhunderts erkannt und diesbezüglich von *Dispositiven* gesprochen. Die Leistungsgesellschaft braucht keine Lautsprecherwagen, die Politpropaganda plärrend durch Städte und Dörfer fahren. Die Botschaften sind uns ins Großhirn implementiert – weil wir sie über unsere Bildschirme flimmern sehen.

Bei *Germany's Next Topmodel* lernen wir, dass es nicht mehr reicht, hübsch zu sein. Wir lernen, dass wir *alles* geben müssen. Die Mädchen, die da zur besten Sendezeit vorgezeigt und zur Schau gestellt werden, müssen quasi nackt mit Haifischen in Großaquarien tauchen oder von Wolkenkratzern springen und gleichzeitig bombig aussehen und sexy Posen einnehmen: den Po rausstrecken, die Brust präsentieren und dabei lächeln und auf jeden Fall immer gut drauf sein! Wenn ein Mädchen Angst hat oder sich verstecken will, weil ihr das Wasser zu kalt oder der Wolkenkratzer zu hoch ist, dann »taugt« dieses Mädchen als Supermodel nicht. Heidi Klum zieht eine Schnute und macht sie später vor laufender Kamera fertig: »Du hast mich echt persönlich tief enttäuscht! Von dir hätte ich echt mehr erwartet! Das war echt eine schwache Leistung in der Mikro-Bikini-Challenge mit den Klapperschlangen! Da bist du echt null sexy rübergekommen! Das, was du hier abgeliefert hast, reicht bei Weitem nicht, um ganz oben mit dabei zu sein, um Topmodel zu werden!« Da sind Mädchentränen programmiert. Geprüft, gewogen, für schlecht befunden, abgewählt, rausgeschmissen und weggeworfen. Und das zur maximalen Bloßstellung und Beschämung immer alles im grellen Scheinwerferlicht, in Großaufnahme, dramatisch musikalisch untermalt, zur besten Sendezeit, vor den Augen und Ohren der medialen Weltöffentlichkeit. Jeder intelligente Mensch sollte mindestens einmal in seinem Leben *Germany's Next Topmodel* gesehen haben, um die Leistungsgesellschaft und ihr Anforderungsprofil, das durch alle Poren und Ritzen dringt, zu begreifen: Es reicht nicht, hammermäßig auszusehen, du musst dabei auch sexy, tapfer, schlau und im besten Fall noch karitativ tätig sein ... und dabei natürlich immer richtig gut drauf!

Ich möchte im Rahmen unseres Themas der *Toyotaisierung* noch etwas über »die jungen Menschen« sagen, die meines Erachtens den enormen gesellschaftlichen Ansprüchen besonders stark ausgeliefert sind. Nicht nur weil sie sich noch im Prozess der Identitätsbildung befinden, sondern auch weil es ja gerade sie sind, die die sozialen Medien, Facebook, LinkedIn, MySpace, YouTube etc., besonders stark nutzen. Dort werden Wertehaltungen und Leistungsanforderungen in noch schwerer auslesbarer Form kommuniziert, als es beispielsweise *Germany's Next Topmodel* tut. Bei Heidi Klum kann man noch sagen: »Das ist Fernsehen, die wollen mir etwas verkaufen.« Im Bereich der *Social Media* jedoch tauchen Wertmaßstäbe und Einflussnahmen innerhalb der eigenen *Peergroup* auf und werden dort von den eigenen »Friends« kommuniziert und multipliziert. Da berichten Schülerinnen in täglichen Beiträgen auf YouTube über »ihre ganz persönlichen Erfahrungen« mit Konsumartikeln wie Kosmetika, Schmuck, Unterhaltungs- und Kommunikationselektronik. Die Darsteller werden zu YouTube-Stars. Das ganze »Liken« und »Followen« ist nichts anderes als die interpersonale Weitergabe von Wertmaßstäben, die sich zumeist auf Leistungsattribute oder Konsumverhalten beziehen. Weil diese Ansprüche aber nicht aus einem offiziellen Leitmedium stammen, sondern aus dem vermeintlich »privaten« Umfeld kommen, erleben die jungen Menschen sie nicht als Ausdruck eines Wertesystems, sondern als vermeintliche Privatmeinung eines »Freundes«. Da ist die Distanzierung viel schwerer! Auf diese Art werden Freunde zu Trojanern. Noch dazu zu »blinden Trojanern« – denn sie selbst wissen ja auch nicht, dass sie von einem Wertesystem infiziert sind und den Virus weitergeben: Leistungskontamination und Konsuminfektion!

Aber genauso betreffen diese Ansprüche mittlerweile auch ganz alte Menschen. Diese dürfen nicht mehr Oma und Opa sein, die Musikantenstadl gucken und strickend oder Pfeife rauchend in der Ecke sitzen. Alte Menschen sind heute »Best-Ager« und »Silversurfer«, und sie müssen sich genauso optimieren wie alle anderen! Selbst wenn ich 75 bin, kann ich mich nicht mit Breitcordhose und Filzpantoffeln in den Lehnstuhl setzen und die *Apothekenumschau* lesen, selbst dann muss ich noch fit, wach, aktiv, attraktiv und spontan sein, sonst steigt am Ende mein Krankenkassenbeitrag! Dass Menschen heute bis ins hohe Alter aktiv bleiben können, ist begrüßenswert, keine Frage. Weniger begrüßenswert ist allerdings, dass dies zu einer gefühlten *gesellschaftlichen Verpflichtung* geworden ist und niemand mehr einfach müde, alt, gebrechlich und passiv oder gar trübsinnig sein darf. Denn dann stimmt mit dem etwas nicht. Da muss man etwas unternehmen, damit der wieder fit, aktiv und gut drauf ist!

Da ist meinem Eindruck nach etwas im Wandel. Immer deutlicher bekommen wir gesagt, wie wir zu sein haben: Ich muss einen großen Freundeskreis haben, ich muss eine intakte Familie haben, ich muss einen guten Job haben, ich muss gut aussehen, ich muss sportlich sein, ich muss humorvoll sein ... Anforderungen, Anforderungen, Anforderungen! Schwächen, Unzulänglichkeiten oder gar Behinderungen sind hingegen keine Attribute mehr, die Menschen annehmen und integrieren. Vielmehr provozieren sie den skeptischen Blick der Gesellschaft: »Warum macht der denn nichts aus sich?«

Dieser Satz führt, denke ich, in das Zentrum dessen, was die Veränderungen seit Beginn des 21. Jahrhunderts ausmachen. Die Option, sich mit einer Beeinträchtigung oder Unzulänglichkeit auszusöhnen, sich trotz eines Defizits oder Makels ins Schicksal zu fügen, existiert immer weniger. »Was? Bei euch kommt kein Baby? Warum macht ihr denn da nichts? Geht doch in ein Kinderwunsch-Zentrum, da geht das doch!« Oder: »Was, ihr habt ein behindertes Kind? Wie konnte euch das denn passieren? Das muss doch heute nicht mehr sein. Kann man doch alles vorher ausschließen lassen ...«

An seine Grenzen kommt der internalisierte Optimierungsanspruch erst dort, wo es nichts mehr zu wählen und zu optimieren gibt, bei schwerer, vor allem unheilbarer Krankheit, Verletzung, Verlust, Behinderung und Tod. Genau an diesen Stellen aber fehlt der Multioptions- und Optimierungsgesellschaft die Möglichkeit und Fähigkeit zur Akzeptanz. Das anzunehmen, was unabänderbar der Fall ist, ist kaum noch möglich. »Da muss doch *irgendwas* zu machen sein!« In Extremfällen ist aber nichts mehr zu machen. Konnten Menschen früherer Generationen das Unausweichliche besser akzeptieren und integrieren? Ich glaube schon. Der desintegrierte gesellschaftliche Umgang mit Sterben und Tod veranschaulicht das auf deutliche Weise.

Gab es Versuche, den Körper zu verbessern und zu verschönern, nicht schon immer – und in allen Kulturen?

Klar haben Menschen immer schon Körperveränderungen an sich vorgenommen. Man könnte sogar sagen, dass Körpermodifikationen »natürlich« sind – schauen Sie sich Bilder von eurasischen, afrikanischen, amerikanischen oder ozeanischen Ureinwohnern an: Körperenthaarung und aufwendige Frisuren, bunte Körper- und Gesichtsbemalungen (*Bodypainting*), Tätowierungen am Körper und im Gesicht, polymorphe Perforationen an allen möglichen Stellen des Körpers, des Gesichtes und der Ohren (*Piercing*), Tellerlippen, Halsverlängerungen, Schmucknarben und Schmuckbrandzeichen (*Scaring* und *Branding*). Es gibt 7000 Jahre alte Mumien chilenischer Ureinwohner, die tätowiert waren wie Gangsta-Rapper. Der Schriftsteller Hubert Fichte fasste das einmal etwas provokativ und gegen den »Natürlichkeitswahn« der frühen 70er-Jahre in dem Satz zusammen: »Es gibt nichts Künstlicheres als den Wilden.«

Vergleicht man die Funktion der Körpermodifikationen in archaischen Gesellschaften und heutigen, zeigen sich allerdings deutliche Unterschiede. In früheren Kulturen dienten die Körpergestaltungen dem Ausdruck der Zugehörigkeit zu einer Gruppe, zum Beispiel zu einem Stamm. Sie wurden in Ritualen, oft in Initiationsriten, vorgenommen beziehungsweise erworben. Das Individuum konnte dabei aber weder über den Zeitpunkt noch über die Art der Modifikation entscheiden, es hatte sich den Stammesregeln zu unterwerfen. Im Gegensatz dazu bieten Körperveränderungen in der postmodernen Gesellschaft die Möglichkeit der Selbstdarstellung und der Dokumentation des eigenen Andersseins. Die Körpermodifikationen der Punks in den 1980er-Jahren waren sogar ein bewusster *Verstoß* gegen gesellschaftliche Normen, Zeichen der Provokation.

Mittlerweile besitzt jeder zehnte Deutsche über 14 Jahren eine permanente Körpermodifikation. Männer bevorzugen eher Tätowierungen, Frauen tendieren zu Piercings. Die meisten Tätowierten finden sich aktuell in der Gruppe der 30- bis 39-Jährigen: Fast ein Viertel ist hier Tattooträger. Bei den Männern im

Alter von 14 bis 24 Jahren trägt jeder vierte ein Tattoo oder ein Piercing, von den jungen Frauen dieser Altersgruppe ist es sogar jede zweite. Dagegen sind bei den Menschen ab 60 lediglich zwei Prozent tätowiert. Eine repräsentative Umfrage der Universität Regensburg mit 2512 Teilnehmern aus dem Jahr 2012 sieht einen Zusammenhang zwischen dem Netto-Haushaltseinkommen und der Häufigkeit von Tätowierungen: Wenn es nach dem Haushaltseinkommen geht, gilt das Motto: Je ärmer, desto tätowierter. Bei Menschen, die mit weniger als 1000 Euro netto auskommen müssen, geben 16 Prozent an, sie seien tätowiert. Unter Leuten mit 2500 Euro und mehr liegt der Anteil der Tattooträger bei nur 8 Prozent.

Es war schon immer so, dass es bei Tattoos oder Piercings auch um Identitätsfragen geht. Früher bei Seefahrern, Strafgefangenen oder fahrendem Volk. Heute zur Selbstkennzeichnung als Zugehöriger zu einer Image-Gruppe. Wenn eine Person nicht genau weiß, wer oder was sie eigentlich ist, tragen Tattoo oder Piercing, die Modifikation des Äußeren, dazu bei, sich zu markieren und sich so als Stigmaträger selbst darstellen zu können. Als einen oder eine, der oder die tätowiert oder gepierct ist. Ein diffuses Selbstkonzept kann durch Maßnahmen der Körpergestaltung und Körperveränderung affirmiert und gestützt werden.

Aber Tattoos und Piercings stützen meines Erachtens nicht *irgendeinen* Teil der Identität. Ich glaube, dass es bei den meisten Körpermodifikationen zumindest *auch* um *sexuelle Identität* geht. Um ein Zeichen dafür, auf diesem Feld etwas – vielleicht auch *etwas mehr* – bieten und aushalten zu können. Ich weiß nicht, ob Ihnen das aufgefallen ist, aber die infrage stehenden Körperveränderungen verteilen sich vor allem bei Piercings ja nicht *willkürlich* über den Körper. Und einige der angebrachten Applikationen besitzen jenseits ihres vermeintlichen Schmuckwerts durchaus auch *Funktionen*. Aus einem Zungenpiercing folgt zum Beispiel in der Regel nicht die Erwartung, dass die gepierchte Person besonders gut Schreibmaschine schreiben kann, sondern die Assoziation mit Fellatio und Cunnilingus. Tätowierungen und Piercings sagen meines Erachtens etwas aus, und zwar auch über die sexuelle Identität der betreffenden Person, zumindest über ihre Identitätswünsche. Das ist beim Brustwarzenpiercing, beim Schamlippen-, Vorhaut- oder gar Klitoris- oder Eichelpiercing erst recht so. Sehr viele der Modifikationen werden im perigenitalen und genitalen Bereich vorgenommen, sie häufen sich ganz explizit an den sekundären Geschlechtsmerkmalen. Warum? Weil man sich damit als sexuell aktiv und aufgeschlossen ausweist. Und darüber hinaus demonstriert, dass man schmerztolerant, wenn nicht sogar schmerzaffin ist: »Ich halte es aus, dass mir der Körper an den empfindlichsten Stellen zerstochen wird! Ich halte aus, dass ich mit einer Nadel Farbe in die Haut geschossen kriege! Ich halte das aus, wenn mir etwas unter die Haut geht!« Das alles sind Selbstzuschreibungen beziehungsweise Aspekte einer sexuellen Selbstdarstellung. Sie zielen auch auf die Affirmation der eigenen sexuellen Identität ab und damit auf eine Stärkung des (sexuellen) Selbstbewusstseins: »Jetzt weiß ich, wer ich bin, und kann mich entsprechend darstellen.« Die Subkultur, die um *Bodymodification* entstanden ist, stützt die Hypothese, dass es um wesentlich mehr geht als um Mode, Schmuck und Zierde – nämlich um Identität.

Doch nicht nur der motivationale Hintergrund von Körpermodifikationen hat sich geändert. Auch der dafür betriebene Aufwand ist ungleich größer geworden. Was Menschen heute mit ihrem Körper machen, geht weiter als je zuvor. Es geht im wahrsten Sinne des Wortes bis tief unter die Haut.

Inwiefern?

Wenn ich von der Toyotaisierung der Körper spreche, verlassen wir den Bereich der körperlichen Selbstgestaltung und -verschönerung, die es immer schon gegeben hat. Schönheit, Schlankheit, Jugendlichkeit und Unsterblichkeit waren quasi schon immer Sehnsüchte der Menschen, für die auch schon immer Mittel und Prozeduren angeboten wurden, diese Ideale zu erreichen. 1970 fragte eine Pharmafirma in ihrer Werbekampagne im deutschen Fernsehen »Kann man Schönheit essen?«, beantwortete die selbst gestellte Frage mit Ja und empfahl *Merz Spezial Dragees*: »Denn wahre Schönheit kommt von innen.« Diese Aussage als Werbeslogan für eine schnöde Schönheitspille ist zwar besonders zynisch, aber all das gab es schon immer. Worauf ich mich beziehe, ist nicht das triviale Streben nach diesen Idealen, sondern das Gefühl, ohne Selbstoptimierung nicht (mehr) in Ordnung zu sein, nicht mehr zu genügen. Es geht also nicht mehr darum, sich zu verschönern, sondern sich zu verbessern, weil das Gefühl da ist, nicht mehr auszureichen. Der motivationale Hintergrund für Selbstoptimierung ist meines Erachtens eben nicht nur »Schönheits- oder Schlankheitswahn«, sondern Minderwertigkeitsgefühle, Angst vor Insuffizienz. Wir verlassen damit den Markt der Wellnessangebote und kommen in den Bereich der Defizitkompensation. Wir haben es zumindest *auch* mit einem Angstmarkt zu tun, analog dem, den die Versicherungsindustrie bewirtschaftet. Und Angst vor Unzulänglichkeit ist ein Verkaufsmotor. Ob es sich um die Angst vor der Versorgungslücke in der Altersvorsorge oder um die Angst vor Ablehnung wegen eines kleinen Busens handelt. In jedem Fall entsteht ein Kaufimpuls, wenn ein Verkäufer die Stirn runzelt und kritisch fragt: »Haben Sie schon mal darüber nachgedacht, da etwas zu unternehmen? Sie müssen sich damit ja nicht abfinden. Da kann man schon was machen … Und wir hätten da was für Sie!«

Und wie sieht das Produktsortiment dieser Optimierungsindustrie aus?

Halten Sie sich fest! Es gibt ein Kontinuum! Und das erstreckt sich über drei wesentliche Felder: die vor allem dermatologische Kosmetik, die plastisch-chirurgische Ästhetik und schließlich die sexualmedizinische Prothetik. Alle drei Felder werden mit Lifestyle-medizinischen Angeboten bewirtschaftet.

Mit dem Begriff *Lifestyle-Medizin* bezeichnet man medizinische Maßnahmen und Eingriffe zur Herstellung eines definierten Schönheits- und Funktionsideals ohne medizinische Indikation. Ein Ideal an Attraktivität und Funktionalität, das uns das Wertesystem der Leistungsgesellschaft als Anforderungsprofil zur gesellschaftlichen Teilhabe suggeriert. Lifestyle-Medizin »behandelt« gesunde Menschen mit medizinischen Mitteln und Methoden unter dem Marketingdeckmantel des weißen Kittels, »ärztlicher Notwendigkeit«.

Psychopharmaka werden massenhaft zur Entängstigung bei beruflichen Überforderungsgefühlen, zur Beruhigung und Schlafförderung verschrieben. Und andere als Wachmacher und zur Leistungssteigerung sowie Stimmungsaufhellung im Job verordnet. Knapp drei Millionen Deutsche nehmen verschreibungspflichtige Medikamente ein, um am Arbeitsplatz leistungsfähiger zu sein oder Stress abzubauen. Das geht aus dem Gesundheitsreport der DAK von 2015 hervor. Ein zentrales Ergebnis: Die Anzahl der Arbeitnehmer, die schon Medikamente zur Leistungssteigerung genutzt haben, ist in den vergangenen Jahren gestiegen – von 4,7 auf 6,7 Prozent. Vor allem Beschäftigte unter Zeit- und Termindruck bzw. in unsicheren Jobs gehören zu den Risikogruppen für Medikamentenmissbrauch. Und wie kommen die Betroffenen an verschreibungspflichtige Psychopharmaka, die sie zur Leistungssteigerung missbrauchen, anstatt sie zur Behandlung seelischer Leiden einzunehmen? Sie werden ihnen von ihren Ärzten verordnet. So geht einem Einnahmemissbrauch von Psychopharmaka ein Verordnungsmissbrauch der verschreibenden Ärzte voraus ...

Typische Produkte der Lifestyle-Medizin sind: Anti-Aging-Angebote aller Art, Haarwuchsmittel, Zahnbleichung (*Teeth-Bleaching*), Medikamente zum Abnehmen (Abführmittel), Angebote der kosmetischen Dermatologie wie z.B. Unterspritzung von Falten mit *Botox* oder *Hyaluronsäure,* Laserbehandlung der Haut, Körper- und Schamhaarentfernung (Laserepilation) und Kopfhaartransplantation sowie Analhautbleichung (*Anal Bleaching*).

Dieser Markt versorgt nicht mehr nur Frauen, die immer schon stärker Objekte körperverändernder Maßnahmen waren, sondern zusehends auch Männer: Falten mit Botox eliminieren, Ohren anlegen, Nase korrigieren, Lippen aufspritzen, Kinn modulieren: Über 30 Prozent der Kunden der Schönheitschirurgen sind mittlerweile männlich. Und das geht bis zur Einsetzung von Bizeps-, Brust- und Pomuskulaturimplantaten (sog. *Brazilian Butt-Lift*).

Bei Männern im mittleren Alter verzeichnen Haarwuchsmittel eine steigende Nachfrage, während bei gleichaltrigen Frauen, vor allem mit höherer Bildung, relativ häufig Psychopharmaka zur Beruhigung und Stimmungsaufhellung (*Antidepressiva*) genutzt werden *(Mother's little Helpers)*. Von Frauen mittleren Alters werden häufig auch Medikamente zum Abnehmen (Abführmittel) genutzt. Die Angebote der kosmetischen Dermatologie wie Laserbehandlung etc. werden von 5 Prozent der Frauen mit Hochschulstudium in Anspruch genommen. Bei »potenzsteigernden« Mitteln zeigt sich bei Männern ein steigender Verbrauch bis zum 75. Lebensjahr auf fast 5 Prozent aller Männer.

Beliebte Angebote der »ästhetischen« bzw. der Schönheitschirurgie sind *Face-Lifting* und Fettabsaugung *(Liposuktion)*, zum Beispiel am Bauch zur Erzeugung einer Senke zwischen den Beckenknochen (Produktname: *Bikini-Bridge*), damit sich so der Bund einer Bikinihose wie eine Brücke zwischen den Beckenknochen spannt. Oder Fettabsaugung an den Oberschenkeln bei der sogenannten *Reithosen-OP* zur Verschlankung der Oberschenkelaußenseite oder der *Thigh-Gap-OP* zur Verschlankung der Oberschenkelinnenseite, damit sich die Oberschenkel im Stehen nicht mehr berühren, wodurch eine Lücke zwischen den Beinen ensteht, wie sie bei der unbekleideten Barbie-Puppe zu sehen ist. Neuster Trend ist der »Aufbau« bzw. die Unterspritzung des Venushügels mit Eigenfett (Produktname: *Mons-Plasty,* lifestyle-medizinisch: *Mons Pubis Augmentation*), bei der für rund 2000,– Euro der Venushügel unterspritzt und damit vorgewölbter ausgeprägt wird. Bestseller sind aber Brustvergrößerung und Schamlippenverkleinerung, und auch Penisverlängerungen.

Bis hierher sind all das Angebote und Produkte, die allein auf Optimierung der sexuellen Attraktivität im Sinne von vermeintlicher Verschönerung ausgerichtet sind. Vergrößerte Brüste, verkleinerte Schamlippen und verlängerte Penisse optimieren nicht die sexuelle Leistungs- und Funktionsfähigkeit!

Erst auf der dritten Stufe kommen schließlich sexualmedizinische Angebote zur Optimierung sexueller Funktions- und Leistungsfähigkeit ins Spiel. Das sind zum Beispiel »luststeigernde«, »potenzsteigernde« oder orgamusverzögernde Medikamente wie *Addyi, Viagra,* und *Priligy* oder »G-Punkt-Unterspritzungen« (sog. *G-Shots*), chirurgische Scheidenverengungen und Nervendurchtrennungen bei Orgasmusstörungen oder der »Einbau« von »Penis-Prothesen« (Schwellkörper-Implantate).

Ärztinnen und Ärzte sehen sich aufgrund der beworbenen Angebote der Lifestyle-Medizin mit einer stetig wachsenden Nachfrage konfrontiert, auch geringfügige Normabweichungen sowohl im inneren Erleben durch Maßnahmen der Psychopharmakologie als auch im äußeren Erscheinungsbild durch die der kosmetischen Dermatologie oder der ästhetischen Chirurgie oder Sexualmedizin zu beheben.

Was bedeutet das alles? Alles ist zu dunkel und muss aufgehellt werden: innen unsere Stimmung mit Psychopharmaka, oben unsere Zähne mit Bleichpasten und unten unser Anus mit Bleichsalben. Haare müssen mit einem Laser vom Körper entfernt und mit dem Skalpell auf den Kopf transplantiert werden. Brüste müssen chirurgisch vergrößert, Schamlippen verkleinert und Penisse verlängert werden. So zu sein, wie man ist, genügt nicht mehr. Auch die geringfügigste Abweichung von der gefühlten Norm muss behoben, »korrigiert« und optimiert werden. Und diese Norm entsteht überhaupt erst durch die Vorhandenheit entsprechender Medikamente und Operationen ...

Harter Stoff ... Aber ist es nicht vielleicht doch eher so, dass sich manche Frauen einfach nur ein bisschen die Brüste vergrößern lassen?

Mit jährlich ca. 55 000 Eingriffen ist die Brustvergrößerung in Deutschland tatsächlich die am häufigsten durchgeführte »Schönheitsoperation«. Sie ist ein wahrer Umsatzmotor auf dem Wachstumsmarkt der Lifestyle-Medizin und verzeichnet seit Beginn des 21. Jahrhunderts einen stetigen Nachfragezuwachs. Es handelt sich um den Bestseller der »Schönheitschirurgie«. Dabei nennt sich dieser Zweig der chirurgischen Lifestyle-Medizin wie gesagt gerne auch »ästhetische Chirurgie«. Damit wird implizit zum Ausdruck gebracht, Schönheit bzw. Ästhetik sei das Produkt chirurgischer Eingriffe. Wer sich also nicht operieren lässt, ist unästhetisch. Zwischen 4000 und 6000 Euro durchschnittlich fallen für eine operative Brustvergrößerung an. Schnäppchen gibt's ab 2500 Euro, vor allem in Osteuropa. Das durchschnittliche Alter der Kundinnen sinkt kontinuierlich von Jahr zu Jahr. Die Hälfte der 2005 operierten Frauen war jünger als 25 Jahre, 2 Prozent unter 18 Jahre alt. Im Jahr 2010 waren 68 Prozent unter 25 Jahren und 9 Prozent unter 18 Jahren – das sind Mädchen im Wachstum, die für den Eingriff die Erlaubnis ihrer Erziehungsberechtigten brauchen! Zugleich stieg das durchschnittliche Volumen der eingesetzten Implantate von 320 Milliliter auf 495 Milliliter ...

Seit etwa 15 Jahren nehmen aber auch andere »schönheitschirurgische« Eingriffe kontinuierlich zu, die mit dem Marketingbegriff *Intimchirurgie* beworben werden. Der Begriff erinnert an das aus den 70er-Jahren bekannte »Intimspray« und impliziert chirurgisch erzeugte Intimität.

Die Produktpalette dieser Industrie umfasst alle chirurgischen Operationen an der Scheide und am Penis, müsste also eigentlich Genitalchirurgie heißen, was aber weniger verheißungsvoll klingen würde. Der am häufigsten nachgefragte Eingriff ist die Schamlippen- und Kitzlervorhaut-Beschneidung. Das wird in der Branche »Labien- und Praeputium-Korrektur« genannt. In der Produktbezeichnung bringt sich erneut die Marketingpsychologie zum Ausdruck: Wenn man etwas »Korrektur« nennt, muss ein Fehler vorliegen – und einen Fehler möchte man gerne korrigieren lassen. Bei den infrage stehenden Operationen liegt aber in den allerseltensten Fällen ein Fehler vor und damit auch keine Indikation für eine Operation. Es handelt sich ganz überwiegend um das Abschneiden der Klitorisvorhaut und das Zurückschneiden der Schamlippen mit einer Elektroschere oder einem Laser bei gesunden, jungen Frauen, überwiegend Anfang/Mitte zwanzig, die finden, dass ihre Schamlippen nicht der ästhetischen Norm entsprechen. Solche chirurgischen Schamlippenverkleinerungen rangieren laut der *Gesellschaft für Ästhetische Chirurgie in Deutschland* auf Rang 7 der am häufigsten durchgeführten »Schönheitsoperationen«!

Für Schamlippenverkleinerungen spielen ganz überwiegend ästhetisch-kosmetische Motive eine Rolle und nicht etwa funktionale Beschwerden. Die Nachfrage nach dieser Form des plastisch-chirurgischen Eingriffs hat seit Beginn des 21. Jahrhunderts stark zugenommen. In den USA verzeichnen diese Eingriffe Zuwachsraten von 30 Prozent. In einer Umfrage einer amerikanischen Frauenzeitschrift gab rund ein Drittel aller befragten Frauen an, eine Schamlippenverkleinerung in Betracht zu ziehen, obwohl ihre Schamlippen nicht vergrößert waren. In Großbritannien stellt der Eingriff den am schnellsten wachsenden Bereich innerhalb der »ästhetischen Chirurgie« dar: Die Nachfrage nach einer Schamlippenverkleinerung stieg im Jahr 2008 gegenüber dem Vorjahr um 300 Prozent, seit 2005 sogar um 700 Prozent. Der Großteil der Schamlippenverkleinerungen wird im privat finanzierten Sektor vorgenommen. Es gab jedoch selbst im *National Health Service,* dem staatlichen Gesundheitssystem, eine Verdoppelung der Operationen über einen Zeitraum von vier Jahren (2008), weil von den Operateuren eine medizinische Indikation für den ästhetisch motivierten Eingriff vorgegeben wurde. In Österreich hat sich die Zahl der durchgeführten Schamlippenverkleinerungen von 2001 bis 2011 verfünffacht. Auch in Deutschland stellen Schamlippenverkleinerungen »ein stark boomendes Segment« dar. Während eine für 2005 vorliegende Hochrechnung noch auf rund 1000 Eingriffe schließen ließ, ergab die Hochrechnung für 2011 bereits 5400 »Schamlippenkorrekturen«! 2500 Euro fallen hierfür durchschnittlich an, zuzüglich Anästhetika und Nachversorgung ...

Woher kommt dieser »Boom«? Die jungen Frauen wünschen sich ein Genital, das der Norm entspricht, die sie aus der Internetpornografie kennen. Sie wünschen für ihre Scheide die sogenannte »Brötchen-Optik«. Im Amerikanischen trägt sie den bezeichnenden Namen *Clean Slit,* was auf Deutsch »sauberer Schlitz« bedeutet. Implizite marketingpsychologische Botschaft der Produktbezeichnung: Wer keinen *Clean Slit* hat, ist unsauber, unrein. Was bei der Operation herauskommt, ist die sprichwörtliche *»Designer-Vagina«.* Das sozialnormative Anforderungsprofil hinter den Operationen bedeutet: Die Klitorisvorhaut darf nicht überstehen, und die äußeren Schamlippen müssen die inneren vollständig bedecken wie bei einem vorpubertären bzw. kindlichen Mädchen. Mit anderen Worten: Diese jungen Frauen wünschen sich eine kindliche Mädchenscheide. Eine Normvorstellung, die aus der Internetpornografie stammt. Die dort agierenden Darstellerinnen verfügen in der Regel über diese »Scheidenästhetik«. Sie sind i. d. R. vollständig enthaart sowie genital- und analgebleicht und entweder selber *clean-slit*-operiert, oder ihre Genital- und Analhautfarbe wurde am Computer aufgehellt und die Schamlippen retuschiert.

Aufgrund solcher pornoinduzierter Anforderungsstandards kommen verunsicherte Mädchen oder junge Frauen zu ihren Gynäkologen mit der Frage: »Sagen Sie: Ist das so in Ordnung? Oder sollte man da was machen?« Und wenn der Arzt *nicht* sagt: »Alles in Ordnung bei Ihnen«, sondern: »Klar, da könnte man was machen! Eine *Labienkorrektur,* wenn Sie das wollen«, dann muss man sich fragen, was die Mädchen und jungen Frauen daraus lernen. Sie lernen: »Aha, hab ich's doch geahnt. Mit mir stimmt was nicht. Ich bin nicht okay – sonst gäbe es ja keine Operation, die »Korrektur« heißt!« Und weiter: »Dann lass ich das mal machen, damit ich keinen ›Fehler‹ habe – und dadurch schöner, besser, attraktiver werde.«

Davon abgesehen kann man an dieser Stelle natürlich zu Recht fragen, was der Wunsch nach einem kindlichen Genital, nach der unbehaarten, »brötchenförmigen« Mädchenscheide eigentlich bedeutet. Wenn das kindliche Genital zum Normmodell wird – was sagt das über kollektive Fantasmen aus? Das alles sind offene Fragen, die ich nicht beantworten kann. Über die sich aber die Sexualwissenschaft Gedanken machen könnte ...

Gibt es noch weitere schönheitschirurgische Angebote für Frauen?

Ja, sogar schon auf dem Feld der Geburt. Sie beginnen mit der Parole: »Save your love-channel!« (Rette deinen Liebeskanal). Es handelt sich um die Aufforderung, statt einer natürlichen Geburt einen Kaiserschnitt zu *wählen*. »Gebier dein Kind nicht konventionell!«, wird den Frauen vermittelt, denn danach bist du »ausgeleiert« wie ein platter Autoreifen, und dein Mann findet dich nicht mehr toll! Frauen werden zu einer Operation aufgefordert, die eigentlich als medizinische Notfallversorgung gedacht war, wenn Mutter oder Kind in Gefahr waren. Warum hält man die Frauen dazu an? Weil es der Klinik mehr Umsatz bringt und das Geburtsgeschehen als »Eingriff« planbar und kontrollierbar macht. Und weil der »Liebeskanal schön eng« bleibt ... Darüber hinaus wird suggeriert, dass eine herkömmliche Geburt unkalkulierbare Risiken mit sich bringe und darum gefährlich sei. Nur bei etwa 10 Prozent der heutzutage durchgeführten Kaiserschnitte ist eine medizinische Indikation gegeben!

Für die Frauen aber, die den »Fehler« begangen haben, ihr Kind konventionell zu gebären, die deshalb »ausgeleiert« sind wie ein alter Frotteeschlüpfer und deren Männer dadurch angeblich das Gefühl haben, beim Geschlechtsverkehr eine Salatgurke in ein offenes Scheunentor zu halten – entschuldigen Sie bitte die drastische Darstellung, ich wiederhole nur, was ich von Patienten gehört habe –, für diejenigen also, die sexuell offenbar nie wieder etwas Tolles erleben können, weil sie herkömmlich entbunden haben,

für diejenigen bietet die Branche der Schönheitschirurgie das sogenannte *Mommy-Make-Over* für den perfekten *After-Baby-Body*
an: Brüste anheben und auffüllen, die Haut am Bauch straffen
und festtackern, Fett an den Hüften absaugen sowie als Königs-
disziplin die *Scheidenverschönerung,* die *Scheidenverjüngung,* die
Scheidenverschlankung! Sie ahnen es schon: Hier wird der Schei-
denkanal chirurgisch verengt und damit deklaratorisch verjüngt,
weil das für die Frau und vor allem für ihren Mann dann »besser« ist. Ich glaube, ich muss das nicht weiter kommentieren ...
Nichts ist unmöglich!

**Aber es gibt doch durchaus Indikationen, die eine solche Operation
notwendig machen!**

Selbstverständlich, aber dann sind wir nicht in einem Marktsegment der Lifestyle-Medizin, sondern im Bereich der echten, der
Klinischen Medizin. Zum Beispiel wenn es um eine klinisch relevante Vorhautverengung bei einem Jungen oder Mann oder um
eine Schamlippenvergrößerung bei einem Mädchen oder einer
Frau geht und diese dadurch Beschwerden haben. Entweder psychische, weil sie sich unattraktiv fühlen, oder physische, weil es
beim Erigieren oder Radfahren wehtut. Oder bei einer Frau, die
Mehrlinge zur Welt bringt und danach einen Gebärmuttervor-
fall oder eine Scheidenweitung erleidet, die sich nicht von selbst
zurückbildet: Das sind alles klinisch relevante Ausprägungen,
die es immer gab und die nicht für das exponentielle Wachstum
der Intimchirurgie-Industrie verantwortlich sind. In diesen Fällen liegt eine medizinische Indikation vor, für die die gynäkologische oder urologische Chirurgie da ist. Das ist aber ein ganz
anderes Thema. Für Unfallopfer, Kranke und Verletzte, die körperliche und seelische Funktionsbeeinträchtigungen, Störungen
und Beschwerden haben, ist die rekonstruktive plastische Chirurgie eine seriöse medizinische Spezialisierung und ein wahrer
Segen, denn sie hilft Patienten, nach beeinträchtigenden oder so-

gar entstellenden Erkrankungen oder Verletzungen beschwerde-
frei und würdevoll weiterzuleben und ihre Lebensqualität wie-
derzuerlangen.

Sie hilft aber nicht Konsumenten dabei, sozialnormativen Geni-
talstandards genügen zu wollen. Das ist ein ganz anderer Bereich!
Brustvergrößerungen, Schamlippenverkleinerungen, Penisverlängerungen und Scheidenverschlankungen: Das sind *optimierende* Operationen, keine therapeutischen, plastisch-rekonstruktiven. In der
Regel liegt bei Frauen, die sich ihre Brüste vergrößern lassen, keine
medizinische Indikation für eine solche Operation vor, es gibt keine
körperlichen oder seelischen Beschwerden. Es handelt sich nicht um
Therapien, als welche Lifestyle-Mediziner ihre Maßnahmen und
Eingriffe gerne deklarieren, sondern um Eingriffe an Gesunden. Die
Operierten sind *keine* Patienten, sie sind Konsumenten!

Darüber hinaus sind diese Operationen meiner Kenntnis nach
juristisch fragwürdig, wenn nicht sogar rechtswidrig. Medizin-
rechtlich dürfte streng genommen kein Arzt solche Operationen
durchführen, weil er körperverändernde Maßnahmen nur bei gege-
bener Indikation vornehmen darf! Wenn Schönheitschirurgen am
gesunden Menschen operieren, erfüllt das formaljuristisch eigentlich den Straftatbestand einer Körperverletzung, die rechtsformal
kein Kunde beauftragen kann. Das wissen die Operateure natürlich
und lassen deshalb ihre Kundinnen und Kunden telefonbuchdicke
Verträge unterschreiben, in denen sie sich von allen denkbaren
Regressansprüchen freistellen lassen. Der Kunde verzichtet damit
auf jegliche Haftungsansprüche. Wenn das so zutrifft – ich bin kein
Jurist –, dann würde das bedeuten, dass sich die ganze Branche –
vorsichtig formuliert – in einer juristischen Grauzone bewegte.

Wenn man die Operateure nach ihrem Tun befragt, begründen sie es häufig mit der großen und gestiegenen Nachfrage, dem
Wunsch der Kundinnen und Kunden, die sie in der Regel als *Patienten* bezeichnen, um den Schein medizinischer Notwendigkeit
zu suggerieren. Mit der kosmetischen, ästhetischen bzw. Schönheitschirurgie befinden wir uns im Bereich der Supermarktme-

dizin. Bei dieser Form von Medizin regiert die Nachfrage: Jeder darf sich ein eigenes Körperschema zusammenstellen, und der Arzt mutiert zum Dienstleister, der gegen Bezahlung mit Tabletten, Spritzen und Skalpell Kundenwünsche exekutiert. Dazu muss man wiederum sagen: Wenn der *Kundenwunsch* das ärztliche Handeln steuern dürfte, müsste derselbe Arzt der nächsten Person auf Nachfrage auch einen dritten Arm annähen. Oder das Ohr abschneiden, wenn diese Person behauptet, dass ihr Ohr die Schuld daran trage, dass er keinen Job und keine Frau bekomme! Tut er das? Natürlich nicht.

Lassen Sie mich an dieser Stelle aber eines ganz deutlich sagen: Es geht mir nicht darum, einen Berufsstand zu diskreditieren oder zu diffamieren. Das ist nicht mein Anliegen. Ich bin davon überzeugt, dass die Mehrzahl aller Lifestyle-Mediziner und Schönheitschirurgen verantwortungsvoll und im besten Wissen und Gewissen ihre Tätigkeit ausüben. Ich spreche mich nicht gegen Schönheitschirurgie aus. Mir geht es vielmehr darum, dass durch einen *Markt,* durch existierende Angebote, Menschen suggeriert wird, dass sie nicht okay, nicht schön, nicht attraktiv seien – der Busen ist zu klein, das Gesicht zu faltig, der Penis zu kurz. Dieser Markt existiert nicht nur deshalb, weil Menschen sich als »ungenügend« empfinden – es ist auch umgekehrt: Weil dieser Markt existiert und für sich wirbt, beginnen die Menschen sich als ungenügend und defekt wahrzunehmen! Diese Wechselwirkung möchte ich aufzeigen. Nicht, dass eine Berufsgruppe unredlich arbeitet.

Im Übrigen bin ich mit meiner Wahrnehmung dieses Geschehens nicht allein. Der Weltärztinnenbund (MWIA) warnt ebenfalls vor intimchirurgischen Eingriffen aus rein ästhetischen Gründen. Solche Operationen seien mit erheblichen psychischen und körperlichen Risiken verbunden. MWIA-Vizepräsidentin Waltraud Diekhaus findet in einem Interview im »Ärzteblatt« deutliche Worte: »Den Frauen wird eingeredet, alle Schamlippen müssten gleich und möglichst jugendlich aussehen.« Abweichungen würden als OP-Indikation dargestellt. In einer internationalen Stellungnahme kritisiert der Weltärztinnenbund, dass manche Ärzte ihre Patientinnen zu »unnötigen« oder »unüberlegten« Eingriffen ermutigten.

Anders sähe es aus, wenn man den Wunsch nach solchen körperverändernden Maßnahmen aus psychopathologischer Perspektive untersuchte. Dann fänden sich meines Erachtens häufig Anhaltspunkte für das Vorliegen einer klinisch relevanten Selbstwertstörung. Aber die lässt sich eben nicht durch eine Operation am Körper behandeln, sondern nur mit einer »Operation« an der Seele. Eine Indikation für eine psychotherapeutische Heilbehandlung wäre gewiss häufig gegeben. Aber danach fragt niemand. Wäre ja auch nur Sand im Getriebe der Lifestyle-Medizin-Industrie.

Geht es wirklich immer nur um eine zu erreichende Norm? Nicht eher darum, dass eine Frau sich nach einer solchen Operation besser fühlt?

Viele Frauen glauben, dass sich nach der Schönheits-OP alle ihre Probleme in Luft auflösen und sie ein glücklicheres und zufriedeneres Leben führen. Leider tritt das in den meisten Fällen nicht ein. Weil nicht der Körper das Problem ist, sondern die Seele. Allerdings sind auch viele Kundinnen nach Brustvergrößerungen mit dem Ergebnis glücklich und zufrieden und geben an, sich nach dem Eingriff – also mit größerem Busen – selbstbewusster und besser zu fühlen. Eine Antwort auf Ihre Frage nach der »Norm« bekommen Sie aber, wenn Sie sich anschauen, was bei normabweichenden Operationswünschen auf diesem Markt geschieht. Dazu habe ich ein Beispiel aus meiner Praxis.

Ich hatte eine Patientin, deren Mann als bevorzugte Sexualpraktik von ihr forderte, seinen Penis bis zum Orgasmus zwischen ihren Brüsten zu reiben, *Tit-Fuck* nennt sich das im Porno- und Prostitutionsjargon. Die Frau hat diese Sexualpraktik nie gemocht und nur ungerne erwidert. Zu Beziehungsbeginn hat sie sich noch darauf eingelassen, weil das dem Mann so viel bedeutete. Nichtsdestotrotz hat es sie immer angeekelt, ihren Mann in Hundestellung über sich zu haben und seinen Penis zwischen ihren Brüsten zusammendrücken zu müssen und erst recht, danach Sperma unter ihr Kinn oder ins Gesicht zu bekommen. Über die Jahre wurde ihre Aversion dagegen immer stärker. Sie hat diese Praktik zusehends verweigert, ihr Mann hat sie gleichzeitig immer nachdrücklicher eingefordert. Irgendwann nach Jahren dysfunktionaler Beziehungskommunikation hat sich diese Frau entschlossen, sich beide Brüste amputieren zu lassen. Sie ist zu einem halben Dutzend Schönheitschirurgen gegangen – aber keiner wollte ihr die Brüste abnehmen. Man hat es ihr schlicht verweigert. Obwohl sie bar gezahlt hätte … Wäre diese Frau zu denselben Operateuren gegangen und hätte gesagt: »Einmal Dolly-Buster-Doppel-D, bitte!«, wäre das überhaupt kein Problem gewesen, und sie wäre mir nichts, dir nichts auf dem OP-Tisch gelandet. Was hat diese Frau gemacht? Sie hat die *Angelina-Jolie-Strategie* angewandt und in ihrer Ahnengalerie Frauen gefunden, eine Großmutter, eine Tante, die Brustkrebs bekommen hatten. Daraus hat sie sich ein gesteigertes Risiko, selbst Brustkrebs zu bekommen, ableiten und onkologisch attestieren lassen – und erst mit diesem Attest hat sie einen Operateur gefunden, der ihr die Brüste abnahm. Der wollte ihr aber sofort eine sogenannte *Rekonstruktions- und Aufbauplastik* verkaufen, also einen chirurgischen Wiederaufbau der Brüste mit Silikonimplantaten, und konnte überhaupt nicht verstehen, dass die Frau dieses Angebot ausschlug.

Was können wir daran sehen? Die Angebote der Lifestyle-Medizin spiegeln die sozialnormativen Vorstellungen unserer Gesellschaft wider. Vergrößerung der Brüste geht sofort, Amputation der Brüste geht gar nicht. Die Produkte dieser Medizinindustrie haben nichts mit der Therapie von Krankheiten zu tun, sondern sind die Behandlung von Gesunden zu Zwecken der Optimierung. Sie verkörpern buchstäblich leistungskontaminierte, gesellschaftliche Wertevorstellungen: Eine Frau hat einen großen Busen zu haben, dann ist sie schön. Und wenn sie schön ist, ist sie erfolgreich. Und begehrt. Und anerkannt.

Eine kleine Nebenbemerkung: Die Branche der Schönheitschirurgie ist ganz überwiegend männlich – wir finden da kaum Operateur*innen!* Woran sich direkt die Frage anschließt: Was ist der innere Beweggrund dieser Männer, auf dem Operationstisch Frauen »schön« zu schneiden, »ästhetisch« zu gestalten und so letztlich zu optimieren? Ohne sie beantworten zu können, finde ich diese Frage berufspsychologisch hochinteressant ...

Wo Sie gerade von Männern sprechen: Sie sagten vorhin, dass über 30 Prozent der Kunden der Schönheitschirurgen mittlerweile männlich sind. Was steht denn da so auf dem Operationsplan?

Welche Blüten die ästhetische Optimierung bei Männern treibt, kann man am besten an chirurgischen Maßnahmen zur optischen Penisverlängerung erkennen.

Ein Mann, der die Notwendigkeit verspürt, seinen Penis zu verlängern, lässt sich in der Regel nicht sofort operieren. Er versucht es häufig zunächst mit einem frei verkäuflichen »Expander« (im Internet ab 16,90 Euro). Der Penis wird hier in eine Art Kleiderbügel eingespannt. Wenn man das täglich 6 Stunden mache, so die Produktbewerbung, könne sich der Penis über die Jahre um 2 bis 3 Zentimeter verlängern. Das stimmt aber überhaupt nicht. Ein Penis besteht vor allem auch aus Bindegewebe, das sich dadurch auszeichnet, eine der expansivsten Strukturen im menschlichen Körper zu sein. Zwar kann sich ein Penis bei seiner Versteifung um ein Vielfaches vergrößern, doch die Vorstellung, dass man da durch Ziehen und Zerren dauerhaft etwas expandieren könnte, ist absurd. Wenn den Männern das klar wird, versuchen einige es mit einer Operation.

Der Penis liegt gut zur Hälfte seiner Länge im Körperinneren des Mannes und ist von Bändern am Schambein fixiert. Diese Bänder halten den Penis in der Bauchhöhle und verhindern, dass er im Falle einer Erektion willkürlich in irgendeine Richtung absteht, sondern nach vorne weist. Bei einer chirurgischen »Penisverlängerung« werden einige dieser Bänder durchtrennt. Erstes Resultat: Der Penis rutscht im nicht erigierten Zustand ein paar Zentimeter aus der Bauchhöhle heraus. Manche Operateure nennen dieses Ergebnis den »Sauna- oder Umkleide- bzw. Duscheneffekt«, weil man die kaum wahrnehmbare Veränderung, die aus einer solchen Operation resultiert, wenn überhaupt, dann ausschließlich dort sieht. Das bedeutet, die Kunden dieses Produktes unterziehen sich einer chirurgischen Operation, ausschließlich um in der Sauna, Umkleide oder Gruppendusche einen optisch ein bis zwei Zentimeter länger wirkenden Penis zu haben! Im Gegensatz zur Brustvergrößerung der Frau bleibt dieser mickrige Effekt in allen anderen Lebensbereichen vollkommen unsichtbar! Die hier im Hintergrund liegende Selbstwertproblematik ist augenscheinlich.

Zweites Resultat: Wenn der Penis erigiert, kann es sein, dass er fortan in alle erdenklichen Himmelsrichtungen absteht und beim Geschlechtsverkehr mit der Hand geführt werden muss, weil die Führungsbänder durchtrennt sind. Kurz gesagt: Diese rein optische Penisverlängerung hat keinerlei funktionale Vorteile, sondern schlimmstenfalls unpraktische Nebenwirkungen. Männer, die diese Operation über sich ergehen lassen, nehmen für ein bis zwei Zentimeter optische Penisverlängerung im nichterigierten Zustand abstruse und irreversible Nebenwirkungen in Kauf. Dasselbe gilt im Übrigen für die Penisverdickung und die Eichelvergrößerung. In diesen Eingriffen wird Eigenfett oder *Hyaluronsäure* unter die Haut von Penisschaft und Eichel gespritzt. Weil diese Einspritzungen rasch vom Körper resorbiert werden, ist der Effekt aber nur von kurzer Dauer. Von den Nebenwirkungen wie Verhärtungen, Narbenbildungen und Taubheit ganz zu schweigen. In jedem Fall wird augenscheinlich: Eine tatsächliche Vergrößerung, Verlängerung oder Verdickung des Penis gibt es gar nicht. Das entsprechende Angebot der »Intimchirurgie« aber sehr wohl.

Übrigens: Jeder durchschnittliche Penis kann in der Scheide einer Frau eine für alle Beteiligten zufriedenstellende Stimulation auslösen. Völlig irrelevant, ob dieser Penis 15 oder 35 Zentimeter lang oder dick ist. Völlig irrelevant deshalb, weil die Stimulation mit dem Penisschaft und nicht mit der Eichel geschieht. Das Mördergenital eines *Long Don Silver* betrommelt vielleicht den Muttermund der Frau, aber da sitzen überhaupt keine entsprechenden Nervenzentren, die zu sexueller Erregung beitragen könnten. Alle wesentliche Stimulation beim penis-vaginalen Geschlechtsverkehr findet auf den ersten zehn Zentimetern innerhalb der Scheide statt, also dort, wo 99 Prozent aller Penisse spielend hinkommen. Und jede Scheide passt sich elastisch dem eindringenden Penis so an, dass genug Reibung zustande kommt, damit auf mechanischer Ebene Erregung entstehen kann. Alles Wesentliche spielt sich sowieso im Kopf ab. Und alles andere ist Mythos, Mogelpackung und Marketing der entsprechenden Lifestyle-Medizin-Industrie. Der Wunsch nach einem längeren Penis entspringt (bei Männern und Frauen) der infantil regressiven Fehlvorstellung, dass mehr mehr ist und viel viel hilft. Das ist wie bei einem vierjährigen Jungen, der glaubt, er könne mit einem drei Meter langen Schwert dreimal so viele Feinde besiegen – obwohl er mit einem kleinen, handlichen Schwert weitaus wendiger und effektiver wäre …

Auch bei Männern geht es also um Ästhetik – aber sehr viel stärker als bei Frauen auch um Funktion – und hier vor allem um sexuelle Funktionstüchtigkeit. Der sozialnormative Erwartungsdruck bildet sich meines Erachtens extrem bei den sexualmedizinischen Angeboten »gegen« vorzeitigen Orgasmus ab. Wie wir in Kapitel 5 ja schon ausgeführt haben, handelt es sich hierbei um eine genuin psychosoziale Störung der sexuellen Erregungswahrnehmung und -steuerung. Die betroffenen Männer sind organisch vollkommen gesund. Sie haben für sich allein genommen keine Störung, weil ihr sexueller Reaktionszyklus eigentlich unbeeinträchtigt abläuft. Lediglich beim Geschlechtsverkehr mit einer Partnerin oder einem Partner erleben sie einen Erregungshöhepunkt früher, als sie wollen, und darunter können sie leiden. Es handelt sich eindeutig um ein Problem des inneren Erlebens – nicht um eine gestörte Körperfunktion. Trotzdem werden betroffenen Männern Antidepressiva verschrieben, die insgesamt sedierend wirken und als Nebenwirkung auch den sexuellen Erregungsaufbau dämpfen. Oder es werden noch andere sexualmedizinische Behandlungsangebote unterbreitet, die allein auf die körperliche Ebene fokussieren und den Betroffenen suggerieren, es stimme etwas mit ihrem Penis nicht. Da gibt es Betäubungssalben, die vor dem Sex auf die Eichel geschmiert werden sollen. Nach einer Weile wird die Eichel wie taub, und dadurch wird ihre mechanische Reizbarkeit verringert. Wenn die Männer so präpariert mit einer Partnerin schlafen, überträgt sich diese Betäubungssalbe in die Scheide der Frau, und dann sind beide betäubt … Als Stufe zwei sexualmedizinischer Behandlungsoptionen wird wie bei der ominösen Eichelvergrößerung eine Unterspritzung der Eichel mit Eigenfett oder Hyaluronsäure empfohlen. Denn eine der Nebenwirkungen dieser Operation ist die beeinträchtigte Sensibilität der Eichel.

Wem das noch nicht reicht, dem wird gleich eine konkrete chirurgische Verstümmelung des Penis angeboten. Eine Operation, bei der die Eichelhaut mit einem Skalpell abgeschnitten und hernach wieder aufgenäht wird, um so die Nervenverbindungen zu schädigen und die Eichel unsensibler zu machen. Man kann auch – als absurde *ultima ratio* – gleich ganze Nervenbahnen, die die Penisspitze mit Gefühl versorgen, kurzerhand durchtrennen. Sie glauben, ich fantasiere? Mitnichten: Solche Eingriffe werden in internationalen Fachzeitschriften für Sexualmedizin als »hochwirksame Therapien bei Ejaculatio praecox« publiziert, weil sie angeblich geeignet seien, die Zeitspanne von Penetration bis Ejakulation signifikant um durchschnittlich 2,7 Minuten zu verlängern. Kein Scherz!

Der Ansatz hinter diesem Eingriff ist, durch die Zerschneidung von Nervenbahnen die Eichel des Penis unempfindlicher zu machen. Dabei geht man von der Fehlvorstellung aus, dass die Sensibilität der Eichel zur vorzeitigen Ejakulation führt!

Noch einmal: Das sind irreversible, nervenzerstörende Eingriffe am Genital körperlich gesunder, junger Männer bei einer Störung der Erregungssteuerung, die sich ausschließlich im Gehirn abspielt! Eigentlich kaum zu glauben, aber leider wahr. Es entspricht dem Versuch, den Wackelkontakt einer Glühbirne am Lichtschalter zu reparieren, indem man die Leitung zum Lichtschalter durchtrennt ...

So wie Sie das darstellen, ist das in seiner Absurdität ja fast nicht mehr zu steigern ...

Meinen Sie? Es geht noch absurder! An keinem anderen sexualmedizinisch-chirurgischen Eingriff kann man die somatozentrisch-mechanistische Konzeptualisierung von Sexualität so deutlich und erschütternd erkennen wie am Einbau einer sogenannten »Penisprothese«, einer Erektionspumpe, in den Penis von Männern mit Erektionsstörungen: In einer aufwendigen, komplikationsträchtigen und äußerst schmerzhaften chirurgischen Operation werden die natürlichen Schwellkörper des Penis herausgeschnitten, man nennt das »Ausschälen«, und Plastikimplantate ersatzweise eingebaut. Diese lassen sich hydraulisch über Reservoirpumpen zwischen Blase und Hodensack auf- und abpumpen, wodurch eine Aufrichtung beziehungsweise Absenkung des Penis bewirkt werden kann. Ein solcher Eingriff bedeutet die irreversible Zerstörung der Schwellkörperfunktionen des Penis.

Trotzdem wird Männern, die sich wegen Erektionsstörungen zum Beispiel in einer sexualmedizinischen Sprechstunde einer urologischen Klinik vorstellen, mitunter eine solche Totaloperation empfohlen – seit Viagra zwar seltener als früher, aber immer noch, und oft ohne dass im Vorfeld eine sachverständige Sexualdiagnostik und Sexualberatung durchgeführt wurde. Heißt, ohne dass die Problemlage ausreichend aufgeklärt worden wäre: Wird der Penis tatsächlich niemals steif? Oder wird er im Schlaf oder bei der Selbstbefriedigung doch steif? Erigiert er nicht bei sexuellen Kontaktversuchen mit der Partnerin / dem Partner, aber bei Sexual-kontakten mit anderen durchaus? Die Partner(innen) werden in der Regel sowieso nicht in die Exploration mit einbezogen! Und die Frage, wie auch *ohne* Penisversteifung erfüllende Sexualität erlebt und gelebt werden kann, spielt bei diesen Beratungen erst recht keine Rolle! Die implizite Gleichung lautet: Sex ist gleich Geschlechtsverkehr. Geschlechtsverkehr ist gleich Erektion. Erektionsstörung ist gleich »Impotenz«. »Impotenz« ist gleich Operation. Operation ist gleich Prothese. Nicht quatschen – machen!

Ein Urologe, der eine sexualpsychologische Weiterbildung absolviert hatte und danach begann, sexualdiagnostische und sexualberaterische Gespräche mit seinen Patienten zu führen, berichtete mir, dass er von seinem Chefarzt eine Abmahnung erhalten habe: Die Umsätze der Klinik seien zurückgegangen. Der Chefarzt habe zu ihm gesagt: »Wenn Sie hier schon eine sexualmedizinische Sprechstunde abhalten wollen, dann hören Sie gefälligst auf rumzuquatschen, und bauen Sie Penisprothesen ein! Dann stimmen auch die Zahlen wieder!«

Dass es sich hierbei um eine originäre Lifestyle-medizinische Operation handelt, kann man daran erkennen, dass das operierte Organ, der Penis, sowohl vorhanden als auch gesund ist. Eine Prothese ist nicht vonnöten! Bloß eine bestimmte Funktion in einer spezifischen Situation tritt nicht verlässlich auf. Durch den Begriff »Penisprothese« wird das aber kaschiert. Es wird suggeriert, ein Penis, der nicht erigiert, sei kein Penis und müsse darum durch eine Prothese ersetzt werden! Dabei dient diese martialische sexualmedizinisch-chirurgische Operation allein der mechanischen Aufrichtung des Penis zur Optimierung sexueller Leistungs- und Funktionsfähigkeit …

Einen solchen Eingriff als »sexualmedizinische Therapie« bei einer (häufig unaufgeklärten) Erektionsstörung zu empfehlen und zu verkaufen, ist meines Erachtens unverantwortlich und ethisch mindestens fragwürdig. Vor allem dann, wenn die Betroffenen nicht darüber aufgeklärt werden, dass eine ursachenbezogene, nachhaltig wirksame Therapie einer Erektionsstörung (egal welcher Genese) allein in einer Paar-Sexualtherapie möglich wäre. Und zwar auch bei Vorliegen körperlicher Erkrankungen, weil sexuelle Gesundheit nicht durch Erzwingung sexueller Funktionalität herstellbar ist. Die Betroffenen wissen es nicht besser und vertrauen blind einer entsprechenden »ärztlichen Empfehlung«. Und dies gewiss auch deshalb, weil eine chirurgische Operation immer auch eine Behandlungsoption ist, in der der Betroffene in einer passiven Konsumentenposition bleiben kann und sich nicht mit sich, seiner Sexualität und schon gar nicht mit seiner Partnerin auseinanderzusetzen braucht.

An alldem können wir das dramatische Ausmaß der Selbstwertbedrohung derjenigen Männer ablesen, die sich mehr oder minder gut beraten zu einer solchen Operation entscheiden. Wie verzweifelt muss man sein, um sich Bänder durchtrennen zu lassen, nur damit der Penis in der Sauna einen Zentimeter länger aussieht? Wie stark muss das Selbstwertgefühl eines Mannes beschädigt sein, wenn er seinen gesunden Penis irreversibel verstümmeln und mit einer Plastikprothese ausstatten lässt, nur weil er zur gewünschten Zeit nicht steif wird?

Werden denn auch bei Frauen sexualmedizinische Eingriffe zur Optimierung sexueller Funktionen vorgenommen?

Ja, auch für Frauen gibt es sexualmedizinische Maßnahmen zur Herstellung, Verbesserung oder Steigerung sexueller Funktionalität. Nehmen wir zum Beispiel die Unterspritzung des ominösen »G-Punktes«, die spezialisierte Sexualmediziner zur »Verbesserung der sexuellen Erregungsfähigkeit« anbieten. Bei diesem Eingriff, dem sog. G-Shot – man beachte den Kriegsjargon –, wird der sogenannte G-Punkt unterspritzt, um dadurch das »Lusterleben der Frau zu steigern«. Aber: Der G-Punkt ist ein Mythos! Es ist bis heute vollkommen unklar, ob es ihn überhaupt gibt. Und wissen Sie was? Es ist auch völlig egal, ob es ihn gibt! Nachweislich ist er für den Erregungsaufbau und das Stimulationspotenzial einer Frau vollkommen irrelevant. Für die mechanische Erregbarkeit sind die nervalen Versorgungsstrukturen der Klitoris, die mit den Klitorisschenkeln ins Scheideninnere reichen, das einzig Entscheidende. Ob es noch einen weiteren Knotenpunkt von Nervenbahnen gibt, ist vollkommen unerheblich. Nichtsdestotrotz rückt dieser ominöse G-Punkt immer wieder ins Zentrum der Debatte. Der G-Punkt ist der Yeti der Sexualmedizin!

In der gleichen Liga spielt übrigens der abstruse Unterschied zwischen vaginalem und klitoralem Orgasmus. Und warum? Weil es in einer leistungsorientierten Gesellschaft immer um Ziele, die man meint, erreichen zu müssen, also um Stimulation, Erregung, Lust und Orgasmus, geht. Und immer nur die Hardware, der Körper, in Augenschein und »Angriff« genommen wird. Am Körper können physiologische Untersuchungen und Manipulationen vorgenommen werden. Daraus entsteht die Suggestion von Objektivität und Wissenschaftlichkeit. Leider geht das vollkommen an den Tatsachen vorbei. Unsere sexuelle Erregung entsteht und vergeht nicht zwischen unseren Schenkeln, sondern zwischen unseren Schläfen, nämlich in unserem größten und eigentlichen Sexualorgan: dem Gehirn! Genitalien sind lediglich reizbare und reizleitende Empfänger- und Ausführungsorgane von Erregung, nicht aber Ursache von Lust!

Ich erinnere mich an eine Fernsehdokumentation über die besagte G-Punkt-Unterspritzung bei einer jungen Frau. Als der Autor der Sendung das Mädchen fragte, warum es sich dieser Maßnahme unterziehe, kam keine schlüssige Aussage, nur ein »Na ja, weil das vielleicht geiler ist, nachher«. Einige Wochen nach der Behandlung wurde sie erneut befragt: »Und? Wie fühlt sich das jetzt an?« Und man schaute in ratlose, leere Augen: »Also ja, ist schon irgendwie geil, geiler als vorher. Ja, hat schon irgendwie was gebracht ... ist irgendwie geil jetzt ...«

Ich möchte die porträtierte Frau hier nicht bloßstellen – aber an solchen Auskünften hört man die gellende innere Leere, die exakt zu diesen abstrusen Maßnahmen geführt hat. Eine Leere, für die der Lifestyle-Medizin-Markt das entsprechende Produkt bereithält! Es gibt keinen Beweis dafür, dass es einen G-Punkt gibt und erst recht nicht dafür, dass die Unterspritzung des angeblichen G-Punktes für das sexuelle Erleben und die Erfüllung irgendetwas Sinnvolles oder Brauchbares bedeutet. Das entsprechende Lifestyle-Medizin-Produkt gibt es gleichwohl.

Warum lassen denn so viele Menschen solche kosmetischen, ästhetischen oder prothetischen Operationen an sich durchführen?

Wenn mir eine Patientin oder ein Patient von solchen Eingriffen berichtet, versuche ich mit entsprechenden Fragen die eigentlichen Beweggründe dafür herauszuarbeiten, um sie für die Betroffenen selbst wahrnehmbar und verstehbar zu machen. Und dann kommt bei den Frauen eigentlich immer die Aussage: »Ich hatte das Gefühl, mein Partner findet mich nicht schön. Ich hatte Angst, er findet Teile meines Körpers unattraktiv und will nicht mehr mit mir schlafen, weil ich einen kleinen Busen hatte.« Oder bei den Männern: »Ich dachte, dass sie mich verlässt, wenn ich mich nicht behandeln lasse, damit ich wieder funktionieren kann. Wer will schon einen impotenten Partner?«

Was sich an diesen Aussagen auch ablesen lässt, ist, dass die Angebote der Lifestyle-Medizin zumindest auch auf einem Angstmarkt platziert werden und dass die Kundinnen und Kunden vor allem selbst empfundene Defizite kompensieren oder Attraktivitäts- und Leistungsmerkmale optimieren wollen. Im Hintergrund der Kaufentscheidung steht häufig die Angst, ungenügend und unattraktiv zu sein und deswegen keine Zugehörigkeit und kein Angenommensein erfahren zu können.

Viele Menschen lassen solche Operationen schlichtweg an sich vornehmen, weil sie möglich sind. Nur weil da etwas optimierbar ist, lassen sie es machen – anstatt die an sie gestellten Anforderungen kritisch zu reflektieren. Der Optimierungsdruck ist von außen nach innen gewandert – und von innen wieder nach außen, und er schreibt sich direkt in die Körper ein!

Es ist bekannt, dass Menschen, die eine kosmetisch-ästhetische Operation haben vornehmen lassen, sich wahrscheinlich noch ein zweites, drittes oder viertes Mal unter das Messer legen werden. Weil sie mit dem Produkt so zufrieden sind, dass sie am liebsten Abonnent werden wollen? Nein, sondern möglicherweise weil schon die erste Operation der ungeeignete Versuch war, eigene Unsicherheiten und Gefühle der Unzulänglichkeit durch eine *Veränderung des Körpers* zu kompensieren. Wenn das tatsächlich der motivationale Hintergrund ist, scheitert ein solcher Versuch programmatisch. Denn ein *inneres* Unzulänglichkeitsgefühl kann man nicht durch die Veränderung von *Äußerlichkeiten* kompensieren.

Wobei ich auch an dieser Stelle wieder sagen möchte: Es geht mir nicht darum, Lifestyle-medizinische Operationen insgesamt schlechtzumachen. Es geht mir wieder nicht um das ‚WAS. Um die Frage, ob die Branche gut oder böse ist. Es geht mir abermals um das WIE. Um den Umstand, dass man auch in diesem Wirtschaftszweig gut daran täte, sowohl die körperlichen als auch die seelischen und sozialen Bedingungen einzubeziehen und zu berücksichtigen, die das Leben des Kunden ausmachen. Je mehr das geschieht, desto integrierter können sich auch solche Operationen auswirken. Die Operationen sind nicht automatisch schlecht. Wir wissen aus Nachbefragungen von Patientinnen, die Brustvergrößerungen haben vornehmen lassen, dass die Mehrzahl von ihnen sich nach dem Eingriff schöner und in ihrem Selbstwertgefühl stabilisiert fühlt. Wenn aber jemand eine klinisch relevante Selbstwertstörung hat und blindlings versucht, diese allein durch körperverändernde Operationen zu kompensieren, dann wird das nicht gut gehen. Dann werden eigentliche Patienten zu Drehtürkunden, die immer mehr und immer weitere Operationen wollen, weil der innere Schmerz ihres mangelnden Selbstwertgefühls nach kurzer Zeit immer wieder hochkommt und sie dem quasi den äußeren Schmerz einer Operation entgegensetzen wollen.

Lassen sich Patientinnen oder Patienten von Ihnen vor Operationen beraten?

Ist noch nicht passiert. Aber ich hatte natürlich Patientinnen und Patienten, die bereits operiert waren, also nach dem Eingriff zu mir kamen. Zum Beispiel eine junge Frau. Sie kam gemeinsam mit ihrem Mann wegen partnerschaftlicher und sexueller Probleme in die Praxis. Während der sexualpsychologischen Exploration stellte sich heraus, dass sie einige Operationen an sich hatte vornehmen lassen. Sie hatte sich die Brüste vergrößern und die Schamlippen verkleinern lassen. Und als das alles nichts »geholfen« hatte, sprich, ihr Mann immer noch nicht mit ihr schlief, da hat sie sich als Nächstes ihre Scheide operativ weiten lassen. Wohlgemerkt: weiten, nicht verengen!

In alten Lehrbüchern für gynäkologische Chirurgie wurde diese Operation früher als »sexualmedizinische Therapie« bei Vaginismus unter dem Begriff »Scheidensprengung« geführt. Dabei wird die Scheidenmuskulatur *inzidiert,* weniger vornehm ausgedrückt: Sie wird aufgeschnitten. Klingt wieder wie ein schlechter Witz, ist es aber nicht. Diese Operation wird mitunter leider auch heute noch als sexualmedizinische Behandlungsoption an Frauen durchgeführt, die unter einer Verkrampfung der Scheidenmuskulatur leiden, die dazu führt, dass die Frauen Schwierigkeiten haben, etwas in ihre Scheide einzuführen, und Schmerzen bei der Penetration empfinden. Vaginismus ist eine explizit psychosexuelle und psychosoziale Störung der Selbstöffnungs-, Einlassungs- und Hingabefähigkeit, bei der die körperliche Reaktion der Scheidenverkrampfung symptomatischer Ausdruck des eigentlichen Problems ist, welches sich ausschließlich im Gehirn abspielt. Der Scheidenkrampf ist Ausdruck einer Angst vor Invasion, Ohnmacht und Ausgeliefertsein, vor Kontroll- und Selbstverlust, vor denen sich die Frau verschließt. Sie möchte eigentlich nicht, dass etwas in sie eindringt, will das aber gleichwohl erzwingen, um Bindung und Fortpflanzung erleben zu können. Diesen Ambivalenzkonflikt bringt der Scheidenkrampf auf körperlicher Ebene zum Ausdruck. Wenn man jetzt den Muskel, der diese Angstäußerung exekutiert, aufschneidet, löst man kein einziges Problem, sondern schafft neue: Entzündungen, Vernarbungen, Bindegewebsverwachsungen, um nur einige physische Folgeschäden zu nennen, vom psychischen Traumatisierungspotenzial solcher Eingriffe ganz zu schweigen. Also dieselbe Situation wie bei den eben geschilderten Operationen zur sexuellen Funktionalisierung bei Männern: Es wird am Körper geschnitten, statt auf die Seele zu schauen.

Warum hat diese junge Frau die Operation durchführen lassen? Der Ausgangspunkt war, dass ihr Freund nicht mit ihr schlafen wollte. Sie glaubte, er fände sie nicht schön. Darauf folgten Brustvergrößerung und Schamlippenverkleinerung. Als das nichts half, dachte sie, ihre Scheide sei für seinen Penis zu klein, und deshalb mache ihm Sex mit ihr keinen Spaß.

Im Verlauf der Therapie sagte die Patientin, rückblickend sei ihr die Absurdität der Operationen klar, aber damals hätte sie buchstäblich alles dafür getan, dass ihr Mann mit ihr schläft. Und dann äußerte sie etwas Hochinteressantes. »Ich glaube«, sagte sie, »dass diese intimchirurgischen Maßnahmen für mich damals eine sozialkonforme Möglichkeit waren, mich selbst zu verletzen, mir Schmerzen zuzufügen, mich bluten zu lassen – ohne mich mit dem Messer *selbst* schneiden zu müssen! Sich selber schneiden ist psycho. Das wollte ich nicht.« Das heißt, sie hat über das gesellschaftlich akzeptierte Angebot der Intimchirurgie ihre Autoaggression ausleben können, für die sie sonst keinen Ausdruck gefunden hätte.

Wenn man sich selbst nicht annehmen kann und deswegen den Impuls hat, sich in aggressiver Weise gegen sich selbst zu richten, – gleichzeitig aber weiß, dass Selbstverletzungen gesellschaftlich nicht akzeptiert sind, sondern als »Störungen« schief angesehen werden –, dann können Schönheitsoperationen womöglich ein Weg sein, sich diese Schmerzen quasi als *delegierte Selbstverletzung* von anderen zufügen zu lassen.

Toyotaisierung: »Nichts ist unmöglich« ... Mit welchen Entwicklungen auf dem Markt der Selbstoptimierung haben wir denn in den nächsten Jahren noch zu rechnen?

Ich habe neulich ein hochinteressantes Radiofeature über Schönheitsoperationen in den USA gehört, das den wunderbaren Titel »2 % Gott« trug. Dieses Feature beschreibt unter anderem die Unterschiede in den motivationalen Hintergründen für Schönheitsoperationen in den USA und in Europa. In den USA sind Brustvergrößerungen und »Scheidenverschönerungen« anscheinend zusehends entkoppelt von Sexualität. Operationen werden zum Zweck der Optimierung der eigenen sozialen und beruflichen Erfolgswahrscheinlichkeit durchgeführt. Woran man das sieht? Die Operationsnarben einer Brustvergrößerung werden dort offenbar zunehmend nicht mehr, wie in Europa, verdeckt gesetzt, sondern können sichtbar bleiben. Auf die Frage, warum das so sei, antwortete ein Operateur: »Wieso, sieht man doch nicht. Die Frau trägt doch BH und Bluse drüber!« Auf dem amerikanischen Markt geht es also mittlerweile kaum noch um sexuelle Attraktivität in einer sexuellen Begegnung, sondern allein oder überwiegend um sexuelle Signale, die ein operativ optimierter Körper aussendet. Bei uns werden die Narben nach Möglichkeit verborgen, weil es zumindest auch (noch) um die Wirkung bei einer unmittelbaren sexuellen Begegnung geht.

In der Tendenz geht es also zunehmend um die soziale Signalwirkung und ökonomische Verwertung des eigenen Körpers durch erotische Zeichen für den Arbeitsmarkt. Es geht nicht mehr um Sexualität selbst! Mit gebleichten Zähnen, geweiteten Augen und Pupillen (*Bella Donna*), Haarverlängerungen und großem Busen erhält man statistisch nachgewiesen einen besseren Job mit einem höheren Jahresgehalt. Das ist es, was Menschen in den USA offenbar zunehmend zu diesen Operationen bewegt. Die Sexualität selbst ist in den Hintergrund getreten – übrig bleiben leere sexuelle Zeichen, Signale, Symbole. Es geht nicht mehr nur um Selbstwertsteigerung, es geht vor allem um Wertsteigerung der eigenen Person auf dem Markt der neoliberalen Selbstbewirtschaftung und Selbstausbeutung, deren Schauplatz der simuliert-sexuelle Körper ist. Man investiert nicht mehr nur in berufliche Fortbildung – man investiert in sexuelle Zeichen des eigenen Körpers, mit denen keine eigentliche Kommunikation mehr stattfindet. Das Karrieregeheimnis lautet: nicht mehr nur Berufs-, sondern auch Brustausbildung. Dann kommt man voran und ganz nach oben. Das ist bei uns in Anklängen auch schon so, aber noch nicht in dieser Konsequenz.

Nachdem aber beinahe alle gesellschaftlichen Entwicklungen aus den USA verzögert auch bei uns auftreten, kann man davon ausgehen, dass es auch bei uns so weit kommen könnte.

Wenn Sie nach der Zukunft optimierender Maßnahmen der Lifestyle-Medizin für das Anwendungsgebiet der Sexualität fragen, kann ich Ihnen außerdem noch berichten, dass die Pharmaindustrie seit Jahren an Substanzen forscht, die das sexuelle Verlangen von Frauen steigern sollen.

Würde es dafür wirklich einen Markt geben? Das kann ich mir nicht vorstellen.

Mitte 2015 hat das Berater-Commitee der Amerikanischen Genehmigungsbehörde für die Entwicklung von Arzneimitteln die Zulassung von *Flibanserin*, einem Antidepressivum zur Steigerung des weiblichen Sexualverlangens vor der Menopause, empfohlen. Vorgesehener Handelsname: »Addyi«, umgangssprachliche Fehlbezeichnung: »Pink Viagra«. Das forschende und beantragende Pharmaunternehmen *Sprout Pharmaceuticals* liefert – wie seinerzeit Pfizer bei Viagra – die notwendigen Daten und neuen »Krankheitsbilder« gleich mit: Etwa sieben Prozent aller Frauen sollen von sexueller »Lustlosigkeit bis hin zu Frigidität« betroffen sein, die »nicht durch eine Krankheit bedingt« sind. In der 4. Ausgabe des »Diagnostic and Statistic Manual of Mental Disorders« der amerikanischen Psychiater wird diese Störung als »Hypoactive Sexual Desire Disorder« (HSDD) definiert. Die Angaben über eine »Verbesserung der Sexualität« lagen in den Prüfstudien angeblich bei 51%, für Placebo bei 38%. Die ausgelobte »Verbesserung der Sexualität« bleibt rein quantitativ: Die Probandinnen gaben an: mehr oder öfter Lust auf Sex ... Was das konkret bedeutet, bleibt einstweilen offen. Mehr ist aber mehr. Und das reicht erst mal.

Sollte es ein solches Produkt also bei uns geben, wird dieses Medikament wahrscheinlich genauso einschlagen wie Viagra. Und zwar nicht allein deshalb, weil Frauen es sofort von selbst kaufen würden, sondern deshalb, weil es über die Multiplikatorengruppe der Frauenärzte in den Markt gebracht werden wird – genau wie Viagra von Urologen in den Markt gebracht wurde. Es ist davon auszugehen, dass Werbung für die Endverbraucherin gemacht wird, im Sinne von: »Hallo Ladys! Na, auch keine Lust mehr auf Sex mit euren Männern? Wie wär's mit 'nem Mittel, von dem ihr mal wieder so richtig horny werdet? Fragt euren Frauenarzt, er kann helfen!« Das klingt direkt nach Tupperpartys, »Sex in the City« und Proseccolaune. Der Markt dafür wäre riesig.

Täglich erscheinen Tausende von Frauen in gynäkologischen Praxen, die während ihrer Vorsorgeuntersuchung zu ihrer Ärztin oder ihrem Arzt sagen: »Ach, wissen Sie, mein Mann will immer Sex, aber ich hab überhaupt keine Lust mehr. Können Sie mir nicht mal sagen, was ich da machen kann?« Alle Frauenärzte kennen diese Frage, und in der Regel fehlt ihnen die Zeit und die Fähigkeit, mit dieser Frage sachverständig umzugehen. Es fehlt an einer zeitsparenden, pragmatischen, medizinischen Lösung für diese alltäglich wiederkehrende Standardfrage.

Genau die gleiche Situation gab es vor Viagra bei den Urologen: Wenn Männer zur Vorsorgeuntersuchung kamen und von selbst über Erektionsstörungen klagten, hörten sie oft: »Na ja, wir werden alle nicht jünger ...« Kommentare, die auch die Ärzte selbst frustrierten und sie in ihrem Kompetenzbedürfnis unbefriedigt ließen. Aber dann kam *Viagra ex Machina* und regnete segensreich auf ihren Rezeptblock hernieder, und die Urologen konnten sagen: »Haha! Da hab ich was für Sie! Hier – bitte schön! Viagra! Wirkt Wunder!« Und für alle Beteiligten gab es eine kurze, pragmatische und vor allem medizinische »Lösung« des Problems.

Die Pharmaindustrie bietet (übrigens nicht nur hier) dem Arzt eine Exitstrategie an, mit der er aus einer immer wiederkehrenden Situation herauskommt, ohne dabei in Zeit- oder Erklärungsnot zu geraten. Hatte er sich vorher inkompetent gefühlt, kann er jetzt etwas anbieten – etwas, das auch noch wirkt! Bei dem infrage stehenden Medikament für Frauen wird es analog laufen. Der Gynäkologe bzw. die Gynäkologin kann sagen: »Was? Ihr Mann will immer Sex, und Sie haben keine Lust darauf? Das muss doch nicht mehr sein! Da kann man doch was machen! Da gibt es jetzt etwas ganz Neues aus *Amerika!*«

So wird dieser Markt entstehen, analog zu Viagra. Weil es mächtige Interessenverbände gibt. Weil die Ärzte pragmatische und zeitsparende Lösungen für alltägliche Praxisprobleme an die Hand bekommen. Und nicht zuletzt deshalb, weil es für alle Beteiligten einfacher ist, etwas einzunehmen, als miteinander übereinander zu sprechen.

Natürlich haben wir es auch wieder mit einem Medikament zu tun, welches einseitig auf den Körper fokussiert und die entscheidenden psychosozialen Aspekte des sexuellen Verlangens ignoriert. Und wie bei allen sexualitätsbezogenen Medikamenten haben wir es auch hier wieder mit reiner Symptombehandlung und nicht mit einer *Therapie* zu tun: Die Wirkung hält nur so lange an, wie der Wirkstoff im Organismus ist. Aber etwas einzunehmen ist immer einfacher, als sich mit den Ursachen der eigenen sexuellen Lustlosigkeit auseinanderzusetzen. Und das Einfache ist das Erfolgreiche.

Interessant finde ich am Rande, dass ein anderes Präparat zu diesem Zweck schon in der Erprobungsphase ausschließlich als Nasenspray zugelassen wurde, um Fremdverabreichung von vornherein auszuschließen. Offenbar wird der Missbrauch a priori mitgedacht, und die Zulassungsbehörden haben sich vorgestellt, wie andernfalls den Frauen womöglich von willigen Männern unbemerkt etwas in den Prosecco gemischt würde ...

KAPITEL 7

Transgender now! – Geschlechtlichkeit nach medialem Schnittmuster

> Schönheit bedeutet für mich alles, weil ich einfach glaube,
> dass ich, wenn ich perfekt bin, auch endlich
> glücklich werden kann.
>
> *Kandidatin der RTL2-Sendung »Transgender«*

Wir haben im letzten Kapitel unter dem Schlagwort »Nichts ist un-
möglich« über Selbstoptimierungsoperationen gesprochen. Zählen
Sie dazu auch die Operationen zur Geschlechtsumwandlung?

Lassen Sie mich Ihnen die Geschichte eines Patienten erzählen, den ich auf seinem Weg durch eine Geschlechtsangleichung begleitet habe. Danach erübrigt sich Ihre Frage vielleicht.

Nennen wir ihn Andreas. Andreas wuchs in der DDR auf dem Lande auf. Er war das jüngste von neun Kindern, sein Vater ein alkoholabhängiger Schläger. Andreas' Mutter versuchte, die Familie zusammenzuhalten. Sie arbeitete im Akkord und nahm ihre Kinder mit zu ihrer Arbeitsstelle. Warum? Kindergartenplätze gab es nicht für die Kinder eines Alkoholikers, der sich vor der Arbeit drückte und deswegen mehrfach im Gefängnis gesessen hatte. Also: schwierigste Lebensverhältnisse.

Andreas merkte schon in der Grundschulzeit, dass mit ihm etwas nicht stimmte. Als richtiger Junge fühlte er sich nie, eigentlich hatte er sich immer als Mädchen gefühlt. Was Jungs gut fanden, fand er langweilig, ihn interessierte das, was Mädchen gut fanden. Und deshalb wollte er mit ihnen zusammen sein. Nicht weil er ihnen *als Junge* nah sein wollte, er wollte *als Mädchen* mit ihnen zusammen sein. Die Mädchen haben das aber – wenig verwunderlich – nicht begriffen und gesagt: »Was willst du denn hier, du bist doch ein Junge?« Und die Jungs wiederum fanden ihn seltsam. Seit er denken konnte, hatte er das Gefühl, im falschen Körper zu stecken, »nicht richtig« zu sein. Und weil das eine schwierige Situation darstellte, war er bemüht, sich anzupassen und sich als Junge zu verhalten.

Als er in die Pubertät kam, verliebte er sich in Jungs. Allerdings empfand er sich nicht als homosexuell. Er wollte von den Jungs als Mädchen und nicht als junger Mann geliebt werden. Wenn die Jungen ihm auf seine vorsichtigen Avancen hin entgegneten, sie seien doch nicht schwul, dachte er: »Ich auch nicht! Ich bin doch ein Mädchen!«

Zu dieser Zeit begann er, männlichkeitstypische Kleidung zu verweigern. Er kleidete sich aber nicht weiblich, sondern neutral: Anorak und Hose. Mofa fahren und mit den Jungs um die Häuser ziehen wollte er nicht, er half seiner Mutter, mit der ihn eine enge Beziehung verband, im Haushalt und Garten. Weil er der Überzeugung war, dass sein Problem aus den Hoden komme, dass das dort produzierte Testosteron der Ursprung seines Gefühls war, im falschen Körper zu stecken, band er sich Hodensack und Penis mit Einweckgummis und einer Angelsehne ab. Dass dabei immer wieder Teile der Haut abstarben und Entzündungen entstanden, nahm er in Kauf. Er hoffte, auf diese Weise Bartwuchs und Brusthaar verhindern zu können. All das geschah im Verborgenen. Trotz Schmerzen und Entzündungen nahm er nie ärztliche Hilfe in Anspruch.

Nach der Schule setzte eine Kehrtwende ein. Er wurde eingezogen und entschied sich bewusst für eine Laufbahn beim Militär, damals noch die Nationale Volksarmee, nach dem Motto: »Jetzt werde ich ein richtiger Mann!« Eine solche Entscheidung nennt man *kontrakompensatorisch:* Weil nicht sein kann, was nicht sein darf, weil man nicht sein darf, was man sein will, wählt man einen explizit *geschlechtstypischen* Beruf: Soldat, Fußballspieler, Polizist. Andreas ging also zur Armee. In dieser Männerwelt wurde er gemobbt, ausgegrenzt und beschimpft. Aber er war körperlich und vor allem mental stark und schaffte es, sich zu behaupten. Wenn er körperlich angegriffen wurde, schlug er zurück und schuf sich dadurch Abstand. Seine mentale Stärke, die sich aus der tiefen, stabilen und relativ gesunden Beziehung zu seiner Mutter erklärt, half ihm dabei. Glücklich war er mit dieser Situation allerdings nicht. Und sie änderte auch nichts an seinem Gefühl, irgendwie falsch zu sein. Unter Alkohol hatte er mehrfach versucht, sexuell mit Männern in Kontakt zu kommen, was aber wenig befriedigend verlief. Diese homosexuellen Männer wollten ihn als Mann; er aber empfand sich ja als Frau. So fühlte er sich von diesen Partnern falsch verstanden und nicht gemeint. Und zusehends wurde ihm klar, dass weder der Weg zum Militär noch sexuelle Beziehungen zu Männern seinen inneren Konflikt lösen würden. Nach Jahren voller Leid schnitt er sich, im ehemaligen Kinderzimmer seines Elternhauses, mit einem Taschenmesser den Hodensack auf. Und beim Herausschneiden der Hoden und Durchtrennen der Samenleiter trennte er aus Versehen auch eine Fingerkuppe ab. All das geschah ohne Narkose, ohne Alkohol. Danach nähte er den Hodensack mit einer Angelsehne wieder zu. Seine Hoden versteckte er unter Küchenabfällen, aus Angst, dass sie ihm wieder einoperiert würden, wenn ein Notarzt käme. So blieb er etwa zwei Stunden auf seinem früheren Kinderbett liegen. Die Einblutungen in den Hodensack waren so stark, dass er die Naht zweimal wieder öffnen musste, um das Blut in die Toilette abzulassen. Beim dritten Mal fiel er in Ohnmacht. Seine Mutter, die er kurz vorher noch hatte rufen können, verständigte einen Rettungswagen, der Andreas im Blutmangelschock ins Krankenhaus brachte. Als er dort nach den Gründen seiner Selbstverstümmelung gefragt wurde, antwortete er: »Ich wollte das schon seit Jahren tun. Ich bin eine Frau.«

Die Begriffe *Transsexualität, Transgender* oder *Transidentity* waren ihm vollkommen fremd, davon hatte er nie gehört. Es war die Zeit vor dem Internet. Er sagte einfach nur: »Ich bin eine Frau, und das musste weg. Ich will das auf keinen Fall wiederhaben.« Einige Monate nachdem er aus dem Krankenhaus entlassen war, kam ich mit Andreas in Kontakt. Er sagte mir, dass er eigentlich eine Frau sei und ab nun auch ganz als Frau leben wolle. Mit allem, was dazu gehört. Und dabei wünsche er sich Unterstützung. Nachdem ich ihm den Prozess einer psychotherapeutischen Transitionsbegleitung erklärt hatte und es irgendwann auch um die Frage einer Vornamensänderung ging, fragte ich ihn, welchen Vornamen er sich wünsche, und er erwiderte: »Das ›s‹ weg, bitte.«

Denn *Andrea,* das war der Name, mit dem *sie* sich identifizieren konnte. Im Laufe unserer Gespräche habe ich sie einmal gefragt, wie sie diese Schmerzen bei der Selbstkastration aushalten konnte. Und sie antwortete ganz ruhig: »Verglichen mit dem Schmerz, den ich jahrelang verspürt habe, weil ich in einem falschen Körper leben musste, war das für mich ein Spaziergang, den ich jederzeit wiederholen würde.« Ich finde, an dieser Antwort kann man ermessen, wie sehr Menschen leiden, bei denen eine »echte« Geschlechtsidentitätsstörung vorliegt.

Andrea durchlief im Laufe der nächsten Jahre den gesamten Prozess einer körperlichen Geschlechtsangleichung, mit allem, was dazugehört. Aber dazu vielleicht später mehr. Ist Ihre Frage nach »Geschlechtsumwandlung als Selbstoptimierung« damit erst einmal beantwortet?

Ich glaube schon. Das hört sich weniger nach Optimierung als nach Notwendigkeit an. Aber warum sprechen Sie von »echter« Geschlechtsidentitätsstörung?

Seit Beginn des 21. Jahrhunderts hat die Anzahl von Personen zugenommen, die sich eine Geschlechtsumwandlung wünschen. Doch die Anzahl von Personen, die tatsächlich eine Geschlechtsidentitätsstörung haben, ist gleichbleibend gering. Das bedeutet, dass immer mehr Personen eine Geschlechtsumwandlung nachfragen, die keine »echte« Geschlechtsidentitätsstörung haben. Und das ist deswegen problematisch, weil nur bei einer »echten« Geschlechtsidentitätsstörung eine körperliche Geschlechtsangleichung Sinn macht und folglich vorgenommen werden sollte.

Mit »echter« Geschlechtsidentitätsstörung meine ich die stärkste Ausprägungsform auf dem Kontinuum von Problemen mit der Geschlechtsidentität, denn nur die nennt man *Störung* der Geschlechtsidentität. Nur für sie verwende ich die Bezeichnung *Transidentität.*

Früher nannte man das *Transsexualität*. Weil die Betroffenen zu Recht reklamiert haben, dass sich ihre Problematik nicht auf ihre Sexualität, sondern auf ihre Geschlechtsidentität bezieht, benutzt man diesen Begriff heute nicht mehr. Die Sexualität ist nur die soziale Kontaktstelle, an der die Problematik der Geschlechtszugehörigkeit kristallisiert. Im Kern geht es aber nicht um Sexualität, sondern um Geschlechtsidentität, genauer: um die Diskrepanz zwischen dem gegebenen physischen und dem empfundenen psychischen Geschlecht. Es handelt sich also um einen Identitätskonflikt, der entsteht, wenn der eigene Körper nicht zum selbst empfundenen Geschlecht passt. Deshalb der Begriff *Transidentität*.

Aber auch diese Bezeichnung erfasst die Problematik nicht ganz korrekt, denn die Betroffenen erleben ihre eigene Geschlechtsidentität eigentlich nicht als wechselnd oder gestört, sondern als weitgehend stabil: eindeutig männlich oder eindeutig weiblich. Ihre körperliche Geschlechtsausstattung widerspricht allerdings dieser empfundenen Geschlechtszugehörigkeit. Genau genommen muss man daher von einer *Körper-Geschlechts-Inkongruenz* sprechen, denn das ist der Punkt, unter dem Betroffene leiden: Ihre Geschlechtsidentität erleben sie als eindeutig, aber ihr Körper passt nicht dazu. Weil die Bezeichnungen jedoch eingeführt und bekannt sind, verwende ich bei meinen Ausführungen hier die Begriffe *Störung der Geschlechtsidentität* beziehungsweise *Transidentität*.

In der Vergangenheit wurden auch Probleme mit der Geschlechtsidentität kategorial betrachtet: Man ging davon aus, dass ein Mensch entweder »transsexuell« ist oder eben nicht. Mittlerweile gibt es auch hier ein Verständnis für ein Kontinuum, auf dem sich verschiedene Ausprägungen der Geschlechtsidentität befinden. An dem einen Ende dieses Kontinuums befinden sich Personen, die eine eindeutige Kongruenz zwischen ihrem physischen und psychischen Geschlecht erleben. Bei ihnen passt ihre empfundene Geschlechtszugehörigkeit zu ihrer körperlichen Geschlechtsausstattung. So ergeht es den bei Weitem meisten Menschen. Weiter in Richtung der Mitte des Kontinuums befinden sich Personen, die im Großen und Ganzen Klarheit darüber haben, ob sie ein Mann oder eine Frau sind, aber bei sich auch starke Anteile des jeweils anderen Geschlechts erleben, ohne dass ihnen das zu schaffen macht oder sie übermäßig irritiert. Dann kommt auf dem Kontinuum das, was man *Geschlechtsdysphorie* nennen könnte, eine Art Widerwillen und Bedrückungserleben bezüglich der eigenen Geschlechtszugehörigkeit. In klinischen Klassifikationssystemen wird diese Bezeichnung mittlerweile bedauerlicherweise als Synonym für eine krankheitswertige Störung der Geschlechtsidentität verwendet, was terminologisch falsch ist; denn der Begriff *Dysphorie* beschreibt nicht mehr als eine Alltagsverstimmung ohne Krankheitswert. Betroffene haben ein Problem bezüglich ihrer Geschlechtlichkeit und erleben sich deshalb als unzufrieden, missmutig oder missgestimmt bezüglich ihrer Geschlechtsidentität, haben aber diesbezüglich keinen ausgeprägten Leidensdruck und daher auch keine krankheitswertige Störung, denn die hieße dann nicht *Dysphorie,* sondern *Depression!* Demnach beschreibt der Begriff terminologisch lediglich eine Vorstufe zu einer krankheitswertigen Störung und könnte als *Beeinträchtigung der Geschlechtsidentität* verstanden werden.

Die Störung kommt dann am Ende des Kontinuums, und sie ist das, was ich als »echte« Störung der Geschlechtsidentität bezeichnet habe und *Transidentität* nenne. Bei dieser empfindet die betroffene Person starke Probleme und leidet an einer Körper-Geschlechts-Inkongruenz. Sie hat Schwierigkeiten im sozialen, beruflichen und privaten Zurechtkommen und wünscht sich medizinische und psychologische Hilfe und Veränderung.

Wir müssen uns alle Befindlichkeiten, Probleme und Beschwerden mit Geschlechtlichkeit und Geschlechtsidentität auf diesem Kontinuum vorstellen. Die Aufgabe des Therapeuten besteht darin, dem Betroffenen dabei zu helfen, für sich herauszufinden, wo er sich zu welchem Zeitpunkt seines Lebens an welcher Stelle dieses Kontinuums befindet, was das für ihn bedeutet und welche Behandlungsoptionen und -notwendigkeiten daraus resultieren können.

Aber zurück zu den steigenden Zahlen derer, die sich eine Geschlechtsumwandlung wünschen, obwohl die Anzahl tatsächlich transidenter Personen gleich gering bleibt. Ich denke, das liegt auch daran, dass Geschlechtsumwandlungen zu einem beliebten Thema der Medien geworden sind. Seitdem in Serien und Homestorys ausführlich über Geschlechtsumwandlungen in Form von Hormonbehandlungen und Genitaloperationen berichtet wird, erscheinen sie auch solchen Personen als mögliche Lösung ihrer Probleme, die aus ganz anderen Gründen mit ihrem Leben nicht zurechtkommen. Dies können Menschen sein, die generell Probleme mit ihrer Identität und Persönlichkeit haben und sich von einem Geschlechtswechsel ein einfacheres, besseres oder schöneres Leben versprechen. Oder es kann sich um Personen handeln, die eine *Transvestität* oder *transvestitisch-fetischistische Sexualpräferenz* haben – was das genau ist und wie man das auseinanderhält, klären wir noch.

Häufig haben Personen, die eine Geschlechtsumwandlung wünschen, komplexe Persönlichkeitsprobleme, bei denen die Geschlechtsidentität als Schauplatz von Lösungsversuchen *mit*betroffen ist. Viele Persönlichkeitsprobleme wirken sich auch auf die Identität aus. »Ich komme mit mir nicht klar, ich weiß nicht, wer ich bin, ich weiß nicht, wie ich bin, ich weiß nicht, was ich bin. Ich bin alles oder nichts. Ich habe nie das Gefühl gehabt, für irgendwen etwas zu sein. Ich komme nicht zurecht, ich fühle mich diskriminiert, benachteiligt, zurückgesetzt, unbeachtet, unterprivilegiert …« Das ist ein großes Spektrum an empfundenen Mängeln, und die Gründe und Ursachen für diese Leiden sind komplex. Kein Wunder, dass die Betroffenen in einer stereotypen Antwort Zuflucht suchen. Wie zum Beispiel: »… weil ich im falschen Geschlecht erzogen wurde!« Menschen, die von solchen Gefühlen geplagt werden, empfinden mitunter einen Geschlechtswechsel als Hoffnungsschimmer am Horizont. Deutlicher und präziser gesagt: Sie streben ihn als neurotische Kompensation ihrer psychischen Probleme an und erhoffen die Heilung ihrer Seele durch die Umwandlung ihres Körpers. Das sind meistens diejenigen, die hoffen, nach einer Geschlechtsumwandlung schön, berühmt, gemocht und begehrt zu sein, all das, was sie vorher nicht waren. Sie glauben, dass nachher *ihr ganzes Leben* besser wäre. Und in einer solchen Situation fährt der medial gehypte Transgender-Shuttle-Express vor, in den steigen sie ein und lassen sich mitnehmen. Am Steuer sitzt Conchita Wurst und singt: »Rise like a Phoenix!« Und wenn sie »Transgender« zu ihrem Thema machen, hat ihr Leben plötzlich Inhalt, Richtung, Sinn, Ziel und Ambition. Kurz: Sie haben eine *Identität!*

Mein Eindruck ist, dass auch unter denjenigen, die sich in den Trans-, Queer-, Inter-, Bi- und Gendergruppen gesellschaftspolitisch engagieren, nur wenige transident sind. Aus meiner klinischen Erfahrung kann ich sagen, dass diejenigen, die *wirklich* unter einer (transidenten) Störung ihrer Geschlechtsidentität leiden, in der Regel wenig Interesse zeigen, auf dem Christopher Street Day aufgestrapst von einem Karnevalswagen herunterzuwinken. Auch wollen sie in der Regel nicht in Talkshows sitzen oder vom Kamerateam der RTL2-Fernsehserie »Transgender« begleitet werden. Wirklich transidente Personen wollen meiner Erfahrung nach einfach nur in Ruhe, unbemerkt und unerkannt in ihrem gefühlten Geschlecht leben dürfen, ohne dabei in irgendeiner Weise als »Trans« sichtbar, erkennbar oder identifizierbar zu werden, geschweige denn dafür große Aufmerksamkeit zu erfahren. Sie wollen als Herr Meier oder Frau Müller unbehelligt und unauffällig existieren. Mit dieser Beobachtung will ich die Aktivitäten der genannten Gruppen nicht abwerten. Ihre Arbeit ist für den gesellschaftspolitischen Emanzipationsprozess wertvoll und wichtig. Aber bei vielen Aktivisten geht es meinem Eindruck nach eben auch noch um etwas anderes.

Schwierig wird es erst, wenn Personen sich explizit dagegen

verwahren, in irgendeiner Weise »krank« zu sein oder wie auch immer geartete Probleme oder Störungen zu haben, gleichwohl aber offensiv medizinische Behandlungen reklamieren, ohne vorausgehende Untersuchungen zulassen zu wollen.

Andrea(s) konnte ganz klar sagen: »Ich hab da etwas, das ist nicht in Ordnung. Mein Körper stimmt nicht! Ich leide seelisch, ich brauche einen Arzt.« Aktivisten von Transgendergruppen, die für sich Geschlechtsumwandlungen fordern, sagen hingegen oft: »Ich bin nicht krank, ich habe nichts, aber ich will Hormone und Operationen bekommen.« Und hier beißt sich dann die Katze in den Schwanz: Denn Medikamente und Operationen dürfen nur bei Personen verabreicht und vorgenommen werden, bei denen eine krankheitswertige Störung den Anlass darstellt. Diese Problematik haben wir ja im letzten Kapitel bereits erörtert. Für alle Fälle von nicht transidenten Ausprägungsformen der Geschlechtsidentität sind körperverändernde Maßnahmen wie die Verschreibung von Hormonen oder eine Operation zur Geschlechtsumwandlung kontraproduktiv, weil sie die ursächlichen Probleme nicht lösen können. Mit anderen Worten: Nur bei Personen mit einer tatsächlich transidenten Störung der Geschlechtsidentität können körperverändernde Maßnahmen wirklich helfen, und nur bei dieser Personengruppe sind sie daher angezeigt. Und diese Feststellung hat nichts zu tun mit dem Recht auf freiheitliche Selbstbestimmung der eigenen geschlechtlichen Zugehörigkeit! Das ist ein gutes Recht, das es durchzusetzen und zu verteidigen gilt. Viel zu lange, viel zu häufig sind Menschen wegen ihres Geschlechts diskriminiert, unterdrückt und benachteiligt worden. Es geht in keiner Weise darum, irgendwen in irgendeiner Weise in seiner freiheitlichen geschlechtlichen Selbstbestimmung zu beeinträchtigen! Aber stellen Sie sich vor, jemand kommt zum Zahnarzt und sagt: »M1, bitte ziehen!« Sagt der Zahnarzt: »Machen Sie mal den Mund auf, damit ich schauen kann.« Antwort: »Nein, nicht gucken: ZIEHEN!« Sagt der Zahnarzt: »Ich kann doch nicht den Zahn ziehen, wenn ich ihn nicht untersucht habe.« Antwort: »Doch! Denn ob mein

Zahn rausmuss oder nicht, das entscheide ICH alleine!« ... Würde ein schwieriger Zahnarztbesuch, oder?

Diese Vorgehensweise ist die Bruchstelle in der Argumentation der Pressure-Groups. Und diese Bruchstelle aufzuzeigen erscheint mir wichtig. Nicht weil ich Menschen diskriminieren will, das liegt mir fern. Ich versuche nur, die Probleme zu beschreiben, die entstehen, wenn gesellschaftspolitisches Engagement und medizinische Versorgungsansprüche vermengt werden. Und darin liegt meines Erachtens das Kernübel im gesamten Genderdiskurses.

Können Sie an Beispielen noch mal genauer erläutern, worunter transidente Personen konkret leiden?

In Lehrveranstaltungen zum Thema Geschlechtsidentität fordere ich die Teilnehmer gerne auf, eine »Perspektivenübernahme« durchzuführen, um zu verstehen, worum es geht. Ich bitte sie, die Augen zu schließen und sich vorzustellen: Sie sind Sie selbst und stehen mit geschlossenen Augen nackt vor dem Badezimmerspiegel. Jetzt öffnen Sie die Augen! Die Männer bitte ich, sich vorzustellen, dass sie sich im Spiegel mit Brüsten und einer Scheide sehen. Die Frauen sollen versuchen, sich vorzustellen, dass sie sich im Spiegel mit Brusthaar und Penis gegenüberstehen. Die Teilnehmer sagen dann oft: »Das kann ich nicht. Das schaff ich nicht. So eine Szene spielt in Albträumen!« Die Hälfte von ihnen bricht vorzeitig ab, weil sie es nicht aushält! Das ist einfach zu verstörend. Die Vorstellung, sich selbst im Spiegel im falschen Geschlecht zu begegnen, berührt eine hochsensible Stelle unseres Selbst, nämlich unsere Identität. In diesem Fall: unsere Geschlechtsidentität, die ein wesentlicher Bestandteil unserer Gesamtidentität ist. Deshalb fällt es uns so enorm schwer, sie zur Disposition zu stellen, und sei es nur in der Fantasie.

An diesem Beispiel können Sie gut sehen, worunter und in welchem Ausmaß Personen mit einer Transidentität leiden. Sie sehen und fühlen permanent: Ich bin falsch, der Körper, in dem ich stecke, gehört nicht zu mir. Und sie erleben diese Tatsache als schmerzhaften Geburtsfehler.

Apropos Geburtsfehler: Ist das ähnlich wie bei Menschen, die mit zwei Geschlechtern zur Welt kommen?

Nein, das ist etwas ganz anderes, in einem solchen Fall liegt keine Störung der Geschlechtsidentität, sondern eine *Störung der Geschlechtsdifferenzierung* vor. Und eine solche Störung der geschlechtlichen Differenzierung nennt man *Intersexualität*. Bei der Störung der Geschlechtsidentität ist die körperliche Geschlechtszugehörigkeit eindeutig, widerspricht aber dem empfundenen Geschlecht. Bei der Intersexualität ist die körperliche Geschlechtszugehörigkeit hingegen uneindeutig: Die Betroffenen kommen mit Anlagen zu keinem eindeutigen Geschlecht oder zu beiden Geschlechtern auf die Welt. Intersexualität *ist* also ein Geburtsfehler. Es liegen – im Gegensatz zur Transidentität – eindeutige biologische Gründe für die Störung vor. Weil hier ebenfalls die Sexualität nicht ursächlich beteiligt ist, müsste man auch hier korrekt von einer *Geschlechtsindifferenz* anstatt von Intersexualität sprechen.

Die grundlegenden Zuordnungen der biologischen Geschlechtszugehörigkeit finden in der Embryonalentwicklung vor der Geburt statt. Welche das im Einzelnen sind, erspare ich uns hier mal. Nach der Geburt geht es dann um das Sichtbare, aus dem das sogenannte »Zuweisungsgeschlecht« entsteht. Anders gesagt, weil die Umwelt *sieht,* dieses Kind hat einen Penis und jenes nicht, stellt man fest: Das ist ein Junge, und das ist ein Mädchen. Das Zuweisungsgeschlecht nannte man früher auch »Hebammengeschlecht«, weil die Hebamme die Erste war, die darüber entschied, welches Geschlecht ein Kind denn nun hat.

Nach diesem Zuweisungsgeschlecht kommt das soziale Geschlecht, das sich durch die gesellschaftlichen Normen der Geschlechterrolle ausprägt, in der ein Kind erzogen wird, also durch sozialisatorische Faktoren.

Und aus diesen Ebenen, prä- wie postnatal, resultiert schließlich das *psychologische* Geschlecht, die Geschlechts*identität,* die ein Mensch ausbildet. Die Antwort, die man sich selbst auf die Frage gibt: Bin ich ein Mann oder eine Frau?

Die Geschlechtszugehörigkeit kann auf jeder Entwicklungsebene irritiert werden. Es handelt sich um einen komplizierten Prozess der geschlechtlichen Differenzierung. Dabei kann es passieren, dass Kinder auf die Welt kommen, deren Geschlechtszugehörigkeit nicht eindeutig ist. Früher sprach man von *Zwittern* oder *Hermaphroditen.* Bei solchen Menschen sind beide Geschlechtsanlagen vorhanden. Oder eine Geschlechtsanlage ist vorhanden, aber nicht genau erkennbar. Äußerlich sieht das Kind aus wie ein Mädchen, aber in der Vorpubertät stellt sich heraus, dass keine inneren Geschlechtsorgane angelegt sind, keine Gebärmutter, keine Eierstöcke. Im Gegensatz zur Störung der Geschlechtsidentität liegen hier also eindeutige biologische Befunde vor, die das Problem erkennbar machen. Das ist dann das, was man *Intersexualität,* besser *Geschlechtsindifferenz,* nennt und wonach Sie gefragt hatten. Eine Störung der geschlechtlichen Differenzierung, die allerdings außerordentlich selten vorkommt.

Geschlechtsindifferenz geht übrigens nicht zwangsläufig mit einer Geschlechtsidentitätsstörung einher. Es ist durchaus möglich, dass die betroffene Person sich gar nicht auf ein Geschlecht festlegen *möchte* – sondern beide Anteile, männlich und weiblich, in ihr Selbstkonzept integrieren kann. Das kann sie aber natürlich nur für sich herausfinden, wenn man sie bis zur Volljährigkeit in Ruhe lässt und nicht schon in der Kindheit vorschnell entmündigend medizinisch den Körper einem eindeutigen Geschlecht angleicht, was früher oft geschehen ist.

Die Geschlechtsidentitätsstörung, von der wir vorher anhand von Andrea(s) gesprochen hatten, entsteht nicht auf der biologischen oder somatischen, sondern auf der psychosozialen Ebene. Sie ist dann gegeben, wenn bei einem Menschen die biologische Geschlechtszugehörigkeit zwar *eindeutig* ausgefallen ist, diese aber nicht zum *empfundenen* Geschlecht *passt*. Hieran kann man recht gut sehen, dass die Frage, wer ein Mann und wer eine Frau ist, letztendlich dadurch entschieden wird, wer sich als Mann oder als Frau *fühlt*. Wie jemand *empfindet,* das ist der ausschlaggebende Faktor – nicht eine wie auch immer geartete biologische Anlage.

Und wenn Männer Frauenkleider anziehen: Hat das etwas mit Transidentität zu tun?

In der Regel hat das Tragen von Frauenkleidern entweder mit *Transvestität* oder mit *Transvestitischem Fetischismus* zu tun, und es kommt auch ein wenig darauf an, was für Frauenkleider aus welchem Grund wo getragen werden. Aber es ist gut, dass Sie danach fragen, denn in der Tat ist der ganze Bereich, über den wir hier sprechen, ein diagnostisches Labyrinth, und auch in der Sichtweise der meisten Menschen geht da einiges durcheinander.

Beginnen wir mit der *Transvestität.*

Transvestiten gab es menschheitsgeschichtlich schon immer. Es waren und sind überwiegend Männer, die in der weiblichen Geschlechtsrolle sozial in Erscheinung treten. Die Travestie ist schon immer ein Rollenfach und Stilmittel des Theaters und des Varietés gewesen, von der klassischen Antike bis in die Jetztzeit. Sie hat stets für Unterhaltung gesorgt, für Aufsehen und auch für Empörung.

Einem Transvestiten geht es um den Geschlechts*rollen*wechsel, nicht um Geschlechtswechsel. Die Frage nach der Geschlechtsidentität ist für einen Transvestiten unproblematisch; hinsichtlich seiner Geschlechtszugehörigkeit liegt bei ihm in der Regel kein Konflikt vor. Ein Transvestit ist in aller Regel ein Mann, der ein positives Gefühl dabei empfindet, sich in der sozialen Geschlechtsrolle der Frau zu präsentieren. Das gibt ihm etwas, und dieser *Wechsel* ist Teil seiner Identität. Ein Transvestit möchte sich aber nicht nur wie eine *durchschnittliche* Frau kleiden, sondern explizit und extrem geschlechtstypisch, also *geschlechtsstereoty-*

pisch weiblich. Korsagen, Brautkleider, Barbiekleider, Dessous, Perücken, Schminke, Nagellack und künstliche Wimpern sind seine Utensilien. Bei Transvestität geht es um Selbstgestaltung und Selbstdarstellung, um eine manchmal sogar ironische Übertreibung der sozialen Geschlechtsrollen, um ein Spiel mit den Zeichen »weiblich/männlich«. Transvestiten kultivieren eine Art geschlechtliche »Unschärfe«.

Obwohl es auch Transvestiten gibt, die körperverändernde Maßnahmen an sich vornehmen lassen, Hormone für Brustwachstum einnehmen und sich sogar Silikonbrüste implantieren lassen, wollen sie damit in der Regel nicht ihr Geschlecht wechseln, sondern den Einsatz des Spiels erhöhen. Diese Männer wollen keine Frauen werden, sie erleben es als positiv und aufmerksamkeitssteigernd, als Mann in der weiblichen Geschlechtsrolle zu sein. Dieses Gefühl gibt ihnen Bedeutung, Inhalt, Geltung: eine Identität. Und in dieser *Mann/Frau-Identität* möchten sie in Erscheinung treten, häufig auch beruflich: als *Dragqueen* beispielsweise. Der Wunsch nach einer Genitaltransformation ist bei Transvestiten selten vorhanden. Sie empfinden sich als Männer, wollen auch Männer bleiben und lieben überwiegend Männer – Transvestiten sind in der Regel homosexuell. Wenn Sie einen Transvestiten fragen, ob er seinen Penis und Hodensack abgeschnitten haben und stattdessen eine Vagina angelegt bekommen möchte, werden Sie in der Regel hören: »Um Gottes willen, nein! Ich habe mit meinem Penis viele gute Erfahrungen gemacht und eine Menge Spaß mit ihm!« Die Frauenrolle beziehungsweise das manchmal ausgesprochen ironische Spiel damit, ist das, worum es geht. Einer Person mit einer transidenten Geschlechtsidentitätsstörung dagegen brauchen Sie mit Ironie nicht zu kommen. Das sollten wir am Fall von Andrea(s) gesehen haben.

Aber es gibt auch Männer, die Frauenkleider tragen, ohne Transvestiten zu sein. Männer, die es beispielsweise lieben, Frauenunterwäsche zu tragen ...

Richtig. Auch die gibt es. Da sind wir allerdings im Bereich des sogenannten *transvestitischen Fetischismus*. Dabei geht es nicht um Geschlechtsidentität, sondern um eine Sexualpräferenz. Diese Männer erleben das Tragen geschlechtstypisch weiblicher Kleidungsstücke als sexuell erregend. Das tun Transvestiten in der Regel nicht. Transvestitische Fetischisten aber ziehen Dessous, Korsagen, Unterwäsche, BHs, Strapse oder Nylonstrümpfe in der eigenen Wohnung an, betrachten sich damit im Spiegel und tragen sie bei der Selbstbefriedigung. Viele haben im Hobbykeller, auf dem Dachboden, in der Garage, in der Gartenlaube heimliche Depots dieser Kleidung, die sie dann, wenn sie alleine sind, anlegen. Manche tragen feminine Unterwäsche unter ihrer ansonsten typisch männlichen Oberbekleidung, dadurch bekommen sie im Alltag ein sublim stimulierendes Gefühl. Aber sie wollen dabei nicht gesehen werden. Es liegt ihnen fern, in der Frauenrolle öffentlich in Erscheinung zu treten, ganz anders als Transvestiten. Und anders auch als diese, die meistens sexuell auf Männer orientiert sind, stehen transvestitische Fetischisten in der Regel auf Frauen.

Ein Mann mit einer solchen Präferenzbesonderheit hat in der Regel keine Identitätsproblematik, er wird auch wahrscheinlich nicht nächste Woche mit einem Barbiekleid durchs Dorf laufen. Und schon gar keine Geschlechtsumwandlung an sich vornehmen lassen. Er ist also weder transvestitisch noch transident, sondern ein zumeist heterosexueller Mann mit einer fetischistischen Präferenzbesonderheit.

Nun haben wir über verschiedene Nebengleise des »Trans-«Themas gesprochen, und ich würde gern zurückkommen zu dem, was Sie echte Transidentität genannt haben. Wie und woran erkennen Sie das denn?

Das herauszufinden ist diagnostisch ein anspruchsvoller Prozess. Lassen Sie mich von einem weiteren Fall berichten und anhand dessen eine Antwort geben, einverstanden?

Ich möchte Ihnen von einem Patienten erzählen, bei dem es um eine Frau-zu-Mann-Transidentität ging. Das ist die seltenere Variante, kommt aber nichtsdestotrotz vor. Im Fall von Andrea(s), von dem ich vorhin berichtet habe, lag eine Mann-zu-Frau-Transidentität vor, und er ist eine Ausnahme bezüglich des Leides, das die Patientin erfahren musste. Das ist selbstverständlich nicht immer so. Nicht jeder Patient mit einer Transidentität schneidet sich selbst Teile seiner Genitalien ab. Ich habe den Fall geschildert, weil er aufzeigt, dass Trasidentität keine Selbstoptimierung ist – die meisten Fälle sind viel unspektakulärer. Wie dieser hier.

Ein geborenes Mädchen – nennen wir sie Josephine – zeigte von der Grundschule an ein ausgeprägt jungenhaftes Verhalten, *Tomboy Behaviour* nennt man das im Englischen. Sie wollte ausschließlich Hosen tragen statt Röcke, kurze Haare statt lange, Fußball spielen statt mit Puppen. Natürlich ist das noch längst kein hinlänglicher Beleg dafür, dass eine Transidentität vorliegt, aber Erinnerungen an geschlechtsuntypische Verhaltensweisen in der Kindheit kommen während der Exploration der Vorgeschichte von transidenten Personen häufig zur Sprache.

Schon zu dieser Zeit hatte er in seiner Gleichaltrigengruppe einen geschlechtsneutralen Namen erhalten und angenommen. Für seine Freunde und Freundinnen war Josephine immer Jo. Jo war irgendwie anders, aber das war eben so, daran hat sich niemand gestört. Diesen Namen hat er sein Leben lang beibehalten, auch nach der Geschlechtsangleichung wollte er Jo heißen.

Warum ist das wichtig?

Das ist ein erstes diagnostisches Indiz, das ich Ihnen nennen kann, wenn Sie danach fragen, wie man Transidentität von anderen Problemen mit Geschlechtlichkeit unterscheiden kann. Sowohl Andreas/Andrea als auch Josephine/Jo verbanden mit ihrem Bedürfnis nach einer Geschlechtsangleichung keinerlei Ambition, ihre Identität zu verändern oder gar zu wechseln! Sie wollten kein anderer werden, sondern bleiben, wer sie sind. Sie wollten endlich im *gefühlten* Geschlecht und mit einem ihrer Identität *entsprechenden* Körper leben – aber eben gerade nicht *ein anderer Mensch* werden! No Phoenix necessary!

Das Kriterium der Namenswahl klingt oberflächlich und irrelevant – kann aber ein wichtiger erster Hinweis für die diagnostische Unterscheidung zwischen Transidentität als krankheitswertiger Ausprägung einer Geschlechtsidentitätsstörung und anderen Erscheinungsformen auf dem Kontinuum der Geschlechtlichkeit sein. Öfter, als dass es ein Zufall sein könnte, finden wir bei den nicht transidenten Personen Männer, die Walter oder Horst heißen und sich in Chantalle-Genoveva-Chayenne-Babette-Yvonne umbenennen, die sich also schillernde Vornamensketten geben wollen. Und zwar deshalb, weil sie aus ihrem alten Ich wie ein – entschuldigen Sie, wenn ich noch einmal Conchita Wurst zitiere – »Phönix aus der Asche« steigen wollen. Das graue Entlein soll zum weißen Schwan werden. Für sie geht es um einen Geschlechtswechsel – nicht um eine Geschlechtsanpassung ihres falschen Körpers an ihre empfundene Geschlechtszugehörigkeit. Und eine Geschlechtsumwandlung verbinden sie mit dem Wunsch, schön, beliebt, begehrt, erfolgreich, eventuell sogar berühmt zu sein. Wenn *das* das vornehmliche Motiv für den Geschlechtswechsel ist, hat die Problematik in der Regel nichts mit Transidentität zu tun. Den wirklich Transidenten geht es um eine Identitätskontinuität mit einem passenden Körper, nicht um einen Weg in ein »besseres« Leben durch ein neues Geschlecht.

Zurück zu Jo.

Wir waren nie weg – aber gut …

Josephine ließ also per Vornamensänderung lediglich einen Teil seines Namens streichen und wurde so auch im Pass zu Jo; so war er eigentlich immer schon gerufen worden, und er war auch immer schon als Junge behandelt worden. Jo hatte seit der Pubertät Brustbandagen getragen, sodass seine Brüste sozial nie wahrnehmbar waren. Jo hatte immer kurze Haare. Und auch als ich Jo das erste Mal sah, wusste ich zuerst nicht, was er von mir wollte, und er musste es mir erklären. Das war ein Kerl, überhaupt keine Frage, völlig unstrittig. Vom Aspekt, im Habitus, in der Sprache, in der Stimmlage, in der Blickführung, in der gesamten Art und Weise des Auftretens: alles männlich. Und zwar lange bevor irgendwelche Hormone gegeben wurden oder Operationen stattgefunden hatten. Ich hatte nicht eine Sekunde den Eindruck, dass Jo eigentlich eine Frau sein könnte. Doch biologisch war er es.

Natürlich verliebte sich Jo während der Pubertät in das eine oder andere Mädchen. Diese Verliebtheiten wurden aber unter anderem deshalb nicht ausgelebt, weil Jo niemand an seinen Körper lassen wollte.

Das ist ein weiterer diagnostischer Hinweis: Bei tatsächlich transidenter Geschlechtsidentitätsstörung gibt es in der Regel eine aversive Besetzung der eigenen Genitalien. Das zeigt sich auch bei der sexuellen Selbststimulation. Wenn überhaupt, findet die nur mittelbar mit Sextoys statt. Sich *mit der eigenen Hand* anzufassen oder gar zu stimulieren wird von transidenten Personen in aller Regel als ausgesprochen unangenehm erlebt. Abscheu und Erregung passen nicht gut zusammen. Einleuchtend, denn man fasst ja sozusagen *dahin,* wo das Problem liegt. Und das turnt ab und macht nicht an! Wenn mir also jemand in der Sprechstunde berichtet, er möchte eine Geschlechtsumwandlung, und mir dann während der Exploration von einer erquicklichen und ersprießlichen eigenhändigen Selbststimulation und lustvollen genitalen Interaktion mit anderen Menschen erzählt – dann habe ich zumindest einen Hinweis, dass das Problem wahrscheinlich an anderer Stelle liegt als zwischen den Beinen. Nicht unbedingt – aber vermutlich …

Zurück zu Jo? Zurück zu Jo!

Jo war also unglücklich verliebt in Mädchen. Zwischenzeitlich hatte er auch vermutet, lesbisch zu sein, dann aber schnell gemerkt: »Nee, geht ja nicht, ich bin ja ein Mann – und wer hat schon mal einen lesbischen Mann gesehen?« Große Konfusion. Und große Identitätsdiffusion. Sie ahnen, wie schwer es für diese Personen ist, ein sexuelles Selbstkonzept zu etablieren. Vor allem im zweiten Lebensjahrzehnt, wo sie sich orientieren und die Frage beantworten wollen, wer sie überhaupt sind und was sie eigentlich möchten. Diese Frage treibt die Betroffenen Tag und Nacht um! In allem, was sie tun, in allem, was sie denken, in allem, was sie fühlen: Das Thema ist überall mit drin und führt in jedem Moment ihres Lebens zu Konfrontationen.

Denn eine Problematik, die Jo zwar nicht betraf, wohl aber die meisten anderen Menschen mit Problemen bezüglich ihrer Geschlechtsidentität, bezieht sich auf den sozialen Kontakt. Eine der ersten, beinahe vorbewussten Informationen im sozialen Kontakt ist die Geschlechtszuordnung. Schon Kleinkinder können das. Man sieht jemanden, und noch bevor man sich weitergehende Gedanken über diese Person macht, hat man sie bereits einem Geschlecht zugeordnet. Wir scannen, ob eine Person männlich oder weiblich ist. Genau deshalb haben Menschen mit einer unklaren Geschlechtszugehörigkeit sozial häufig Schwierigkeiten. Ihre geschlechtliche Unstimmigkeit verursacht in ihrem sozialen Umgang Verwirrung und tendenziell sogar Missmut. Das sind automatisierte Prozesse, die da ablaufen, als wollte etwas in uns unbedingt wissen, ob wir es mit Männlein oder Weiblein zu tun haben ... Aber wie gesagt, das war nicht Jos Problem, er sah immer schon aus wie ein Typ.

Er probierte also in seiner zweiten Lebensdekade Verschiedenes aus. Zunächst hat er sich auf Sex mit Männern eingelassen – den er aber als sexuellen Missbrauch erlebt hat. Er war an Sex mit Männern mit einer ähnlichen Motivation herangegangen wie Andrea(s) ans Militär. Wo Andrea(s) dachte, durch die NVA zum »richtigen Mann« zu werden, dachte Jo: »Ich lass mich jetzt von einem Mann vögeln, und danach bin ich vielleicht eine ›echte Frau‹.« Diese Erfahrungen waren allerdings geradezu traumatisierend, Jo konnte sie nur unter Alkohol und Drogen aushalten.

240

Die Folge: Selbstekel, Widerwille, Abscheu ... Nach diesen Versuchen suchte Jo Kontakte in der Lesbenszene. Mit der immer noch existenten Frage: »Bin ich vielleicht doch lesbisch? Passiert *da* vielleicht etwas?« Aber da passierte gar nichts, weil sein Suchprofil ja überhaupt nicht auf diese Form von Begegnung passte. Jo wollte zwar mit Frauen Sex haben – aber mit solchen, die auf Männer standen, die ihn als Mann meinten, annahmen und auch begehrten. Also mit androphilen Frauen.

Irgendwann am Ende des zweiten Lebensjahrzehnts war Jo sein Dilemma vollständig bewusst, und er plante, etwas dagegen zu tun.

Braucht das immer so lange, bis die Betroffenen wissen, was mit ihnen los ist?

Ja, so lange braucht das so gut wie immer. Was heutzutage aber nicht immer akzeptiert wird. Nicht nur die Gruppe derjenigen, die sich eine Geschlechtsumwandlung wünschen, wird immer größer, sondern auch die Zahl von Kindern und Jugendlichen, die in sehr frühen Jahren, also *vor und in* der Pubertät, vermeintliche Symptome einer Geschlechtsidentitätsstörung aufweisen, nimmt zu. Es gibt also immer mehr Kinder und Heranwachsende, die von sich behaupten, sie lebten im falschen Körper, und deshalb einen Arzt aufsuchen. Oft werden sie von ihren Eltern begleitet, die wiederum ganz unterschiedliche Meinungen und Haltungen zu dem Problem haben.

Den einen Elterntypus würde ich als übersupportiv bezeichnen. Das sind die, die sich mit dem Transgender-Konzept, wie sie es in Fernsehsendungen gesehen oder im Internet nachgelesen haben, total identifizieren. Sie machen sich große Sorgen um ihr Kind und suchen deshalb einen Arzt auf. Das Kind hat Beschwerden, das Kind ist unglücklich – und deshalb sind sie bereit, es in jede denkbare Richtung zu unterstützen. Dabei engagieren sie sich oftmals auch genderpolitisch und fordern von den Ärzten schnelle, körperverändernde Maßnahmen.

Auf der anderen Seite gibt es aber auch Eltern, die von den Symptomen ihres Kindes überfordert, erschreckt und erschüttert sind. Sie sind in der Regel zurückhaltender, möglicherweise versuchen sie sogar, die Problematik zu unterdrücken und totzuschweigen. Also entweder durchdrücken oder unterdrücken! Merken Sie was? Wieder fehlt die gesunde Mitte! Beide Arten von Eltern helfen uns Therapeuten im Behandlungsprozess leider wenig weiter. Ausgangsoffen begleiten, was bei dem Kind herauskommt und abwarten, als wer und was es sich am Ende seiner Teenagerzeit erlebt – das wär's!

Und wie reagieren die Experten auf die Problematik kindlicher Geschlechtsidentitätsstörungen?

Da gibt es ebenfalls zwei sehr unterschiedliche Haltungen und Vorgehensweisen. Eine Gruppe von Experten tritt engagiert dafür ein, bei Kindern mit Symptomen einer Geschlechtsidentitätsstörung recht schnell eine gegengeschlechtliche Hormonbehandlung einzuleiten. Einem zehnjährigen Jungen, der sagt, er fühle sich wie ein Mädchen, werden noch vor Eintritt der Pubertät Antiandrogene gegeben, männlichkeitsunterdrückende Medikamente. Gleichzeitig verabreicht man Östrogene, die eine Verweiblichung während des Pubertätsprozesses bewirken sollen. Stimmbruch, Bartwuchs und Körperbehaarung prägen sich nicht mehr aus, stattdessen entsteht eine diskrete Brustbildung und eine leichte Feminisierung des Gesamthabitus. Diese Ärzte begründen ihr Vorgehen damit, dass das Erleben der Pubertät denjenigen Kindern, die Symptome einer Geschlechtsidentitätsstörung aufweisen, unnötig Leid zufüge. Dieses Leid könne man ihnen ersparen, indem man im Vorfeld mit gegengeschlechtlichen Hormonen in ihre Entwicklung eingreift.

Eine andere Gruppe von Experten hält dieses Verfahren für heikel. Denn bei Kindern können hinter den Symptomen Geschlechtsidentitätsstörung völlig andere Probleme stecken, zum

Beispiel eine sich entwickelnde, aber noch nicht integrierbare Homosexualität. Diese Gruppe versucht, dem Verlauf der Entwicklung nicht vorzugreifen. Man wartet mit den Hormonen und Operationen und begleitet den Entwicklungsprozess psychotherapeutisch, bis der junge Mensch ausgewachsen ist und damit auch eine eigene Verantwortungsreife bezüglich seiner Geschlechtsidentität bzw. seiner geschlechtlichen Selbstbestimmung erlangt hat. Das hinter dieser Vorgehensweise stehende Prinzip nennt sich *nihil nocere,* das »Niemals-schaden!«-Prinzip. Lieber langsamer wenig tun, als vorschnell das Falsche.

Das ist meines Erachtens gut so, denn die Veränderungen, die durch geschlechtsumwandelnde Medikamente hervorgerufen werden, können irreversible körperliche und seelische Folgen haben – wobei man vorher nicht exakt wissen kann, was am Ende der Persönlichkeits- und Identitätsentwicklung des Kindes ohne die Medikamente herausgekommen wäre. Erst am Ende unseres zweiten Lebensjahrzehnts findet die Persönlichkeitsentwicklung ihren Abschluss. Bis dahin ist noch alles offen, nichts ist endgültig entschieden und festgelegt. Ist eine Person am Ende ein schwuler Junge, ein lesbisches Mädchen – oder ein Mensch mit einer transidenten Disposition? Das wissen wir erst am Ende der Teenagerzeit, wenn die grundlegende Persönlichkeits- und Identitätsentwicklung abgeschlossen ist. Da heißt es, erst einmal abzuwarten, psychotherapeutisch zu begleiten und zu beobachten. Nicht selten stellt sich nach wenigen Jahren heraus, dass sich ein frühzeitiges Umwandlungsbegehren in eine durchaus lebbare Homosexualität »ausgewachsen« hat. Dass also der Junge, der dachte, weil er auf Jungen steht, müsse er zum Mädchen werden, am Ende seiner Teenagerzeit für sich herausfindet, seine Orientierung auf Männer als Mann leben zu können und zu wollen.

Wir sehen an diesen möglichen Entwicklungen, wie ausgesprochen wichtig in diesem Indikationsbereich eine sorgfältige Verlaufsdiagnostik im Rahmen einer begleitenden psychotherapeutischen Behandlung ist. Punktdiagnosen, einen Patienten nur einmal zu sehen und dann etwas zu entscheiden, sind unverantwortlich, fahrlässig und nicht sachverständig. Selbst bei einem Erwachsenen sollte sich die prozessuale Diagnostik im Rahmen der Transitionsbegleitung über einen Zeitraum von mindestens einem Jahr erstrecken, bei Kindern oder Jugendlichen meiner Auffassung nach bis zum Zeitpunkt ihrer Volljährigkeit. Nur so lässt sich größtmögliche Sicherheit gewinnen, wohin die Reise geht.

Ihr Patient Jo hatte hingegen lange gewartet, viel ausprobiert und am Ende selbst Klarheit erlangt ...

Sie sagen es. Und dann kam er zu mir, damit ich ihn in seinem mittlerweile beschlossenen Transitionsprozess begleite. Inzwischen hatte er eine Freundin, mit der er auch Sex hatte. Vor allem zärtlichen Körperkontakt mit Streicheln, Schmusen, Küssen und Petting, oder indem er seine Freundin mit der Hand und mit dem Mund stimulierte, später gehörte auch die Penetration mit einem Umschnalldildo dazu. Über dem trug er eine Unterhose, sodass man nicht so richtig sehen konnte, dass es ein Umschnalldildo war. Seine Freundin habe ich selbstverständlich in die Behandlung miteinbezogen: eine nette junge Frau, die ihn mochte und liebte. Zu Beginn ihrer Beziehung hatte Jo wohl offengelassen, was bei ihm los sei, und nur gesagt: »In-die-Hose-Gehen is nicht, und mein T-Shirt bleibt an!« Das heißt, er hat mit diesem damals 18-jährigen Mädchen Sex gehabt, ohne klarzustellen, dass er eigentlich eine Frau ist. Für dieses Mädchen war das offenbar in Ordnung. Jo war halt etwas Besonderes, das wusste sie, manchmal erschien ihr das alles auch ein bisschen komisch, »aber welcher Mann ist nicht komisch?« Mit Jo war es schön für sie, bei ihm fühlte sie sich wohl, geliebt, gemocht, geschätzt und gehalten. Auf der sozialen und partnerschaftlichen Ebene lief bei den beiden also alles wunderbar. Und als ich die junge Frau dann fragte: »Was glauben Sie, warum wir hier sitzen?«, da wusste sie schon irgendwie, dass da wohl irgendwas mit Jos »Geschlecht«

los ist. Irgendwie war ihr das klar – aber gleichzeitig auch irgendwie egal.

Ich erzähle das deswegen, weil ich immer wieder davon beeindruckt bin, wie eindeutig Personen mit echter Geschlechtsidentitätsstörung, also mit Transidentität, interagieren und leben können, ohne dass sie dafür Hormone und Operationen benötigen. Das kommt daher, dass sie sich ihrer Geschlechtsidentität sicher sind. Mit den »unpassenden« Körperstellen wird einfach erfinderisch umgegangen. Und ebenso beeindruckend finde ich, wie flexibel die Partnerinnen und Partner sein können, wenn sie das Leben laufen lassen, wenn sie sich lieben. Auf jeden Fall war für diese junge Frau klar, dass sie Jo in allem unterstützen würde, was er brauchte, vollkommen unabhängig davon, ob er weibliche oder männliche Genitalien hatte.

Wenn ich an dieser Stelle kurz abschweifen darf, möchte ich sagen, dass diese Flexibilität keinen extremen Sonderfall darstellt. Ich hatte eine andere (heterosexuelle) Patientin, die ab ihrem zwanzigsten Lebensjahr mit einer etwas älteren Frau zusammen war – die sie vollständig als Mann wahrnahm und liebte. Rational wusste sie zwar, dass es sich bei der geliebten Person um eine Frau handelte, aber das war ihr vollkommen egal. Ihre Partnerin war ihr Mann. Diese bandagierte sich die Brüste, trug eine Kurzhaarfrisur und war in ihrem Habitus und Selbstkonzept männlich. Das war der Grund, warum die beiden sich nicht als »lesbisches Paar« erlebten, sondern als eindeutig heterosexuell. Die beiden hatten Sex, und zwar erfüllenden. Als ich meine Patientin nach dieser Diskrepanz zwischen empfundenem und tatsächlichem Geschlecht ihrer Partnerin befragte, antwortete sie wörtlich: »Ich habe eigentlich unbewusst immer darauf gewartet, dass Petra irgendwann einmal einen Puller haben würde.« Sie hatte das Gefühl: »Ich bin mit einem Mann zusammen, der hat zwar keinen Penis, aber irgendwann wird er einen haben! Dass der jetzt keinen hat, ist zwar komisch, aber es ist, wie es ist, und man kann ja auch so miteinander schlafen.« Ich halte dieses nur auf den ersten Blick befremdliche Fallbeispiel für einen weiteren Beleg, dass es als Voraussetzung für eine Integration einer Körper-Geschlechts-Inkongruenz im Rahmen partnerschaftlicher Sexualbeziehungen weder der Einnahme von Hormonen noch einer genitaltransformierenden Operation bedarf. Der Kern, der unsere Erlebnis- und Beziehungsfähigkeit ausmacht, ist nicht die Ausprägung der Genitalien, sondern die Ausprägung der Identität! Petra *war* ein Mann, sie hat sich als Mann gesehen, gefühlt und verhalten – und entsprechend wurde sie von ihrer Partnerin und dem sozialen Umfeld auch wahrgenommen. Ich muss dazu sagen: Diese gelungene heterosexuelle Beziehung zweier biologischer Frauen fand in den 80er-Jahren in Ostdeutschland statt. Themen wie »Cross-Dressing«, »Passing«, »Transgender«, »Hormone« und »Geschlechtsumwandlungen« waren so gut wie unbekannt und standen demzufolge nie auf der Agenda ... Ich möchte bezweifeln, dass eine solche Form von Beziehung, eine solche Integration von empfundenem und biologischem Geschlecht angesichts des medialen »Transgender-Booms« heute noch möglich wäre. Petra würde heute aller Wahrscheinlichkeit nach auf eine Operation drängen oder von ihrer Partnerin dazu gedrängt werden, weil die im Internet gelesen und von Transgender-Gruppen gehört hätte, dass man das in solchen Fällen so macht und darauf auch ein Recht hat.

Wie dem auch sei: Ich habe Jo in den nächsten Jahren in seinem Transitionsprozess begleitet, zu dem nach der gerichtlichen Änderung des Vornamens ein Jahr später auch körperverändernde Maßnahmen gehörten. Jo hatte es dabei nicht eilig. Nachdem er 25 Jahre in einem falschen Körper gelebt hatte, musste er jetzt nicht in 25 Monaten körperlich zum Mann werden. Diese fehlende Eile im Anpassungsprozess ist ein weiteres Zeichen für eine bestehende, integrierte Geschlechtsidentität – wiederum im Gegensatz zu den nicht transidenten Ausprägungsformen. Bei denen drängen die Betroffenen in der Regel massiv und eilig auf alle möglichen und unmöglichen Körperveränderungen. Da geht es dann bei einer Frau-Mann-Transition nicht nur um die Abnahme der Brüste, sondern gleich um eine »Pectoris-major-Plastik«, also um eine männertypische Brustmuskulatur qua Implantat. Die reine Brustamputation wäre die Korrektur des empfundenen »Fehlers«. Der Aufbau einer tollen durchtrainierten Brustmuskulatur hingegen ist Selbstoptimierung. Dabei geht es erkennbar nicht um eine Korrektur »falscher« Geschlechtsmerkmale, sondern um eine Steigerung der eigenen sexuellen Attraktivität. Manchmal werden sogar Gesichtsoperationen eingefordert, um kantigere Gesichtsformen herzustellen. Das hat mit Transidentität in der Regel alles nichts mehr zu tun.

Das alles war nicht der Fall bei Jo. Er wurde in einem ersten Schritt mit Medikamenten behandelt, seine Weiblichkeitshormone wurden heruntergeregelt, Männlichkeitshormone wurden gegeben. Bei Jo begann auf der Oberlippe ein leichter Flaum zu wachsen, und er fand das toll. Der nächste Schritt war die Amputation der Brüste. Das hatte er sich immer besonders stark gewünscht. Denn dadurch wäre sein Geschlecht von außen nicht mehr wahrnehmbar, und er könnte die lästigen Bandagen ablegen. Die Operation gelang gut und ohne Komplikationen, Jo war sehr zufrieden damit.

Nach dieser ersten Operation war eine Weile Ruhe, Jo hatte sich mit anderen Problemen auseinanderzusetzen: Es gab Schwierigkeiten in seinem Job und mit seiner Wohnsituation. Beides musste geklärt werden, bevor es weitergehen konnte. Ich erwähne das, weil man auch an diesen Details sieht, dass Jo trotz der Körperveränderungen ganz unaufgeregt sein Leben weiterlebte. Die Operationen zur Geschlechtsangleichung füllten nicht sein ganzes *Wesen* aus, verschafften ihm auch keine neue Identität. Sie fanden endlich statt, und das war's.

Die ganzen »Problemchen«, über die in den Medien im Rahmen des »Transgender-Themas« immer wieder berichtet wird und die im gesellschaftspolitischen Gender-Diskurs eine so große Rolle spielen: Wie nenne ich mich, welche Klamotten ziehe ich an, in welche Umkleidekabine gehe ich, welche Toilette benutze ich – all diese Fragen waren für Jo völlig irrelevant! Für ihn war es überhaupt keine Frage, ob er auf die Männertoilette geht. Und diese Klarheit existiert meiner Erfahrung nach bei *allen* Patienten, die eine wirkliche transidente Disposition haben. Fragen, die äußere Dinge oder Attribute betreffen, interessieren Menschen wie sie nicht sonderlich, weil sie die schon längst für sich geklärt und entschieden haben. Die vermeintlich menschenrechtsrelevante Frage, welches Toilettenschild auf einer Tür angebracht ist, interessiert nur diejenigen, die möglicherweise ganz andere Probleme mit ihrer Identität haben, aber bestimmt keine Geschlechtsidentitätsstörung.

Für Jo war hingegen klar: »Ich werde auch nach einer Operation derselbe bleiben, der ich bin. Für mich brauchen keine baulichen Veränderungen in öffentlichen Gebäuden eingerichtet zu werden! Mein Leben wird sich nicht ändern, auch wenn ich keine Brüste mehr habe. Ich werde da wohnen bleiben, wo ich wohne, ich werde weiterhin arbeiten, wo ich arbeite: Das wird alles gleich bleiben. Und auf welches Klo ich gehe, ist für mich keine Frage, denn schließlich bin ich ein Mann!«

Wo Sie es gerade ansprechen: Es gibt ja seit einiger Zeit vermehrt Diskussionen über genderspezifische Toiletten, ebenso wie über geschlechtstypische Endungen in Titeln …

O.k., da kommen wir jetzt auf ein komplett anderes Themenfeld, auch wenn es vordergründig so aussieht, als hinge das zusammen. Wir haben es zunächst einmal bei all diesen ideologisch betriebenen Gender-Fragen mit einem ausgesprochenen Minoritätenproblem zu tun. Das ganze »Gender-Thema« würde nicht nur an der 5-Prozent-Hürde scheitern, sondern schon an der 0,5-Prozent-Hürde. Wir sprechen über eine verschwindend kleine Gruppe von Menschen, die das Gender-Thema aus gesellschaftspolitischer Ambition bewirtschaften. Und das sind meiner Erfahrung nach gerade nicht die, die an einer transidenten Geschlechtsidentitäts-störung leiden. Durch den gesellschaftspolitischen Geschlechter-diskurs und die resultierende mediale Berichterstattung entsteht aber der Eindruck, dass diese Thematik beinahe jeden Zweiten beträfe – was nicht der Fall ist!

Nun ist Häufigkeit kein Kriterium für Relevanz – das haben wir ja schon festgestellt –, und Minoritätenschutz ist ein Kultur-gut. Woher aber kommt dieses Missverhältnis zwischen medialer Befassung und eigentlicher gesellschaftlicher Relevanz? Es kommt meines Erachtens daher, dass die Akteure und Akteurinnen auf diesem Spielfeld, durch die Befassung mit dem Gender-Thema und entsprechende Einflussnahme auf Prozesse in der Mehrheits-gesellschaft, eine eigene Identität generieren. Das gelingt ihnen mit dem moralischen Zeigefinger: »Wie? Du bist dagegen, dass es ne-ben Männer- und Frauen-WCs eine dritte Toilettenkategorie mit Gender-neutralem Türschild gibt? Dann ist das ein eindeutiger Fall von Diskriminierung, du bist ein Gender-Gegner!«

Wenn man dann aber vorsichtig darauf hinweist, dass dieses Toilettenproblem für 99,9 Prozent der Weltbevölkerung – und auch für Menschen mit Geschlechtsidentitätsstörungen – völlig irrelevant ist und man auch keinerlei Anlass dafür sieht, unter an-derem mit Steuergeldern eine dritte Toilette anzubauen oder die Kloschilder umzutauschen: große Empörung!

Ich möchte noch mal ganz klar zum Ausdruck bringen: Mi-noritätenschutz ist eine soziokulturelle Errungenschaft. Das zi-vilisationskulturelle Niveau einer Gesellschaft lässt sich auch an ihrem Umgang mit Minderheiten ablesen und bemessen. Gesell-schaftspolitisches Engagement für Gleichberechtigung, Gleichstel-lung und Gleichbehandlung ist meines Erachtens richtig, wichtig, wertvoll und notwendig! Hier aber geht es nicht um Minderhei-tenschutz, es geht wenigen Personen darum, möglicherweise vor dem Hintergrund eigener Identitätsprobleme, durch gesellschafts-politisch motivierte Ambitionen in der Mehrheitsgesellschaft Ein-fluss auszuüben und dadurch eine eigene Identität zu gewinnen und diese durch sogenannte *Interventionen* zu stabilisieren. Ich bewirke, also bin ich ...

Das Problem ist also ganz gewiss nicht das Toilettenschild. Wer sich durch Toilettenschilder diskriminiert fühlt, hat ein anderes, möglicherweise ein ausgeprägtes Identitätsproblem, das der Austausch von Türschildern nicht mildern oder lösen kann. Im Gegenteil: Der Anbau einer dritten Toilettenkategorie und Austausch von Türschildern wäre aus psychotherapeutischer Perspektive sogar ein kontraproduktives *Co-Agieren.*

Angenommen, eine kleine Personengruppe würde das Vorhandensein von Rolltreppen und Aufzügen kritisieren, weil es eine kleine Gruppe von Menschen gibt, denen Rolltreppen und Aufzüge Angst machen und die deswegen nicht mit diesen fahren wollen. Und die Argumentation würde lauten: Weil bestimmte Phobiker keine Aufzüge und Rolltreppen benutzen können oder wollen, ist der Umstand, dass es nur diese beiden Optionen zur Etagenerreichung gibt, Diskriminierung! Darum fordern sie als dritte Möglichkeit phobikergeeignete Treppenhäuser ... Würde die Gesellschaft solche Treppenhäuser in öffentliche Gebäude bauen? Ich glaube nicht. Und zwar aus guten Gründen: Der Impuls, bei persönlichen Problemen die äußere Welt umbauen zu wollen, ist der falsche Ansatz. Nur in der Veränderung der inneren Welt ist Erleichterung und Linderung, vielleicht sogar Heilung zu erlangen. Der gesunde Weg für einen Phobiker besteht darin zu lernen, Aufzüge und Rolltreppen zu benutzen (was jeder lernen kann), nicht darin, die Welt umzubauen.

Und Andrea, Jo und alle anderen Menschen mit echten Geschlechtsidentitätsproblemen lachen sich über die Toilettentür-Ambitionen tot und sagen: »Solche Sorgen hätten wir auch gern!«

Aber das Treiben geht so weit, dass die Mehrheitsgesellschaft nicht nur in ihren Symbolen und Türschildern, sondern auch bezogen auf die Mehrheitssprache »durchgegendert« werden soll, »geschlechtstypisierende« Endungen sollen zum Beispiel durch ein »x« ersetzt werden. Ein »Profx« für Gender Studies in Berlin schreibt auf ihrer/seiner Homepage wörtlich: *Wenn Sie mit Profx. xy Kontakt aufnehmen wollen, achten Sie bitte darauf, geschlechtsneutrale Anreden zu verwenden. Bitte vermeiden Sie alle zweigendernden Ansprachen wie »Herr ...«, »Frau ...«, »Lieber ...«, oder »Liebe ...« Eine mögliche Formulierung wäre dann z. B. »Sehr geehrtx Profx. xy«.*

Was hier stattfindet, ist eine sozialnormative Gegensetzung, und zwar dahingehend, dass diejenigen, die nichts mit dem Problem zu tun haben, so sprechen sollen wie die 0,1 Prozent, die damit und offenkundig mit sich selbst ein Problem haben. Hier will eine hochideologisierte Minderheit der Gesellschaftsmehrheit Sprachnormen oktroyieren. Und wer sich dem nicht beugt, setzt sich dem Vorwurf der Diskriminierung aus! Mit Toleranz, Minoritätenschutz und Gleichberechtigung hat das alles nicht das Geringste zu tun.

Warum entsteht bei Ihnen an dieser Stelle so ein Unmut?

Von Unmut kann keine Rede sein. Ich lege meinen Gegenstandpunkt allerdings mit dieser Deutlichkeit dar, weil er meinem Eindruck nach so gut wie nicht vertreten wird. Meine Auffassung zu diesem Thema wird von vielen meiner Kolleginnen und Kollegen der Sexualwissenschaftlichen Fachgesellschaften geteilt, aber sie wird nicht nach außen mitgeteilt. Darum mache ich das hier. Und wenn ich die Geschichte von Jo zu Ende erzählt habe, sehen Sie vielleicht auch, warum mir das so wichtig ist.

Denn Jo ging – wie auch Andrea – den Weg der körperlichen Geschlechtsanpassung bis zum Ende. Nach der Amputation seiner Brüste wollte er auch eine Genitaltransformation durchführen lassen. In einem ersten Schritt ließ er sich Eierstöcke und Gebärmutter entfernen, damit die Menstruation auch ohne Medikamente aufhörte. Diese Blutungen waren für ihn, bevor er Medikamente bekommen hatte, die monatlich wiederkehrende, schmerzhafte

Erinnerung an seinen falschen Körper, an den gefühlten Geburtsfehler. Er empfand es jedes Mal als grauenhaft. Diese Operation wurde also vorgenommen und war für ihn eine große Entlastung. Danach stand die Frage im Raum, ob auch eine plastisch-chirurgische Genitaltransformation, eine Aufbauprothetik eines sogenannten *Neophallus* stattfinden solle. Darüber waren wir im Gespräch, er war sich da nicht so sicher. Er wollte von mir Informationen, wollte Bilder sehen, Risiken erfahren. Das haben wir alles zusammen gemacht, und ich habe ihm gesagt, dass ihn im Falle einer Operation der Chirurg über die potenziellen Komplikationen, Risiken und Nebenwirkungen aufklären würde. Vor allem sein Wunsch, im Stehen pinkeln zu können, war riesengroß, wohingegen Sex mit eigenem, eventuell sogar erigierbarem Penis eine geringere Rolle spielte. Eine Erektionsprothese brauchte er eher nicht.

Damit Sie verstehen, wovon wir hier reden: Was die Chirurgen bei einer solchen Operation in Angriff nehmen, ist keine Kleinigkeit. Zuerst wird die Haut der Schamlippen dafür verwendet, einen Hodensack zu formen. Die Körperöffnung der Vagina wird verschlossen. Für die Haut des Neophallus gewinnt man Spalthaut aus der unbehaarten Innenseite des Unterarms. Die Harnröhre muss verlängert werden, was außerordentlich kompliziert ist. Man muss ein Transplantat herstellen, das als Harnröhre fungiert, ohne dass sich Zysten und Fisteln bilden. Weil das oft geschieht, wird die Harnröhre in der Regel nicht ganz bis an die Neophallusspitze verlängert, sondern endet stumpf unterhalb des Neophallus. Nichtsdestotrotz kann man mit diesem neuen Penis im Stehen urinieren, wenn man ihn in die Hand nimmt. Außerdem werden die Nervenbahnen, die die Klitoris versorgten, freigelegt und so weit wie möglich auf die Spitze des Neophallus transplantiert. Wenn dabei alles gut verläuft, ist der neue Penis dann sogar sexuell stimulierbar. Erektionsfähig ist er nicht, es sei denn, es wird eine Erektionspumpe eingebaut.

Das stimmt. Aber wenn Sie im Bild bleiben wollen, hätten Sie sagen müssen: Das sind ja Aufwendungen wie für eine Herztransplantation! In der Tat sind sowohl der chirurgische als auch der finanzielle Aufwand bei diesen Operationen groß. Aber sie werden durchgeführt. Und warum? Weil sie für die betroffen Personen gefühlt genauso wichtig sind wie eine Herztransplantation für einen Herzkranken! Es handelt sich um hochqualifizierte Operateure, und diese Eingriffe zählen genau zu denjenigen sexualmedizinischen Behandlungsoptionen, die gerade nicht im Segment der Lifestyle-Medizin zu verorten sind, sondern – analog zur plastisch-rekonstruktiven Chirurgie – durch eine krankheitswertige Störung notwendig und damit indiziert sind.

Und jetzt kann ich Ihnen auch sagen, warum ich bezüglich des gesellschaftspolitischen (Trans-)Gender-Diskurses immer wieder eine *Gender-Dysphorie* bekomme: Es liegt daran, dass ich der festen Überzeugung bin, dass die Jos und Andreas dieser Welt diejenigen sind, die die volle Konzentration und Fürsorge des gesellschaftlichen Solidarsystems und des medizinischen und psychologischen Versorgungssystems verdienen und benötigen. Dass diesen leidenden Menschen, denen das Unglück einer transidenten Geschlechtsidentitätsstörung widerfahren ist, *jedwede* soziale, medizinische und psychologische Unterstützung zuteilwerden soll, die es nur gibt. Was ja bei uns zum Glück bislang auch noch geschieht.

Wir verzeichnen in Deutschland eine geringe Quote an Rückumwandlungsbegehren nach erfolgter operativer Geschlechtsangleichung. Diese geringe Quote geht meines Erachtens auch darauf zurück, dass bei uns der diagnostische Aufwand zur Erfassung der Problematik ausgesprochen hoch ist und ernst genommen wird. Bevor ein operativer Eingriff geschieht, müssen verschiedene Begutachtungen erfolgen und der Patient wie erwähnt mindestens ein Jahr lang psychotherapeutisch begleitet werden.

Diese Kriterien werden aber im Prozess der gesellschaftspolitischen Ideologisierung von Geschlechtlichkeit zusehends aufgeweicht, indem eben nicht nur die Selbstbestimmung der eigenen Geschlechtszugehörigkeit als Menschenrecht reklamiert wird – was richtig ist – sondern Gender-Mainstreaming als Dekonstruktion des Zwei-Geschlechter-Systems proklamiert wird. Und das sind zwei vollkommen unterschiedliche Dinge.

Bisher war es so, dass durch eine vorgeschaltete psychotherapeutische Untersuchung und Begleitung eine Fehlzuordnung weitestgehend ausgeschlossen wurde. Ich befürchte aber, dass sich das in Zukunft ändern könnte, wenn die Supermarktmedizin auch in der Transgender-Szene Einzug hält und Menschen, die eigentlich andere Störungen haben, solche aufwendigen Behandlungen und Operationen unabhängig von Experteneinschätzungen mit Erfolg einfordern oder sogar einklagen können. Das würde hochproblematische Konsequenzen haben, in körperlicher wie in psychischer Hinsicht. Nicht nur würde die Rückumwandlungsquote steigen, nein, ich bin auch in Sorge darüber, dass die gesamte Geschlechtsidentitätsproblematik dann zu einer ideologisierten Options- und Optimierungsfrage wird. Und dann ist es nur noch eine Frage der Zeit, bis die Krankenkassen sagen: Wenn hier keine krankheitswertige Störung vorliegt, dann ist eine psychotherapeutische, hormonelle und chirurgische Geschlechtsanpassung auch keine Kassenleistung mehr. Dann handelt es sich um eine wahlweise Geschlechtsumwandlung und nicht um eine notwendige Geschlechtsangleichung. Und das ist dann keine Kassenleistung, sondern ein Angebot der Lifestyle-Medizin, und die soll bitte schön von jedem selbst bezahlt werden. Das entspräche de facto einer Diskriminierung der wirklich Betroffenen, damit würden dann die Jos und Andreas, die wirklich Transidenten, auf der Strecke bleiben ...

Die kategorische Unterscheidung und Trennung von medizinischen und psychologischen Notwendigkeiten bei Personen mit Geschlechtsidentitätsstörungen auf der einen und gesellschaftspolitischem, ideologischem Engagement für Gender-Mainstreaming und die Dekonstruktion des Zwei-Geschlechter-Systems auf der anderen Seite ist meiner Auffassung nach von entscheidender Bedeutung für den Schutz und die Gleichberechtigung, Gleichstellung und Gleichbehandlung geschlechtlicher und sexueller Minderheiten. Auch wenn es verwirrend ähnlich anmutet: Das eine hat mit dem anderen nichts zu tun!

Ich habe Jo nach seinen Operationen noch manchmal in Lehrveranstaltungen eingeladen, und er kam auf seine selbstverständliche, freundliche Art und Weise stets gern. Vorher hatte ich die Teilnehmer gefragt, wie sie sich einen »Transsexuellen« vorstellen. Die Antwort: Lackstiefel bis übers Knie, stark geschminkt, nuttenhaft oder mit Barbiekleid – oder aber übertrieben machohaft, Ledermütze, Schnauzbart. Jo hatte ich bei diesen Veranstaltungen mitten unter den Teilnehmern Platz nehmen lassen. Da saß er dann in Jeans und T-Shirt, und wenn die Studierenden zu Ende fantasiert hatten, habe ich ihm zugezwinkert, und er ist aufgestanden. »Hallo! Also, ich bin der Jo, und ich bin auch mal eine Frau gewesen, aber nur am Anfang.« Sie können sich das Staunen vorstellen! Das war immer ein enormer Effekt, weil plötzlich neben den Teilnehmern ein *Mensch* und nicht irgendein Trans-Klischee stand.

Menschen mit transidenten Geschlechtsidentitätsstörungen sind die, die wir nicht sehen. Sie sind unsichtbar, sie haben keinerlei Ambition, als Transen zurechtgemacht in Erscheinung zu treten. Für sie ist »Trans« eben keine Identität, sondern im wortwörtlichen Sinne ein Übergang in Form einer Angleichung ihres Körpers an ihre eindeutige Identität als Mann oder Frau. Sie wollen nur als Andrea oder Jo in der U-Bahn sitzen, am Imbiss eine Currywurst essen, mit dem Fahrrad durch den Park fahren. Sie wollen einfach nur als die leben, die sie sind.

KAPITEL 8

Sexting, Dating, Partnering – Internetsexualität 2.0

Es gibt keinen Grund, einem Produkt gegenüber loyal zu sein,
wenn es seinen Zweck nicht erfüllt und
vielversprechendere Alternativen vorhanden sind.

Zygmunt Bauman

Können wir heute überhaupt noch leben, »wie wir sind«? Oder gibt es wegen der allgegenwärtigen Digitalisierung nicht dermaßen viele Role Models, Ablenkungen, Verwirrungen, dass wir gar nicht mehr zur Besinnung kommen?

Das klingt mir aber arg nach einer kulturpessimistischen Sicht auf die Dinge! Gehören Sie auch zu denjenigen, die glauben, durch die »modernen Zeiten« und vor allem durch »das böse Internet« sei nun endgültig der Untergang des Abendlandes gekommen? Man komme nicht mehr »zu sich selbst« und werde ständig vom »Wesentlichen« abgelenkt? Ich hoffe doch nicht. Denn »moderne Zeiten« haben schon immer geherrscht – an jedem Tag, in jedem Jahr, in jedem Jahrzehnt, in jedem Jahrhundert. Und das »Wesentliche« an oder in uns existiert nicht ohne Interaktion mit einer beständig sich wandelnden Umwelt. Und das ist weder schlecht noch gut. Es ist einfach, wie es ist. Mir geht es hier vor allem darum, einen aktuellen Teil dieser stetigen Veränderungen zu beschreiben: die Auswirkungen des Internets auf die Lebensbereiche Liebe, Sexualität und Partnerschaft.

Wenn wir uns die Veränderungen durch das Internet ansehen, müssen wir tatsächlich nicht bloß eine informations- und kommunikationstechnologische, sondern auch eine soziokulturelle Revolution beschreiben. Schon das monodirektionale Web 1.0 hat viele bahnbrechende Veränderungen mit sich gebracht. Nie zuvor war in unserer Kulturgeschichte so viel Information und Wissen so unbeschränkt und dezentral für so viele Menschen zugänglich und verfügbar wie durch die Verbreitung des Internets Ende des 20. Jahrhunderts. Um wie viel größer aber sind die Veränderungen durch das interaktive Web 2.0 und die Breitband-Datenverbindungen seit Beginn des 21. Jahrhunderts! Heute haben alle Menschen mit Internetanschluss die Möglichkeit, zu jeder Zeit auf das aktuelle Weltwissen in multimedialer Form zuzugreifen, selbst Inhalte ins Netz einzuspeisen, mit anderen in Kontakt zu treten, Gleichgesinnte zu finden, mit ihnen zu chatten oder zu skypen, kurz: multimedial zu kommunizieren und zu interagieren. All diese Entwicklungen haben natürlich ganz viel hinsichtlich der Frage verändert, wie Menschen miteinander, mit sich selbst und mit ihrer Sexualität umgehen. Und zwar hinsichtlich so vieler Punkte, dass ich sie wirklich nur kursorisch aufzählen kann.

Fangen wir bei den offensichtlichsten Veränderungen an, denen der beziehungsinternen Kommunikation.

Was geschah früher, wenn der Partner abwesend war? Sagen wir, er oder sie war im Urlaub oder auf einer Dienstreise. Da herrschte in der Regel Funkstille. Und ich spreche hier nicht vom 19. Jahrhundert, sondern von den 1990ern. Wenn die Liebe groß war, rief man sich abends vielleicht aus einer stickigen oder zugigen Telefonzelle an. Oder schrieb sich Briefe. Mit der Hand! Die teuren Telefonate rissen Lücken ins Reisebudget, die Zustellung eines Briefes dauerte Tage. Beiden Kommunikationsformen war gemeinsam, dass Sender und Empfänger letztlich asynchron blieben, manchmal kamen die Briefe sogar erst an, nachdem der Verfasser oder die Verfasserin schon wieder nach Hause zurückgekehrt war. Der Effekt dieser Ungleichzeitigkeit? Das authentische Gefühl, dass der andere *weg* war. Sehnsucht. Hoffnung. Sorge. Freude auf seine oder ihre Wiederkehr.

Heute ist das vorbei. Ich will nicht sagen, dass es heute keine Sehnsucht mehr gibt, das wäre natürlich Unsinn. Aber heute können wir jederzeit flott mal eine SMS oder E-Mail schreiben. Oder wir sprechen gleich per Internetvideotelefonie miteinander und sehen uns dabei. Das war noch vor wenigen Jahren Science-Fiction! Per Smartphone können wir uns Messenger-Nachrichten schicken, wir können uns gegenseitig gesprochene Botschaften, Fotos vom Strand oder Filme von der Party, auf der wir waren, zukommen lassen. Wir sind via Smartphone nonstop mobil online und stehen dadurch fortwährend in direkter Kommunikation miteinander. Egal wer sich gerade wo auf der Welt befindet. Dazu können wir den anderen theoretisch jederzeit via GPS »tracken« – also uns satellitengestützt auf einer Landkarte anzeigen lassen, wo er sich gerade befindet. Man selbst ist also nie mehr weg, das Gegenüber ist nie weg. »Abwesenheit« ist zu einem anachronistischen Gefühl geworden, das mittlerweile viele ängstigt. Die »Besetzung mit Gegenwart« – wie Heiner Müller den Zustand der Postmoderne genannt hat – ist total geworden. Dass das etwas mit Beziehungen macht, dass das Beziehungen verändert, daran hege ich keinen Zweifel.

Was ist aber, wenn wir keinen Partner haben? Dann haben wir durch das Internet die Möglichkeit, über soziale Netzwerke auch mit bis dato Unbekannten problemlos Kontakt herzustellen. Wir können uns in Single- und Partnerbörsen, bei Onlinedating- oder Seitensprung-Agenturen anmelden und einen Partner / eine Partnerin suchen: schnell, zuverlässig, gerne auch anonym oder unter Pseudonym. Dadurch haben wir Zugang zu einem ungekannt großen Pool an potenziellen Kontaktpersonen.

Auf diversen Plattformen können wir zudem über alles Mögliche, auch über unsere erotischen Belange diskutieren: keine Vorliebe, die nicht durch ein Forum oder eine Newsgroup im Internet repräsentiert wäre ... Konnte man als Stiefel- oder Strumpffetischist in den 1970er-Jahren in seinem Heimatdorf noch denken, man sei auf dieser Welt der einzige Mensch mit seltsamen Vorlieben, kann man heute über das Netz rasch feststellen: Ich bin nicht nur nicht allein, es gibt eine weltweite *Community!*

Heutzutage muss man auch keine soziale Beschämung mehr riskieren, wenn man, wie früher, eine »Peepshow« besucht, das geht jetzt auch von zu Hause aus. Für unsere jüngeren Leser vielleicht eine Erklärung dazu: Es gab eine Zeit, und die ist nicht besonders lange her, da standen Männer in schlecht durchlüfteten, düsteren Ladenlokalen vor einer grauen Plastikjalousie und warfen Geldstücke in einen Münzschlitz. Daraufhin fuhr das Plastikrollo aufreizend langsam nach oben, und zum Vorschein kam: tará – eine nackte Frau! Die lag auf einer runden Minibühne, die sich langsam drehte, und rekelte sich in lasziver Art und Weise zu Unterhaltungsmusik. Rundherum standen bis zu zwei Dutzend Männer, schauten für eine D-Mark pro Minute durch ihr Guckfenster auf diese nackte Frau und entnahmen nach einer gewissen Zeit aus dafür bereitgestellten Spendern Zellstofftücher, um das Ergebnis ihres Betrachtens aufzufangen ... Solche Peepshows und analog funktionierende Pornokabinen sind die Dinosaurier der Sexualwirtschaft.

Was haben wir heute? »Strip-on-Demand«. Via Livechat kann ich online mit einer Stripperin, die in Wladiwostok in ihrem Appartement liegt, in Echtzeit kommunizieren. Ich überweise Geld auf das Konto der Dame, sie sieht, dass es angekommen ist, und dann gehe ich mit ihr in eine »Private Show« und schreibe oder sage ihr, was ich sehen will.

Jetzt kann man natürlich einwenden: Ist es nicht egal, ob all das über den Bildschirm flimmert und per Onlinebanking läuft oder im Bahnhofsviertel stattfindet, wo man Münzen in einen Schlitz wirft? Ich würde sagen: Nein, ist es nicht. Beide Formen verbindet zwar, dass sowohl der Besuch einer halbseidenen Show im Bahnhofsviertel als auch das Betrachten einer Onlinestripperin aus Wladiwostok sexualwirtschaftliche Unterhaltungsangebote sind, die mit einer Realbegegnung ungefähr so viel zu tun haben wie das Klingeln des Postboten mit Jack Nicholson. Doch es gibt einen Unterschied, und der ist nicht unwesentlich. Er besteht darin, dass man heute seine Wohnung für all das nicht mehr verlassen muss! Man muss sich nicht mehr nachts in dunklen Ecken herumdrücken, die man sonst eher gemieden hätte. Man gerät nicht mehr so schnell in unangenehme Situationen, sondern ist aus alldem mit einem Mausklick wieder draußen, man muss kein Wort sprechen, muss gar nichts von sich preisgeben, bleibt unsichtbar und anonym. Diese Anonymität führt nicht nur dazu, dass Männer, denen der Besuch einer Peepshow oder Pornokabine früher peinlich gewesen wäre, heute solche Angebote eher nutzen. Sie bedeutet auch, dass Frauen, die sich früher ungern anderthalb Meter entfernt von Dutzenden masturbierender Männer auf einen plüschbeschlagenen Drehteller gelegt hätten, heute durchaus bereit sind, solche Dienstleistungen von zu Hause aus anzubieten. Nicht zuletzt deshalb, weil sie das so erwirtschaftete Geld behalten können – und es keinem Sexshopbetreiber abtreten müssen.

All das, womit wir es auf dem riesigen Feld des Internetsex zu tun haben, ist keine Frage des »Was«, sondern eine Frage des »Wie«. Vieles von dem, was wir da finden, gab es natürlich schon vor dem Internet. Was sich geändert hat, ist die Distributionsstruktur und die damit einhergehende Vereinfachung. Technik greift Prozesse auf und macht sie effizienter. Durch das Internet potenzieren sich Möglichkeiten, und wenn wir uns die Geschäftszahlen der Sexualwirtschaft anschauen, können wir sehen: Es potenzieren sich durch die Technologie auch die Nutzer- und Anbieterzahlen.

Damit aber nimmt auch die Bedeutung zu, die eine Gesellschaft solchen Geschehnissen gibt. Wenn Strip-on-Demand als reguläres Produkt bewirtschaftet wird, wird es auch für größere Bevölkerungsteile denkbar; es löst sich von dem Ruch des Verpönten. Es wird zu einem Dienstleistungsprodukt wie andere »Dinge« auch. Nehmen Sie zwei Beispiele aus einem ganz anderen Bereich: Noch vor wenigen Jahren wäre es für gesunde, durchschnittliche Mitteleuropäer eher undenkbar gewesen, sich Nahrungsmittel nach Hause liefern zu lassen. Heute? »Ich muss doch meine Wasserkästen nicht in den vierten Stock schleppen, die kann ich mir doch liefern lassen!« Oder: »Ich putz doch meine Wohnung nicht selber, das lass ich mir machen!« Solche mittlerweile im Mainstream angekommenen Haltungen gegenüber Dienstleistungen wären noch vor wenigen Jahren dekadent und snobistisch gewesen! Heute sind der Lieferservice und die Haushaltshilfe etwas ganz »Normales«.

Was ich damit sagen will: Immer wenn etwas zu dem Produkt einer Branche wird, wird es denkbar, machbar – und konsumierbar. Das Gleiche gilt für die Onlinesexualwirtschaft, den sexuellen Pizzaservice des 21. Jahrhunderts: Das Internet hat dafür gesorgt, dass es Mainstream ist, sich sexuelle Unterhaltungsangebote und Dienstleistung nach Hause liefern zu lassen, online, on demand, ohne dass man selbst einen Fuß vor die Tür zu setzen braucht. Sex als leicht erhältliches Produkt für alle. Und das bezieht sich nicht nur darauf, dass man nun seine Schaulust an einer Dame oder einem Herrn aus Wladiwostok leichter befriedigen kann. Selbst Bordelle kann man mittlerweile, bevor man sie besucht, durch einen virtuellen Rundgang besichtigen, kann sich Videos der dort arbeitenden Frauen ansehen, in denen ihre Vorzüge und Angebote angepriesen werden, kann mit ihnen live chatten oder via Bildtelefon vorab in Kontakt treten. Man klärt im Vorlauf, wen und was man möchte, und muss sich nun bei einem realen Besuch nicht mehr mit den Peinlichkeiten von »Damenwahl« und Preisverhandlungen für das gewünschte Repertoire sexueller Praktiken herumschlagen. Man kann vorab im Onlineshop per Onlinebanking bezahlen, bekommt seinen Puff-Voucher per E-Mail zugeschickt, kann ihn sich zu Hause selber ausdrucken und muss ihn vor Ort nur noch einlösen. Alles ist bereits geklärt und verhandelt, jeder weiß genau, wer und was auf ihn zukommt. Kein Raum mehr für Überraschungen, Unwägbarkeiten und Beschämungen. Die Hürden sind herabgesetzt, alles ist effizienter geworden.

Welche Phänomene finden Sie im Bereich der Internetsexualität persönlich am interessantesten?

Fangen wir doch mal mit den internetgestützten Single-, Dating- und Partnerbörsen an. Ich glaube, dass man an denen nicht nur viel über die Auswirkungen des Internets auf unser sexuelles Erleben und Verhalten erkennen kann, sondern darüber hinaus auch das Prinzip der Durchökonomisierung unserer Körper, unserer selbst und unseres Verhaltens. Wenn wir uns nämlich wie in den »Börsen« zu Produkten machen, uns durch Anpreisung unserer eigenen Person auf dem Markt der partnerschaftlichen und sexuellen Passung feilbieten.

Nach einer repräsentativen Erhebung des Jahres 2015 nutzten im deutschsprachigen Mitteleuropa über neun Millionen Menschen Partnerbörsen im Internet. Jeder sechste deutsche Internetnutzer ab 14 Jahren hat im Netz bereits nach einem Partner gesucht. Gefragt sind vor allem kostenlose Angebote. Nur ein Viertel der Nutzer gibt derzeit Geld für diesen Service aus. Aber immerhin jeder achte Nutzer hat auch schon entgeltliche Angebote wie Parship, Elite Partner oder E-Darling ausprobiert. Die aktivste Altersgruppe sind die 14- bis 39-Jährigen. Von ihnen hat bereits ein Viertel aktiv online einen Partner gesucht. Das sind nicht nur für einen Paartherapeuten imposante Zahlen: Über neun Millionen potenzielle *Sad Singles,* Personen, die online Partner suchen, weil sie mit ihrem Alleinsein nicht glücklich sind! Bei diesen Börsen geht es um den Wunsch nach Bindung, nach einer partnerschaftlichen Beziehung. Sex gehört dann dazu, wenn es zwischenmenschlich passt, ist aber – anders als beim *Casual Dating* – nicht das vordergründige Ziel der Bemühungen. Weil es hierbei also nicht um Gelegenheitssexualkontakte, sondern um Partnersuche geht, zählt dieser Bereich nicht zu den *Dating-Plattformen*, sondern zu den *Partnering-Portalen,* also der Vermittlung von Sozial-, Beziehungs- und Sexualpartnern und nicht von *Sex-Dates*.

Um mit möglichen Partnern in Kontakt zu kommen, füllen die Menschen Fragebögen aus, in denen sie Auskunft darüber geben, welche Ausbildung sie haben, was sie am liebsten in ihrer Freizeit tun und welche sexuellen und kulinarischen, musikalischen und literarischen Vorlieben sie haben. Sie antworten auf die Frage, ob sie lieber bei offenem oder geschlossenem Fenster schlafen, schreiben ein paar Sätze zu ihrem Lebenskonzept, über ihre Weltsicht und so weiter und so fort. Wenn sie den Fragebogen ausgefüllt haben, wird daraus mit einem mathematischen Algorithmus ein Quotient errechnet, der Auskunft darüber gibt, mit welcher Person in der Datenbank eine besonders hohe Übereinstimmung im

Sinne einer partnerschaftlichen Passung besteht. Das nennt man *Matching*. Und mit dieser Person können sie dann Kontakt aufnehmen.

So weit, so gut. Aber was bedeutet das für den Kennenlernprozess? Es bedeutet, dass schon beim ersten Treffen zwei Vertragspartner mehr oder minder ausverhandelt aufeinanderstoßen. Der Kennenlernprozess wird abgekürzt und rationalisiert. Wenn man sich trifft, ist alles Wesentliche bereits ausgemacht, man hat sich schon selbst als Produkt deklariert, den Beipackzettel und die Gebrauchsanweisung konnte das Gegenüber im Voraus online lesen und sich entsprechend vorbereiten. Und umgekehrt: Nicht nur habe ich mich zu einem konsumierbaren Produkt gemacht – die Person, die ich treffen werde, ist auch eins!

Ich will nicht sagen, dass solche Treffen aufgrund dieser Tatsache keine ganz eigene Spannung entfalten können, dass solche Treffen keine Erlebnisqualität, kein Geheimnis und keinen Kitzel haben. Aber zwei Dinge fallen mir in meiner Praxis immer wieder an Paaren auf, die sich über Onlinepartnerbörsen kennengelernt haben. Erstens: Onlinepaare starten stumm! Paare, die sich »in der freien Wildbahn« kennengelernt haben, bei der Arbeit, über Freunde, in ihren eigenen sozialen Bezügen, haben so gut wie immer einen Gründungsmythos ihrer Beziehung, von dem sie berichten können. Der fehlt hingegen oft bei den Onlinepaaren. Wenn ich diese Paare frage, wie sie sich kennengelernt haben, antwortet zum Beispiel der Mann, indem er seine Frau anguckt: »Parship, oder?« Angemeldet, eingeloggt, gematched, angeschrieben, getroffen. Hat gepasst. Das war's. Algorithmus hat funktioniert.

Und zweitens: Es scheint mir so zu sein, als ob Menschen, die sich über eine Partnerbörse kennengelernt haben, häufiger von dem Glauben getragen werden, Ansprüche an den anderen und an das Beziehungsgeschehen stellen zu dürfen. »Klar hab ich Ansprüche. Warum auch nicht? Ich parshippe jetzt!« So der aktuelle Werbespruch der größten deutschen Partnerbörse. Dieser Anspruch rührt nicht nur daher, dass man für den entstehenden Kontakt

Geld bezahlt hat. Es liegt meines Erachtens vielmehr daran, dass der ausgefüllte Fragebogen des anderen eine Erwartung konstruiert, die es nun einzulösen gilt. Man hat ein Produkt angepriesen bekommen, mit Folie drum und Schleife drauf – und das will man jetzt auch bitte schön haben. Aber da, wo Erwartungen geweckt werden, sind Enttäuschungen programmiert. Beim »herkömmlichen« Kennenlernen in gegebenen sozialen Kontexten, in einer Bar, beim Sport oder sonst wo, ist das nicht so. Da baut sich langsam etwas auf, die beiden Partner bleiben synchron zum Geschehen und evaluieren die Fort- oder Rückschritte. Bei der Onlinevermittlung aber tritt man mit einer ausformulierten und festgeschriebenen Erwartungshaltung an die Beziehung heran – die dann sukzessive dekonstruiert und ent-täuscht wird. »Schuld« daran sind dann die »Matching-Points«; denn die hatten ja das Versprechen auf Passgenauigkeit gegeben …

Aber nicht alle Menschen suchen langfristige Partner im Internet. Was ist mit den vielen Formen kurzfristiger Sexualkontakte, die man leicht über das Internet finden kann?

Auch hier geht es wieder nicht um das Was, sondern um das Wie. Sexuelle Gelegenheitskontakte haben die Menschen immer schon gesucht und gefunden. Durch das Internet ist es aber sehr viel einfacher geworden. Dementsprechend wird es auch häufiger gemacht. Internetportale, deren Geschäftsmodell auf dem Wunsch nach *Casual Dating,* einem unkomplizierten, schnellen, beziehungslosen sexuellen Kontakt oder einem Seitensprung basiert, gibt es viele. Auch Smartphone-Apps loben mittlerweile die sexuelle Nutzung sozialer Netzwerke aus, wie etwa »Bang with Friends« für Facebook. Jeder kann bei sich anklicken, mit welchem seiner »Friends« er sich Sex vorstellen kann. Bei Übereinstimmung bekommen beide den Hinweis eines *Sexual Matching.* Oder man lässt sich per GPS-Standortbestimmung potenzielle Partner in der Umgehung anzeigen: »Singles around me«, »Tinder«, »Happn«, »Lovoo«, »Antidate« und so weiter sind Apps, die Kontakte jeder Art, vor allem aber *Sex-on-Demand* ermöglichen. *Sexual Fast Food,* einen *Sexual Meat-Snack* für zwischendurch! Allein *Tinder* verzeichnet bisher 50 Millionen Nutzer und weltweit 1 Million Neukunden pro Woche, die täglich 1,5 Milliarden Fotos potenzieller Dating-Partner durch Hin- oder Herwischen aus- oder abwählen. Dabei entstehen 22 Millionen *Matches* pro Tag, wobei 50% der Nutzerinnen und Nutzer angeben, in einer festen Partnerschaft zu leben.

Für viele ist das eine Zeit lang ein *Sexual Lifestyle,* jeden Abend oder zumindest jede Woche mit einem oder einer anderen ins Bett zu gehen. Ein *One-Night-Stand* reiht sich an den anderen. Wenn es gut läuft, kommt sexuelle Befriedigung dabei heraus. Was mit der Zeit in der Regel auf der Strecke bleibt, ist emotionale Erfüllung. Weil wir die nur in echten Beziehungen erleben können. Ambitionierte *Sex-Dater* berichten mir in der Praxis oft davon, dass sie irgendwann wie ausgelaugt waren. Sie fühlten sich sexuell ausgebrannt und sehnten sich nach einer festen Beziehung, in der sie nicht *performen* müssen. *One-Night-Stand-Burn-out* nenne ich dieses Syndrom dann gerne etwas spaßhaft, um ihnen vor Augen zu führen, dass sie sich sexuell von *Junk-Food* ernährt haben und sich deswegen jetzt womöglich nach echten Lebensmitteln sehnen.

Vielleicht dies nebenbei: Während das Geschlechterverhältnis bei den Partnering-Portalen noch einigermaßen ausgeglichen ist – nur wenig mehr Frauen suchen einen festen Partner als Männer – sieht dieses Verhältnis bei den Casual-Dating-Portalen schon anders aus: Hier kommen auf eine angemeldete Frau durchschnittlich zehn Männer! Entsprechend rauer und direkter sind die Umgangsformen. Die wenigen Frauen werden mit Angeboten für unverbindliche Sex-Dates geradezu überschüttet. Es scheinen sich also auch hier geschlechtstypische Unterschiede bezüglich beziehungsloser Gelegenheitssexualkontakte abzubilden.

Den Ergebnissen von empirischen Erhebungen am Hamburger Institut für Sexualforschung zufolge spielen sich übrigens rund

95 Prozent aller Sexualakte in festen Beziehungen ab. Die Singles machen 25 Prozent der Bevölkerung aus, haben aber nur fünf Prozent der Sexualkontakte. Manche sind eine Weile mit ihrem Single-Dasein zufrieden. Andere suchen im Internet Kontakt oder ziehen Nacht für Nacht von einer Bar zur anderen, während 60-jährige Frauen und Männer, die in einer festen Beziehung leben, relativ regelmäßig miteinander schlafen.

Wie dem auch sei: Was haben Menschen mit sexuellem Verlangen vor dem Internet gemacht? Wie begann man in den Zeiten vor dem Internet eine Affäre, wie suchte man einen One-Night-Stand? Man zog abends um die Häuser, besuchte Kneipen, Clubs oder Bars und versuchte, einen Mann oder eine Frau »aufzureißen und abzuschleppen«. Man musste den Bauch einziehen oder die Brust rausstrecken, gut drauf, unterhaltsam und lustig sein, ein paar Geschichten erzählen oder ihnen geheimnisvoll schweigend zuhören, Muskeln zeigen oder Dekolleté präsentieren, durfte den richtigen Moment nicht verpassen und am Ende den Mut haben, »aufs Ganze« zu gehen. Was allerdings keinesfalls das Gelingen garantierte, denn vielleicht wollte das Gegenüber ganz unverfänglich nur ein Gläschen trinken, ein bisschen quatschen, flirten, einen lustigen Abend verbringen und danach rasch wieder zurück nach Hause, womöglich zu Mann oder Frau, Kind, Hund oder Katz – konnte man ja nicht wissen, war ja vorab nicht ausgehandelt ...

All das ist durch das Internet und die entsprechenden Onlinebörsen und Apps viel unkomplizierter geworden. Umschlich man früher bei einem »Anbahnungsgespräch« möglicherweise mehrere Stunden lang die Frage »Willst du dasselbe wie ich?«, erübrigt sich diese Frage bei einer Person, die man online trifft. Und nicht nur ist klar, ob diese Person Sex will. Wir wissen, wenn wir uns das erste Mal treffen, oft auch schon, ob das Gegenüber intimrasiert ist, die harte oder softe Tour, Oral- oder Analverkehr bevorzugt. Es ist hier wie bei den Partnerbörsen: Von vornherein ausgeschlossen wird, was nicht passt. Minimierung des Schicksals, Abschaffung der Unvorhersehbarkeit, des Risikos, des Spiels, der

Wette. Aber die Begegnung soll dann trotzdem ein aufregendes Abenteuer im Großstadtdschungel werden ...

Auf diesem Markt gibt es natürlich die üblichen Selbstverfälschungen, die es auch früher schon gab. So wie es immer schon falsche Wimpern, ausgestopfte Büstenhalter oder Herrenunterhosen, Haarteile und Korsetts gab, existieren diese Formen der Selbstoptimierung heute genauso, aber in digitaler, ausführlicherer Text- und Bildform. Fotos von vor zehn Jahren werden hochgeladen oder aktuelle Bilder *gephotoshoppt,* die Angaben der Körperproportionen sind geschönt, man macht sich attraktiv und interessant. Das konsumierbare Produkt, zu dem wir uns im Kontext dieser Börsen gestalten, macht Werbung für sich selbst. Früher umwarb man den anderen. Heute bewerben wir uns selbst! Auch das ist eine grundlegende Veränderung: Das Geschehen wird potenziell selbstreferenzieller. Ist es nicht auffällig, dass heutige Smartphones oder Tablets mittlerweile Kameras immer auf *beiden Seiten* haben? Während man früher mit einer Kamera in die Welt hinausschaute, lassen wir jetzt die Kamera direkt auf uns schauen. Die ist ins Handy ebenso wie in unser Bewusstsein schon »eingebaut«, damit wir auch immer brav unser »Profilbild« erstellen und sexuell aufreizende Selbstaufnahmen online an unseren Liebsten senden können.

Sexuelle Selbstdarstellung via Internet ist also für viele Menschen zum Lifestyle geworden?

Das würde ich meinen. Man schickt sich erotische Textnachrichten, ggf. mit angehängten, selbst gemachten erotischen Fotos oder Filmen (sog. S*exy Selfies). Sexting* (*Sexual Texting*) nennt sich diese Kommunikationsform, die erst durch Smartphones möglich wurde. Die Nutzung, aber auch die heimliche Entdeckung oder Weiterleitung solcher *Sextings* z.B. durch nachspionierende Partner spielt eine zunehmend größere Rolle in meiner klinischen Arbeit. Immer öfter kommt es vor, dass Personen davon berichten, wie erregend sie diese Kommunikation mit ihrem Partner finden und wie sehr dies ihre Partnerschaft belebe. Textnachricht von ihr an ihn: »Sitze im Büro und hab heute nichts drunter! Kann kaum erwarten, dich heute Abend wieder in mir zu spüren!« Angehängt hat sie einen *Sexy Selfie* mit Blick unter ihren Rock. Er schreibt zurück: »Kann nicht warten bis heute Abend!«, und hängt ein Foto seines erigierten Penis an, das er in der Toilettenkabine seines Büros aufgenommen hat. Antwort sie: »Aber lass mir noch was übrig, damit ich auch satt werde!« Neckische Spielchen ohne weitere Bedeutung? Ich würde überraschenderweise sagen: sowohl als auch. Zum einen ist es eine technische Erweiterung sexueller Kommunikationsformen. Zum anderen machen wir uns durch die Verfügbarkeit technischer Möglichkeiten zu sexuellen Körper- und Selbstdarstellern und pornografisieren so unsere eigenen Beziehungen.

Wo ich gerade »technische Erweiterung« gesagt habe ... Es gibt eine neue Entwicklung von technischen Gerätschaften für eine simultane Online- bzw. mutuelle Telemasturbation. Was kann man sich darunter vorstellen? Über Bluetooth wird ein Vibrator für die Frau und ein Masturbator für den Mann mit dem Smartphone und damit über das Internet miteinander verbunden. Nun sind Dildos und Vibratoren bzw. die Entsprechung für Männer nichts Neues. Die Funde entsprechender Gerätschaften reichen zurück bis in die klassische Antike. Und seit Mitte des 20. Jahrhunderts gab es beides auch schon elektrisch bzw. mit Batteriebetrieb. In der Variante für die Frauen auch »Joy-Stick« oder »Single-Finger« genannt; die Variante für den Herrn mit den wenig salonfähigen Produktbezeichnungen »Seemannsbraut«, »Matrosenmöse« oder »Taschenmuschi«. Das Neue an dem Online-Masturbatoren-Set ist die *kaptative Sensitivität* der *Devices:* Nimmt die Frau in Hamburg ihren Vibrator fest in die Hand, so kontrahiert der Masturbator des Mannes in Cleveland, Ohio, um seinen Penis ... Man muss sich das vorstellen: Da sitzen oder liegen ein Mann und eine Frau an verschiedensten Orten der Welt, sie umfasst ihren Vibrator oder schiebt ihn sich in die Vagina – er liegt, mit einem auf seinen Penis

gestülpten Masturbator, »lebensecht modelliert, mit sorgfältig aus-
gearbeiteten Details«, auf seinem Bett, und wenn er seinen Penis
in Cleveland, Ohio, schnell in seiner Silikonvagina bewegt, dann
vibriert in Hamburg und in ihr der Onlinedildo doller. Dabei kann
man sich natürlich per Bildtelefonie, z. B. via Skype, auch live hören und sehen. Dazu soll es bald aber auch eine Brille geben, in die
entsprechende Webcam-Bilder des anderen online projiziert werden. Man hört, sieht und fühlt sich also simultan, live, online und
vor allem interaktiv. Das, was bisher nur in verbaler und visueller
Form möglich war, ist nun ergänzt um interaktive mechanische
Stimulation. Gewiss können wir auch bald den Geruch unseres
Partners synthetisieren, um auch die olfaktorische Stimulation von
der Notwendigkeit der physischen Anwesenheit unseres Partners
entkoppeln zu können. Dann braucht keiner mehr irgendwem zu
begegnen, aber alle kriegen ihren Orgasmus. Erlösung durch Überwindung von Vereinzelung verspricht das in meinen Augen zwar
nicht, aber gewiss auf- oder anregende Tele- bzw. Onlinedates für
Business-Couples. Living apart together …

Aber zurück zum Sexting: Dass solche, in der Regel in einer
Beziehungssituation angefertigten erotischen Nachrichten, Fotos
oder Filme sehr leicht an Dritte weitergesendet und so ungewollt
mit anderen »geteilt« werden können, auch dieses Problem ist neu,
und das gab es in diesem Ausmaß vor dem Aufkommen des Internets nicht. Ein bisher ungekanntes Potenzial an öffentlicher sozialer Bloßstellung und Beschämung erwächst daraus. Es gibt Fälle
von Teenagern, die sich nach solchen Fremdentblößungen in der
Öffentlichkeit ihres sozialen Umfeldes umgebracht haben. Denn
das Besondere am Internet ist ja der »Speicher«: Alles, was einmal
digital versendet oder gar gepostet wurde, ist ab dann in der Ho-
sentasche von allen anderen und verschwindet nie mehr aus dem
eigenen Leben. Laut einer Studie der Hochschule Merseburg haben
19 Prozent der 16- bis 18-jährigen Mädchen und 11 Prozent der
Jungen schon einmal erotische Fotos oder Filme von sich gemacht.
6 Prozent der Befragten haben sie ins Internet gestellt.

Es scheint, als habe das Internet ein Zeitalter der totalen Entäußerung eröffnet, in dem die Partnering- und Casual-Dating-Börsen nur die Spitze des Eisbergs sind. Googeln wir uns nicht gegenseitig, bevor wir uns treffen, und erstellen Performance-Profile des anderen? Mit wem diese Person linked-in oder linked-off ist, wo sie sich wie und womit hervortut, wie sie sich präsentiert?

Wie dem auch sei: Zwar sind die Technologien und die daraus resultierenden Anbahnungsprozesse neu; was allerdings am Ende herauskommt, ist eine reale sexuelle Begegnung, wie es sie immer gab. Wobei ... wenn ich ein wenig länger über diesen Satz nachdenke, bin ich mir nicht mehr so sicher, dass die angestrebten und real stattfindenden Sexualkontakte wirklich durch und durch real sind oder nicht vielleicht eher sexuelle Fiktion.

Wie meinen Sie das? Kann denn auch realer Sex in diesem Kontext sexuelle Fiktion sein?

Unter fiktionalen Sexualkontakten verstehe ich einen sexuellen Illusionsvertrag, bei dem zwei Körperdarsteller einander vorspielen, lustvoll miteinander verkehren zu wollen. Das ist zum Beispiel in der Prostitution eindeutig so. Da wird ein Vertrag geschlossen, der besagt: »Ich spiele dir vor, auf dich scharf zu sein, ich lass dich bei mir ran, damit du kommst. Dafür gibst du mir Geld, und ich sage Tschüss, damit du wieder gehst.« Prostitution ist eine sexualwirtschaftliche Dienstleistung, deren Ziele sich in Orgasmusproduktion zum Gelderwerb erschöpfen. Allerdings findet dabei durch die körperliche Nähe und den Hautkontakt – quasi als unerwünschte Nebenwirkung – immer auch die *Simulation* von Beziehung und Intimität statt, die für uns Menschen nun mal mit Sexualität verbunden sind. Aber es ist eben nur die *Simulation,* die Begegnung beinhaltet sie nicht wirklich: Der oder die Prostituierte *stellt sie lediglich dar!* Das Ganze endet im Idealfall zwar mit einem Erregungshöhepunkt, hat mit Sexualität aber nur insofern zu tun, als auf der physiologischen Ebene der Orgasmusreflex ausgelöst wird. Nicht mehr, aber auch nicht weniger.

Was ich mich frage, ist, ob das im Kontext der Seitensprung-Agenturen und Casual-Dating-Apps mit ihren vermittelten, konsumatorischen Sexualkontakten nicht ähnlich ist. Denn auch hier schließen ja zwei zu Körperdarstellern gemodelte Menschen einen Illusionsvertrag, letztlich findet auch hier ein Tauschgeschäft unter Ausblendung vieler anderer Parameter statt. Zwar wird nicht Geld gegen Erregung getauscht – wohl aber Erregung gegen Erregung. Und genau wie in der Prostitution bleibt die Erfüllung psychosozialer Grundbedürfnisse aus. Die momentane beziehungsweise situative »Liebe«, die dabei »gemacht« wird, bleibt fiktional.

Aber diese Kontakte werden gesucht, millionenfach. Vielleicht auch, weil eine Realbeziehung zu »real«, zu fordernd, zu bedrängend sein kann? Also als Flucht aus der Realität?

Eskapismus ist ein wichtiges Stichwort: Lassen Sie mich Ihnen eine kleine Fallvignette aus meiner Praxis erzählen.

Ein Paar um die vierzig: sie, Manuela, ein bisschen älter und besser ausgebildet als er, Philip. Die beiden haben zwei noch relativ junge Kinder.

Manuela berichtete in der Paaranamnese von ihrem autoritären, unterdrückenden, strafenden Vater. Dem entsprechend war ihre Beziehungspräferenz kontrakompensatorisch: auf keinen Fall ein Mann wie mein Vater! Weil sie wegen der vielen Arbeit kaum neue Leute kennenlernte und einen deutlichen Kinderwunsch hatte, begann sie via Internet einen Partner zu suchen. Einen, der lieb ist, einfühlsam, vertrauenswürdig und verantwortungsvoll. Einen, der ihren Kinderwunsch erwiderte und ihr auf keine Art gefährlich werden könnte. Und so hatte sie Philip gefunden. Einen etwas jüngeren, gut aussehenden, aber eher selbstunsicheren Mann mit schwächerer Persönlichkeit, der in einer Beziehung auch selbst versorgt und unterstützt werden wollte. Der also eigentlich eine »Mama« suchte. So deutlich war das Manuela am Anfang aber nicht bewusst. Der Beziehungsbeginn der beiden war amourös, alles verlief gut. Relativ schnell war klar, dass Manuela, damals schon Mitte/Ende dreißig, jetzt Kinder haben wollte, zwei Stück. Das war so gewollt, und das wurde dann auch so umgesetzt. Das hieß aber auch: Eigentlich war kaum Zeit für eine echte Beziehungsetablierung. Vom ersten Verliebtsein ging es direkt in die Familiengründung, sodass die beiden sich eigentlich erst richtig kennenlernen konnten, als die Kinder schon da waren. Eine tragfähige Paarbeziehung zu etablieren ist mit zwei unmittelbar aufeinanderfolgenden Kindern schwieriger, als wenn man erst mal zu zweit ist; wir haben schon in den Kapiteln 2 und 4 darüber gesprochen.

Nachdem das zweite Kind da war, kam es zu Schwierigkeiten, vor allem als Manuela wegen eines *Burn-outs* ihre Firma verlassen musste und dann auch noch Philip arbeitslos wurde. Weil sich bei ihm kein neuer Job auftat, machte sie sich nach einer Auszeit notgedrungen selbständig und versuchte, die Familie alleine finanziell über Wasser zu halten, während er die Rolle des Hausmanns übernahm.

Manuela war also Alleinverdienerin, während Philip zu Hause saß und vermeintlich die Stellenanzeigen studierte. Wenn Manuela nach der Arbeit nach Hause kam, war oft der Haushalt nicht gemacht, und die Kinder spielten Playstation, statt Hausaufgaben zu machen. Und sie stellte immer öfter die unausweichliche Frage: »Was hast du eigentlich den ganzen Tag gemacht?« In dieser Zeit merkte sie, wie ihr inneres Vaterbild wieder präsent wurde und sie sich eigentlich einen großen, starken, durchsetzungsfähigen Mann wünschte, einen Versorger, Besorger und Beschützer. Nicht einen Burschi wie Philip, der es weder alleine noch für die Familie so richtig brachte … Die sexuelle Beziehung der beiden war zu diesem Zeitpunkt schon längst erodiert. Er hatte Erektionsstörungen entwickelt, die dazu führten, dass es mal klappte und mal nicht, worauf sie unwirsch reagierte, ihm das Gefühl gab, es auch in dieser Hinsicht nicht richtig zu bringen. Woraufhin er sich immer weiter zurückzog.

Eines Tages kam Manuela früher als sonst nach Hause und sah Philip nackt vor dem Computer sitzen. Sie stellte ihn zur Rede, wollte wissen, was er da trieb, und entdeckte, dass Philip Nacktaufnahmen, Fotos und Filme, von ihr und von sich selbst, ins Netz gestellt hatte. Diese Aufnahmen hatten sie zu Beziehungsbeginn spaßeshalber gemacht, aber bestimmt waren sie nicht für eine Publikation auf Youporn gedacht gewesen! Sie war schockiert. Philip hatte, als er die Bilder online stellte, angeblich keinerlei böse Absicht damit verbunden, und nahm, mit Manuelas Entrüstung konfrontiert, alles sofort wieder aus dem Netz. Ein paar Wochen später, nachdem sich der Krach gelegt hatte, entdeckte sie, dass er zwar die Bilder von ihr aus dem Netz genommen, die Bilder von sich selbst aber drinnen gelassen hatte: Sexy Selfies, nackt, eingeölt, in aufreizenden Aktposen. Diese Bilder hatte er auch in Chat-Foren verschickt, wo er dann in Kontakt mit den Empfängerinnen getreten war. Mit denen hatte er sich dann zu *Cyber-Sex-Dates* vor der Webcam verabredet, wo man sich wechselseitig bei der Masturbation zusieht. Großer Streit, Konflikteskalation, Beleidigungen, Verletzungen, Kontaktaufnahme mit mir.

Warum erzähle ich dieses Fallbeispiel? Was bedeutet das alles?

Philip, zu Hause frustriert, durch Jobverlust und Manuelas subtile Entwertung zum Selbstwertzwerg degeneriert, kompensiert seine Selbstwertnot, indem er sich online als sexuell attraktiven und potenten Mann präsentiert. Und im Netz die Ovationen einsammelt, die er über seine körperliche Attraktivität generieren kann und in seiner Realbeziehung zu Manuela nicht mehr erfährt. Wenn es schon nicht Manuela tut, sagen ihm wenigstens andere: »Du bist aber ein schöner Mann«! Balsam und Labsal für seine wunde Seele! Das ist seine kleine Welt, in dieser kleinen Selbstwertzelle sitzt er eingeölt, lasziv posierend und saugt den süßen

Seim anonymer Anerkennung. Eine Flucht in virtuelle sexuelle Begegnungsräume zum Zwecke der Selbstwertgratifikation.

Das Internet mit seinen Möglichkeiten ist das eskapistische Schlupfloch für Philip, durch das er den Überforderungen der partnerschaftlichen Begegnung ausweichen und sich selbstbestätigend alleine sexuell betätigen kann. Dass für beide sichtbar und verstehbar zu machen war der erste Schritt der Therapie.

Leuchtet ein: Kontakte, die über das Internet anonym hergestellt wurden, wären in diesem Fall ein Ersatz des eigentlichen Beziehungswunsches. Aber muss das immer so sein?

Natürlich nicht. Es gibt auch wunderbare, gesunde, tolle Beziehungen oder Treffen, die über das Internet gestiftet worden sind – überhaupt keine Frage. Wir sprechen hier lediglich darüber, was sich durch die Veränderung technischer Möglichkeiten in Beziehungen und Beziehungsgestaltungen verändert haben könnte. Und ich habe gesagt, dass das »Produkthafte«, zu dem wir uns umformen, sobald wir uns über »Plattformen« anbieten, durchaus mal mitbedacht werden könnte.

Noch ist es bei uns nicht so weit, aber nehmen Sie zum Beispiel Japan. Dort sind 50 Prozent der unter 40-Jährigen Singles. Die gefühlte Anonymität, Isolation, Vereinzelung und emotionale Einsamkeit nimmt zu. Und dem entsprechend boomen Partnering- und Dating-Agenturen. Und dabei geht es nicht mehr vordringlich nur um *Casual Dating* für unverbindlichen Sex. Vielmehr drängen Angebote auf den Markt, die soziale Begegnungen bewirtschaften: *Social Dating, Coffee-Partner* zum Beispiel, ein Angebot, bei dem man Geld dafür bezahlt, dass jemand einen Kaffee mit einem trinkt … Im Angebot der *Single-Wedding* aber kommt das Bild des *Sad Singles* am dramatischsten zum Ausdruck: Hierbei handelt es sich um Angebote von Agenturen, die für überwiegend weibliche, alleinstehende Kundschaft eine Traumhochzeit mit allem Drum und Dran inszenieren. Der

Bräutigam wird entweder durch ein gebuchtes Fotomodell besetzt oder fehlt einfach. Auch eine Hochzeitsgesellschaft kann man wahlweise dazubuchen, die besteht dann aus Komparsen und kostet extra. Das Ergebnis: Fotos, auf denen einsame Traumbräute mit Hollywood-Make-up, Sissi-Brautkleid und Kunstbrillantdiadem vor perfekter Traumkulisse traurig in die Kamera lächeln. 2000 Dollar kostet die Inszenierung. Ziel: den Eltern und den *Friends* auf *Facebook* Bilder vom »schönsten Tag ihres Lebens« zu schicken; mit anderen Worten: etwas vorzeigen zu können, etwas vorzuweisen zu haben. Auch wenn oder gerade weil es real eben nicht existiert. Die Nähe der kommodifizierten, also der *zur Ware gewordenen* (Sexual-)Begegnungen zur Prostitution kann man aber vielleicht am besten an einer dritten Form von Partnerbörse erkennen, die seit ein paar Jahren boomt und bisher vor allem in Asien starke Zuwachsraten verzeichnet: das sogenannte *Social- und Sugar-Partnering.*

Was ist das?

Beim Sugar-Partnering ist es so, dass jüngere, sexuell attraktive Frauen mit älteren, finanziell potenten Männern in Kontakt gebracht werden. Die Frau sagt: »Du kannst mich zur Freundin und als Sexualpartnerin haben.« Und der finanzkräftige Mann sagt: »Prima, ich suche eine Partnerin und will Sex, habe aber keine Lust und Zeit, eine Beziehung auf Augenhöhe zu führen.« Bei diesen Deals geht es nicht *nur* um Sex, auch wenn Sex integraler Bestandteil der Geschäftsbeziehung ist. In erster Linie geht es um einen seltsamen Graubereich von »Beziehung«. Die wirtschaftlich erfolgreichen und finanzstarken Männer suchen eine Partnerin, um am Wochenende jemanden zu haben, mit dem sie mal ausspannen können, sie suchen eine junge, schöne Frau, die sie zu Geschäftsessen mitnehmen oder im Verwandten- und Bekanntenkreis vorzeigen können. Und nicht jedes Mal eine andere, denn Sugar-Partnering ist ja kein Escort-Service. Der Mann will nicht mit einer Prostituierten im konventionellen Sinne in Erscheinung treten, sondern mit einer konstanten Partnerin, die qua sexueller Attraktivität sein Prestige steigert und mit der er dennoch keine gleichberechtigte partnerschaftliche Beziehung führen muss. Die Männer erwerben eine Art »Fassadenehe«, ein soziales Konstrukt mit einer schönen jungen Frau, sowie eine normkonforme Selbstdeklaration: »Schaut her, ich habe eine schöne junge Frau an meiner Seite und lebe in einer Beziehung. Mit mir ist alles normal!« Bei diesen reichen, karriereorientierten Männern ist Geld im Übermaß vorhanden, dafür ist Zeit knapp, und aufwendige Anbahnungsprozesse sind aufgrund des Terminkalenders nur schwer möglich. Außerdem haben sie oft genug festgestellt, dass ihr dickes Portemonnaie ohnehin einer ihrer wesentlichen Reize ist – warum also nicht ganz ehrlich einen regelrechten Vertrag online darüber abschließen?

Frauen werden in diesem Geschäft nicht nur mit Credits für ihr Äußeres versehen; es werden ebenso Sozialstatusattribute abgefragt und eingepreist. Frauen mit Fremdsprachenkenntnissen und akademischem Berufsabschluss haben mehr Chancen, einen potenten *Sugardaddy* zu finden als solche, die über einen Hauptschulabschluss verfügen und ausschließlich Ukrainisch sprechen. Frauen, die sich beim Sugar-Partnering anmelden – sie nennen sich *Sugarbabes* – müssen sozial präsentabel und sexuell attraktiv sein. Und damit erwerben sie einen luxuriösen oder zumindest gehobenen Lebensstil, den sie allein aus sich heraus nie erreichen und erleben könnten. Das geht von frei verfügbaren Kreditkarten, mit denen sie unbegrenzt Designergarderobe, Schuhe und Handtaschen shoppen können, über den feschen Sportwagen bis hin zum Penthouse aus Glas und Stahl.

Was ich wirklich interessant an diesem im doppelten Sinne des Wortes *unheimlich* erfolgreichen Modell finde, ist die Tatsache, dass die beiden Vertragspartner diese »Beziehung« nicht für einen Event oder eine Nacht eingehen wie beim semi-prostituierten Escort-Service. Sugar-Partnering heißt: »Wir werden eine Art

Paar!« Das kann sogar so weit gehen, dass dieses *Paar* darin übereinkommt, gemeinsam ein Kind zu bekommen, wenn die Frau einen unerfüllten Kinderwunsch hat! Hier finden wir die integrale Kommodifizierung aller drei Funktionen von Sexualität in einem Geschäft: Beziehung, Lust und Fortpflanzung. Wenn die beziehungslose Erfüllung unerfüllter Kinderwünsche im Vordergrund steht, nennt sich dieses Marktsegment »*Online- bzw. Social- oder Co-Parenting*«.

Die wenigen *Sugardaddys,* die sich in meine Praxis verirrt haben, sagten übrigens übereinstimmend, dass ohne Viagra der ganze Deal unmöglich wäre. Und interessanterweise hatten sie alle dieselben Fragen. Erstens: Wie kann ich meine sexuelle Leistungsfähigkeit steigern, um den jungen Frauen »gerecht« zu werden? Zweitens: Woran kann ich erkennen, ob eine Frau einen Orgasmus vorspielt? Und drittens: Wie kann ich merken, ob die Frau mich wirklich liebt? Es war jedes Mal nicht ganz leicht zu erklären, dass ich für sexuelle Leistungssteigerung und Orgasmusobjektivierung der falsche Ansprechpartner bin. Die letzte Frage konnte ich aber immer einfach, nämlich mathematisch beantworten: Subtrahieren Sie Ihr Portemonnaie von Ihrer Person, und überlegen Sie dann, wie Ihre »Partnerin« reagieren würde. Was danach übrig bleibt, ist »wahre Liebe«.

Natürlich ist auch Sugar-Partnering trotz des Erfolgs kein Massenphänomen. Nicht viele Männer können Frauen auf diesem Niveau finanziell »aushalten«. Aber auch in abgeschwächten Varianten sind solche Konstellationen möglich, es muss ja nicht immer das volle Programm mit Penthouse sein.

Übrigens: Das alles ist ebenfalls nichts wirklich Neues. Weil das entscheidende Kriterium beim Sugar-Partnering das Wohlstandsgefälle zwischen Sugardaddy und Sugarbabe ist, gab es das – selbstverständlich – immer schon. Schon bevor dieser Markt im Internet bewirtschaftet wurde, existierte das Phänomen, dass Frauen aus Entwicklungsländern in Katalogen feilgeboten und auch von Männern aus Mitteleuropa mit überschaubarem Wohlstand geheiratet wurden. Im 20. Jahrhundert waren das vorwiegend Frauen aus Asien, den Philippinen oder Thailand, seltener aus Afrika oder Südamerika. Genau wie heute die Sugarbabes nutzten auch damals schon Frauen diesen Weg, um ihren Lebensstandard zu steigern – und westeuropäische Männer, um sich eine wie auch immer geartete Partnerschaft mit einer sexuell attraktiven Frau einzukaufen. Das Internet allerdings multipliziert den Katalog. Dementsprechend haben wir es auch beim Sugar-Partnering mit keinem neuen Phänomen zu tun. Was neu ist, ist der effizientere Distributionsweg via Internet, die systematische kommerzielle Vermittlung und Vermarktung eines Beziehungsvertrags als Geschäftsmodell.

Und ein weiterer Punkt erscheint mir interessant: Im Gegensatz zur Asiatin, der Afrikanerin oder überhaupt einer Frau aus der »Dritten Welt« ist das aktuelle Sugarbabe als solches phänotypisch nicht mehr identifizierbar. Die Frauen, die heute sugar-partnern, stammen hauptsächlich aus dem östlichen Mitteleuropa. Männer, die plötzlich mit einer schönen Georgierin an der Seite auftauchen, müssen keine indignierten Seitenblicke ihres sozialen Umfeldes mehr gewahren, sie haben nicht mehr den Ruch des potenziell »notgeilen« Katalogeinkäufers früherer Tage, der sich eine willige Asiatin auf einem anrüchigen Markt erworben hat. Das ist das eine. Das andere aber finde ich noch interessanter: Das neoliberale System hat es geschafft, eine globale Segregation herzustellen. Nicht nur hat die »Dritte Welt« die Grenzen unseres Kontinents erreicht; sie ist mitten unter uns.

Was ich mich wie gesagt hinsichtlich all dieser Entwicklungen vermehrt frage: Ist das, was zwischen Menschen geschieht, die sich über Dating- und Partnering-Portale finden, fiktional oder real? Wie auch immer die Antwort auf diese Frage lauten mag: Eindeutig erscheint mir, dass die fiktionale Komponente, die diesen letztlich doch konsumatorischen (Geschäfts-)Beziehungen zugrunde liegt, meistens geleugnet wird. Dass es sich bei kommodifizierter Sexualität häufig genug um eine *nachgespielte Fiktion* zweier Selbst- und Körperdarsteller handelt, wird schlichtweg negiert, auch von den Darstellern selbst!

Aber wie ist es – von den technischen Möglichkeiten einmal abgesehen – dazu gekommen, dass wir es zulassen, uns wie Produkte zu vermarkten? Selbst im Intimsten?

Wir können, auch wenn Sie das gerne wollten, nicht von »den technischen Möglichkeiten« absehen: Das Internet hat alles in dieser Dimension überhaupt erst möglich gemacht. Aber ich ahne, worauf Sie hinauswollen: auf die Vorbilder, die Motivatoren, die Role Models. Nun, wenn Sie darüber sprechen wollen, müssen wir über Pornografie sprechen.

KAPITEL 9

World Wide Porno Web –
Sexual Entertainment und Sexual Fiction

Wenn die Wahrheit da ist, wo nichts mehr verborgen bleibt,
dann ist die Pornografie wahrer als die Wahrheit!

Jean Baudrillard

In diesem Buch ist das Thema »Pornografie« schon häufiger aufge-
taucht: Als Begleiterscheinung erodierender Paarbeziehungen, als
Modell für Körperveränderungen, als potenziell prägender Einfluss
auf die Sexualpräferenz. Dabei habe ich noch nie von Freunden oder
Bekannten erzählt bekommen, dass sie Pornografie nutzen würden ...

Nein? Dann vielleicht erst mal ein paar Zahlen: youporn.com verzeichnet durchschnittlich 100 Millionen Seitenaufrufe pro Tag;
43 Prozent aller Internetnutzer konsumieren pornografische Inhalte, durchschnittlich 15 Minuten pro Internetnutzung; ein Drittel des gesamten Webtraffics wird von pornografischen Seiten generiert; circa 35 Prozent aller Downloads sind pornografischen
Inhalts; »sex«, »fuck«, »porn«, »big tits«, »oral sex«, »anal sex«
gehören zu den weltweit meistgenutzten Suchbegriffen. Jede achte
Internetseite, die aus Deutschland aufgerufen wird, ist eine Porno-
seite. Damit spielt Pornografie im Netz eine größere Rolle als zum
Beispiel Nachrichten. Die Internet-Pornobranche verzeichnet seit
Verfügbarkeit der Breitband-Datenverbindungen vor etwa zehn
Jahren einen ähnlichen Umsatz wie Hollywood mit allen Block-
bustern zusammen. Das sind beeindruckende Zahlen, wie ich finde, die Ihren persönlichen Gesprächserfahrungen doch ein wenig
zu widersprechen scheinen ... Ich denke, ob darüber gesprochen
wird oder nicht: Pornografie wird konsumiert, und zwar im ganz
großen Maßstab. Mit dem Datendurchsatz, den die sexuellen Inhalte im Internet ausmachen, könnte man täglich eine Voyager-
Rakete auf den Mond schicken ...

Dass das geleugnet wird, steht auf einem anderen Blatt. Schließlich ist Pornografiekonsum in der Regel begleitet von Selbstbefriedigung. Und Selbstbefriedigung ist nach wie vor eine tabuisierte
Form sexueller Betätigung. In diesem Punkt hat sich in den letzten
fünfzig Jahren wenig geändert. Sich sexuell aktiv zu präsentieren

ist positiver konnotiert, als darüber zu berichten, dass man »es sich selber macht«. Dabei ist sexuelle Selbstbetätigung ein natürlicher Teil unseres sexuellen Erlebens und Verhaltens.

Wobei ich behaupten möchte, dass das Sprechen über Pornokonsum auch eine Generationenfrage ist. Bei denjenigen, die mit dem Internet aufgewachsen sind, also bei denen, die nach 1990 geboren wurden, findet durchaus ein Austausch über pornografische Angebote und Vorlieben statt. Man schickt sich Links, man zeigt sich, was man entdeckt hat, teilt, worauf man steht – und gibt damit eine Selbstauskunft. Das ist bei den Jahrgängen, die vor dem Internetzeitalter sozialisiert wurden, anders. Das hat gewiss auch mit der Ausdifferenzierung des pornografischen Angebots zu tun, die es einfacher macht, etwas Geschmackvolles zu finden und als Selbstausweis auszuwählen. Früher schlich man sich heimlich in eine Videothek und griff im Regal nach »Peter Pan und die perversen Pimmelpiraten« oder etwas Ähnlichem, das man nicht unbedingt mit irgendwem teilen wollte. Heute ist jede erdenkliche Form von Pornografie für jeden Geschmack mit drei Klicks auf dem eigenen Computer.

Nun hat es Pornografie ja immer schon gegeben. Hat »Internet«-Pornografie eine eigene Problematik?

Der erste echte Porno hieß »El Sartorio« und wurde 1907 in Argentinien gedreht. Er zeigt, wie ein lüsterner, bocksbeiniger Waldgeist mit drei jungen Frauen auf explizite Weise Sex hat, was vorher so noch nie in Großaufnahmen gefilmt worden war. Pornografie ist also mitnichten etwas Neues, sondern seit über hundert Jahren auf dem Markt. Das Neue ist, wie beim Dating, der Distributionsweg »Internet«. Dadurch ist echte Pornografie erstmalig für alle, also auch für Kinder und Jugendliche, unbeschränkt und ganz problemlos verfügbar.

Wir haben darüber anlässlich der Peepshows schon im letzten Kapitel gesprochen: Bis vor wenigen Jahren war Pornografie etwas, das nur über Um- und Nebenwege und nur für Erwachsene erhältlich war. Echte Pornos wurden unter der Ladentheke oder in darauf spezialisierten, vorzugsweise düsteren Ladenlokalen verliehen und verkauft oder in Pornokinos vorgeführt. Diese Distributionswege verband, dass man erwachsen sein und persönlich dort hingehen musste. Und es konnte durchaus peinlich werden, wenn man beim Betreten oder Verlassen solcher Läden gesehen wurde – oder an der Kasse, wo man für das gewünschte Produkt teuer bezahlte, seinen Ausweis vorzeigen musste. Heute hingegen ist Pornografie via Internet für jeden und jede überall rund um die Uhr zugänglich, und es besteht kaum Gefahr, dabei »entdeckt« zu werden. Pornografiekonsum via Internet ist ubiquitär: an jedem Ort, zu jeder Zeit, mit jedem internetfähigen Endgerät und unter allen Umständen konsumierbar. Er ist anonym: Keiner weiß, wer ich bin. Er ist klandestin: Keiner weiß, was ich tue und dass ich es tue. Er ist polymorph: Keiner weiß, was ich mir ansehe. Er ist unbeschränkt: Keiner kontrolliert, wie alt ich bin. Zudem ist er sogar überwiegend kostenlos. Das hat es vorher noch nie gegeben.

Das heißt, alle sozialen, juristischen und monetären Hürden beim Erwerb oder Konsum von Pornografie sind verschwunden. Das kann zu der skurrilen Situation führen, dass Eltern ihre 15-jährigen Kinder aus dem Wohnzimmer schicken, wenn ein Film mit der Vorwarnung: »Die nachfolgende Sendung ist für Jugendliche unter 16 Jahren nicht geeignet!«, kommt, und die Jugendlichen dann in ihr Kinderzimmer gehen und sich auf dem Rechner Hardcorepornos anschauen. Nur 3 Prozent der Pornoseiten verlangen einen verifizierten Altersnachweis, 97 Prozent sind unangemeldet einsehbar. Und zwar sowohl die Standardpornografie als auch die Darstellung abweichender oder sogar problematischer sexueller Inhalte wie Sex mit Tieren, mit Behinderten, mit Nicht-Einwilligungsfähigen oder mit Kindern. All das ist nur einen Klick entfernt, und man muss kein Computernerd sein, um solche Filme und Abbildungen im *World Wide Web* zu finden.

Nach Studien sind circa 69 Prozent aller 11- bis 17-jährigen

Jungen und 57 Prozent aller Mädchen dieser Altersgruppe mit Pornografie im Internet in Kontakt gekommen. 16 Prozent der Jugendlichen haben Abbildungen von Sodomie, Nekrophilie, Geschlechtsverkehr mit Gewalt, sexueller Verstümmelung und sexuellem Kindesmissbrauch gesehen, 6 Prozent der Jugendlichen haben Abbildungen von sadomasochistischen Praktiken, Fisting- und Dehnungspraktiken, Gruppensex und Gang-Bang sowie Praktiken in Verbindung mit Fäkalien gesehen.

Und die Kinder und Jugendlichen leiten Pornografie weiter: je krasser der Inhalt, desto cooler der Sender. *Porno-Posting* nennt man den Versand von Pornoclips via Smartphone durch Instant-Messenger und Chat-Apps, vor allem über WhatsApp. Dieses Weiterleiten und »Teilen« dient sowohl dem Sozialstatus innerhalb der Peergroup (*must-have-seens*) als auch der Bloßstellung und Beschämung des Empfängers: Hierbei schicken vor allem Jungen Mädchen sogenannte *shouldn't-have-seens,* also besonders krasse Pornoclips, und freuen sich, wenn die Mädchen schockiert reagieren.

Dass das etwas bedeutet, ist sehr wahrscheinlich. Und zwar deshalb, weil – wie wir bereits gesehen haben – das zweite Lebensjahrzehnt für die Ausformung der Persönlichkeit und die Ausbildung einer Identität von großer Bedeutung ist. In dieser Zeit sind viele Persönlichkeitsanteile Prägungseinflüssen gegenüber besonders empfänglich. Dass in dieser Entwicklungsphase der Kinder und Jugendlichen echte Pornografie jederzeit und unkontrolliert konsumiert werden kann, hat es kulturgeschichtlich noch nie gegeben, weshalb auch niemand wissen oder vorhersagen kann, ob und wenn ja welche Auswirkungen das auf die psychosexuelle Entwicklung von Kindern und Jugendlichen hat. Wir erleben in diesem Kontext einen globalen, unkontrollierten und unkontrollierbaren Feldversuch. Die Bezeichnung »Generation Porno« für die Geburtsjahrgänge ab 1990 ist insofern zutreffend, als diese Generation die erste ist, die mit dem Internet aufgewachsen und wahrscheinlich primär über das Internet mit der fiktionalen Darstellung von Sexualität in Form von echter Pornografie in Berührung gekommen ist.

Das liegt aber natürlich nicht »am Internet«. Das Internet ist ein Medium und kein Inhalt! Bücher können nichts dafür, was Autoren darin schreiben. Telefone können nichts dafür, was Anrufer erzählen. Fernseher können nichts dafür, was Sender ausstrahlen. Und das Internet kann nichts dafür, was Nutzer verbreiten und konsumieren. Und auch dies gleich vorneweg: Ich möchte diese Entwicklung nicht – und »Pornografie an sich« schon gar nicht – bewerten, sondern beschreiben. Ich möchte darüber nachdenken, was das mit uns macht und was diese Entwicklungen und Veränderungen bedeuten; ob sie über die Welt, in der wir leben, etwas aussagen.

Der gesellschaftliche und mediale und leider auch der sexualwissenschaftliche Diskurs zu diesem Thema kennt bloß zwei Extreme: Dramatisierung und Skandalisierung auf der einen oder Trivialisierung und Bagatellisierung auf der anderen Seite. Entweder geht der Pornos wegen das Abendland unter, oder sie sind vollkommen harmlos, immer schon da gewesen und nicht der Rede wert. Es bringt meines Erachtens aber nichts, das Phänomen entweder zu dramatisieren oder zu bagatellisieren. Vielmehr sollten wir versuchen, das Phänomen *zu analysieren und zu problematisieren.* Das ist es, worum es mir hier geht. Ich bin weit davon entfernt zu behaupten, heute sei alles Sodom und Gomorrha!

Kreiert die jedem zugängliche Internetpornografie andere sexuelle Selbstkonzepte oder »Skripte« – Vorstellungen und Wünsche bezüglich der sexuellen Betätigung?

Die sexuellen Konzepte der Menschen waren im 18. Jahrhundert andere als im 20. Jahrhundert, 1968 andere als heute. Gesellschaftspolitische, ökonomische oder auch technologische Modifikationen verändern unsere Erlebnisweise, unseren Umgang mit den Dingen, unseren Umgang mit den Körpern, unseren Umgang miteinander und mit uns selbst. Und bei alldem bleibt unsere Wesenhaftigkeit als Menschen bezüglich unserer Grundbedürfnisse gleich .... Keine Technologie, keine Revolution, keine Droge kann verändern, dass wir auf Bezugnahme und Angenommensein anderer angewiesen sind, um uns gut zu fühlen. Dieses Prinzip bleibt durch die gesamte Menschheitsgeschichte konstant und stabil bestehen.

Was sich allerdings verändert, sind die Rahmenbedingungen. Die Möglichkeiten, Sexualität zu erleben und auszuleben, waren in der Vergangenheit eingeschränkter als heute, und bei vielen sexuellen Konzepten ging es früher darum, den eigenen Spielraum, das eigene sexuelle Erlebens- und Verhaltenspektrum zu erweitern und sich von tradierten Normen zu emanzipieren. Das ist heute nicht mehr so. In der Multioptions- und Optimierungsgesellschaft ist bis zur letzten Körperhöhle alles möglich, ausgeleuchtet und offen. Heute geht es weniger um eine Erweiterung des eigenen Spielraums als um eine notwendige Reduktion. Um eine Eingrenzung der überbordenden Angebote und Optionen, die sich uns bieten. Es geht darum, die eigene Identität zu finden und zu entwickeln, trotz der potenziellen Überforderung durch unzählige Wahlmöglichkeiten. Heute muss man versuchen herauszufinden, was einem wirklich selber entspricht und gefällt – viel mehr als früher. Ich glaube, dieser selektive Identitätsfindungsprozess ist komplexer als der emanzipatorische, der sich gegen Beschränkungen und Begrenzungen auflehnen konnte. Der die Möglichkeit besaß, eine Identität in der Ablehnung, also quasi *ex negativo* zu etablieren. Heute herrscht die Qual der Wahl, die Bürde der unbeschränkten Wahlfreiheit.

Das ist der Grund, weshalb wir über Internetpornografie nachdenken und sprechen sollten: Eine Technologie verkompliziert die Herausbildung einer eigenen Identität. Wir sind alle umgeben von technologischer Polyvalenz, wir wissen, dass es keine Grenzen mehr gibt. Folgt daraus, dass wir denken: »Ich könnte Sabine meinen Finger in den Po stecken oder mir von Oliver einen blasen lassen«? Heute sind alle, vor allem »die jungen Menschen«, herausgefordert, sich selber zu begrenzen – zur Selbstwahrnehmung und Selbstkonturierung. Eine Identität ist niemals grenzenlos, für unsere geistige und seelische Gesundheit benötigen wir eine Selbstdefinition (»finis« heißt »Grenze«). Nur durch diese Grenzziehung kann man gelingend mit anderen in Kontakt treten und ein brauchbares Beziehungsangebot unterbreiten. Wenn ich Alles und Nichts bin, werde ich auch als Alles und Nichts wahrgenommen. Wenn ich nach allen Seiten offen bin – bin ich mit Sicherheit nicht ganz dicht. Die universelle Verfügbarkeit multimedialer Pornografie führt zu einer neuen Anstrengung: sich im Gewirr der Multioptionalität selbst zu finden, zu definieren und abzugrenzen.

Worüber sprechen wir konkret, wenn wir von Pornografie sprechen?

Wir sprechen von expliziter, bildlicher Fokussierung auf Genitalien und sexuelle Handlungen, von der Darstellung beziehungsloser, sexueller Interaktionen zur Herbeiführung sexueller Erregung beim Betrachter. Aufgrund der programmatischen Beziehungslosigkeit ist Pornografie kein Abbild menschlicher Sexualität, sondern eine fiktionale Darstellung in Form von Übertreibungen. Genau wie in anderen fiktionalen Formaten wie Kriminalfilmen oder Science-Fiction. Sie nimmt nicht für sich in Anspruch, Wirklichkeit abzubilden, sie will unterhalten und stimulieren. Pornografie ist sexuelle Fiktion, *Sexual Entertainment.*

Ich spreche, wenn ich von Porno spreche, nicht von »Kunst« – von Pier Paolo Pasolini, Bernardo Bertolucci, Nagisa Oshima oder Lars von Trier – und ich spreche auch nicht über »Erotika«, also erotische Filmchen der Marke »Liebesgrüße aus der Lederhose«. Auf solche Filme beziehen sich allerdings viele Diskussionsteilnehmer und -teilnehmerinnen, wenn sie sagen: »Mensch, macht euch nicht verrückt, wir haben doch früher im Fernsehen auch Pornos geguckt, und geschadet hat es uns nicht!« Die Wirkungen von »Sechs Schwedinnen auf Ibiza« ist aber eine ganz andere als die von »Sperm Swap« oder »Cute Babe Wrecked in the Ass«. So wie eine »Trinidad-Scorpion-Butch-T«-Chilli anders wirkt als edelsüßer ungarischer Paprika. Es wird verkannt, dass Erotika in Heften oder im Fernsehen deswegen frei verfügbar sind, weil sie nichts mit »echter« Pornografie zu tun haben, weil sie eben gerade keine Pornografie sind. In diesen Heften und Filmen sind weder explizit Genitalien noch explizite sexuelle Handlungen zu sehen.

Bis heute ist Pornografie außerhalb des Internets für Minderjährige nicht frei zugänglich, und das Verleihen, Verkaufen oder Verbreiten von Pornografie an Minderjährige ist per Jugendschutzgesetz verboten; das gewährleistet auch die Freiwillige Selbstkontrolle der Filmindustrie. Der Zeitschriftenhandel, das Fernsehen und die Videotheken, wo eine Kontrolle der Zugänglichkeit für Minderjährige stattfinden konnte, sind spätestens seit Beginn des 21. Jahrhunderts vom Internet abgelöst worden. Seitdem besteht faktisch keine Zugangskontrolle mehr.

Vielleicht könnte man an dieser Stelle einmal kurz etwas erwähnen, was meines Erachtens bisher nicht ausreichend differenziert worden ist: dass nämlich auch »Porno« nicht gleich »Porno« ist. Tatsächlich haben wir es auch hier wieder mit einem Kontinuum *sexuell erregender Bilder* zu tun. Übrigens nicht mit »pornografischen *Schriften«,* wie es uns der Gesetzestext bedauerlicherweise immer noch weismachen will.

Dieses Kontinuum beginnt mit den gerade beschriebenen *Erotika.* Der gesamte Bereich der frei verfügbaren sexuell erregenden Bilder in Playboy, Lui, Penthouse sowie die Erotikfilme im öffentlichen und privaten Fernsehen sind Erotika, werden allerdings umgangssprachlich und fälschlicherweise als *Softpornos* bezeichnet.

Auf der nächsten Stufe des Kontinuums rücken Genitalien und sexuelle Handlungen in den Mittelpunkt. Hier geht es um *explizites* Posieren und Präsentieren des Genitals, sexuelle Selbstbetätigung beziehungsweise Selbststimulation. Im Englischen heißt dieser Bereich daher *Erotic Posing*. Wenn dabei ein erigierter Penis oder eine geöffnete Vulva gezeigt wird, nennt man das *Pink Shots*.

Erst jetzt erreichen wir auf dem Kontinuum die Mitte, also die *Mainstream-* und *Standard-Pornografie,* bei der sexuelle Interaktionen zwischen zwei oder mehreren Personen durch die bildliche Fokussierung auf Genitalien und die sexuellen Handlungen der Beteiligten auf explizite Weise abgebildet werden. Diese Mitte des Kontinuums ist der Bereich, den sich die meisten Menschen unter dem Begriff Pornografie vorstellen.

Dann kommen wir zum Bereich der *Hardcore-Pornografie,* in dem zum Beispiel Dehnungspraktiken wie *Fisting* gezeigt werden, aber auch *Face-Sitting,* Gruppensex mit multiplen, simultanen Penetrationen einer Person durch mehrere Akteure (sogenannte *Gang-Bangs*), Extremfetischismus, BDSM-Praktiken bis hin zum *Hardcore-Sadomasochismus.*

Danach kommt das, was ich *Devianz-Pornografie* nenne, also Pornografie mit abweichenden Inhalten, im Englischen *Non-Normative Sex* genannt. Hier treten abweichende sexuelle Reizmuster auf die Bühne des Pornos, die Darstellung sexueller Handlungen mit körperversehrten, fettleibigen, magersüchtigen oder extrem behaarten Personen zum Beispiel. Zu sehen ist in dieser Kategorie beispielsweise die Einbeziehung von Ausscheidungen wie Erbrochenem, Kot und Urin in das sexuelle Geschehen, das Knebeln und Luftabdrücken bis an die Grenze der Ohnmacht, das Beibringen von Verletzungen und ernsteren körperlichen Beeinträchtigungen und so weiter.

Das Kontinuum der sexuell erregenden Bilder endet schließlich bei dem, was ich *Delinquenz-Pornografie* nenne: der Dokumentation sexueller Übergriffe und Angriffe gegen die sexuelle Selbstbestimmung anderer Personen. Das ist die filmische Dokumentation von Sexualstraftaten, wie der heimlichen, sexuell motivierten Beobachtung von Personen in intimen Situationen, der sexuellen Nötigung, Vergewaltigung oder des sexuellen Missbrauchs von abhängigen oder nicht einwilligungsfähigen Personen wie illegalen Migranten, Zwangsprostituierten, Behinderten, Betäubten, Toten oder Tieren. Zu diesem Endpunkt auf dem Kontinuum sexuell erregender Bilder gehört insbesondere auch die Dokumentation von sexuellem Kindesmissbrauch, die umgangssprachlich fälschlicherweise als *Kinderpornografie* bezeichnet wird.

Sie sehen: Es gibt auf diesem Kontinuum große Unterschiede. Und diese müssen differenziert betrachtet werden, wenn wir uns über die Bedeutung von Pornografie miteinander verständigen wollen. Porno ist eben nicht gleich Porno.

Bereits im letzten Kapitel sprachen wir darüber, wie sehr die Möglichkeiten des Internets auf unsere Erwartungen an sexuelle Begegnungen einwirken. Kann man denn sagen, dass Pornos unsere Lebenswirklichkeit prägen? Wenn ja, würde das doch voraussetzen, dass die »Cyber-Reality« von den Konsumenten als Wirklichkeit ausgelesen und auf irgendeine Weise als Lernmodell verstanden wird. Ist das tatsächlich der Fall?

Sie sprechen von »Cyber-Reality«. Ich verwende diesen Begriff genauso wenig wie »Virtual Reality«, »Digitale Welt« oder »Digital Natives«. Das sind Begriffe, die meines Erachtens erkenntnistheoretisch unergiebig sind. »Digital« bedeutet, analoge Größen in abgestuften Werten speichern zu können. »Kybernetik« betrifft die Steuerungs-, Mess- und Regeltechnik des Computers. Beide Begriffe sind für unser Thema überhaupt nicht hilfreich. Sie geben vor, einen vollkommen neuen Raum der Wahrnehmung, der Erfahrung und des Erlebens zu öffnen, doch das ist nicht der Fall. Deshalb sind Cybersex, Cybergrooming, Cybermobbing, Cybercrime, Cyberwar meines Erachtens Modebegriffe, die nichts erklären. Aber haben wir andere? Interessanterweise nicht!

Dasselbe gilt für den Begriff »Virtuelle Realität« (VR), sofern er suggerieren will, dass es sich bei dem, was das Geschehen im Internet mit uns zu machen imstande ist, um nicht reales Geschehen handelt. Das mag bezogen auf VR-Computerspiele wie »League of Legends«, »World of Warcraft« oder seinerzeit die Ikone der

VR »Second Life« stimmen, trifft aber nicht auf die Nutzung des Internets zum Konsum von Pornografie oder für die Anbahnung sexueller Kontakte zu. In den beiden letzten Fällen nämlich kreiert die sogenannte *virtuelle* Realität erstaunlich schnell *sexuelle* Realität. Wir haben die Problematik von real und virtuell bereits angesprochen, nur möchte ich hier die Blickrichtung umkehren. Nicht nur löst der Konsum von Internetpornografie reale sexuelle Stimulation aus, man kann sich im Internet auch real verlieben. Selbst wenn man nur Bilder von jemand anderem gesehen, nur gechattet oder gemailt hat. Die dabei entstehenden Gefühle und lebenspraktischen Folgen sind real und keineswegs virtuell! Es gibt einsame Menschen, die ihr gesamtes Vermögen an vermeintliche Partner überweisen, die sie noch nie gesehen haben, an Partner aus dem Internet, die von organisierten kriminellen Banden simuliert wurden, die aber für die Opfer gefühlt als echte Beziehungspartner existiert haben. Die Beschämung und der Vermögensverlust, die folgen, wenn der Schwindel auffliegt, sind bittere Realität. Die gefakten Partner sind *Avatare,* sie sind zwar »virtuell« beziehungsweise nicht real – doch die erzeugte und entstehende Verliebtheit ist so real wie in einer echten Beziehung. Woran man wieder sehen kann: Beziehung findet *in* uns und nicht nur *zwischen* uns statt, der andere ist nicht die Ursache unseres Beziehungserlebens, unserer »Liebe«, sondern vor allem der *Auslöser* für die Projektion der Erfüllung unserer Bedürfnisse. Ob die geliebte Person »in echt« existiert oder nicht, spielt dafür keine bedingende Rolle. Die entstehenden Gefühle und ihre Folgen sind real und nicht virtuell.

Wie ist das beim Porno?

Hier ist das Problem ein wenig anders, aber ähnlich gelagert.

Ich begegne in meiner Praxis immer wieder Männern, Anfang, Mitte zwanzig, die mir sagen, sie hätten keine Lust mehr auf Sex. Dann frage ich: »Auf Sex allgemein oder nur auf Sex mit Ihrer

Partnerin?« Dann kommt meist: nur auf Sex mit den Partnerinnen – Selbstbefriedigung findet regelmäßig statt. Dann frage ich: »Warum, glauben Sie, ist das so?« Die Antwort: »Ja, wissen Sie, Sex mit meiner Freundin kickt nicht mehr richtig, jedenfalls nicht so wie die Pornos im Internet.«

Mir scheint, dass junge Männer, etwa ab dem Geburtsjahrgang 1990, ihr sexuelles Skript häufiger über den Konsum von multimedialer Internetpornografie erworben haben als über sexuelle Real- und Selbsterfahrungen. Bei vielen findet sich kein Konzept von Sexualität, das aus wirklichen Begegnungen, ersten Kussfreundschaften, vielsagenden Gesprächen und daraus resultierenden *eigenen* Fantasien erwachsen wäre. Diese Tatsache aber verändert mutmaßlich ihre Sicht auf die eigene Sexualität. Und damit auch ihr sexuelles und partnerschaftliches Verhalten und die Bewertungen, die sie ihrem Sexualleben und ihren Sexualpartnerinnen geben. Diese jungen Männer haben über Jahre hinweg eine extreme multisensuale Ansprache ihres Nervensystems erfahren, eine explizite visuelle und akustische sexuelle Stimulation, die im realen Sexualleben in aller Regel so gar nicht gegeben oder möglich ist. Und dann erleben sie plötzlich in einer realen Begegnung eine Partnerin, die weder laut rumstöhnt noch aufrecht stehende Doppel-D-Riesenbrüste hat, noch »Mach's mir, du Sau!« schreit, automatisch multiple Orgasmen bekommt und danach »squirtet« wie ein Wasserfall – sondern eine Frau, die eventuell einfach mit einem Partner schlafen möchte, ohne spektakuläre Praktiken, Stellungen und Lautäußerungen. Die vielleicht einfach mal kuscheln und gar keinen Geschlechtsverkehr haben möchte.

Diese Männer erleben das als Diskrepanz. Schlimmstenfalls als Manko. Da wird ein Abgleich zwischen sexueller Fiktion und sexueller Realität vorgenommen, und die Realität schneidet schlecht ab. Und Sex wird so gedacht, wie man ihn im Porno lernt: Fummeln, Blasen, Lecken, Ficken, von vorne, von hinten, anal, Kommen und Abspritzen, ins Gesicht und den Mund. Das war's. Personen, die primär nach diesem Modell sozialisiert wurden, vergeben an ihre Partnerinnen bzw. Partner Haltungsnoten wie beim Bodenturnen. Nicht was sie erleben, zählt, sondern die Figur, die sie bei der *Koitalakrobatik* machen. Alle Aufmerksamkeit ist im Außen. Für innen gibt's kein Bewusstsein, und die Frage der partnerschaftlichen Beziehung, im Rahmen derer die sexuelle Begegnung stattfindet, stellt sich sowieso nicht. Wozu auch? Kommt ja in den Pornos nicht vor.

Wenn ich diese Menschen frage: »Warum wollen Sie *eigentlich* mit Ihrer Partnerin oder Ihrem Partner schlafen?«, führt das zu ratlosen Blicken. Dann frage ich weiter: »Worum geht es Ihnen denn, wenn Sie Sex mit Ihrer Partnerin oder Ihrem Partner haben?« Weitere große Fragezeichen in den Pupillen, dann die versuchte Antwort: »Na ja, Geilwerden, Spaßhaben, Lust ...« Alles, was Sexualität für uns Menschen im Kern ausmachen kann, die beziehungsstiftende und beziehungsstabilisierende Kommunikationsfunktion, bleibt unerschlossen. Es gibt keinen Kuchen, nur den Zuckerguss.

Im Verlauf der Therapie mache ich dann manchmal eine Transferübung und frage die Männer, ob sie auch andere Filme als Pornos schauen. Batman zum Beispiel. »Batman hat doch so ein super Auto, das ›Batcar‹, das kann fahren wie ein Rennwagen, fliegen wie eine Rakete, tauchen wie ein Delfin, schießen und sich unsichtbar machen und in eine Kugel verwandeln. Tolles Teil, das Batcar, oder?« »Ja, tolles Auto.« »So. Und jetzt kommen Sie aus dem Kino und steigen in Ihren Golf. Ist das für Sie auch frustrierend? Wollen Sie auch von Ihrem Golf, dass er Sie so ›kickt‹, wie ein Batcar es würde?« Mit diesen Fragen versuche ich dem jungen Mann vor Augen zu führen, dass sein Anliegen für die Konsultation bei mir ungefähr dasselbe ist, als würde er mit seinem Golf zur nächsten Kfz-Werkstatt fahren und dem Meister erklären: »Die Kiste fetzt null. Fährt zwar total zuverlässig, hat 'ne Heizung und sogar Radio – gibt mir aber überhaupt keinen Kick! Ich will ein Batcar!« Da würde der Kfz-Meister vermutlich sagen: »Junge, du hast da was falsch verstanden.«

Die Unterscheidung von Fiktion und Realität, die bei Action-, Krimi- oder Science-Fiction-Filmen wie »Batman« klappt, bleibt beim Konsum von Pornografie beinahe kollektiv aus. Pornos werden – man mag's nicht glauben – als Dokumentarfilme missverstanden. Ihre fiktionale Qualität wird nicht dekodiert. Zu dieser strukturellen Schwierigkeit hat übrigens die veränderte Pornoästhetik der letzten zehn Jahre einiges beigetragen. Auch wenn Sie, Ihre Freunde und Bekannten keine Pornografie konsumieren, wie Sie behaupten, ist Ihnen vielleicht doch aufgefallen, dass sich sowohl das Bild des weiblichen Pornostars als auch die pornografische Filmästhetik in den letzten Jahren wesentlich verändert hat. Waren noch vor etwa 15 Jahren blondgefärbte, großbrüstige, surreale Kunstprodukte wie Dolly Buster oder Gina Wild die Inkarnation von Männerträumen, hat sich das Körperschema der im Netz am höchsten »gerankten« Pornodarstellerinnen ins real Vorstellbare verändert, zum »Girl next Door«, dem hübschen Mädchen von nebenan. So oder ähnlich heißen auch tatsächlich mittlerweile viele Pornofilmplattformen. »Girlfriend Revenge« ist eine Seite, die suggerieren will, es handele sich um privat gedrehte Filme von Exfreundinnen, »Fake Agent« gibt vor, die Castings für Pornofilme wiederzugeben, »Public Pickups« spricht angeblich Frauen auf der Straße an und überredet sie zum spontanen Sex. Und so weiter.

Die Verwendung von vermeintlich dokumentarischem Material hat also einige Jahre nach dem Hollywood-Erfolg der Mockumentary »Blair Witch Project« auch in die Pornoästhetik Einzug gehalten: Die wacklige Kamera und der verhuschte Ton werden zum Garant des Authentischen, sie »kassieren« – wie es Adorno gesagt hätte – programmatisch jede »Distanz« zum Zuschauer. In der Tat gibt es eine nicht irrelevante Pornokategorie, die eine gänzlich andere Bildästhetik verwendet, als das noch im 20. Jahrhundert der Fall war. Sie nennt sich »POV« oder »Point of View«. Bei diesen Filmen ist der Kameramann Teil des Geschehens, als Interviewer, Verführer, Sexpartner. Bevor es »zur Sache« geht, wird ausführlich gesprochen, und nicht bloß über Sex. Im Hintergrund der Szenerie sind Dinge des alltäglichen Lebens zu sehen, Fernseher, Wäscheberge, Bücherregale. Das Bild stockt und stolpert, die Aufnahme wirkt wie eine gestohlene Handydatei: wie im »echten Leben« eben! Die Zeiten sind vorbei, in denen es leicht war, Porno als Fiktion mit professionellen Darstellern zu dechiffrieren, als noch Traumfrauen in Traumlandschaften herumstaksten oder -lagen. (Und Sie dürfen gerne ein »Alb-« vor jeden »Traum« setzen.) Insofern ist die erlebte Verwischung der Grenze zwischen Porno und eigener Beziehung in gewisser Weise nachvollziehbar.

Und das wird in den nächsten Jahren noch schwieriger werden; wenn sich nämlich Devices wie die »Oculus-Rift«-Brille für die Pornografienutzung durchsetzen. Diese Brille kennt man aus der Virtual-Reality-Szene, sie ist ein sogenanntes »Headmounted Display«. Also eine Art Kasten mit einer innen angebrachten Großleinwand, die man sich vor den Kopf und die Augen schnallt. Und damit die gesamte reale Umwelt ausblendet – und nur noch den für dieses Tool gedrehten Film sieht. »Immersion« nennt man das. Ein totales Verschwinden in den Film …

Stattdessen, und quasi als Ersatz für die »Immersion«, wird auch häufig suggeriert, die Pornos seien von Privatpersonen gedreht und ins Netz gestellt worden – was manchmal stimmt, meistens aber nicht. Was aber auch überhaupt keine Rolle spielt, denn es gibt im (Porno-)Film keine Abstufungen des Realen. Alles, aber auch wirklich alles, was auf einem Bildschirm stattfindet, ist Fiktion. Der Porno ist eine Allegorie dieser Tatsache. Jeder, der Sex in einem Film darstellt, auch der Laie, ist ein Pornodarsteller. Jeder Sex, der im Film dargestellt wird, ist Porno. Nicht einmal ein dezidierter Dokumentarfilm ist »real«: Er ist Film! Das ist »der Verrat der Bilder«, um es mit René Magritte zu sagen: *Ceci n'est pas une pipe.* »Reality« und »Virtual Reality« verhalten sich im Porno zueinander wie Brausetablette und Wasser, sie ergeben ein großes Sprudeln, sprich: Verwirrung. Was bleibt – hier spreche ich wieder als Therapeut – sind potenziell Probleme. Die Wahrnehmung und Verarbeitung von (pornografischer) Fiktion als reale sexuelle Norm erzeugt bei vielen Menschen, Männern wie Frauen, Leistungsdruck und Versagensangst.

Ich muss doch noch einmal nachfragen. Dass Männer zu Ihnen kommen und sagen, sie wollten nicht mehr mit ihren Frauen schlafen, weil sie Pornos interessanter fänden: Das kann ich nicht glauben!

Ist auch kaum zu glauben, aber meiner Erfahrung nach ein klinischer Klassiker. Das begegnet mir in meiner Praxis regelmäßig. Männer, die sagen, sie hätten keine Lust mehr auf Sex und ihre Freundin schlage Krach. Männer, die sagen: »Ich selbst wäre ja gar nicht hergekommen, aber meine Freundin hat gesagt, sie verlässt mich sonst. Ich onaniere jeden Tag vorm Bildschirm, aber ich schlafe nicht mehr mit meiner Freundin. Darüber ist sie sauer, und deswegen will sie, dass ich mich hier reparieren lasse. Ich weiß, ich bin sex-, internet- und pornosüchtig. Pornos sind einfach viel geiler als mein realer Sex.« Das sagen diese Männer quasi wortwörtlich so. Und die verbreitete Pseudodiagnose »Sexsucht« ist der perfekte Schutzschirm, um sich vor jeglicher Verantwortung für das eigene Verhalten zu drücken: »Liebling, ich kann nichts dafür! Ich bin sex-, internet- und pornosüchtig!« Meistens haben die Betroffenen diesbezüglich auch selbst überhaupt kein Problembewusstsein. Sie masturbieren hinter verschlossener Tür und vor dem Bildschirm, essen danach mit ihrer Freundin Spaghetti Bolognese und schauen den »Tatort«. No problem! Sie kommen erst zu mir, wenn die Freundin sich beschwert, weil *sie* in ihrer Beziehung unglücklich ist – und die Internetaktivitäten ihres Freundes im Browserverlauf entdeckt hat.

In welche Richtung läuft denn in einem solchen Fall die Kausalität: Schauen diese Männer Pornos und finden danach im Vergleich mit den Pornostars ihre Frauen nicht mehr attraktiv? Oder finden diese

Männer ihre Frauen nicht mehr attraktiv – und konsumieren deshalb Pornografie?

Sie ahnen meine Antwort.

Sowohl als auch?

So ist es. Und ob die Henne oder das Ei zuerst da war, kann ich nicht sagen. Spielt auch eigentlich keine Rolle, denn was man sagen kann, ist, dass Personen, die einseitig auf die Schiene einer rein funktionalen sexuellen Selbstbetätigung geraten, in der Regel ein stark restringiertes Sexualitätskonzept haben. Es fällt ihnen schwer, Liebe, Sexualität und Partnerschaft zusammenzudenken, innerlich zu integrieren. Sex ist Lust, Partnerschaft ist essen gehen und in den Urlaub fahren. Das eine hat mit dem anderen nichts zu tun. Das Problem dabei: In der Paarbeziehung findet keine Kommunikation darüber statt, weil kein Problembewusstsein dafür da ist. Und selbst wenn es vorhanden wäre, wüsste keiner der Beteiligten, wie das gehen soll, das mit der Kommunikation. Je weiter aber dieser kommunikative und interaktionelle Erosionsprozess fortschreitet, desto bedeutungsvoller, intensiver und häufiger wird in der Regel die sexuelle Selbstbetätigung für den Mann.

Männer können durch Masturbation stärker kompensieren als Frauen. Sie hilft ihnen dabei, negative Gefühle zurückzudrängen: Langeweile, Angespanntheit, Nervosität, innere Leere, emotionale Unerfülltheit, Sinnlosigkeit, das dumpfe Gefühl von Heimatlosigkeit und Unaufgehobenheit. Frauen können das weniger gut, weil ihr Sexualitätskonzept tendenziell stärker personen- und beziehungsorientiert ist und ihnen bei der sexuellen Selbstbetätigung – zum Zwecke der Kompensation negativer Gefühle – strukturell etwas fehlt: der andere, der Partner. Das hört sich wie ein Klischee an, entspricht aber meiner klinischen Erfahrung. Deshalb besteht auch die strukturelle Verschiedenheit der Geschlechter in der Pornografienutzung.

Es geht also tatsächlich nicht um Henne oder Ei, sondern um die Gleichzeitigkeit von allgegenwärtiger Verfügbarkeit multimedialer Internetpornografie *und* kommunikativer Inkompetenz: Diese Kombination kann für Beziehungen eine tickende Zeitbombe werden.

Sie haben geschlechtstypische Unterschiede bei der Pornografienutzung angesprochen: Können Sie das ein wenig vertiefen?

Bisherige Studien auf diesem Feld zeigen, dass bezüglich der Nutzung von Pornografie eine ganz klare Prädominanz der Männer vorliegt. Über den Daumen kann man sagen, dass circa drei Viertel der Konsumenten von Internetpornografie männlich sind – lediglich ein Viertel also Frauen. Die Klischees scheinen sich zu bestätigen: Männer interessieren sich offenbar stärker für Stimulation, Erregung und Orgasmus; Frauen für Beziehung, Interaktion und Kommunikation, für prosoziale Themen also. Mittlerweile gibt es zwar Pornografie von Frauen für Frauen, aber die wenigsten Frauen kennen die – weil sie in der Regel gar nicht danach suchen.

Am Hamburger Institut für Sexualforschung wurde eine Studie zur Pornografienutzung bei Jugendlichen durchgeführt, bei der herauskam, dass viele junge Frauen Pornografie zwar anschauen, in erster Linie aber um herauszufinden, was Männer daran toll finden. Seltener schauen sie Pornos alleine und zur Selbstbefriedigung, eher schon mit Freundinnen oder mit ihrem Freund gemeinsam. Woran man auch die Wichtigkeit des Beziehungserlebens für diese jungen Frauen erkennen kann. Ihre Motivation ist hier weniger die Selbststimulation als vielmehr ein Forschungsinteresse auf dem Gebiet männlicher Sexualität.

In der Studie wurden die Mädchen auch gefragt, wie sie es finden, dass Jungs Pornos gucken. Eines der Mädchen hat gesagt, sie fände das nicht weiter schlimm: »Die Jungs können sich das halt nicht so gut vorstellen!« Und weil die sich das nicht so gut vorstellen können, müssten die sich das eben angucken. Fand ich ein ganz niedliches Zitat.

Könnte Pornografie nicht eventuell auch zu einer Art »Triebabfuhr« führen – sodass beispielsweise Videos von gestellten Vergewaltigungsszenen Vergewaltigungen verhindern oder reduzieren?

Die Frage, die Sie da stellen, wird seit etwa fünfzig Jahren in der Psychologie unter dem Schlagwort »Katharsis versus Modelllernen« diskutiert, vor allem auf dem Feld der Gewaltdarstellungen. Also die Frage: Baut der Konsum dieser Darstellungen das innere Gewaltpotenzial ab? Oder macht er aggressiv und befördert die Möglichkeit, dass es zu realen Gewalttaten kommt?

Bezogen auf die Gewalt-Wirkforschung hat sich – wenig überraschend – herausgestellt, dass nicht die Medieninhalte dafür verantwortlich sind, ob jemand gewalttätig wird oder nicht, vielmehr ist es die Persönlichkeit des Konsumenten. Wenn jemand Selbstwertdefekte, Empathiedefizite, Impulskontrollstörungen oder dysfunktionale Problemlösungsstrategien aufweist, dann hat er ein signifikant höheres Risiko, Übergriffe zu begehen, nachdem er Gewaltfilme geschaut oder *Ego-Shooter* gespielt hat. Wohingegen derjenige, der ein stabileres Selbstwertgefühl hat, ruhig ein paar Stunden *ego-shooten* kann, ohne durch diesen Medienkonsum weiter gefährdet zu werden. Fatal an diesem Befund ist, dass es ja gerade die problematischen Charaktere sind, die Gewaltdarstellungen und potenziell problematische Pornografie exzessiver konsumieren als die unakzentuierteren Personen. Ein »unproblematischer Charakter« hat auf solche Filme oder Spiele meist weniger Lust.

Was die Pornografie-Wirkforschung betrifft: Da stecken wir noch in den Kinderschuhen. Vergessen Sie nicht: Das Phänomen der ubiquitär verfügbaren multimedialen Internetpornografie existiert erst seit gut zehn Jahren! Wir sind weit davon entfernt, verlässliche, empirisch fundierte Aussagen treffen zu können, wie sich das auswirken wird. Ich würde aber annehmen, dass es sich beim Pornokonsum ähnlich verhält wie bei Gewaltdarstellungen. Beides wird von jungen Männern intensiver genutzt als von Frauen. Und bekannt ist, dass Persönlichkeits- und vor allem Selbstwertprobleme den Pornokonsum steigen lassen. Wer eher Probleme mit seinem Selbstbewusstsein und seiner sexuellen Identität hat, wird Internetpornografie tendenziell umfangreicher konsumieren, und es könnte, möglicherweise, ein Problem daraus entstehen, dass er die fiktionale Darstellung sexueller Interaktionen als reales Modell sexueller Beziehungen verkennt. Und derjenige, der weniger problematische Anteile hat, wird potenziell weniger intensiv und umfangreich Pornografie konsumieren und dabei weniger Gefahr laufen, Fiktion und Realität gleichzusetzen.

Es ist also nicht der konsumierte Medieninhalt, der ursächlich für das Verhalten von Menschen verantwortlich ist, es ist die konsumierende Persönlichkeit mit ihren Verletzlichkeiten, Akzentuierungen und Dispositionen. Es geht folglich nicht um die Frage, ob ein Vergewaltigungsporno dazu führt, dass es weniger Vergewaltigungen gibt, sondern darum, welche Persönlichkeitsanteile Risikofaktoren für problematisches Verhalten darstellen; und wie man Personen mit solchen Anteilen frühzeitig helfen kann, kein Problemverhalten an den Tag zu legen.

Dass allerdings allgemeinere, profunde Untersuchungen zur Pornografie-Wirkforschung stattfinden werden, danach sieht es zurzeit leider nicht aus. Und warum? Weil die Diskussion sowohl wissenschaftlich als auch gesellschaftlich wie so oft zwischen Bagatellisierung und Skandalisierung oszilliert. Die Mitte zwischen den beiden Polen wäre eine möglichst bewertungsneutrale Problematisierung, und die findet nur selten statt. In einer solchen problematisierenden Forschung dürfte es nicht darum gehen, ob Pornografie richtig oder falsch, gut oder schlecht, schön oder hässlich ist: Das sind die falschen Kategorien. Vielmehr müsste man herausarbeiten, was welche Art von Pornografie für wen bedeutet und welche Auswirkungen sie auf die psychosexuelle

Entwicklung hat. Die Hamburger Studie hat diesbezüglich einen Anfang gemacht, in dem aber offenbar nur Standardpornografie berücksichtigt wurde bzw. die konsumierten Pornokategorien nicht differenziert erfasst werden konnten. Hier müsste in künftigen Untersuchungen auch die ebenso frei verfügbare Pornografie mit abweichenden Inhalten, also Devianz- und Delinquenz-Pornografie einbezogen werden.

In der sexuellen Interaktion steht, wie wir gesehen haben, für viele die sexuelle Attraktivität oder Leistungsfähigkeit auf dem Prüfstand. Der Bildschirm hingegen will nichts von mir, und er beurteilt mich auch nicht ...

Das halte ich für eine wichtige Überlegung. Das Phänomen des sexuellen Eskapismus, für das ich Ihnen im letzten Kapitel ein Beispiel aus meiner Praxis geschildert habe. Die unglaublich hohen Zahlen der Nutzer von Internetpornografie sprechen zumindest dafür, dass der Rückzug aus der realen sexuellen Beziehung in die sexuelle Selbstbetätigung vor dem Bildschirm einen Trend darstellen könnte. Denn wenn ich mich den Leistungsanforderungen an meine Fitness, meine Figur, meine Attraktivität und meine sexuelle Potenz nicht gewachsen fühle, wird jede Realbegegnung zur Bewährungsprobe, die mich ängstigt und überfordert. Der Rückzug in die Selbstbetätigung mithilfe von Pornografie oder in die sexuelle Interaktion mit anonymen Fremden im Internet erscheint da als bequemer Ausweg, angstlos sexuelle Erregung erleben und positive Gefühle herstellen zu können.

Pornonutzung kann also durchaus Teil einer Vermeidungsstrategie sein, die allerdings, Sie ahnen es, problematisch ist. Denn Vermeiden heißt, man weicht einem als unangenehm empfundenen Zustand durch Unterlassung und Umgehung aus. Diese Standardreaktion auf unbehagliche Situationen bewirkt zwar *kurzfristig* ein Ausbleiben der unerwünschten Konsequenzen – verunmöglicht aber langfristig jede Form der Bewältigung, Verarbeitung und damit der Weiterentwicklung. Verhaltenstherapeuten sagen etwas zugespitzt: »Der Preis der Vermeidung ist immer das Leben.« Und: Wer aufgrund verinnerlichter Leistungsanforderungen Pornografie als Ausweichmanöver vor der realen, leiblichen Begegnung nutzt, betrachtet modellhaft leider genau das, wovor er ausweicht! Denn was wäre Pornografie anderes als eine sexuelle Leistungsschau?

Verändert multimedialer Pornokonsum sexuelle Paarbeziehungen wirklich nur zum Schlechteren? Ist es nicht begrüßenswert, dass mittlerweile eine größere Offenheit hinsichtlich des Sexuellen herrscht und die verschiedenen Spielarten von Sex nicht mehr unbedingt etwas Schmutziges sind? Durch den Porno haben gewiss neue Skripte in das sexuelle Miteinander von Paaren Einzug gehalten – aber das muss ja nicht unbedingt zu Koitalakrobatik und stupidem Nachturnen führen.

Davon abgesehen, dass ich nicht gesagt habe, irgendetwas verändere sich in Paarbeziehungen zum »Schlechteren«, formulieren Sie da einen Einspruch, der in der Debatte über Pornografie tatsächlich hin und wieder fällt. Dass wir es potenziell mit einem Lernmodell zu tun haben könnten, das auf irgendeine Weise sexuell befreiend und aufklärerisch sei. Auch heißt es manchmal, dass der Konsum von Pornografie die sexuelle Kompetenz steigere.

Ob das bei einzelnen Personengruppen so ist, wage ich nicht zu beurteilen, was ich aber mit Sicherheit sagen kann, ist, dass in dieser Annahme die fiktionale Darstellung von Sexualität als Vorlage und Modell für reale sexuelle Begegnungen und Beziehungen gedacht wird. Das ist – um neben dem oben erwähnten Batcar noch ein Beispiel anzuführen –, als würde man sagen, dass durch das Anschauen von Krimis die Kompetenz von Zuschauern im Umgang mit Kriminalität steige. Beim »Tatort« begreifen aber schon Kinder, dass die vielen Toten, die darin vorkommen, nicht in Wirklichkeit tot sind. Und Erwachsene realisieren, dass ein Krimi kein realistisches Abbild kriminalpolizeilicher Ermittlungsarbeit darstellt. Bei solchen Filmen gelingt also die Differenzierung von Fiktion und Realität, das haben wir bereits gesehen. Warum ist das nun bei Pornografie so anders? Weil hier eigene Unsicherheit und Unwissenheit mit enormer sexueller Erregung durch äußerst zielgerichtete sexuelle Stimulation zusammenkommen. Diese Kombination ist es meines Erachtens, die zu dieser Art von Derealisation führt.

Sexuelle Kompetenz wurde in der Menschheitsgeschichte noch nie durch Beobachten kopulierender Genitalien erlernt! Von der steinzeitlichen Höhle bis zum jetztzeitlichen Ikea-Schlafzimmer war es zwar immer so, dass Kinder und Jugendliche mitunter mitgekriegt haben, dass ihre Eltern miteinander schliefen. Aber all das hat weder etwas mit einem Lerneffekt noch mit Pornografiekonsum zu tun. Denn da beobachtet man nicht Personen beim Sex unter einem Fell oder einer Daunendecke, sondern sieht in voll ausgeleuchteter Makroaufnahme explizite genitale Stimulation und Penetration. Und zwar in einer Vergrößerung, Direktheit und Explizitheit, die kein Mensch beim Sex jemals selbst so sehen kann!

Die Argumentation, Pornografie könne als Lernmodell für die eigene Sexualität herhalten, erscheint mir wie die Behauptung, man könne Tanzen lernen, indem man in Makroaufnahmen die Hände oder die Füße tanzender Paare zeigt. Niemand lernt so tanzen! Eigentlich ist jedem und jeder klar, dass man Tanzen nur gemeinsam mit einem anderen Menschen lernen kann, in einer realen Begegnung und gemeinsamen Bewegung. Und die filmische Fokussierung auf Hände und Füße vermittelt eben gerade kein Bild dessen, was Tanzen bedeutet. Beim Thema Pornografie scheitert diese Realisierung offensichtlich systematisch.

Und was ist es eigentlich, das man vom Porno lernen soll? Meiner Erfahrung nach haben Menschen in der Regel keine Probleme damit, die richtigen Löcher zu finden. Sie haben vielmehr Probleme damit, die richtigen Worte zu finden. Und dass sie die durch den Porno lernen könnten, kann ich in keiner Weise bestätigen ... »Warum liegt hier überhaupt Stroh rum?«

Was nun die jungen Menschen betrifft, glaube ich, dass, was auch immer sie angesichts der Pornografie lernen mögen, es sich nicht mit ihrem Erfahrungshorizont verbindet. Alleine in ihren Kinder- oder Jugendzimmern sitzend beobachten sie unverwandt auf ihren Computern, Handys oder Tablets etwas, für das ihnen keine Bedeutungserteilung mitgeliefert wird. Sie sehen Menschen in vermeintlicher Ekstase, erigierte Penisse, klaffende Vaginas … um nur die Bilder der Standardpornografie zu nennen. Aber was das für die Jugendlichen bedeutet – Fragezeichen. Wir wissen es nicht. Sie wissen es nicht. Und keiner sagt es ihnen.

Und noch eine kleine Beobachtung, die zuerst gar nicht weiter auffällt – bei etwas näherem Hinsehen aber deutlich macht, wie weit Pornografie unsere Begrifflichkeiten und sexuellen Konzepte schon infiltriert hat: Nehmen Sie die Begriffe »Blümchen-« oder »Kuschelsex«. Das sind Ausdrücke, die wir mittlerweile unhinterfragt verwenden, und zwar in der Regel abwertend. Gemeint ist damit jede Form von vermeintlich »normaler«, durchschnittlicher sexueller Interaktion. Im Amerikanischen nennt man das *Girlfriend-* oder *Vanilla-Sex*. Aber was soll das eigentlich sein: »durchschnittliche, normale sexuelle Interaktion«? Wir können diese Begriffe eigentlich nur *ex negativo* verstehen, in ihrer Abgrenzung. Und was wäre das Gegenteil? Das Gegenteil wäre »geiler Sex«, Hardcore, BDSM-Sex, exotische Koituspositionen, die die Grundlage der Choreografie der Pornografie darstellen. Der Begriff »Blümchensex« suggeriert, dass wir es mit langweiliger, eintöniger, fantasieloser und unaufregender Sexualität zu tun haben – während auf der anderen Seite der ekstatische, exzessive Sex steht, bei dem es »so richtig abgeht«. Normalität (was auch immer das sein mag) ist schlecht, schlicht und langweilig – Pornosex ist spannend, anregend und geil. Seltsam, oder? Und merken Sie etwas? Dieses oder jenes! Entweder – oder! Ein Sowohl-als-auch, die Integration von Lust und Beziehung, von Kommunikation und Exzitation ist auch hier offensichtlich wieder schwer denkbar, und die zugehörigen Begriffe bilden diese Desintegration ab.

Ich halte es für durchaus für möglich, dass Pornografiekonsum vor allem bei sexuell unerfahrenen Jugendlichen eine Art Integrationsdilemma provozieren könnte.

Ein Beispielszenario: Ben verliebt sich in Cosima. Er findet sie hübsch, cool, total nett, sie hat eine schöne Stimme, riecht gut, und er ist gerne in ihrer Nähe – alles ganz normal, alles sehr schön. Gleichzeitig aber sieht er in der Pornografie, die er online konsumiert, dass *Mädchen wie Cosima* sich in diesen täuschend echt wirkenden Filmen von irgendwelchen ungewaschenen Typen anquatschen und durchvögeln lassen. Das kann Ben zu der durchaus ratlosen Frage provozieren: »Wie sind Mädchen eigentlich? Wollen die Eis essen und ins Kino gehen? Oder sich doch lieber von drei wildfremden Männern in einer leergeräumten Wohnung durchhöckern lassen?« Da kommt eine innerliche Diffusion zustande, die es vor der Sozialisierung durch Internetpornografie möglicherweise in diesem Ausmaß nicht gab. Das kann zu einer Identitätsirritation führen; nämlich dann, wenn Ben sich sagt: »Ich weiß überhaupt nicht, was von mir verlangt wird. Soll ich Cosima jetzt zur Pizza einladen – oder sie gleich anal penetrieren und ihr nachher ins Gesicht spritzen?« Entschuldigen Sie, ich übertreibe hier zur Verdeutlichung ein wenig.

Jetzt kann man sagen, dass es solche Unsicherheiten im pubertären Selbstbild immer schon gab. Dass ich mit meinem Beispiel nur eine amorphe Pubertätsidentität beschreibe, die Menschen immer schon durchmachen – nicht zu wissen, wie es laufen soll, wer man ist und was man will. Das typische pubertäre Gefühl: Ich habe Bedürfnisse, kann diese aber schlecht benennen und noch schlechter einem anderen mitteilen. Ich will irgendwie ran, weiß aber nicht, wie. Im Falle von Ben und Cosima kommt zu dieser ohnehin vorhandenen Verwirrung allerdings noch die primäre Verfügbarkeit multimedialer Internetpornografie hinzu, und das ist neu. Die eigene Verunsicherung und Orientierungssuche trifft auf ein Modell beziehungsloser Sexualität mit starker Impressionswirkung. Und ich kann mir durchaus vorstellen, dass sie Einfluss auf Bens innere Verarbeitungen und Bewertungen nimmt. Auf der anderen Seite steht Cosima, die Ben eigentlich auch ganz süß findet. Angenommen, die beiden landen nach dem Pizzaessen auf dem Sofa; angenommen, er fordert sie auf, sich vor ihn hinzuknien und seinen Penis in den Mund zu nehmen, weil er das im Porno so gesehen hat. Wird sie da Nein sagen können, wenn sie das selber eigentlich gar nicht will? Oder denkt sie: »Das ist jetzt nicht wirklich das, was ich wollte, aber gut, so läuft das wohl …« Vielleicht hätte sie am liebsten erst mal nur ein wenig mit Ben geknutscht, »aber vielleicht bin ich ja auch komisch, vielleicht bin ich ja irgendwie verklemmt oder prüde …« Man kann nur hoffen, dass beide, Ben und Cosima, ein gesundes Selbstwertgefühl haben und ihre eigenen Bedürfnisse wahrzunehmen und darüber zu sprechen gelernt haben.

Könnte es sein, dass der obligatorische Konsum von Pornografie, die Tatsache, dass Pornos zu schauen mittlerweile als normal gilt, die sozialnormative Erwartungsempfindung verändert hat?

Ich weiß es nicht, würde einen solchen Effekt aber nicht ausschließen wollen und Ihnen zu dieser Frage gerne noch ein kleines Fallbeispiel aus meiner Praxis berichten.

Eine etwa 25-jährige Patientin berichtete mir aus ihrer Pubertät. Sie erzählte, dass sie im Alter von vierzehn Jahren das erste Mal mit ihren Freundinnen im Internet Pornos geschaut hätte. Irgendwie hat sie das abgestoßen, andererseits aber auch erregt. Während die Freundinnen kicherten und in Alkopop-Laune den Film kommentierten, wusste sie selbst nicht so recht, wie sie das, was sie da sah, finden sollte. In der folgenden Zeit schaute sie sich hin und wieder alleine Pornos im Internet an, um herauszufinden, ob sie das vielleicht doch gut fände. Schließlich schaute ja ihr ganzer Freundinnenkreis diese Filme. Mit 15, 16 fingen ihre Freundinnen alle etwas mit Jungs an, schliefen mit diesem und mit jenem. Was sie, die junge Frau, allerdings nicht besonders interessierte. Über den Sex, den sie hatten, tauschten sich die jungen Frauen auch aus: »Ich hab schon mal geblasen, hast du schon mal anal?« Die Bewertungen ihrer Freundinnen orientierten sich weniger am inneren Erleben als an absolvierten Handlungen nach dem Vorbild der Pornografie. Meine Patientin aber hatte bis zu diesem Zeitpunkt noch keinen Freund gehabt, geschweige denn Sex. In ihr entstand im Verlauf ihrer Teenagerjahre immer stärker das Gefühl, dass mit ihr was nicht stimmt, dass sie etwas »nicht draufhat«. Sie fühlte sich zunehmend minderwertig. Was hat sie gemacht? In ihrer Not und Verzweiflung darüber, dass sie scheinbar die Einzige war, die noch nie Sex gehabt hatte, hat sie sich eines Tages mit einem Lineal zu Hause das Jungfernhäutchen durchstoßen. Sie hat sich selbst entjungfert, aus Angst, dass der Junge, mit dem sie irgendwann schlafen würde, ansonsten merkt, dass sie noch nie Sex hatte.

Könnte es sein, dass hier ein verstärkter sozialnormativer Erwartungsdruck auf dieser jungen Frau gelastet hat, ein *Must-have*, das es ohne die Vorbilder aus der Pornografie eventuell nicht in diesem Ausmaß gegeben hätte? Und auch hierzu noch ein Eindruck aus meiner Praxis: Während sich früher einige Menschen im Rahmen einer Sexualanamnese genierten zuzugeben, dass sie bereits mit vielen Personen Sex hatten, finden sie es heute peinlich zuzugeben, dass sie nur mit wenigen Personen Sex hatten. Und fragen dann, ob es normal sei, im Alter von xy erst mit zwei oder drei Partnern Sex gehabt zu haben.

Noch eine andere Geschichte aus meiner Tätigkeit als Supervisor: Ein 15-jähriger Junge suchte in Begleitung seiner 16-jährigen Freundin eine Beratungsstelle auf, weil er keinen Sex mehr mit ihr haben wollte. Befragt nach den Hintergründen, berichtete er verschämt, dass er vor Youporn onaniert habe. Dabei surfte er von Clip zu Clip, um so seine Erregung auf der Suche nach dem noch geileren Kick zu steigern. In dem Moment, in dem er kurz vor dem Orgasmus war, sah er ein Gang-Bang-Video, in dem eine

Frau von fünf Männern gleichzeitig sexuell »bearbeitet« und von mehreren simultan penetriert wurde. Und im Augenblick seines Samenergusses erkannte er, dass die dort agierende Frau seine eigene Mutter war! Das hat den Jungen so geschockt, dass er seinen Schreck wie ein Psychotrauma schilderte. Seitdem wollte er mit Sex nichts mehr zu tun haben. Er habe seitdem auch nie mehr masturbiert, geschweige denn Pornos konsumiert. Aber eben auch keinen sexuellen Kontakt mit seiner Freundin mehr aufnehmen oder zulassen können. Das irritierte die Freundin, weshalb sie den Termin in der Beratungsstelle vereinbart hatte. Mit der Mutter hatte der Junge kein Wort über all das gesprochen. In einem späteren Einzelgespräch gab diese an, sie habe nicht gewusst, dass die Szene gefilmt wurde und schon gar nicht, dass sie auf Youporn hochgeladen worden war ... Ich lade Sie ein, einmal darüber nachzudenken, was das für diesen Jungen bedeutet haben könnte. Eine solche Geschichte wäre noch vor zehn Jahren allein technisch undenkbar und unmöglich gewesen.

Verändert multimedialer Pornokonsum unsere Gehirne?

Meiner Ansicht nach ist das möglich. Von den männlichen Patienten, denen ihr Begehren abhandengekommen zu sein scheint und die sich in sexuelle Betätigung im Internet zurückziehen, habe ich bereits berichtet. Es gibt aber noch weitere konkrete Auswirkungen. Ich glaube, dass durch intensiven Konsum multimedialer Internetpornografie Modelle fiktionaler Sexualität erlernt werden, die sich durch die Belohnung mit Orgasmen als regelrechte Reizmuster verfestigen können. Junge Männer, die primär über Internetpornografie sexualisiert wurden, berichten mir, dass sie Frauen, denen sie in ihrem realen Lebensalltag begegnen, oft ungewollt und spontan in die Rolle einer Pornodarstellerin hineinfantasieren. Sie stellen sich diese Frauen nackt und in genau den Pornoposen vor, die sie immer wieder zur Erregungssteigerung konsumiert haben. Diese Bilder erleben diese Männer keinesfalls als lustvoll, sondern im Gegenteil als störend und irritierend für ihren sozialen Alltag. Denn sie haben überhaupt nicht den *Wunsch,* diese Fantasien zu entwickeln, das passiert ihnen quasi von selbst und löst Scham- und Schuldgefühle aus, wenn sie sich die nette Kollegin, die gerade am Kopierer steht, nackt beim Analverkehr vorstellen *müssen.* Diese Männer berichten, es sei, als legten sich diese Pornoszenen *wie ein Filter* über ihren Alltag. Und sie fühlen sich durch ihre eigenen Fantasien regelrecht belästigt! Das alles spricht im Kontext neuronaler Plastizität dafür, dass sich durch intensiven Pornokonsum netzwerkhafte neuronale Strukturen im Gehirn etablieren könnten, die durch auslösende Reize quasi automatisiert anspringen, ohne dass dem eine bewusste Willensbeteiligung vorausgeht.

Lassen Sie mich kurz das Feld der Standard-Pornografie und ihrer möglichen Auswirkungen verlassen. Denn an dem gerade beschriebenen Punkt, an diesem Modell der Überlagerung der Realität durch pornografische Bilder, kann man sehr gut erkennen, worin *auch* die Problematik von Delinquenz-Pornografie, hier vor allem die Darstellung sexuellen Kindesmissbrauchs liegt. Das Problematische an dem Konsum von bildlichen Dokumentationen eines solchen Missbrauchs liegt selbstverständlich hauptsächlich darin, dass zur Herstellung der entsprechenden bildlichen Dokumentation ein tatsächlicher sexueller Kindesmissbrauch stattgefunden haben muss. Aber es ist auch durchaus möglich, dass bei intensivem und wiederholtem Konsum solcher Dokumentationen beim Konsumenten genau dasselbe geschieht, was ich gerade beschrieben habe: Im realen Alltag könnte es bei der Begegnung mit Kindern womöglich zu einer Überlagerung mit pornografischen Szenen kommen. Der wiederholte und orgasmusbelohnte Konsum entsprechender Pornografie triggert vor allem bei Menschen mit problematischen Persönlichkeitsanteilen eventuell ein reales Übergriffsrisiko, weil durch den Konsum eine Realisierung erst denkbar wird. »Ich hab's mit eigenen Augen gesehen!« Was für uns Menschen in der Regel heißt: »Es ist wahr!« Und weiter: »Andere machen das ja auch! Und wenn's andere machen, kann ich das ja wohl auch tun!« Sie sehen die Problematik. Solche Überlegungen anzustellen halte ich jenseits der moralischen Empörung, die das Thema »Kinderpornografie« zu Recht auslöst, für eminent wichtig. Es geht hier um benennbare, rationale Gefahren.

So viel zum »Lernmodell«.

Es wird allerdings nicht nur *gelernt* – es wird auch *verlernt*. Vielleicht hört sich das nebensächlich an – es scheint aber so zu sein, als verfügten viele Jugendliche nicht mehr über sexuelle Eigenfantasien und Begleitfantasien bei der Selbstbefriedigung. Sie können auf Nachfrage nicht mehr angeben, was sie in ihren eigenen Sexualfantasien anspricht und erregt, sie können bloß noch Suchbegriffe, Websites und Pornogattungen aus dem Internet benennen. Als Sexualpsychologe thematisiert und nutzt man Begleitfantasien bei der Selbstbefriedigung in der Sexualdiagnostik, um einen Eindruck zu bekommen, wie es um die Sexualpräferenz eines Menschen bestellt ist. Das ist für uns eine diagnostische Informationsquelle wie für einen Arzt das Blutbild. Diese jungen Männer können aber keine Eigenfantasien mehr benennen, geschweige denn beschreiben. Alles, was sie angeben, sind Suchbegriffe, Pornoportale und -kategorien. Bei ihnen ist es so: Kommt ein sexueller Impuls auf, wird automatisch zum Computer gegriffen, ob Notebook, Smartphone oder Tablet: Die Pornos des Internets haben die Fantasieproduktion der Männer ersetzt. Wenn sich das so weiterentwickelt, fehlt es in künftigen Jahrgängen womöglich an einer diagnostischen Beurteilungsfläche. Dann bin ich in der Diagnostik auf die Frage angewiesen: »Welche Suchbegriffe geben Sie ein, und welche Pornoportale und -kategorien nutzen Sie?« Was die etwas alberne, aber durchaus ernst gemeinte Frage aufwirft: Was machen diese jungen Männer, wenn der Strom ausfällt oder der Akku alle ist?

Wenn wir also nichts lernen können vom Porno – kann er eine Beziehung nicht vielleicht trotzdem bereichern?

Noch einmal: Für den Großteil der Menschen ist Pornografie etwas, das existiert, Punkt. Pornografie hat für die meisten keine besondere Bedeutung. Man nutzt sie unproblematisch zur sexuellen Stimulation, oder man nutzt sie eben nicht, Daneben gibt es Menschen, die von Pornografie enorm profitieren, die sagen: »Dass wir jetzt Porn-on-Demand auf dem Flatscreen im Schlafzimmer haben, macht uns total an, und wir wollen nie wieder drauf verzichten!« Ist doch wunderbar, wenn es so etwas gibt, very welcome! Dasselbe gilt für Personen, die sagen, durch Pornografie hätten sie das erste Mal gesehen, wo eigentlich der Kitzler ist oder wie man einem Mann einen bläst, und das habe ihr Sexualleben wesentlich bereichert und auch das Paargeschehen belebt. Es liegt mir fern, solche Aussagen zu problematisieren. Warum denn auch, ist doch super! Allerdings kommen solche Menschen, die Pornografie ganz wunderbar in ihr auch ansonsten völlig intaktes Sexualleben und in ihre durchwegs gelungene Beziehung zu integrieren imstande sind, eher selten in meine Praxis.

Ich habe in der Regel mit Menschen zu tun, die statistisch gesehen auf den äußeren Rändern der Glockenverteilung stehen, also mit denjenigen, bei denen es zu Problemen mit Internetpornografie-Konsum kommt. Das ist der Bereich, über den wir hier hauptsächlich sprechen: die potenziell problematischen Anteile und Ausprägungen. Das Augenmerk sexualwissenschaftlicher Forschung richtet sich nun mal weniger auf das bombige Gelingen (das es auch gibt) als vielmehr auf das mangelnde Zurechtkommen, auf den Leidensdruck derjenigen, die Unterstützung und Hilfe suchen, weil es im Zusammenhang mit Internetsex und Pornografie Probleme gibt. Und ich bin nun mal Sexualtherapeut und nicht Lifestyle-Kolumnist.

Meines Erachtens wäre es die zentrale Aufgabe der gegenwärtigen Sexualwissenschaft, dieses Phänomen bewertungsneutral zu beobachten und zu beforschen. Leider zeigt sich aber, dass sexualwissenschaftliche Facheinrichtungen sukzessive abgewickelt werden und dadurch immer weniger sachverständige Sexualforschung möglich wird. Stattdessen entstehen – in Analogie zu den schon erwähnten »Gender-Studies« – jetzt sogenannte »Porn-Studies«, die die Beforschung von Pornografie nicht aus sexualwissenschaftlicher, sondern aus geistes- und gesellschaftswissenschaftlicher Perspektive betreiben. So weit, so gut. Bedauerlicherweise findet das aber unter der programmatisch plattitüden Parole statt: »Wir gucken nicht mehr, was Porno mit Menschen macht, sondern wir gucken jetzt, was Menschen mit Porno machen.« Diese vordergründige, scheinoriginelle Parole suggeriert zum einen, dass man schon wüsste, was universell verfügbare multimediale Internetpornografie mit den Menschen mache, was bei einem zehn Jahre alten Phänomen, insbesondere bezogen auf die Auswirkungen auf Kinder und Jugendliche, faktisch falsch ist.

Und zum anderen wird so getan, als gäbe es ein großes Rätsel darum, was die Menschen mit Pornografie machen, was ebenfalls falsch ist: Die Menschen machen mit Pornografie sexuelle Stimulation. Das war's. Nicht weniger, aber auch nicht mehr. Das kommt mir so vor wie die Gründung von »Alc-Studies«, bei der proklamiert wird: »Wir gucken nicht mehr, was Alkohol mit den Menschen macht, wir gucken jetzt, was die Menschen mit Alkohol machen!« Was sollen sie schon mit Alkohol machen? Sie trinken, konsumieren ihn, um sich damit zu berauschen – physiologische Stimulation. Das war's. Nicht weniger, aber auch nicht mehr. Das Beispiel hinkt vielleicht sogar weniger, als man spontan meint, denn Alkohol hat, genau wie Pornografie, eine lange Kulturgeschichte und ist etwas, das in Maßen okay, im Übermaß aber potenziell problematisch und für Kinder per se ungeeignet ist.

Wenn Pornografie für Kinder und Jugendliche potenziell problematisch ist, was können denn Eltern und Erziehungsberechtigte dagegen tun?

Das ist eine wirklich niedliche Frage, entschuldigen Sie, wenn ich darüber ein wenig schmunzeln muss. Denn natürlich können Eltern und Erziehungsberechtigte gar nichts gegen Pornografie oder »das Internet« tun, wie Sie es so schön sagen, so wenig, wie sie etwas gegen das Telefon oder gegen das Fernsehprogramm ausrichten können.

Verbot, Kontrolle und Strafe waren gestern. Wir müssen akzeptieren, dass das gescheiterte Konzepte sind. Was unsere Kinder und Jugendlichen brauchen, heute mehr denn je, sind Kompetenz und Vertrauen. Eltern sollten versuchen, mit ihren pubertierenden Kindern in Kontakt zu bleiben: Beziehungsangebote zu machen, die erwartungsfrei und ausgangsoffen sind. Sie sollten das Gespräch anbieten und sagen: »Lass mal hören, was du gerade so machst.« Und dann dem Jugendlichen zur Seite stehen und Gesprächsbereitschaft signalisieren, ohne die Dinge zu bewerten. »Was immer du machst: Du bist in Ordnung! Für mich bist du okay – du tust, was du kannst, und du machst es super. Und wenn es Probleme gibt: let me know! Mich interessiert, was bei dir gerade so läuft. Also erzähl's mir, wenn du möchtest, ich bin da, ich höre zu, ich denke mit!«

Schöngeistig übersetzt hieße das: »Liebe geben«. Liebe ist der lebenslange Schutzschirm für Kinder und Jugendliche. Vor allem Heranwachsende sollten spüren und erleben, dass sie, egal wofür, von ihren Eltern nicht verurteilt, abgelehnt oder gar bestraft werden. Auch nicht für ihre sexuellen Betätigungen im Internet. Sondern dass sie, was auch immer da läuft, ob es gut oder schlecht sein mag, immer einen Ansprechpartner finden. Dabei geht es allerdings nicht darum, dass sie einen Seelen-Striptease hinlegen und Mama und Papa ihre favorisierten Porno-Websites vorzeigen müssen, mitnichten! Es geht darum, dass sie sich über alles mitteilen *dürfen,* wenn sie es *wollen.* Vor allem dann, wenn etwas, was sie gesehen oder erlebt haben, sie beklommen macht und beunruhigt.

Dafür wäre es wichtig, dass Sexualität Bestandteil der Familienkommunikation ist. Dass dieser doch nicht ganz irrelevante Teil des Lebens nicht beschwiegen und zur düsteren Blackbox wird. Vielleicht tauschen sich die Eltern mal beim Abendessen darüber aus, wie *sie* Pornografie finden und was für Erfahrungen *sie* damit gemacht haben. Mit der Sexualität der *Kinder* umzugehen setzt voraus, dass man sich mit der *eigenen* Sexualität auseinandersetzt und selber damit umgehen kann. Einfach mal erzählen und erzählen lassen, und das dann am Tisch wachsen sehen! Man kann Kinder und Jugendliche in ganz viele Fragen und Gespräche miteinbeziehen, eigentlich in alle. Und dieser Kontakt, diese Beziehungs- und Sprechkultur, gehört meines Erachtens ebenfalls zu den wichtigsten protektiven Faktoren für Kinder, und zwar in allen Bereichen. Wenn dann die Kinder verstörende, beängstigende und bedrückende sexuelle Erfahrungen im Internet sammeln, dann können sie ihre Eltern ansprechen oder besser das Gespräch über Sexualität wiederaufnehmen und sagen: »Mama, Papa, ich habe da etwas ganz Schlimmes gesehen ...«

Was bezüglich unseres Themas Pornografie eindeutig *nicht* helfen wird, sind Internetfilter, Websitesperren oder *Helicoptering Tools,* durch die die Eltern auf ihrem Smartphone angezeigt bekommen, auf welcher Website ihr Kind sich gerade herumtreibt. Das sind alles gescheiterte Konzepte von Verbot, Kontrolle und Strafe! Da kommt man zu keinem Ende. Und im Zweifelsfall sind die Kinder entweder computertechnisch kompetenter als ihre Eltern – oder schauen sich das, was sie sehen wollen, auf einem anderen Rechner oder Device bei ihren Freunden oder Freundinnen an. Was Kinder und Jugendliche brauchen, ist nicht »Gender-Sensibilität« und »Porno-Kompetenz«, sondern Kommunikationsfähigkeiten und Medienkompetenz. Aber vor allem Selbstbewusstsein, Selbstvertrauen, Selbstwahrnehmung und Selbstverantwortung. Ein gesundes Selbstwertgefühl ist der wertvollste, sicherste und beste Schutz für Kinder und Jugendliche – gegen alle Anfechtungen des Lebens – innerhalb und außerhalb des Internets.

Könnte es nicht auch sein, dass all das, womit junge Menschen im Netz konfrontiert werden, souverän und potenziell gewinnbringend von ihnen verarbeitet wird?

Das ist eine der hoffnungsfroh stimmenden Hypothesen, die die ersten Daten der Wirkforschung zu bestätigen scheinen: Dass junge Menschen durch die Verfügbarkeit dieser total ausgeleuchteten, kein Geheimnis mehr akzeptierenden Pornografie einen Kompetenzgewinn verzeichnen. Dass ausgerechnet die Pornografie ihnen paradoxerweise dabei hilft, eine Selbstbestimmung und Selbstabgrenzung vornehmen zu können. Wenn das wirklich stimmt, wäre das wunderbar, und ich als Sexualwissenschaftler würde das jubilierend begrüßen. »Pornografie als Beitrag zur Beförderung der sexuellen Gesundheit junger Menschen«, toll!

Ich möchte allerdings annehmen, dass es etwas komplizierter ist. Dass es nicht die Pornografie ist, die die Selbstbestimmung vorantreibt, sondern dass die schon vorab in den jeweiligen Persönlichkeiten vorhandenen Kompetenzen eine große Rolle spielen. Das an anderer Stelle stabilisierte *Selbstwertgefühl* wird meines Erachtens die moderierende Variable dafür sein, ob die Konfrontation mit Pornografie harmlos, neutral, vielleicht sogar bestätigend, positiv und produktiv verarbeitet wird – oder eher irritierend, hemmend, schädlich und vielleicht sogar zu Abweichungen führend, die im späteren Leben problematisch werden können. Ich halte die Diskussion für noch offen.

KAPITEL 10

Unerfüllter Kinderwunsch –
zwischen sexueller Fortpflanzung
und medizinischer Reproduktion

Mutterliebe ist eine Leidenschaft,
die ihre eigene Gewalt und Größe hat,
ihre Übertreibungen und sogar ihre Sinnlichkeit.

Carmen Sylva

Spielt das Thema »Kinderwunsch« in Ihrer Praxis eine Rolle?

Ja. Viele Paare haben Probleme in ihrer Partnerschaft. Diese Probleme schleppen sie zum Teil jahrelang mit sich herum, ohne sich aktiv darum zu kümmern. Beide sind vom Arbeitsalltag erschöpft, man lebt nebeneinander her, oft aneinander vorbei, spricht wenig bis gar nicht miteinander, erst recht nicht übereinander und schläft folglich auch kaum noch oder gar nicht mehr miteinander. Hin und wieder gibt es Streit, irgendwann hält Gleichgültigkeit Einzug, keiner hat mehr Lust auf Sex mit dem anderen. Und wenn man es dann doch mal wieder versucht, dann »klappt« es nicht. Die daraus resultierende Frustration führt dazu, dass man es erst recht nicht mehr probiert. Für viele Paare ist das alles allerdings noch kein Grund, sich professionelle Hilfe zu suchen. Das »ist dann eben so«, das »kennt man ja aus langjährigen Beziehungen«, das wird sich schon »irgendwann wieder einruckeln« und so lange kann man »damit leben«.

Diese stillschweigende Übereinkunft, dieser unausgesprochene Nichtangriffspakt bricht häufig erst auf, wenn entweder einer von beiden fremdgeht oder ein Kinderwunsch aufkommt. Oder lassen Sie mich präzisieren: wenn *die Frau* Kinder möchte – denn in der Mehrzahl der Fälle ist *sie* es, die den Kinderwunsch zum Thema macht, nicht der Mann. In einem solchen Moment wird der desolate Beziehungszustand sichtbar, und man möchte nun endlich und am besten schnell etwas an der erodierten Partnerschaft ändern. Vor allem in sexueller Hinsicht, weil die Schwangerschaft vorzugsweise »auf natürlichem Wege« zustande kommen soll, nicht laboratorisch oder technisch assistiert.

Solche Paare kommen dann zu mir, und das ist der Moment, in dem das Thema Kinderwunsch in meiner Praxis eine Rolle spielt. Allerdings nicht lange …

Weil bei einem unerfüllten Kinderwunsch die Durchführung einer Sexualtherapie meines Ansatzes nicht möglich ist. Mit anderen Worten: Ein drängender, unerfüllter Kinderwunsch ist eine Kontraindikation für eine *Syndyastische Sexualtherapie.*

Wenn wir uns vergegenwärtigen, dass diese Form der Sexualtherapie im Wesentlichen darin besteht, Leistungsanforderungen aus dem sexuellen Erleben und Verhalten zu eliminieren, Paaren dabei zu helfen, sich von Funktions- und Produktionsansprüchen zu emanzipieren – dann können Sie sich denken, dass wir es im Fall eines drängenden Kinderwunsches mit einem strukturellen Problem zu tun haben.

Paare, die zu mir kommen und *keinen* Kinderwunsch haben, wollen wieder miteinander schlafen. Das können sie im Rahmen einer Paar-Sexualtherapie erreichen, wenn sie sich innerlich davon befreien, unbedingt etwas zu »müssen« – darüber haben wir schon gesprochen.

Bei Paaren *mit* Kinderwunsch steht jedoch etwas anderes im Vordergrund. Ihr wesentlicher Antrieb, eine Sexualberatung aufzusuchen, ist die Fortpflanzung. Eine gelingende Paarbeziehung, in der auch erfüllende Sexualität stattfindet, ist für sie in dem Moment vor allem Mittel zum Zweck. Diese Paare kommen nicht zu mir, weil sie einen Umgang miteinander finden *wollen* – sondern weil sie ihn zur Realisierung ihres Kinderwunsches finden *müssen!* Wo vorher jahrelange Beziehungserosion, partnerschaftliche und erotische Steinwüste war, soll nun ad hoc sexuelle Erfüllung entstehen, Liebe wie im Kino. Und am Ende – als *Happy End* – soll ein Baby dabei herauskommen.

Ich zeige diesen Paaren dann den Kern meiner therapeutischen Herangehensweise auf. Danach frage ich: »Wenn Sie jetzt sehen, was ich Ihnen anbieten kann: die Beförderung sexueller Beziehungsgesundheit durch die Emanzipation von Leistungsanforderungen und Produktionsgeboten – was sagt Ihnen das über Ihr

Therapieziel ›Re-Produktion‹?« Die Antwort: »Na ja, so muss man das ja nicht sehen, wir können das ja auch mal kurz vergessen und erst mal ein bisschen kuscheln und streicheln ... Und am Ende kommt ja dann vielleicht doch ein Baby dabei heraus.« Solche Paare rasieren sich Stachelbeeren, um sie sich selbst als Weintrauben zu verkaufen!

Ich habe früher, als junger Therapeut, blauäugig angenommen, dass Paare sich von ihrem Kinderwunsch rational distanzieren können, dass sie sich einer absichtslosen Sexualität authentisch öffnen können. Ich habe mehrfach versucht, Paare in diesem Prozess zu begleiten. Dieser Zahn ist mir im Laufe vieler Jahre therapeutischer Tätigkeit gründlich gezogen worden. Heute weiß ich: Es ist nicht möglich. Kein einziger Versuch ist gelungen. Warum?

Weil die von einem drängenden Kinderwunsch betroffenen Frauen – und wieder zeigt die Erfahrung, dass es vor allem Frauen sind, die so reagieren – die Situationen, in denen es um absichtslose sexuelle Interaktion geht, schlicht nicht aushalten! Sie brechen das nicht intentionale Beieinandersein aufgebracht ab und fragen später in den Therapiesitzungen unter Tränen: »Warum können wir nicht einfach miteinander schlafen?!« Daneben sitzt ihr Mann, dem unter dem Reproduktionsdruck jede Erektion vergangen ist, weshalb die Penetration, und folglich auch die Konzeption, auf diesem Wege nicht möglich ist. Das wiederum verarbeiten die Frauen als feindseliges Vorenthalten des Spermas, als Bestrafung, als biografische Geiselnahme, als Sadismus oder auch als Schlappschwänzigkeit, was mitunter zu dem Vorwurf führt: »Du bist nicht in der Lage, mir zu geben, was ich brauche! Du bist impotent!« Dass dadurch die Erektion des Mannes nicht unbedingt gefördert wird, ist abzusehen.

Der drängend-unerfüllte Kinderwunsch entfaltet also eine der Ratio nicht zugängliche Vehemenz und Kraft, gegen die meiner Erfahrung nach kein Kraut gewachsen ist. Er verdrängt und überlagert alles andere. Dagegen sind die Mittel einer paar- und sexualtherapeutischen Behandlung machtlos.

Aber Frauen mit drängendem Kinderwunsch gehen ja auch nicht als Erstes zu Dr. Ahlers in die Sexualtherapie …

Da haben Sie recht. Sie gehen in der Regel als Erstes zu ihrem Gynäkologen oder ihrer Gynäkologin und werden von diesen zu Reproduktionsmedizinern überwiesen.

Nehmen Sie ein typisches Beispiel: Eine Frau, Ende dreißig, hochqualifiziert, Akademikerin, karriereorientiert, stellt fest: »Da war doch noch was …« Und sagt: »Jetzt muss es passieren! Ich möchte ein Kind!« Der Reproduktionsmediziner runzelt die Brauen und murmelt: »Ende dreißig, erstgebärend …«, schaut auf ihr Blutbild und sagt: »Na, dann wird's jetzt aber Zeit, Ihr *Anti-Müller-Hormon* hängt schon auf halb acht: Alarmstufe Rot! Bei Ihnen geht es nicht mehr um Jahre oder Monate, bei Ihnen geht's um Wochen!« Das bekommen Frauen von manchen Reproduktionsmedizinern wörtlich zu hören – zumindest bekomme ich das so wiedergegeben. Mithilfe dieses ominösen Anti-Müller-Hormons, eines übrigens kontrovers diskutierten Biomarkers für die Anzahl reifungsfähiger Eizellen, wird den Frauen klargemacht: »Sie haben keine Zeit mehr zu verlieren! Jetzt oder nie!« Und aus rein biologischer Perspektive mag das ja auch zutreffen.

Nach dem Besuch beim Reproduktionsmediziner, der den Druck enorm erhöht hat, kommen einige Frauen zu mir. Aber auch nur, wenn sie sich in einer sexuell dysfunktionalen Beziehung befinden, die sie gleichwohl wiederbeleben wollen, um mit ihrem Partner auf natürlichem Wege ein Kind zu bekommen. Die allermeisten Paare mit unerfülltem Kinderwunsch wenden sich aber nicht an Paar- oder Sexualtherapeuten, sondern setzen gleich auf die Reproduktionsmedizin. Sie wollen keine Auseinandersetzung mit sich und ihrer Beziehung, sie wollen ein Baby!

Sexualtherapie ist also nicht möglich bei sexuell erodierten Beziehungen mit drängendem Kinderwunsch. Was ist aber mit Paaren, die sich

eigentlich gut verstehen, noch miteinander schlafen, die aber biogra-
fisch an einen Punkt kommen, an dem ein Kinderwunsch auftaucht?
Und die Probleme haben, darüber miteinander zu sprechen?

Sie meinen Paare, die sich Unterstützung bei partnerschaftlichen Kommunikationsproblemen wünschen, nicht aber eine Sexualtherapie im eigentlichen Sinne. Eine solche paarpsychologische Kommunikationsunterstützung kann ich selbstverständlich anbieten.

Die Frau sagt: »Ich will Kinder. Aber mein Mann ... Ich weiß nicht. Ich mag ihn sehr, aber er äußert sich nicht eindeutig, und deshalb habe ich das Gefühl, er hält mich hin. Ich hab jetzt vier Jahre gewartet, und allmählich läuft mir die Zeit davon. Wenn er jetzt nicht langsam in die Hufe kommt, brauche ich ja auch noch Zeit, um jemand anderen zu finden, mit dem es dann vielleicht klappt.« Der Mann: »Ich würde vielleicht auch gern Kinder haben, aber eigentlich nicht jetzt. Das passt gerade nicht, ich bin doch eben erst in die Firma eingestiegen.« Oder er sagt: »Ich bin momentan arbeitslos, wie sollen wir das denn wuppen?« Wie auch immer die Ausgangslage ist, letztlich bedeuten seine Aussagen: »Ich bin unsicher. Lass uns noch ein bisschen warten.«

In solchen Fällen gerate ich bezüglich meiner therapeutischen Aufgabe in ein Dilemma. Normalerweise versuche ich, mit den Paaren Auseinandersetzungsspielräume zu finden. Das ist in einem solchen Fall aber ausgesprochen schwierig, denn die zeitlichen Spielräume nehmen für die Frau mit zunehmendem Lebensalter sukzessive ab und sind ab dem 45. Lebensjahr faktisch so gut wie nicht mehr vorhanden. Ausnahmsweise haben wir es hier also mit einem Entweder-oder zu tun: Kind oder kein Kind, das ist hier die Frage.

In einer solchen Situation kann ich wenig anderes tun, als die biologisch bedingte Endlichkeit der weiblichen Fruchtbarkeit aufzuzeigen und dem Mann zu verdeutlichen, dass man darüber jetzt leider nicht mehr beliebig lange diskutieren kann. Hier gibt es nichts mehr zu verhandeln, man kann bloß noch eine Entscheidung treffen. Karrierefragen, Wohnungswechsel, Ängste oder Befürchtungen, die der Mann eventuell debattieren möchte, spielen keine Rolle, solange diese eine Frage nicht geklärt ist. Der Mann *muss* sich positionieren, wenn er mit seiner Partnerin zusammenbleiben möchte. Und zwar jetzt. Und am besten zustimmend. Sonst besteht die Gefahr des Beziehungsverlustes. Denn die Nichterfüllung eines bestehenden Kinderwunsches übersteht so gut wie keine Partnerschaft.

Und tatsächlich sollte die Frau ja wissen, woran sie bei ihrem Partner ist. Erst dann hat sie die Möglichkeit, ihrerseits eine Beziehungsentscheidung zu treffen, für ihren Mann oder gegen ihn. Solange er sie allerdings im Unklaren über seine Absichten und Wünsche lässt, seine Entscheidung mit einem »vielleicht« oder einem »irgendwann einmal« aufschiebt, hält er sie als Geisel seiner Ambivalenz und Entscheidungsfurcht. Und das ist etwas, was die Frau unfrei, frustriert und aggressiv macht. Hinzu kommt der unterbewusste Umstand, dass man diese Diskussion idealerweise bereits vor zehn Jahren hätte führen müssen, anstatt wegzugucken und zu warten, bis es faktisch fast zu spät ist.

Es ist schon interessant. Der unerfüllte Kinderwunsch ist eine Art Sonderfall im Bereich des Verhandlungsspielraums. Die Frau könnte ja auch sagen: »Ich liebe meinen Mann, aber da passiert nichts, das schmerzt mich, wir haben viel Streit deswegen – aber es klappt einfach nicht. Dann ist das eben so.« Eine solche Aussage ist für Frauen mit drängendem, unerfülltem Kinderwunsch aber völlig undenkbar. Ihr Wunsch ist unverhandelbar. Und wenn nicht mit diesem Mann, dann eben mit einem anderen. Ich bin immer wieder beeindruckt, wie umstandslos und schnell die Frauen in diesen Situationen bereit sind, den Partner und die Beziehung zur Disposition zu stellen. Der Kinderwunsch hingegen steht zu keinem Zeitpunkt zur Disposition!

Dahinter steckt jedoch kein Kalkül. Vielmehr vergeht der Frau sehr schnell authentisch die Liebe zu ihrem Mann, die Lust sowieso. Wenn ein Mann deutlich macht, dass er kein Kind möchte, wird das von der Frau so gut wie immer als Ablehnung ihrer Person aufgefasst. Und plötzlich findet sie ganz viele Fehler in der Person und dem Charakter ihres Partners, die sie vorher gar nicht gesehen hatte ... Frauen stehen vor diesen Entwicklungen und Veränderungen häufig selbst erstaunt und bestürzt. Sie erleben sich als »Opfer« dieser Vorgänge, fühlen sich den Kräften ihres eigenen Kinderwunsches ausgesetzt, ohne etwas dagegen tun zu können.

Kalkül ist das also nicht; ich möchte an dieser Stelle nur aufzeigen, mit welcher Vehemenz und Konsequenz ein unerfüllter Kinderwunsch Platz greifen kann. Um den unerfüllten Kinderwunsch zu erfüllen, gehen solche Frauen über Leichen. Die einer eigentlich intakten Beziehung, die ihres Partners. Da ist wirklich gar nichts zu machen, wenn ein drängender, unerfüllter Kinderwunsch einmal aufgebrochen ist. Wenn er da ist, dann gilt er. Verhandlungsspielraum plus/minus null.

Ist die Vehemenz eines weiblichen Kinderwunsches nicht total natürlich?

Absolut! Ich bin überzeugt, dass sich die Natur etwas dabei gedacht hat, als sie dem Kinderwunsch so große Kraft verliehen hat. Die Priorität der Arterhaltung wird in solchen Situationen für alle Beteiligten konkret spürbar. Ich kenne kein anderes Bedürfnis, das sich ähnlich drängend und intensiv zu Wort meldet. Allenfalls können Präferenzbesonderheiten wie Voyeurismus oder Exhibitionismus Menschen ähnlich stark in Beschlag nehmen. Solche sexuellen Reizmuster sind für betroffene Männer kaum verhandelbar; auch können sie sich nur ähnlich schwer von diesen »Wünschen« distanzieren. Sie wollen das, sie müssen das haben, hintergehen ihre Partner, opfern Partnerschaften, riskieren sogar ihre soziale Existenz. Aber der Kinderwunsch meldet sich *noch* resoluter zu Wort. Und fühlt sich auch für die Frauen selbst nach Naturgewalt an! Darum scheint es vielen so, als hätten sie es beim

Kinderwunsch mit einem reinen, unhinterfragbaren biologischen »Urtrieb« zu tun, mit einem Naturgesetz der Fortpflanzung, einem Archaismus der Arterhaltung.

Ich glaube aber, wir machen es uns zu einfach und übersehen Wesentliches, wenn wir dieses »Bedürfnis« – das Wort ist eigentlich zu schwach – allein auf die Biologie reduzieren, es verklappen im großen Meer eines vermeintlich überzeitlichen, schicksalhaften Rumorens unserer Gene. Unzweifelhaft ist die Beschränkung der Fertilitätsphase der Frau, also das biologische Faktum, dass ihre Möglichkeit, Kinder zu empfangen, zwischen vierzig und fünfzig zu Ende geht, einer der Auslöser dieser Vehemenz. Aber es ist deswegen keine »reine Biologie«. Ich würde eher sagen: Aufgrund der Macht des Faktischen drängt der Kinderwunsch *ins Bewusstsein,* und er drängt zur Verwirklichung. Die Heftigkeit, mit der ein Kinderwunsch mitunter formuliert und durchgesetzt wird, die Gewalt, die die Frau selbst, der Partner, die Beziehung und häufig das gesamte soziale Umfeld dadurch erfahren, und nicht zuletzt die motivationalen Hintergründe, die zu einem gewissen Zeitpunkt zum Ausbruch dieses Wunsches führen – die sind nicht allein über die »Biologie« erklär- und verstehbar, sondern nur, wenn wir die psychologischen Wirkkräfte und Mechanismen sowie die sozialen Rahmenbedingungen, die Partnerschaft, mitberücksichtigen.

Eine Frau sagt: »Ich will jetzt ein Kind. Ich wollte schon immer Kinder, seit ich sechs Jahre alt bin.« Oder sie sagt: »Ich wollte eigentlich nie Kinder, aber jetzt ist plötzlich dieser dringende Wunsch aufgetaucht.« Und wenn ich dann frage: »Warum wünschen Sie sich denn gerade jetzt ein Kind?«, dann wird diese Frage oft als geradezu unaushaltbare Provokation empfunden und stößt auf massive Abwehr. Ich schaue zunächst in ratlose Augen und gleich darauf in widerständige und empörte. »Das ist eben so! Ich habe den Wunsch!« An solchen Aussagen kann man die Verkapselung und den kompensatorischen Druck im Inneren erkennen. Den man übrigens auch daran ablesen kann, dass es für sie absolut undenkbar ist, die Erfüllung dieses Kinderwunsches auch nur in Gedanken zur Disposition zu stellen: »Ich verstehe Ihre Frage nicht. Es ist doch das Normalste und Natürlichste auf der Welt, dass ich als Frau gerne Kinder haben will.« Dann sage ich: »Da bin ich völlig Ihrer Meinung. Es ging auch nicht um die Frage, ob *man* Kinder will – sondern die Frage war: Warum *Sie* ein Kind wollen? Und warum auf einmal *jetzt* und die letzten zwanzig Jahre nicht? Worum geht es *Ihnen ganz persönlich, jetzt?*« Wenn die Frau in der Lage ist, sich diesen Fragen gegenüber aufzuschließen, öffnet sich die Tür zu der gesamten Palette der motivationalen, nicht selten defizit-kompensatorischen Hintergründe, die in diesem Zusammenhang auch eine Rolle spielen. Zu denen ich aber nicht jetzt, sondern später kommen möchte. An dieser Stelle nur so viel: Die Biologie erklärt wie immer bloß ein Drittel des Geschehens! Daneben findet ganz viel im Kopf und in den Beziehungen statt. Ohne diese psychologischen und sozialen Einflüsse zu berücksichtigen, tappen wir bezüglich des Kinderwunsches völlig im Dunkeln. Im Übrigen: Hätten wir es mit »reiner Biologie« zu tun, müssten prinzipiell 100 Prozent aller Frauen einen Kinderwunsch haben.

Okay. Sexualtherapie funktioniert also in solchen Fällen nicht, eine Beziehungsklärung und Kommunikationstraining schon. Was aber ist mit Paaren, die sich bei ihrem Kinderwunsch nicht von einem Sexualtherapeuten, sondern, ganz praktisch, von der Reproduktionsmedizin Hilfe erhoffen? Sehen Sie denn auch Paare, die sich in reproduktionsmedizinische Behandlung begeben oder sich dort schon befinden?

Ja, ich biete eine sexualpsychologische Begleitung für Paare an, die sich in reproduktionsmedizinischer Kinderwunschbehandlung befinden. Und zwar deshalb, weil mir über die Jahre immer wieder berichtet wurde, dass sich die Paare mit allem, was dort mit ihnen gemacht wird, alleingelassen fühlen. Viele fühlen sich reduziert auf ihre Körperfunktionen, sie beklagen, dass sie sich bloß als Eizellenträgerin und Spermaproduzent behandelt fühlen.

Ich erinnere mich eindrucksvoll an ein Paar, beide Akademiker Ende dreißig, das sich bereits seit mehreren Monaten in einer reproduktionsmedizinischen Behandlung befand, bereits Hormonstimulation sowie mehrere erfolglose Inseminationen hinter sich hatte und nun vor dem Prozess der *In-vitro-Fertilisation* stand, der künstlichen Befruchtung einer Eizelle in der Petrischale. Dieses Paar kam zu mir, weil beide das diffuse Gefühl hatten, irgendetwas stimme da nicht, irgendetwas laufe schief. In der sexualpsychologischen Anamnese stellte sich heraus, dass die beiden füreinander die ersten und einzigen Partner gewesen waren und dass sie, obwohl über zwanzig Jahre zusammen und über zehn Jahre verheiratet, noch *niemals* Geschlechtsverkehr gehabt hatten! Das lag an verschiedenen Dingen, er hatte eine klinisch relevante Vorhautverengung, die nie operiert worden war. Sie hatte einen primären Vaginismus, also eine spontane Verkrampfung der Scheidenmuskulatur, sobald sie versuchte, etwas in ihre Scheide einzuführen. Die partnerschaftliche Beziehung der beiden war eine geschwisterliche Symbiose, ein infantil-regressives Miteinander, das mit einer erwachsenen Mann-Frau-Beziehung eigentlich nicht viel zu tun hatte. Und so war auch ihre sexuelle Beziehung bei dem Teenagerpetting-Sex stehengeblieben, den sie in der Phase ihres Kennenlernens mit 15 hatten und bei dem beide sexuelle Erregungshöhepunkte erleben konnten.

Wie dem auch sei: Ich fand die Tatsache beeindruckend und irritierend, dass ein Paar, das noch nie Geschlechtsverkehr hatte, in reproduktionsmedizinischer Behandlung war, ohne dass dieser Umstand dort je thematisiert worden war. Ich hielt in dieser Zeit einen Vortrag auf einem sexualmedizinischen Kongress, und mein Vorredner war ein Reproduktionsmediziner. Ich kam mit ihm ins Gespräch und schilderte ihm den Fall des Paares. Erwartet hatte ich eine Reaktion wie: »Echt?! Ist ja krass!« Das Gegenteil war der Fall. Der Kollege war vollkommen unbeeindruckt, schaute mich unverwandt an und sagte: »Na und? Wozu sollen die miteinander schlafen? Kinder machen *wir* doch!«

In diesem Moment ist mir klar geworden, mit welchem Selbstverständnis die Reproduktionsmedizin arbeitet. Sie ist weitgehend entkoppelt von Liebe, Sexualität und Partnerschaft, von der gesamten nichtsomatischen Ebene des Fortpflanzungsgeschehens. Die Problematisierung eines Kinderwunsches im Sinne einer Einbeziehung der psychologischen und sozialen, vor allem partnerschaftlichen Belange wird als potenziell geschäftsschädigend angesehen.

Viele Paare spüren das. Sie fühlen sich in ihren psychischen und partnerschaftlichen Qualitäten nicht gesehen, nicht aufgehoben, nicht einbezogen. Und sie wissen selbst nicht genau, was das für sie und ihre Beziehung bedeutet.

Leiden Beziehungen also unter reproduktionsmedizinischen Maßnahmen?

So gut wie immer. Das ist mittlerweile auch evaluiert und bekannt. Paare, die ihren Kinderwunsch in die Hände der Reproduktionsmedizin legen, begeben sich bezüglich des Verlaufs ihrer partnerschaftlichen Sexualbeziehung in Gefahr.

Einige Fortpflanzungszentren sprechen diese Problematik in den Aufklärungsgesprächen, die einer Behandlung vorausgehen, auch an. Wobei ich die Erfahrung mache, dass selbst die seriösesten Aufklärungsgespräche und Informationen oft nicht zu den Paaren durchdringen. Das liegt daran, dass sich viele Paare zum Zeitpunkt der Beratung im Zustand großer Anspannung und Bedürftigkeit befinden, also nicht gerade auf den Gipfeln rationaler Vernunft. Dadurch wird ihre Fähigkeit zur Informationsaufnahme und -verarbeitung strukturell getrübt. Das Paar will so dringlich Kinder, dass es jeder gegenläufigen Information mit einem »Ach, wird schon klappen« begegnet. Und wenn die Reproduktionsmediziner ihnen von Risiken, Statistiken und Schwierigkeiten erzählen, geht das »rechts rein und links wieder raus«.

Das zeigt sich auch bei der Aufklärung der Paare über die Erfolgsaussichten einer Kinderwunschbehandlung. Obwohl die Paare es nachlesen können und vermutlich auch gesagt bekommen, realisieren die meisten nicht, dass die Fortpflanzungsquote bei natürlichem Geschlechtsverkehr, also ohne Reproduktionsmedizin, statistisch plus/minus 25 Prozent beträgt. Heißt: Wenn Paare ohne Verhütung miteinander schlafen, findet statistisch gesehen in den fruchtbaren Tagen circa bei jedem vierten Mal eine Befruchtung statt. Das ist natürlich abhängig vom Alter und von der Gesundheit der beiden. Und bei den reproduktionsmedizinischen Methoden und Maßnahmen? Da können Paare nur bei circa 15 Prozent der »Versuche« am Ende ein Baby mit nach Hause nehmen. Und das gilt auch nur für gesunde Paare unter vierzig, nach dem vierzigsten Lebensjahr sinkt die Erfolgsquote noch weiter. Dass vielen Paaren trotz seriöser Aufklärung nicht bewusst ist, auf was für ein Lottospiel sie sich da einlassen, ist durchaus psycho-logisch. Denn nicht nur sind diese Paare vom »Prinzip Hoffnung« beherrscht, sie legen für die Behandlung auch Geld im Gegenwert eines Kleinwagens auf den Tisch. Wenn man sich zu einem solchen »Investment« erst einmal entschlossen hat, kann man widersprechende Informationen nicht mehr zulassen. Jede, vor allem jede gegenläufige Information, wird dann geflissentlich übergangen. Wenn es um, sagen wir, die finanzielle Beteiligung an einer maroden Firma ginge, würde niemand so handeln. Doch bei einem drängenden Kinderwunsch verhalten sich die Betroffenen tendenziell irrational, das finanzielle, partnerschaftliche, sexuelle und psychische Investment wird nicht zu einem realistischen »Outcome« in Beziehung gesetzt. Könnten Paare rational Distanz einnehmen, kämen gewiss viele zu dem Schluss: »Das steht ja eigentlich in keinem Verhältnis ...« Aber Not schafft eben Kundschaft!

Ein anderer Grund für die getrübte Informationsaufnahme: Oft herrscht ein regelrechter Reproduktionsdruck in der Beziehung. Und die Entscheidung, sich in die Hände der Reproduktionsmedizin zu begeben, hat nicht selten die Funktion, Druck aus der Beziehung abzuleiten und die Verantwortung in professionelle Hände abzugeben. »Zumindest *machen* wir jetzt endlich mal was!« Druck ist ein schlechter Berater.

Was macht eine solche Behandlung mit den Paaren?

Eine Kinderwunschbehandlung beginnt in der Regel mit einer Hormonstimulation der Frau. Das kann auf der körperlichen Ebene gynäkologische und endokrinologische Beschwerden hervorrufen: Hitzewallungen, Schwindel, Gewichtszunahme, Übelkeit, Völlegefühl, Wassereinlagerungen, Thrombosen, bis hin zu einem lebensbedrohlichen »Überstimulationssyndrom«. Solche Beschwerden werden, übrigens abhängig von der Vehemenz des Kinderwunsches, von den Frauen besser oder schlechter toleriert. Je drängender und indiskutabler die Erfüllung des Kinderwunsches ist, desto bereitwilliger werden die Auswirkungen der Hormonstimulation in Kauf genommen. Je flexibler und verhandelbarer der Wunsch, desto eher leidet die Frau unter unerwünschten Nebenwirkungen. Ein faszinierender Befund, den ich immer wieder beobachte. Bei allen Behandlungsmaßnahmen, ob medikamentöser oder sonstiger Art, korreliert die innere Haltung zum Behandlungsziel mit dem Ausmaß der subjektiv empfundenen Nebenwirkungen. Es sind eben nicht allein die Substanzen, Wirkstoffe oder sonstigen körperlichen Interventionen, die »Nebenwirkungen« verursachen.

Der Mann ist in diesem Prozess überwiegend passiver Begleiter, der Wackeldackel auf der Hutablage des Kinderwunschvehikels. Biologische Auswirkungen verspürt er in der Regel nicht, er kann nicht viel machen, außer eine »Masturbationsabstinenz« in den Tagen vor der Samenspende einzuhalten. Da werden ihm Fristen vorgegeben, während derer er nicht ejakulieren darf, damit die Spermatozoen zum Zeitpunkt einer potenziellen Befruchtung den optimalen Reifegrad haben.

Emotional bringt das viele Männer ins Schleudern. Die Rolle des Deckhengstes oder Zuchtbullen war ihnen vorher unbekannt. »Ich muss meinen Samen sammeln, sparen und punktgenau ejakulieren, um die Reproduktion zu gewährleisten!« Diese Abkopplung der Fortpflanzung von einer vermeintlich »natürlichen« sexuellen Betätigung ist für viele Männer, um es vorsichtig auszudrücken, befremdlich.

Während der Hormonstimulation bestimmt die Reproduktionsmedizin den Ovulationszyklus der Frauen präzise: fruchtbare Tage – unfruchtbare Tage. In »Reproduktionscentern« werden Paaren mitunter »Fertility-Apps« für ihre Smartphones empfohlen, auf denen diese Tage angezeigt werden: »Baby Maker Fertility Calculator«, »Get Pregnant Fast and Easy!«, »Glow Period Tracker« und »Maybe Baby«, so heißen die. Diese Apps machen nicht nur den Menstruationszyklus und damit den mathematisch wahrscheinlichsten Zeitpunkt des Eisprungs sichtbar, sondern auch den Zeitpunkt des prämenstruellen Syndroms mit zugehörigen Gefühlen, Stimmungen und physischen Symptomen. Frau und Mann sehen dann simultan auf ihren Handys Ampelfarben. Rot: Das sind die unfruchtbaren Tage, Konzeptionswahrscheinlichkeit ≤ 10 Prozent = »No Baby today!« Bedeutet: »Kein Sex nötig!« Dann kommt Gelb: Die Konzeptionswahrscheinlichkeit steigt, »Baby possible!« Für den Mann bedeutet das: »Achtung, anschnallen, nicht mehr onanieren, Phaser klarmachen!« Dann kommt Grün: »Und Action! Jetzt voll draufhalten! Alle Gewehre aufs Rathaus, jetzt und die nächsten drei Tage! Jeden Tag mindestens zweimal! Maximale Performance, volle Ladung!«

Mit anderen Worten: Die Paare bekommen *Kalendersex* verordnet. Sie müssen während der fruchtbaren Tage so häufig es geht miteinander »Geschlechtsverkehr ausüben«, denn die Ampel steht auf Grün. Tun sie's nicht, sagen die Reproduktionsmediziner nachher: »Tut mir leid: Wenn Sie bei Grün nicht Gas geben und losfahren, was sollen wir dann für Sie tun? Sie müssen schon mitmachen. Von nichts kommt nichts! Und wenn wir hier

Erfolg haben wollen, dann müssen Sie auch Ihren Teil dazu beitragen!«

Stimmt ja auch.

Wie jetzt?

Stimmt ja auch. In der Logik der Reproduktionsmediziner.

Ja, genau. Das stimmt bezogen auf den reproduktionsmedizinischen Teil der Angelegenheit. Aber diese Logik reduziert den Vorgang auf das biologische Drittel des Prozesses und vernachlässigt
völlig die anderen zwei Drittel, die psychologischen und partnerschaftlichen Aspekte des Geschehens! Die beteiligten Personen
werden auf ihre Funktion als Eizellenträgerinnen und Sperma-
erzeuger reduziert, sie werden nicht als Persönlichkeiten und Paar
angesprochen. Die Irritation, das Gefühl der Erniedrigung und
Reduktion, zum Teil auch der Beschämung ist bei vielen groß, vor
allem, »wenn's nicht klappt«. Auch wenn sich das nicht immer *sofort* auf die Beziehung auswirkt – ein Rest bleibt häufig über Jahre hängen ...

Viele Paare, die ich begleite, drücken es so aus, dass sich verordneter Sex »irgendwie anders anfühlt«. Interessant daran: Eigentlich könnte man ja meinen, dass Sex, wie auch immer, warum
auch immer er stattfindet, etwas Positives sei. »Vögeln ist schön«,
auch wenn man von einer Institution oder Autorität dazu aufgefordert wird, es morgens, mittags und abends zu treiben. Ist doch
alles prima ... Ist es aber nicht! Genau dann, wenn sexuelle Interaktion nur stattfindet, weil sie stattfinden muss, wenn sie einzig und allein auf Produktion – in diesem Falle: Reproduktion –
abgestellt ist, können das die wenigsten Menschen genießen, und
Amor fächelt sich Luft zu!

Der Hintergrund ist ganz einfach und derselbe, den wir im Zusammenhang mit den sexuellen Funktionsstörungen besprochen

haben: Was hier entsteht, ist Leistungsdruck und Versagensangst. Es muss *auf den Punkt* etwas stattfinden, funktionieren, klappen und – im wörtlichen Sinne – etwas dabei »herauskommen«. Beim Mann das Sperma, bei der Frau das Baby. Immer wenn im Sexuellen etwas sein *muss,* steigert das die Wahrscheinlichkeit von Funktionsstörungen und verringert deutlich das Ausmaß des Vergnügens. Durch verordneten Kalendersex wird die sexuelle Begegnung ihrer kommunikativen Qualität beraubt und degeneriert zur reinen Pflichtübung, zu einem Mittel, das nur noch mit dem zu erreichenden Zweck, aber nichts mehr mit den beteiligten Personen und deren Beziehung zu tun hat. Verordneter Sex kann dann einen paradoxen Effekt auslösen: nicht die Herbeiführung von Entspannung, Wohlgefühl oder Lust – sondern die von Stress. Der sich auch in entsprechenden Botenstoffen abbildet und nachweisen lässt.

Wenn ich Paare, die zu mir kommen, frage, was sie bei dieser Art Sex erleben, reagieren sie meist mit Verblüffung, weil diese Frage bis dahin gar keine Rolle gespielt hat. Sie berichten dann oft von Entfremdungsgefühlen, von einem Gefühl der Enteignung: »Irgendwie machen wir es nicht mehr für uns und miteinander, sondern jeder strengt sich an für das gemeinsame Ziel.« Vor allem die Männer sagen: »Ich weiß, die fruchtbaren Tage sind da, und es muss jetzt passieren. Und wir haben auch versucht, es uns schön zu machen: Kerzen, Duftöl, ein Gläschen Sekt … Aber machen wir uns nichts vor: Eigentlich geht es darum, dass ich abspritze und ins Schwarze treffe.« Das ist die Krankheit der Desintegration! Alles ist von allem entkoppelt, nichts hängt mehr mit irgendetwas oder irgendeinem anderen zusammen. Fortpflanzung entkoppelt von Beziehung, entkoppelt von Liebe, entkoppelt von Erregung und Lust. Alles wird fragmentiert. Dadurch verändert oder verliert es seine Bedeutung. Jedes einzelne Fragment wird observiert, analysiert und isoliert ins kalte Licht der medizinischen Machbarkeit gehalten.

Mittlerweile belegen auch Studien, dass verordneter Kalendersex im Rahmen reproduktionsmedizinischer Behandlungen konkret beziehungsgefährdend sein kann. Nach einer Umfrage der Ruhr-Universität Bochum gaben 80 Prozent der Patientinnen an, dass die emotionalen Kosten einer Kinderwunschbehandlung »hoch oder sehr hoch« seien, und viele Paare überstehen diese Behandlung nicht als Paar. So verkehrt sich der Prozess gegen sich selbst! Am Ende gibt es womöglich mit geringer Wahrscheinlichkeit ein Baby, das mit hoher Wahrscheinlichkeit kein Elternpaar mehr hat.

In diesem Buch haben wir schon sehr früh über die Trias, die drei Dimensionen menschlicher Sexualität gesprochen: Erregung, Fortpflanzung und Kommunikation. So wie Pornografie Sex auf Erregung reduziert, so reduziert künstliche Befruchtung Sex auf die Fortpflanzung. Schlafen wir nur »der Lust« wegen miteinander und turnen unverwandt die Choreografien der Pornos nach, wird unsere Beziehung wahrscheinlich nicht sehr lange halten. Und an den eben genannten Zahlen sehen wir: Wenn wir Sex nur haben, um Kinder zu machen, passiert genau das Gleiche. Dann wird Sex schal.

Ich sehe an der Tatsache, dass viele Paare unter der Reduktion auf ihre Fortpflanzungsfunktion in die Knie gehen, eines der schlagendsten Argumente für die kommunikative Bedeutung von Sexualität. Wie heißt es in der Bochumer Studie? »Bei überwältigendem Kinderwunsch verkümmern alle anderen Lebensziele.« Fällt die kommunikative Ebene weg, brechen Partnerschaften potenziell auseinander. Weil sie nichts anderes mehr miteinander austauschen als Körperflüssigkeiten. Weil sie sich nicht beteiligt und gemeint fühlen. Und weil sie somit erfahren, wie ein sensibler, vulnerabler und erlebnistiefer Bereich ihrer Existenz banalisiert wird.

Leiden Männer und Frauen gleichermaßen unter der Situation?

Meiner klinischen Erfahrung nach tolerieren Frauen mit drängendem Kinderwunsch »schlechten« Kalendersex sehr viel besser als die Männer. Während den Mann seine Deckhengstrolle irritiert, sagen mir viele Frauen sinngemäß: »Ich befasse mich gar nicht mit der Frage, was bei diesem Sex zwischen uns passiert. Ehrlich gesagt interessiert mich das gerade auch gar nicht. Darüber können wir später nachdenken. Jetzt geht's darum, ein Kind zu kriegen!«

Und wenn der Mann nicht kann oder will, sobald die App grün blinkt, kommt es mitunter zu vehementen Auseinandersetzungen. Männer berichten mir, dass sie an den gelben Tagen häufig schon morgens eine SMS ihrer Frau aufs Smartphone kriegen: »In den nächsten Tagen: Hands off, Baby! Wir wollen doch deine Aktien nicht unter der Hand verschleudern ;-)«. Oder, wenn die App die Farbe Grün anzeigt: »Nicht vergessen: Heute ist Zahltag ;-) Komm nicht zu spät nach Hause!« Der Druck steigt. Nicht wenige Männer bekommen Erektionsstörungen. Und dann? Dann fordern manche Frauen offensiv, dass ihr Mann Viagra nehmen soll. Denn wenn *sie* mit Hormonen vollgepumpt wird, kann *er* doch mal eine kleine Potenzpille schlucken. Die einzige Erwägung, die Frauen bezüglich Viagra vorsichtig sein lässt, ist die Frage, ob dieses Präparat eventuell das Sperma des Mannes negativ beeinflussen könnte. Das Erleben des Mannes spielt aber so gut wie keine Rolle, ein Bewusstsein für die Auswirkungen des Kalendersexes auf die Partnerschaft, jetzt und in Zukunft: zero! Bei einem Paar, das ich sexualpsychologisch durch ihre Kinderwunschbehandlung begleitet habe, hat der Mann in dieser Situation eine Erektionsstörung entwickelt und auf Druck seiner Frau umgehend Viagra genommen. Und hat dann, mit funktionstüchtiger Pharma-Erektion, eine Anorgasmie ausgebildet. Der Druck hat sich im sexuellen Reaktionszyklus schlicht nach hinten verlagert: Er konnte mit Viagra erigieren und folglich penetrieren, aber nicht mehr ejakulieren.

Was passiert, wenn die Phase des »Kalendersex« keinen Erfolg bringt – und das Paar noch zusammen ist?

Dann wird das relativ rasch abgebrochen, denn: Die Zeit ist knapp! Während Anti-Müller blinkt, wird Stufe zwei gezündet, und zwar beizeiten. Stufe zwei ist die *intra-uterine Insemination*, das Einbringen des Spermas in die Gebärmutter. Zu diesem Zweck wird der Mann aufgefordert, in eine Petrischale zu ejakulieren. In einem kleinen Separee des Reproduktionszentrums bekommt er ein Becherchen von Schwester Angela in die Hand gedrückt. *Behind the green door* findet er Pornohefte, in den »Advanced Technology Centres« mittlerweile auch Internetpornografie. Und dort sitzt oder liegt der Mann dann auf einer Pritsche, unter der Maßgabe zu masturbieren und zu ejakulieren, aber bitte schön nichts dabei verschütten! Danach soll er das gefüllte Näpfchen Schwester Angela zurückgeben, »es trägt ja schon Ihren anonymisierten Barcode, Sie können mir das dann geben, Schwester Claudia nimmt das nachher handgerüttelt, lendenwarm mit rüber ins Labor, wo es aufbereitet und konzentriert und Ihrer Frau verabreicht wird.«

Verzeihen Sie meine Taktlosigkeit, aber das sind so die Szenarien, die mir geschildert werden. Die, man kann's verstehen, manche Männer als würdelos erleben. Viele Männer haben Probleme damit, in einem Produktionsraum auf den Punkt in einen Probenbecher zu ejakulieren. Sie erleben diesen Vorgang als entwürdigend und finden es beschämend, einer Schwester ihre frisch gezapfte Spermaprobe in einem Töpfchen überreichen zu müssen. Und bekommen deshalb womöglich keine Erektion und keine Ejakulation. Woran sich weitere beschämende Probleme und Diskussionen anschließen ... Seltsam finde ich an diesem Geschehen vor allem, dass die Frau nicht mit in die Kabine kommen darf! Es herrscht strikte Geschlechtertrennung: Frauen links auf den Gynäkologenstuhl, Männer rechts in die Entsamungskabine. Desintegration, Fragmentierung allenthalben.

Paare, die an dieser Stelle des Prozesses stehen, frage ich regelmäßig, warum sie diesen Vorgang nicht alleine zu Hause miteinander machen. Der Mann könnte – ob alleine oder mit seiner Frau gemeinsam – eine Samenprobe zutage fördern, die könnte man dann auf eine Spritze ziehen und der Frau einführen, im

Idealfall eingebunden in ein Liebesspiel. Aber die meisten Paare wollen das nicht. Sie wollen den Prozess und ihre Selbstverantwortung an einen medizinischen Dienstleister delegieren, »bevor wir da allein rumpfuschen ... Schließlich geht es hier ja um unser Kind!« Richtig, denke ich dann, wo kämen wir hin, wenn die Leute anfingen, ihre Kinder selber zu machen ...

Nun gut. Wir sind noch immer in der reproduktionsmedizinischen Praxis ...

Ist das Sperma im Näpfchen, wird es über einen Katheter in die Gebärmutter der Frau eingeführt. Danach wird fünf Tage lang gebetet. Sind die Gebete nach dem dritten Versuch noch immer nicht erhört worden, zündet Stufe drei, die sogenannte *In-vitro-Fertilisation,* IVF genannt, die Befruchtung der Eizelle der Frau mit dem Samen ihres Mannes außerhalb ihres Körpers. Wenn das auch nicht funktioniert, kommt Stufe vier, die *Intrazytoplasmatische Spermieninjektion,* kurz: ICSI. Bei diesem Verfahren wird einer entnommenen Eizelle ein Spermium direkt unter dem Mikroskop injiziert. Danach findet wie bei der IVF eine Platzierung der befruchteten Eizelle in die Gebärmutter statt. Die Befruchtung wird hier gewährleistet – die Konzeption wird erzwungen, ein Kind wird gemacht! Der liebe Gott muss draußen bleiben. Es wird re-produziert. Künstliche Befruchtung im wörtlichsten Sinne.

All das ist mit einem nicht geringen Aufwand verbunden: die Terminfindung und -koordinierung, die Stunden im Wartezimmer des Fertility-Centers, die Enttäuschungen und Frustrationen, wenn am Ende des Monats doch wieder die Menstruation einsetzt, wenn es »wieder nicht geklappt« hat, und nicht zuletzt die nicht unerheblichen finanziellen Aufwendungen. Das »Projekt Familiengründung« wird von vielen Paaren wie ein berufliches Projekt konzipiert, kontrolliert, durchgeführt, überwacht und verfolgt. Und wenn alle Prozesse gescheitert sind, wenn weder Kalendersex noch Insemination, noch IVF oder ICSI funktioniert haben, stehen viele Paare vor einem gefühlten Desaster. Vor allem auch einem sexuellen und partnerschaftlichen Desaster. Der Prozess der Kinderwunschbehandlung ist ausgesprochen strapaziös, weil immer wieder existenzielle Fragen aufkommen: Stehen wir zueinander? Ziehen wir an einem Strang? Fühle ich mich alleingelassen, hormonell überstimuliert und emotionell unterversorgt, als Brutkasten missbraucht? Oder entsamt, ausgemolken und abgezockt? Und häufig genug: Wer hat da eigentlich Schuld? »Du, weil deine Eizellen schon zu alt sind!« Oder: »Du, weil deine Spermien es nicht mehr draufhaben, weil du zu viel geraucht hast!« Sie sehen, was für eine partnerschaftliche Sprengkraft das Projekt Kinderwunscherfüllung birgt.

Und wenn das alles nicht geklappt hat, wenn das Ei der Frau und der Samen des Mannes nichts miteinander anzufangen wussten, kommt die Samenspende, *heterologe Insemination* genannt. Über eine Samenbank muss dann Samen eingekauft werden.

Macht das etwas mit Frauen? Fremdes Sperma injiziert zu bekommen?

Die Spucke meines Partners nehme ich beim Küssen nicht als etwas Befremdliches war – die vom Sitznachbarn in der U-Bahn würde ich ausgesprochen eklig finden. Ähnlich ist es beim Sperma: Wenn es vom Partner kommt, ist in der Regel nichts dagegen einzuwenden; stammt es von jemand Fremdem: Ekel!

Normalerweise. Aber nicht hier, nicht bei drängendem Kinderwunsch. Wir erinnern uns: Die Frauen wollen dieses Kind um jeden Preis. Eine Frau sagte mir zu dieser Frage einmal: »Anfassen wollte ich dieses fremde Sperma nicht. Aber es in mich reinzubekommen, um ein Kind zu kriegen, das war für mich okay.« Fremdsperma irritiert Frauen vielleicht am Rande dahingehend, dass sie sich fragen, von wem das wohl ist. Aber der Samen von der Samenbank ist ja medizinisch geprüft und analysiert, ordentlich katalogisiert und deklariert: Hautfarbe, Haarfarbe, Körperhöhe, bis hin zum Sozialstatus und dem IQ des Spenders ist da alles vermerkt. Diese

Vorselektion führt in der Regel zu dem Gefühl: »Das Sperma dieses cellospielenden Mathematikers, das passt schon.«

Allerdings kann ich zu diesem Punkt nicht viel sagen. Der Widerstand der Frauen, da wirklich hinzugucken, sich überhaupt damit zu befassen, ist groß. Wenn ich nach solchen Themen und den dazugehörenden Empfindungen frage, kommt meistens die Aussage: »Ach, wissen Sie, das sind Details. Mit denen befasse ich mich nicht. Hier geht's um etwas Wichtigeres!«

Sehr spannend aber eigentlich, Ihre Frage ...

Über die Männerseite kann ich ein bisschen mehr sagen, weil in diesen Fällen ausnahmsweise einmal die Männer eher bereit sind zu sprechen. Nehmen wir einmal an, die Frau wird nach der heterologen Insemination durch »Fremdsamen« schwanger. Wie fühlt sich dann ihr Mann? »Aha, so ist das also, ich hab's nicht drauf. Ich hab's nicht gebracht. Irgendein Spender, irgendein *Wichser,* der hat's gebracht! Und dessen Kind hab ich jetzt im Arm.« Da passiert auf der psychologischen Ebene einiges.

Man kann auch vermuten, dass eine solche Bewertung vonseiten des Mannes hinsichtlich der späteren Kindsannahme oder Kindsablehnung Folgen hat, bezüglich der Identifikation mit dem Kind und der eigenen Vaterschaft und Vaterrolle. Diese Themen werden aber in den allerseltensten Fällen besprochen. Weder in meiner Sprechstunde noch beziehungsintern und schon gar nicht mit den Reproduktionsmedizinern.

Gibt es noch andere Verfahren?

Die gibt es – und Fortgang, Aufwand und Dauer sind dabei offen. Eizellenspende, Leihmutterschaft, eingefrorene Embryonen, mit denen auf dem Schwarzmarkt illegal gehandelt wird und die Jahre nach ihrer Zeugung aufgetaut, eingesetzt, ausgetragen und geboren werden, wenn ihre Zwillingsgeschwister womöglich schon volljährig sind. Diese eingefrorenen Embryos tragen den obszönen Namen *Frosties.* All diese Methoden und Verfahren haben erhebliche psychologische Implikationen, die man sich aus sexualwissenschaftlicher Perspektive mal genauer ansehen sollte. Aber wer will das schon? Das alles ist schließlich eine Industrie, die kein Interesse an kritischer Reflexion hat, sondern an Umsatzsteigerung und Wachstumsraten. Wen es interessiert: Die ganze Branche wird sehr gut und umfassend in dem Buch »Kinder machen« von Andreas Bernard beschrieben.

Aber egal welches Verfahren, von ganz grundlegender Bedeutung sind die Fragen: Was macht es mit den Menschen, wenn ihre Sexualität auf Fortpflanzung reduziert wird und über einen längeren Zeitraum nur noch in Petrischalen und Reagenzgläsern, in Pipetten und Kanülen stattfindet? Wie finden die Betroffenen das eigentlich? Wie wirkt es sich auf sie aus – auf die Gegenwart und ihre zukünftige Beziehung? Darüber wollen nur die wenigsten Paare nachdenken. Der irrationale Tsunami des drängenden Kinderwunsches überspült alle Bedenken. Man meint, man arbeite an etwas »Höherem« – aber erniedrigt sich und gefährdet womöglich die Partnerschaft.

Viele Paare spüren das, da gibt es manchmal eine gelinde Beklommenheit, ein Augenniederschlagen, sie ahnen, dass es eventuell nicht gutgehen wird, wenn sie ihre Sexualität so einseitig auf die Fortpflanzungsfunktion reduzieren. Aber die wenigsten tauschen sich darüber aus. Wir haben in Kapitel 4 bereits über die Problematik der Erosion partnerschaftlicher Beziehungskommunikation gesprochen, darüber, dass Partner in eine Drift geraten können, wenn Sex zur Verhandlungssache, zu einer Verrichtung verkommt. Deutlicher als während der reproduktionsmedizinischen Behandlung eines Kinderwunsches kann Sex nicht zu einer Verrichtung degenerieren. Die Fokussierung auf ein Produkt ist total! »Wir wollen hier fertig werden. Wir wollen etwas erreichen. Ist ja teuer genug, die ganze Veranstaltung! Nicht quatschen – machen!« Niemand spricht die Paare auf diese Problematik an, niemand hat ein Interesse, diese Dinge zu problematisieren. Denn sie wären Sand im Getriebe der Reproduktionsindustrie.

Das also wäre das Spektrum, in dem Fortpflanzungsbedürfnisse reproduktionsmedizinisch realisiert werden können. Durchgehend: radikale Reduktion der Menschen auf die Variable Soma ohne Berücksichtigung der psychologischen und partnerschaftlichen Beziehungsauswirkung. Weder seitens der Reproduktionsmediziner (natürlich nicht) noch auf der Seite des Paares.

Es geht mir aber auch hier wieder nicht darum, die Reproduktionsmedizin anzuklagen oder zu fragen, ob sie gut oder schlecht, richtig oder falsch ist. Vielen Paaren mit unerfülltem Kinderwunsch kann die Reproduktionsmedizin helfen, ein Kind zu bekommen. Das ist gut, das ist schön. Was meines Erachtens aber stärker bedacht und berücksichtigt werden sollte, ist die Frage, auf welche Art und Weise das geschieht. Und welche Auswirkungen das hat.

Erfreulich finde ich, dass ich mit dieser Auffassung nicht alleine dastehe. Es existiert eine Richtlinie, eine verbindliche Rechtsvorschrift des »Bundesausschusses der Ärzte und Krankenkassen« zu den Maßnahmen der künstlichen Befruchtung, die aus dem Jahr 1990 stammt und 2014 novelliert wurde. In ihr wird explizit vorgeschrieben, dass Paare auch auf die psychologischen und partnerschaftlichen Auswirkungen der Behandlungsmaßnahmen hingewiesen werden müssen. Die Vorschrift geht sogar noch weiter: Man hat festgelegt, dass die psychosoziale Beratung durch eine außenstehende Person angeboten wird, die nichts verkaufen muss. Ob und wie weit das umgesetzt wird, steht auf einem anderen Blatt.

Warum setzen sich Paare dieser Tortur und der Gefahr des Beziehungsverlustes aus?

Hier kommen wir jetzt zu der Antwort, die ich Ihnen vorhin vorenthalten habe. Frauen – seltener die Männer – setzen sich nicht allein aus biologischen Gründen, wegen eines inneren genetischen Archaismus der Arterhaltung, diesen Torturen und Belastungen aus. Es ist bestimmt nicht nur die Biologie, habe ich vorhin gesagt. Und in der Tat: Eine große Rolle spielen ebenfalls psychologische Aspekte, genauer gesagt die zumeist defizit-kompensatorischen Hintergründe derjenigen, die einen drängenden Kinderwunsch haben.

»Warum wollen *Sie* ein Kind? Worum geht es *Ihnen persönlich?*« Wenn ich diese Fragen stelle, schildern die Frauen nach der ersten Empörung zumeist drei Formen von Wünschen: den Wunsch nach Schwangerschaft, den Wunsch nach einem Kind, den Wunsch nach Mutterschaft. Und nicht selten sind diese Wünsche defizit-motiviert und kompensatorisch – und entfalten gerade *deswegen* diese enorme, mitunter neurotische Kraft.

Worum geht es diesen Frauen beim Schwangersein? »Ich will schwanger sein, weil ich eine innere Leere spüre und meinem Leben einen Sinn geben will, dann werde ich mich innerlich erfüllt fühlen, dann werde ich das Gefühl haben, nie mehr alleine zu sein, ich will spüren, dass in mir etwas wächst. Ich will spüren, dass ich etwas wachsen lassen und durch mein Gebären Leben schenken kann, dass *ich* es bin, die so etwas bewirken kann. Ich möchte spüren, dass ich etwas in mir austragen kann, das völlig in mir aufgeht. Und all das schirmt mich ab gegen die Einflüsse und Zumutungen der Welt.« Das wären Beispiele für den Wunsch nach Schwangerschaft. Und weiter: »Ich will schwanger werden, um damit meiner Bestimmung als Frau gerecht zu werden. Um zu erleben, dass ich eine Frau bin, dadurch, dass ich Kinder zur Welt bringen kann. Um der Welt etwas von mir zu hinterlassen. Um dadurch meine eigene Sterblichkeit zu überwinden.« Zu der Fortpflanzungs- und Schwangerschaftsmotivation kommt die Mutterschaftsmotivation: »Um jemand zu sein, möchte ich Mutter werden. Ich möchte eine Funktion, soziale Teilhabe, eine Rolle, einen Status erlangen, eine Aufgabe haben, für jemanden da sein, jemanden haben, der auf mich angewiesen ist. Ich möchte unersetzlich und unverzichtbar sein, totale Liebe erleben können, jemandem meine Liebe schenken können, der mich nie verlassen kann, jemanden haben, der sich nie wieder von mir abwendet, etwas haben, worüber ich sprechen kann. Ich möchte nicht wieder arbeiten müssen, möchte den Anforderungen des Berufslebens entgehen, Beachtung bekommen, Rücksichtnahme und Aufmerksamkeit erfahren können: Aus all diesen Gründen möchte ich Mutter sein!«

Merken Sie etwas? Das Kind selbst kommt nicht vor. Es geht allein um die Frau! Allein *ihre* Bedürfnisse stehen im Zentrum ihres Kinderwunsches. Das Kind ist Mittel zum Zweck ihrer Selbststabilisierung, Selbstbestätigung und Selbstvergewisserung als Frau. Das sind alles Beispiele kompensatorischer Motive und Hintergründe für Kinderwunsch, Schwangerschaft und Mutterschaft. Und ob Sie es glauben oder nicht: Diese Antworten auf meine Frage, warum ein Kind denn unbedingt sein muss, höre ich oft. Sofern die Frauen sich überhaupt auf ein solches Gespräch einlassen.

Aber entschuldigen Sie: Welcher Kinderwunsch wäre denn dann nicht defizit-kompensatorisch?

Formulieren Sie diese Frage einfach ein wenig um, dann haben Sie die Antwort. Ich würde nämlich eher fragen wollen: Haben wir es *entweder* mit gesunden, integrierten, wünschenswerten, fabelhaften Kinderwünschen auf der einen Seite *oder* mit neurotisch-kompensatorischen Wünschen auf der anderen Seite zu tun? Natürlich nicht. Wir stehen erneut vor einem Kontinuum, und die meisten Wünsche von Frauen auf diesem Feld beinhalten sowohl »gesunde« Anteile als auch kompensatorische, sekundäre und utilitaristische. Wir sprechen erneut *nicht* von kategorialen Ausprägungen, wir sprechen von kontinualen. Es ist mir sehr wichtig, dass wir dieses Kontinuum nicht aus den Augen verlieren – vor allem bei diesem Thema.

Obwohl wir es also bei jedem Kinderwunsch mit einem Mischgeschehen aus »gesunden« und »weniger gesunden« Gründen zu tun haben, ist das zunächst überhaupt kein Problem. Nicht nur ist es völlig in Ordnung, wenn man sich jubilierend auf ein Kind freut. Und natürlich haben viele das Bedürfnis, ihr Baby aller Welt vorzuzeigen und sich als stolze Mami und stolzen Papi zu präsentieren. Ganz neue Rollen und Gesprächsthemen entstehen dadurch. Man hat plötzlich etwas zu sagen, etwas zu erzählen, wo man vorher vielleicht Mühe hatte, Gesprächsthemen zu finden. Und selbstverständlich freut man sich darauf, mit seinem Sohn oder seiner Tochter später Fußball zu spielen, angeln zu gehen, Lieder zu singen, Weihnachten zu feiern und so weiter und so fort. All das darf und *soll* einem *selbst* auch ganz viel geben! Denn Kinder zu haben gehört zu den unvergleichlichsten Lebenserfahrungen, es ist wunderschön, intensiv, großartig. Das lässt sich durch nichts ersetzen und mit nichts vergleichen. All das möchte ich in keiner Weise problematisieren oder gar in Abrede stellen!

Problematisch wird es erst, wenn der defizit-kompensatorische Anteil dieser Motive überwiegt. Heißt: Mir fehlt etwas – und das Kind soll das ausgleichen. »Niemand umarmt mich – ich brauche ein Kind. Niemandem kann ich meine Zärtlichkeit schenken – ich will ein Kind! Ich möchte Weihnachten jemanden beschenken, der sich wirklich freut – ich brauche ein Kind. Niemand will von mir etwas lernen – ich brauche ein Kind.«

Der Gradmesser für die Frage, ob die Ausprägung eines Kinderwunsches bereits klinische Relevanz hat, ist folgender: Um wen oder was geht es beim Kinderwunsch im Kern? Um Mutter oder Vater oder um das Kind? Und: Ist der Wunsch so stark ausgeprägt, dass er womöglich selbst- oder fremdgefährdend wird? Das bedeutet: Würde die Frau zur Erfüllung ihres Kinderwunsches Nachteile für sich und das Kind in Kauf nehmen, nur um den Wunsch zu erfüllen?

Den neurotisch-kompensatorischen Kinderwunsch erkennt man daran, dass Frauen (es sind, wie gesagt, in der Regel die Frauen) die Erfüllung nicht einmal im Rahmen einer theoretischen Erörterung in der Therapie zur Disposition stellen können. Sie können nicht sagen: »Ein Kind zu bekommen wäre schön, aber wenn es nicht klappt, geht die Welt auch nicht unter!« Stattdessen formulieren sie: »Ich *will* und ich *brauche* ein Kind! Und wenn ich kein Kind bekomme, dann war mein Leben umsonst, vergebens, sinnlos, zwecklos, dann kann ich genauso gut sofort Schluss machen.« Die eigene Biografie, die Partnerschaft, die beruflichen Ambitionen, alles erscheint vor dem Hintergrund des unerfüllten Kinderwunsches wertlos. Der Blick auf die eigene Existenz gerät zu einem Rundgang durch die Ruinen der eigenen Vergeblichkeiten. Diese totale Einengung der Lebensperspektive auf das Defizit sowie die absolute Fixierung auf den Wunsch bringt Betroffene dazu, in einem Kind *sämtliche* unerfüllten Lebensanteile realisieren zu wollen: »Love forever!« Das Kind als Anker im reißenden Strom des Lebens und als Erfüllungsgehilfe der Selbstverwirklichung. Dann dient das Kind nur der sozialen und emotionalen Selbstregulation der Eltern, es hat die Funktion, deren Selbst zu stabilisieren, für einen Status zu sorgen: »Vorher war ich nichts – jetzt bin ich Mutter/Vater!« Die natürlichen Entwicklungsbedürfnisse des Kindes bleiben unberücksichtigt. Je weniger Bedürfnisse und Erwartungen ein Kind aber erfüllen muss, desto besser und gesünder für seine Entwicklung. Ein Kind kommt nicht zur Welt, um die Identität der Eltern zu stabilisieren. Ist es aber mit einer solchen Funktionshypothek befrachtet, ist das letztlich *sozialer Missbrauch*. Das ist ein großes Wort, ich weiß, aber lassen Sie es mich erklären, indem wir uns noch mal dem breit gefächerten Spektrum der Kinderwünsche zuwenden.

Wenn auf der einen Seite des Kontinuums die astral-gesunden Kinderwünsche liegen, also diejenigen, die von den Betroffenen auch zur Disposition gestellt werden können, befinden sich auf der anderen Seite die klinisch relevanten »Störungen der sexuellen Fortpflanzung«. In der Mitte liegt – wie immer – der Großteil der Bevölkerung, bei dem alles, wenn Sie so wollen, »ganz normal« ist, wo also ein Mischgeschehen vorliegt.

Betrachten wir einmal die extremen Ausprägungen eines Kinderwunsches auf der ungesunden Seite des Kontinuums.

Die Sexualwissenschaft hat sich schon früh Gedanken darüber gemacht, woran es liegen könnte, dass die meisten Störungen der sexuellen Präferenz (Voyeurismus, Exhibitionismus, Fetischismus usw.) überdurchschnittlich häufig bei *Männern* und viel seltener bei Frauen vorkommen. Man hat die Frage aufgeworfen, ob es nicht aufseiten der Frauen eine Art Analogie zu diesen Präferenzstörungen gibt. Darüber hat man die Hypothese aufgestellt, dass sich geschlechtliches und sexuelles Konfliktgeschehen bei Männern vornehmlich im Bereich der *Lustdimension* der Sexualität abbildet, in Form von abweichenden sexuellen Reizmustern und Betätigungen, bei Frauen hingegen in der *reproduktiven* Dimension von Sexualität. Ganz platt: Männer verarbeiten nach außen, über die Erregungsfunktion – Frauen nach innen, über die Fortpflanzungsfunktion von Sexualität, so die Hypothese. Als »Krankheitskonzept« werden diese »Störungen der sexuellen Fortpflanzung« aber bisher nicht aufgefasst und sind folglich auch in keinem Klassifikationssystem zu finden. Sie liegen dann vor, wenn die Individualität eines Kindes negiert wird und seine Existenz einzig Krücke, Prothese und Identitätsersatz, Selbstobjekt der Mutter ist. »Ich bin das Kind, das Kind ist ich.« Sobald aber das Kind freie Willensäußerungen an den Tag legt, die vom Willen der Mutter abweichen, wird es unterdrückt, diszipliniert, reglementiert und womöglich getötet.

Ich erkenne noch nicht genau, worauf Sie hinauswollen.

Ich möchte darauf hinaus, dass auf dem Feld der Fortpflanzung und des Kinderwunsches viel mehr Kompensatorisches und Neurotisches stattfindet, als wir zugeben wollen. Wir halten den Wunsch nach einem Kind für *grundsätzlich* »natürlich« – dementsprechend für »gut«, folglich für »wahr«, ergo für »gesund und richtig«. Vielleicht sind »die Mutter« und »der Kinderwunsch« in unserer Gesellschaft sogar etwas »Geheiligtes«: »Maria mit dem Kinde lieb uns allen deinen Segen gib ...«

Aber wir haben es auch hier wieder nicht mit etwas rein »Biologischem« zu tun, nicht mit etwas grundsätzlich Gutem und schon gar nicht mit etwas Heiligem. Ein Kinderwunsch hat immer viele motivationale Hintergründe, und die kann man betrachten, differenzieren und beschreiben. Ich bin mir darüber im Klaren, dass das kontinuale Betrachtungs- und Denkmodell, das ich auch diesem Themenbereich unterlege, an dieser Stelle schwierig zu akzeptieren ist. Die Behauptung, dass sich Paare, wenn es um Kinder geht, in einem weiten Spektrum des Gestörtseins bewegen, rührt an ein gesellschaftliches Tabu.

Wenn wir aber bereit sind, uns das Feld der »Störungen der sexuellen Fortpflanzung« anzuschauen, finden wir seltsame, zum Teil wirklich verstörende Phänomene, die ohne das Konzept eines potenziell *kranken Kinderwunsches* überhaupt nicht zu verstehen sind. Diese Phänomene sind immer verknüpft mit der Fortpflanzungsdimension von Sexualität, mit den Bereichen Empfängnis, Schwangerschaft, Geburt und Kindesannahme.

Könnten Sie vielleicht ein paar Beispiele für das geben, was Sie unter »Störungen der sexuellen Fortpflanzung« verstehen?

Das ist ein wirklich breites Spektrum und wird kontrovers diskutiert. Nehmen Sie zum Beispiel serielle Schwangerschaftsabbrüche, also Frauen, die in Zeiten gut verfügbarer Verhütungsmittel mehr als zehnmal hintereinander schwanger werden und jedes Mal die Schwangerschaft abbrechen lassen. Weshalb? Nehmen Sie die Fälle von Frauen, die acht, zehn, achtzehn Kinder gebären und die Geburten jeweils medial inszenieren. Warum? Nehmen Sie die Fälle von unbewussten oder verdrängten Schwangerschaften: Frauen, deren Körperformen sich kaum verändern, die bis in den neunten Monat ihrer Schwangerschaft Menstruationsblutungen haben, die von den einsetzenden Wehen überrascht werden und ihre Kinder spontan, einsam und alleine, ohne medizinische Unterstützung in Badezimmern, auf Bahnhofstoiletten, in Telefonhäuschen oder sonst wo gebären und womöglich danach sterben lassen oder sogar aktiv töten. Was ist da los? Nehmen Sie die Fälle von *eingebildeten* oder sogenannten *Scheinschwangerschaften*: Frauen, bei denen sich schwangerschaftstypische Körperveränderungen ausprägen, vom Ausbleiben der Regelblutung über den Kugelbauch und vergrößerte Brüste bis hin zum Milcheinschuss – ohne dass sie jemals Geschlechtsverkehr gehabt hätten. Wie geht das? Nehmen Sie die Fälle von Babyraub, sei es aus Kinderwägen oder Neugeborenenstationen von Krankenhäusern, sei es durch die Ermordung einer Schwangeren, durch Aufschneiden ihres Bauches und Herausnahme des Babys. Womit haben wir es hier zu tun? Oder nehmen Sie die vielen Fälle von Kindesverwahrlosung, -vernachlässigung und -misshandlung, die meiner Meinung nach auch in den Indikationsbereich der »Störung der sexuellen Fortpflanzung« gehören, weil sie Ausdruck dafür sind, dass Kinder zwar ausgetragen und geboren, aber niemals angenommen werden. Daraus resultieren die bekannten grauenhaften Funde von Jugendämtern: Kinder, die in Käfigen gehalten werden, auf Gitterbetten ohne Matratzen in ihren Exkrementen bei zugeklebten Fenstern vegetieren und unterernährt versterben. Kindesvernachlässigung und -misshandlung in solcher Ausprägungsform ist meines Erachtens eine klinisch-relevante Symptomatik, Ausdruck einer schwer gestörten Fortpflanzungsfunktion im Sinne eines ausbleibenden Fürsorge-Impulses, der ja für gewöhnlich in unserem Instinktrepertoire angelegt ist, Stichwort »Kindchenschema«. Warum? Auch die Fälle von Täterinnen von sexuellem Kindesmissbrauch müssten meines Erachtens unter diesem Blickwinkel betrachtet werden. Da es keine Pädophilie bei Frauen gibt, handelt es sich um Ersatzhandlungstäterinnen. Was ist also der motivationale Hintergrund für sexuelle Übergriffe von Frauen auf Kinder?

Sie sehen: Das Spektrum ist enorm breit. Wenn aber solche Fälle durch mediale Berichterstattung an die Öffentlichkeit kommen, ist die Ratlosigkeit groß, und die Fragen laufen letztlich wenig sachdienlich auf die vielen Abschattierungen des Wortes »Warum« hinaus. Antworten? Gibt es einige, oftmals in Form von Plattitüden: Arbeitslosigkeit und Alkoholismus der Eltern? Auch. Eigene Misshandlungserfahrungen? Manchmal. Bildungsferne? Ich bitte Sie! Wie viele wirklich bildungsfernen Eltern haben ihre Kinder lieb und umsorgen sie. Auf diesem Niveau aber werden solche Geschehnisse verhandelt, zum Teil sogar von angeblich »sachverständigen« Gutachtern. Und dann werden die Fälle rasch wieder als Freakshow in die »Vermischten Nachrichten« verdrängt. Die Hintergründe werden in den seltensten Fällen erhellt, stattdessen bloß Kopfschütteln. Warum? Weil sich die Gesellschaft und auch die wissenschaftlichen Experten nicht in das verminte Gebiet potenziell problematischer Mutterschaft und Fortpflanzung hineinwagen. Das Tabu, das mit diesen Phänomenen verbunden ist, ist einfach zu groß.

Sie wollen also das verminte Gebiet betreten. Warum?

Es ist nicht so, dass ich darüber sprechen *will*. Es geht mir darum aufzuzeigen, dass diese Fälle phänomenologisch eindrucksvoll sind und dabei eine Menge an Informationen und vermeintlichen Unbegreiflichkeiten zusammenkommen, die wir ohne das Konzept der »Störung der sexuellen Fortpflanzung« überhaupt nicht verstehen können.

Ich schaue auf diese Extremformen nicht deshalb, weil sie »unheimlich«, »schockierend«, »faszinierend« und deswegen medial verwertbar sind. Ich bin vielmehr der Überzeugung, dass sich an den extremsten Ausprägungen des Kontinuums viel über den vermeintlichen »Normalzustand«, den angeblich »ganz normalen Kinderwunsch«, erkennen lässt. Deshalb müssen wir als Wissenschaftler an die Extreme der Kontinua heran, um »das Normale« bestimmen zu können.

Ein solches Extrem stellen serielle Kindstötungen dar. Der Ihnen vermutlich durch die Medien bekannte Fall aus dem brandenburgischen Brieskow-Finkenheerd, bei dem eine Frau, Mutter von vier lebenden Kindern, neun weitere ausgetragen und geboren hat, sie danach sterben ließ und ihre Leichen in Blumenkübeln bestattete, ist ja nur einer von vielen. Mit einem Kollegen habe ich bei der Recherche für einen Aufsatz zu diesem Thema alleine für den Zeitraum von August 2007 bis November 2012 achtzehn Fälle aus Deutschland, zwei aus Frankreich und einen aus Australien gefunden. Es handelte sich bei diesen Fällen um 21 Mütter und insgesamt 47 tote Kinder. Von einem Einzelfall kann hier also keine Rede sein.

Tötungen von Neugeborenen werden in der rechtsmedizinischen Literatur seit über hundert Jahren beschrieben, sie spielen sich aber meist im Kontext wirtschaftlicher oder sozialer Notsituationen ab. Im Fall Brieskow-Finkenheerd und all den anderen gab es solche Gründe nicht, die Handlungsmotivation muss eine andere gewesen sein.

Was bei all diesen Fällen auffällig, fast schon bizarr erscheint, sind die Umstände, unter denen die Kinderleichen gefunden wurden: beim Pizzasuchen in einer Tiefkühltruhe, beim Bepflanzen von Blumenkästen, beim Stöbern auf dem Dachboden, bei Reparaturen im Keller, beim Umgraben im Garten oder beim Aufräumen der Garage. Die 21 Mütter haben, obwohl sie töteten, kein Kind »weggegeben«. Sie haben alle in ihrer unmittelbaren Umgebung, »bei sich«, behalten. In keinem der Fälle gab es tätertypische Verdeckungsversuche. Ein Neugeborenes in einer Plastiktüte an einer Autoraststätte in einen Container zu werfen, das wäre leicht zu machen. Aber nein, die Kinder blieben im Kleiderschrank, im Blumentopf, in der Gefriertruhe, im Koffer. Dazu befragt, sagten viele Frauen sinngemäß: »Ich kann doch meine Kinder nicht alleine lassen!« Trotz der Tötung erleben diese Frauen also offenbar eine wie auch immer geartete Bindung zu ihren Kindern. Diese Frauen gebären heimlich, sie töten heimlich, sie platzieren ihre toten Kinder heimlich. Wieder und immer wieder werden sie schwanger und töten ihre Kinder ... Aus kriminalpsychologischer Perspektive könnte man annehmen, dass es sich bei den Kinderleichen um Trophäen handelt, die die Täterinnen als Andenken an das emotional bedeutsame Geschehen behalten wollen. In den letzten Jahren haben vor allem Sexualforscherinnen die Hypothese aufgestellt, dass die toten Kinder für diese Frauen Fetische sind, sexuell aufgeladene Objekte, die Bindungswünsche verkörpern. So wie bei männlichen Fetischisten die begehrten Objekte sowohl Erregung ermöglichen als auch Bindungswünsche repräsentieren.

Ich finde gerade die Wiederholung, das Serielle an diesen Fällen so bestürzend. Man sollte doch meinen, dass diese Frauen verhüten könnten, wenn sie keine Kinder haben möchten oder großziehen können ...

An jeder Stelle Ihrer Frage scheint die implizite Prämisse auf, dass wir es hier mit rationalen Prozessen zu tun hätten. Das ist im Sexuellen – und darüber reden wir schon seit zehn Kapiteln – an so gut wie keiner Stelle gegeben! Und bei diesen Extremformen am allerwenigsten. Wir haben es hier nicht mit rationalen, vernünftigen, reflektierten Vorgängen und Abläufen zu tun, sondern mit einer impulsiven Dynamik aus tiefsten Bedürftigkeiten. Wenn wir über Sexualität sprechen, insbesondere über die Extremausprägungen an den Rändern der Kontinua, befinden wir uns im Tal tiefster Affektivität, in das selten die Sonne scheint. Das alles ist »bei Lichte betrachtet« nicht zu verstehen.

Und die Männer dieser Frauen?

Diese Männer sind in der Regel apathisch, passiv und mental wie emotional völlig abwesend. Sie geben *sämtlich* an, weder von den Schwangerschaften noch von den Geburten etwas bemerkt zu haben. Erinnern Sie sich an das Bild des Wackeldackels auf der Hutablage des Kinderwunschvehikels? Das dürfte hier ebenfalls in Extremform vorliegen! Genauso, wie der vorhin erläuterte »Wunsch nach Schwangerschaft« bei diesen Fällen möglicherweise in seiner Extremform zum Ausbruch kommt. Anders gesagt, die

Frauen spüren, dass etwas in ihnen entsteht, dass *sie* etwas wachsen lassen können, *sie* also etwas bewirken können, und daher »wollen« sie diese Schwangerschaften immer wieder, am liebsten als Dauerzustand. Hernach töten sie jeweils das Kind – weil es eben nicht um die Kinder geht, sondern um das Schwangersein.

Wir müssen bei diesem Phänomen auch die hormonelle Abschirmung mitdenken, die eine Frau während einer Schwangerschaft erfährt. Viele Frauen berichten, dass sie die Zeit der Schwangerschaft wie ein Antidepressivum empfunden haben, wie einen Wattekokon, der sie vor allen feindseligen Außeneinflüssen geschützt, sie gegen alle Unbill der Welt abgeschirmt hat. Dieser hormonell bedingte Schutzraum ist wie eine Droge, die sie eigentlich nie mehr missen wollen. Mit 13 ausgetragenen Kindern war die Frau aus Brieskow-Finkenheerd in ihrem Leben fast zehn Jahre lang schwanger!

Die Beziehungen aber, die diese Frauen mit ihren Männern unterhalten, bleiben in der Tat schwerst begreiflich. Wir sprechen von beinahe unvorstellbaren Situationen. Von Frauen, die in einer Dreizimmerwohnung in Berlin-Wedding ein Baby in der Badewanne gebären, während der Partner im Wohnzimmer Sportschau guckt, und das Kind danach aus dem im dritten Stock gelegenen Badezimmerfenster in den Hinterhof werfen und ins Wohnzimmer zurückkehren, als sei nichts gewesen. Befragt nach den Beweggründen, lautet die Antwort: »Ich wollte nicht mit einem Kind zurück ins Wohnzimmer kommen – dann hätte er sich aufgeregt!«

Was einer solchen Frau letztlich fehlt, kann ich natürlich nicht sagen. Ich kann mich nicht seriös über Fälle äußern, die ich nicht untersucht und behandelt habe. Aber ich würde sehr dazu tendieren, eine Zuordnung zum Formenkreis der psychopathologisch relevanten Störung der sexuellen Fortpflanzung vorzunehmen. Das wäre meines Erachtens der Zugang, um diese Vorkommnisse zu verstehen. Wissenschaftlich etabliert ist das aber noch nicht. Wie in vielen anderen Bereichen befinden wir uns auch hier noch im Prozess der Hypothesenbildung.

*Sie sagten, dass es sich hier nicht um Einzelfälle handele – kommt so
etwas wirklich öfter vor?*

Leider ja. Ein anderer Fall, der meiner Meinung nach ebenfalls mit
einer solchen Störung der sexuellen Fortpflanzung zu tun hat, ist
der Fall der Kalifornierin Nadya Suleman. Die brachte mit 33 Jahren – künstlich befruchtet – Achtlinge zur Welt, wodurch sie als
»Octomom« weltweit mediale Berühmtheit erlangte. Zum Zeitpunkt der Geburt hatte die alleinstehende, mittellose und verschul-
dete Frau bereits sechs Kinder, sämtlich durch künstliche Befruchtung erzeugt. Die anfängliche Begeisterung über die Sensation der
Achtlingsgeburt führte zunächst zu Sammel- und Spendenaktionen
in den USA, schlug dann aber ins Gegenteil um. Als die erstaunte
Öffentlichkeit nämlich feststellte, dass Suleman als Pornodarstellerin ihr Geld verdiente und ihre Kinder in verwahrlosten sozialen
und wirtschaftlichen Verhältnissen aufwachsen ließ. Und dass sie
sich ihr Gesicht hatte operieren lassen, um dem von ihr verehrten,
kinderreichen Idol Angelina Jolie ähnlicher zu sehen und in Strip-
teasebars und Pornos als Angelina-Jolie-Double auftreten zu können – um so wiederum das Geld zu bekommen, das sie brauchte, um die Kredite für die künstlichen Befruchtungen abbezahlen
zu können. Sie kannte nicht einmal die Namen all ihrer Kinder!
Die Medien attestierten der »Octomom« einen »krankhaften Fort-
pflanzungstrieb«, und die Öffentlichkeit ließ sie fallen.

Was gab Suleman als Gründe für ihre Kinderwünsche an? »Was
ich nie hatte, will ich *Kindern* schenken!« Alle Schwangerschaften waren für diese alleinstehende, bindungsgestörte Frau verknüpft mit einer Sehnsucht nach einer riesigen eigenen Familie,
nach sicheren Bindungen, um ihre eigenen Verlassenheitsgefühle
und emotionale Einsamkeit zu kompensieren. Und daraus entstanden vierzehn Kinder. Sie sagte: »Gott hätte mir diese Aufgabe nicht gegeben, wenn er nicht wüsste, dass ich sie bewältige!«
Gott hieß in diesem Fall Dr. Kamrava, war Reproduktionsmediziner und wurde nach Bekanntwerden des Falles von der zustän-

digen Ärztekammer angeklagt, weil sein Vorgehen nicht *State of the Art* gewesen sei.

Ein ganz ähnlich gelagerter Fall hat übrigens auch im April 2015 in Deutschland für Furore gesorgt: Als die Vierlingsschwangerschaft der 65-jährigen Annegret Raunigk bekannt wurde. Auch Raunigk war alleinerziehend und bereits Mutter von dreizehn Kindern! Sie hatte in der Ukraine sowohl Eizellen- als auch Samenspenden eingekauft und sich die daraus entstandenen Embryonen einpflanzen lassen. Für die Berichterstattung hatte sie selber gesorgt: Eigeninitiativ und exklusiv hat sie ihre »Story« an den Fernsehsender RTL verkauft. Was ich auch an diesem Fall imposant finde, ist, dass die mediale Berichterstattung sich weitgehend in körperbezogenen und moralischen Fragen erschöpft: Werden die vier zu erwartenden Kinder gesund sein? Wird Frau Raunigk es körperlich schaffen, mit 70 Jahren noch vier 5-Jährige zu versorgen? Sollte eine alte Frau noch so viele Kinder kriegen? Keine Frage nach den psychologischen bzw. psychopathologischen Hintergründen! Warum will sie oder besser: wozu braucht sie zu ihren 13 bisherigen noch vier weitere Kinder? Warum ist genug nicht genug? Was muss da kompensiert werden?

Wie dem auch sei: Was ich an beiden Fällen, dem der Octomom und dem von Annegret Raunigk, besonders interessant finde und herausheben möchte, auch um einen Bogen zum Titel unseres Kapitels zu schlagen: Alle vierzehn Kinder der Octomom und zumindest die letzten vier Kinder von Frau Raunigk sind durch künstliche Befruchtung entstanden! Im letzteren Fall bei einer 65-Jährigen! Bei Frauen, die keinen Partner hatten oder wollten. Das konnte nur deshalb geschehen, weil niemand hinschaute, weil der Wunsch nach Kindern als etwas »Natürliches« gilt, und nicht zuletzt, weil der Reproduktionsmediziner keine Sekunde darauf verschwendet hatte, Nadya Suleman oder Annegret Raunigk nach ihren motivationalen Hintergründen zu befragen und die nichtsomatische Seite des Geschehens zu beleuchten. Beide konnten zahlen, also wurden ihre Reproduktionswünsche erfüllt.

An solchen Fällen sieht man, dass sich die Reproduktionsmedizin mitunter zu reproduktionswilligen Frauen so verhält wie der Dealer zum Junkie. Wer zahlt, bekommt, was er möchte. Ob das für die entstehenden Kinder gut ist oder für die Frau selbstgefährdend: Who cares? Die Kasse klingelt. Wir sehen aber auch, dass ein defizit-kompensatorischer Kinderwunsch die Energie eines Entzugs entfaltet und die betroffenen Frauen sich zur Reproduktionsmedizin verhalten wie der Junkie zum Stoff …

Sie sind also grundsätzlich gegen Reproduktionsmedizin?

Überhaupt nicht! Worum es mir geht, ist, dass die anderen, nichtsomatischen Anteile des Lebens angemessen berücksichtigt werden. Ich möchte nur dafür plädieren, dass Paare, die unter einem unerfüllten Kinderwunsch leiden, die Möglichkeit bekommen, ihren Umgang damit neutral und ausgangsoffen mit einem Experten zu reflektieren und zu besprechen. Mit einem Fachmann, der nichts verkaufen muss, so wie in den Richtlinien vorgesehen. Und wenn sich die Paare für eine reproduktionsmedizinische Behandlung entscheiden, dann plädiere ich dafür, dass diesen Paaren nicht nur die körperlichen, organisatorischen und finanziellen Aufwendungen vorab dargelegt werden, sondern auch die psychologischen und sozialen Nebenwirkungen. Keine reproduktionsmedizinische Behandlung ohne eine ebenso sachverständige, paar- und sexualpsychologische Begleitung. Das ist alles.

Und Sie werden es nicht glauben: Ich bin sogar für *Social Freezing!*

Aha?!

Social Freezing nennt man das operative Entnehmen und Einfrieren von Eizellen zwecks Verwendung zu einem späteren Zeitpunkt. Es handelt sich um eine Technologie, die seit dem 21. Jahrhundert die Produktpalette der Reproduktionsmedizin bereichert, aber erst seit den letzten fünf bis zehn Jahren richtig im Kommen ist. Frauen können sich, idealerweise in jungen Jahren, Eizellen entnehmen und einfrieren lassen – und diese dann wieder auftauen lassen, wenn sie ein Kind möchten.

Warum finde ich das gut?

Der häufigste Grund für Kinderlosigkeit bei gut ausgebildeten Frauen (die Hauptkundschaft der Reproduktionsmedizin) ist die leidvoll erlebte Partnerlosigkeit, sie sind *Sad Singles*. Von diesen hochqualifizierten Frauen bleiben mittlerweile fast die Hälfte kinderlos, denn zum Zeitpunkt ihres Kinderwunsches steht ihnen kein Partner dafür zur Verfügung. Mit Social Freezing könnten sie entspannt abwarten, bis es so weit ist – die »biologische« Uhr würde aufhören zu ticken. Es wäre ihnen freigestellt, Kinder zu kriegen, wann sie es für richtig halten, und sie müssten nicht mehr panisch und mit fallendem Anti-Müller-Status auf dem Display im Internet nach einem Partner fahnden ...

Ich finde, alle Frauen zwischen zwanzig und dreißig sollten die Möglichkeit haben, Social Freezing über das Solidarsystem der Krankenversicherungen kostenlos in Anspruch zu nehmen. Leider ist es allerdings so, dass die meisten Frauen, sofern sie überhaupt je von Social Freezing gehört haben, ihre Eizellen häufig erst mit Ende dreißig oder sogar Anfang vierzig einfrieren lassen, wenn sie merken, dass sie weder einen Partner noch ein Kind haben. Das ist zu spät, denn zu diesem Zeitpunkt haben die Eizellen nicht mehr die »reproduktive Qualität«, die eine spätere Schwangerschaft wahrscheinlich werden lässt.

Mit anderen Worten: Wenn die Reproduktionsmedizin dazu dient, größere Freiheiten für Frauen, Männer und Paare zu schaffen, wenn es ihr gelingt, gesunde Kinderwünsche zu erfüllen, Menschen mit diesem wunderbaren Geschenk eines Kindes Lebensglück und Lebensintensität zu schenken, wenn dabei auch psychologische und partnerschaftliche Aspekte berücksichtigt werden, dann bin ich der Letzte, der dagegen ist. Dann bitte her mit Petrischale und Katheter!

KAPITEL 11

Von ungewöhnlich über schräg bis daneben – sexuelle Besonderheiten und Absonderlichkeiten

> Der Mensch kann zwar tun, was er will,
> aber er kann nicht wollen, was er will.
>
> *Arthur Schopenhauer*

Sie haben gesagt, dass ein unerfüllter Kinderwunsch in seiner Vehe-
menz vergleichbar wäre mit sexuellen Präferenzstörungen. Was muss
man sich denn darunter vorstellen?

Von Störungen der Sexualpräferenz spricht man bei »ungewöhnlichen« sexuellen Vorstellungen, Wünschen oder Bedürfnissen,
wenn sie so stark ausgeprägt sind, dass die von ihnen betroffene
Person deswegen Probleme im sozialen, beruflichen oder partnerschaftlichen Zurechtkommen hat, wenn sie selbst unter diesen
Fantasien und Antrieben leidet oder befürchtet, aufgrund dieser
Präferenz jemand anderem Leid zuzufügen.

Und Sie werden es nicht glauben: Auch hier haben wir es
wieder mit einem Kontinuum zu tun! Ganz links, in dem noch
»normkonformen« Spektrum der Sexualpräferenz, spreche ich
bloß von *Ausprägungen:* Das ist das, was wir alle irgendwie haben, irgendeine Form von sexueller Ansprechbarkeit. Gehen wir
auf dem Kontinuum weiter, landen wir bei den *Besonderheiten*
der Sexualpräferenz. Die liegen dann vor, wenn jemand etwas
ganz Spezielles sexuell erregend findet. Was aber noch kein Problem darstellt. Nimmt die Bedeutung bestimmter, klar definier-
ter sexueller Reizmuster für eine Person allerdings weiter zu,
spricht man von *Akzentuierung* der Sexualpräferenz. Die liegt
vor, wenn ein bestimmter Stimulus herausragende Bedeutung erlangt und für die Möglichkeit des sexuellen Erregungsaufbaus zu
einem bedingenden Kriterium wird. Anders gesagt: Ohne diesen
Stimulus geht's nicht. Die Akzentuierung ist die letzte »subkli-
nische« Ausprägungsform – also das letzte Phänomen auf dem
Kontinuum, das noch nicht als Störung bezeichnet wird. Gehen wir auf dem Kontinuum aber noch weiter nach rechts, dann
landen wir bei den klinisch relevanten *Störungen* der Sexualpräferenz, weil hier Probleme, Leidensdruck, Selbst- und/oder

Fremdgefährdung und gegebenenfalls Veränderungsn gegeben sind.

Können Sie dieses Kontinuum an einem Beispiel verdeutlicnen.

Gern. Ich finde, am Interesse von Männern an frauentypischer Unterwäsche kann man recht gut verdeutlichen, wie eine kontinuale Sichtweise im Fall der sexuellen Präferenz konkret aussieht.

Bezüglich Frauenunterwäsche gibt es Männer, die mit Strapsen, Strümpfen, Dessous und dergleichen *überhaupt nichts* am Hut haben. Wenn man die zu diesem Thema befragt, sagen sie: »Ich weiß, dass Frauen so etwas tragen, aber lieber ist es mir, wenn sie's ausziehen!« Das wäre die fehlende Ausprägung, weil hier keinerlei sexuelle Ansprechbarkeit durch Wäsche gegeben ist. Das Kontinuum beginnt mit Männern, die sagen: »Ich finde das sexy, wenn meine Frau halterlose Strümpfe, Strapse oder Negligés trägt. Find ich super, sieht toll aus, macht mich an!« Das ist der Mainstream, also die »Normausprägung«. Der statistische Durchschnittsmann findet das tendenziell gut, was man ja auch an dem Riesenmarkt für erotische Dessous, die früher sogenannte »Reizwäsche«, sehen kann. Dabei würde ich noch nicht von einer »Besonderheit« sprechen, vielmehr von einer ersten Ausprägungsform auf diesem Kontinuum. Übrigens finden auch Frauen erotische Unterwäsche gut. Sie finden aber nicht die *Wäsche* sexy – sondern sich selbst in dieser! Sie empfinden eine Aufwertung ihrer selbst durch die Dessous und genießen es auch, dass die Männer sie mit sexy Unterwäsche toll finden.

Gehen wir aber weiter auf diesem Kontinuum, dann kommen wir in den Bereich der *Besonderheit*. Die erkennt man im Fall der Wäsche daran, dass der Betroffene sagen würde: »Ich find's nicht nur schön, wenn eine Frau das trägt – sondern eine Frau, die das *nicht* trägt, die finde ich nicht so schön!« Woran man schon sehen kann: Da verschiebt sich etwas ... Der Stimulus wird zunehmend wichtiger. Und schon im nächsten Bereich des Kontinuums, er *Akzentuierung,* würde der Mann sagen: »Frau ohne sexy Wäsche? Da passiert bei mir nichts!« Hier ist bereits die Wäsche der Kernstimulus – nicht mehr die Frau. Bei zunehmender Ausprägung einer Sexualpräferenz wird die Frau zusehends zur Trägerin des eigentlichen Sexualstimulus. Sie wird vom begehrten Subjekt zur Objektträgerin.

Geht man noch weiter auf dem Kontinuum in Richtung einer potenziell problematischen Ausprägung, wird irgendwann die Wäsche an sich, *ohne Frau drin,* zum Stimulus. Für Männer, die das so erleben, ist das Anfassen von Seide, Satin oder Nylonstrümpfen sexuell hocherregend. Oder das Riechen daran, am besten, nachdem die Wäsche getragen wurde. Das ist der Kick, der in ihrem sexuellen Erleben die eigentliche Bedeutung hat. Und häufig auch in ihrem sexuellen *Verhalten.* Nämlich dann, wenn sie frauentypische Wäschestücke dazu heranziehen, um sich selbst zu stimulieren. Wenn sie die begehrten Dinge anfassen, sich mit diesen Stoffen, diesen Materialien reiben und sich dabei selbst befriedigen. Für ihren Erregungsaufbau ist dann überhaupt keine Frau mehr nötig. Das wäre dann der Ausprägungsgrad eines *Wäsche-Fetischismus.* Solange das den Personen selbst und ihren Partnerinnen keine Probleme bereitet und niemand darunter leidet, handelt es sich um eine *Akzentuierung der Sexualpräferenz,* die noch nicht das Ausmaß einer krankheitswertigen Störung erreicht.

Wir können auf diesem Kontinuum noch weiter gehen. Und dann geht der »normale« *Wäsche-Fetischismus* in den sogenannten *Transvestitischen Fetischismus* über, den ich ja schon in Kapitel 7 beschrieben habe: Männer, die es nicht nur toll finden, verschiedene Materialien zu betasten, an ihnen zu riechen und sie in ihre sexuelle Selbstbetätigung einzubeziehen, sondern die es am allertollsten finden, diese Reizwäsche auch selber anzuziehen. Solange es den Männern damit gut geht, sie das schön finden und deswegen keine Probleme und Konflikte bekommen – alles gut! Wo kein Aua – da kein Arzt!

362

Und wenn wir noch weiter nach rechts gehen, dann endet dieses Kontinuum bei der sogenannten *Autogynaephilie*. Hierbei handelt es sich um transvestitische Fetischisten, die geschlechtstypisch weibliche Unterwäsche tragen, sich selbst stimulieren, dabei in Spiegeln beobachten oder filmen – und sich in den Begleitfantasien vorstellen, als Mann mit sich selbst als Frau Sex zu haben. Hier wird es zugegebenermaßen ein bisschen kompliziert und kaum noch nachvollziehbar. Gibt es aber. Im Erleben dieser Betroffenen, also in ihren Sexualfantasien, findet eine Verschmelzung aus Mann und Frau statt, die mit sich selbst Sex haben. Ein anderer Mensch kommt überhaupt nicht mehr vor! Das ist anders als bei den überwiegend heterosexuellen transvestitischen Fetischisten. Die stellen sich in ihren Sexualfantasien noch vor, in ihrer »sexy Aufmachung« mit Frauen Sex zu haben. Der Autogynaephile tut das nicht mehr. Die Partnerin oder der Partner existiert in seiner Vorstellung gar nicht mehr! Das sexuelle Erleben erschöpft sich in der sexuellen Befassung mit dem eigenen, in Reizwäsche verpackten Körper und der Vorstellung, als Mann mit sich selbst als Frau zu schlafen. Unterhält dieser Mann eine Beziehung, sind partnerschaftliche Probleme da nachvollziehbarerweise programmiert …

Autogynaephilie ist eine klinische Rarität. Was wir aber gut daran ablesen können, ist, dass ein zunehmendes Ausmaß der Ausprägungen einer Sexualpräferenz in der Regel dadurch gekennzeichnet ist, dass die Beziehungsqualität von Sexualität abnimmt, bis der andere irgendwann ganz verschwindet. Betroffene sind innerlich komplett vereinsamt und zurückgeworfen auf die sexuelle Befassung mit sich selbst, die sexuelle Betätigung mit einem erotisch besetzten Objekt in einem stereotypen, monotonen Modus sexueller Selbststimulation. Interaktion und soziale Bezogenheit sind nicht mehr vorhanden. Darin zeigt sich die psychopathologische Qualität dieser Ausprägungen.

Mit *Transidentität* oder *Transvestität* hat das aber nicht das Geringste zu tun, auch wenn es den Anschein erwecken könnte.

*In Ihrer Definition hatten Sie aber gesagt, eine Störung der Sexualprä-
ferenz liege auch bei Leidensdruck des Betroffenen vor. Den sehe ich
hier erst einmal nicht unbedingt.*

Von außen sieht man ihn auch nicht. Aber die betroffenen Personen bewerten sich nicht selten selbst als »perverse Säue«, schämen
sich und leiden unter ihren Präferenzbesonderheiten. Außerdem
bezeichnen wir eine Ausprägung auch dann als *Störung,* wenn aus
der Neigung Konflikte mit der Partnerin / dem Partner erwachsen, wenn es also zu Problemen im sozialen Miteinander kommt.

Nehmen Sie ein Beispiel. Eine Frau findet im Kleiderschrank
ihres Partners Frauenunterwäsche, die sie vorher noch nie gesehen hat. Sie stellt ihren Mann zur Rede. Sie vermutet, was nicht
ganz abwegig ist, ihr Mann habe eine heimliche Geliebte. Wie
sonst ließe sich die Frauenunterwäsche in seinem Schrank erklären? Der Mann reagiert schockiert und beschämt. Die Frau
insistiert auf einem Geständnis, das der Mann zu liefern aber
nicht in der Lage ist. Denn er hat ja keine Geliebte. Aber wie bitte schön kommt die Wäsche in den Schrank? Die Wahrheit über
seine Präferenzbesonderheit zu berichten fällt ihm noch schwerer, als einfach die Vorstellung seiner Frau zu bestätigen, er habe
eine Außenbeziehung. Also schweigt er. Und kaut Nägel. Und
selbst wenn der Mann, eventuell mit therapeutischer Hilfe, mit
seiner Frau zu sprechen imstande ist, bleibt bei vielen Frauen das
Gefühl, dass es in der sexuellen Beziehung eigentlich nicht um
sie – sondern um die Wäsche geht. Sie sehen: Probleme und potenzielles Leid für alle Beteiligten. Wenn solche Probleme im beruflichen, privaten, vor allem partnerschaftlichen Zurechtkommen gegeben sind und die Betroffenen und Angehörige unter den
sexuellen Bedürfnissen leiden oder wenn es durch entsprechen-
des sexuelles Verhalten zu Selbst- oder Fremdgefährdung kommt,
dann wird aus einer *Akzentuierung* eine *Störung* der *Sexualpräferenz,* die ein krankheitswertiges Ausmaß erreicht.

Bevor Sie über die transvestitische Ausprägung gesprochen haben, sprachen Sie von den Wäsche-Fetischisten. Auch bei denen sehe ich weder Leidensdruck noch Fremd- oder Selbstgefährdung ...

Wäsche-Fetischismus habe ich als *potenziell* problematisch beschrieben. Auch solche Männer können bei einem gewissen Ausprägungsgrad ein Verhalten an den Tag legen, das sie selbst und andere beeinträchtigt. Zum Beispiel, wenn sie Wäsche aus Umkleidekabinen oder von Wäscheleinen stehlen. Das sind die berüchtigten »Schlüpferräuber«, die in Hinterhöfen, Gärten oder auf Balkonen an fremde Wäscheleinen gehen, um sich dort Unterwäsche von der Leine zu klauben. Im 21. Jahrhundert ist das allerdings ein aussterbendes Phänomen. Der Grund ist ausnahmsweise nicht das Internet, sondern die Erfindung des Wäschetrockners. Noch lieber aber stehlen die Betroffenen ohnedies Wäsche aus Umkleidekabinen oder Wäschekörben, denn die ist gebraucht und ungewaschen. Geruch ist ein wesentlicher Sexualstimulus. Für uns alle – und für Wäsche-Fetischisten ganz besonders. Aber Wäsche anderer zu entwenden, ob von der Leine oder aus der Umkleide, ist Diebstahl und damit eine Straftat. Noch dazu eine mit einer ausgesprochen schlüpfrigen Anmutung für das Opfer. Wenn Ihnen die Handtasche gestohlen wird, können Sie das noch verstehen und rationalisieren. Aber wenn Ihnen jemand Ihren durchgeschwitzten Slip entwendet, dann fühlt sich das irgendwie klebrig und übergriffig an, nicht wahr?

Wir haben es hier also mit einer Verhaltensäußerung zu tun, die selbst- und fremdbeeinträchtigend ist. Diebstahl von Wäsche ist sowohl selbstgefährdend, weil kriminell, als auch ein Übergriff gegen die sexuelle Selbstbestimmung der bestohlenen Person. Damit ist der Übergang von der Akzentuierung zur Störung eindeutig markiert.

Lassen Sie mich das noch einmal kurz anhand meines Drei-Achsen-Modells der Sexualpräferenz verdeutlichen, über das wir in Kapitel 2 gesprochen haben. Dort habe ich unterschieden zwischen *sexueller Orientierung* auf das männliche und/oder weibliche Geschlecht, der *Ausrichtung* auf den kindlichen, jugendlichen oder erwachsenen körperlichen Entwicklungsstatus und der *Neigung* zu einem bestimmten sexuellen *Typus* und *Modus*. Das sind die drei Achsen der Sexualpräferenz. Sie erinnern sich? Im Fall des Fetischismus haben wir es nun mit einer besonderen Ausprägung der *Neigung* zu tun, und zwar des *Modus*, also der bevorzugten Art und Weise der sexuellen Betätigung. Einzig ansprechbar sind diese Männer durch Objekte, Gegenstände und Materialien. Und der Modus ist es auch, der eigentlich bei allen Sexualpräferenzstörungen, abgesehen von der Pädophilie, die eigentliche Reizqualität darstellt. Dem Betroffenen geht es nicht vornehmlich um den anderen, das Gegenüber – sondern nur noch um die *Art und Weise* der sexuellen Betätigung. Der andere tritt in den Hintergrund, verschwindet gegenüber der Dominanz des sexuellen Reizmusters. Der *Modus* ist es, der selbst zum Stimulus wird und die Vorherrschaft über das sexuelle Erleben und Verhalten übernimmt. Objekt statt Subjekt. Gegenstand statt Person. Distanz statt Nähe. Vereinzelung statt Beziehung.

Und doch wünscht sich der Fetischist Bindung, so wie alle Menschen! Er ist bloß nicht in der Lage, sie im Sexuellen herzustellen, warum auch immer. Nur über den Gegenstand, den Platzhalter zwischen sich und der anderen Person, erlebt er ausreichende Entängstigung, um sexuelle Erregung erleben zu können. Dessous statt Frau, Wäsche als pars pro toto! Weil die Frau als zu beängstigend erlebt wird, verlagert sich die sexuelle Fokussierung auf das, was sie symbolisiert und repräsentiert.

Können Sie dieses »Verschwinden des anderen« noch an einer anderen Sexualpräferenzstörung deutlich machen?

Durchaus. Zum Beispiel Voyeurismus. Auf den ersten Blick erscheint das paradox, denn Voyeure sind ja Männer, die sexuelle Erregung dadurch erleben, dass sie eine Frau (meistens sind

Voyeure heterosexuelle Männer) heimlich in intimen Situationen beobachten, und zwar in dem Bewusstsein, dass die Frau das nicht gutheißen würde, wenn sie es wüsste. Es scheint also so zu sein, dass diese Präferenzbesonderheit den anderen geradezu benötigt.

Das Faszinierende an dieser sexuellen Neigung ist aber, dass der Voyeur, der seine Vorliebe in die Tat umsetzt, in seiner Fantasie gar nicht darauf abzielt, mit der beobachteten Frau Sex zu haben! Der Laie würde denken: »Aha, da schaut jemand eine schöne Frau an, weil er sie sexy findet und mit ihr schlafen möchte.« Dem ist aber nicht so! Früher prägte sich der Voyeur die beobachteten Szenen ein und rief sie zu Hause als Sexualfantasie wieder auf. Heute macht er in der Regel ein Video, schaut es sich alleine zu Hause an und befriedigt sich dabei selbst. In seiner Fantasie stellt er sich dabei aber *nicht* vor, mit der beobachteten Frau zu schlafen. Was ihn anmacht, ist die Situation des Beobachtens. Das Wissen: »Ich schaue dir zu, während du etwas tust, was du keinem würdest zeigen wollen – aber ich, ich seh's trotzdem!« Das ist der Kernstimulus in der voyeuristischen Sexualpräferenz. Die Frau an sich ist dabei nachrangig. Sie ist lediglich Darstellerin in seinem Film, Statistin seines Bedürfnisses, austauschbare Komparsin. Dem Voyeur geht es um die heimliche, nicht einvernehmliche, grenzüberschreitende Beobachtung, nicht um die Frau. Wieder ist es also der Modus der sexuellen Betätigung, der das sexuelle Erleben und Verhalten dominiert, nicht die Begegnung mit einem anderen Menschen.

Aber am Beispiel des Voyeurismus kann man nicht nur das Verschwinden des anderen gut erkennen. Auch unser gutes altes Kontinuum wird wieder sichtbar. Denn seien Sie ehrlich, wenn Sie aus dem Fenster schauen, und am gegenüberliegenden Fenster sehen Sie eine nackte Person bei der Körperpflege, dann würden Sie womöglich auch etwas länger hinschauen. Wenn Sie nach Hause kommen, gegenüber brennt Licht, und Ihre Nachbarn treiben es auf dem Küchentisch: Da ziehen Sie nicht notwendigerweise sofort die Vorhänge zu, oder? Dass wir Sexuelles gerne sehen, hören und beobachten, ist völlig normal, das weckt unsere Neugier. Sind wir deswegen alle Voyeure? Natürlich nicht. Voyeurismus wird es erst dann, wenn der heimliche Beobachtungsmodus zum bedingenden Kriterium wird, um überhaupt sexuell erregt zu werden. Und wenn eine Person bewusst, willentlich und vorsätzlich Grenzen des Hausfriedens, der Privatsphäre und der sexuellen Selbstbestimmung überschreitet, um andere heimlich in intimen Situationen beobachten zu können.

Sie scheinen besonderen Wert darauf zu legen, dass wir uns alle in »Verdünnungsformen« auf einem Kontinuum des »Gestörtseins« befinden. Aber ist das denn wirklich so?

Es tut mir leid, wenn meine Sichtweise Sie verunsichert. Ich würde aber behaupten: Ja. Wobei man dazu sagen muss, dass das von Phänomen zu Phänomen natürlich schon divergiert. Wo wir beim Fetischismus und beim Voyeurismus alle irgendwo auf diesem Kontinuum sind, trifft das beim Exhibitionismus schon etwas weniger zu.

Aber auch hier: Wenn wir genauer hinschauen, gibt es nicht wenige Leute, denen es nicht nur *nicht* peinlich ist, nackt vor anderen zu erscheinen, sondern die das sogar *irgendwie gut* finden. Menschen, die sagen, sie fänden Sauna und FKK klasse – und das begründen mit Begriffen wie »Gesundheit«, »frische Luft«, »Natur« und anderen künstlichen Erfindungen. In Wirklichkeit aber finden sie es *auch* schon irgendwie prickelnd, in Gegenwart anderer nackt durch die Gegend zu laufen und sich vor ihnen zu präsentieren. Von dieser irgendwie sexuell unterspülten »Normausprägung« geht es weiter zu den Kollegen, die jede FKK-Strand-Besucherin kennt: der Typ braungebrannter nackter Mann, mit Sonnenbrille, Herrenhandtasche und Badelatschen, der gerne anhaltend und ausdauernd »zufällig« in die Sichtachse von Frauen läuft und dort – ebenso wie zufällig – breitbeinig stehen bleibt und seine Glocken in der lauen Sommerluft schaukelt. Was die Frauen zu Recht komisch oder befremdlich finden, weil sie merken, hier geht es nicht mehr um Freikörperkultur, hier geht es um etwas ganz anderes. Exhibitionismus wird das Ganze aber erst außerhalb des FKK-Strandes. Ein FKK-Strand ist für den Exhibitionisten ungefähr so spannend wie ein Stummfilmkino für den Blinden. Nein, die Exhibition kann nur außerhalb von Sauna und Nudistenstrand stattfinden, im Parkhaus, im Hauseingang, auf dem Schrebergartenweg, an öffentlichen Orten, an denen es keine Nacktheit gibt. Das ist es, was Exhibitionisten erregend finden. Ihnen geht es darum, Frauen zu nötigen, sie nackt zu sehen, ihre Genitalien wahrzunehmen, sie masturbieren zu sehen. Analog zum Voyeurismus geht es auch beim Exhibitionismus um Grenzüberschreitungen. Es geht darum, dass die Frau die Genitalien sehen *muss*. Und darüber soll sie, im Idealfall, eine Schreckreaktion zeigen, eine Empörung, eine Konsternierung, einen Schock. Und je deutlicher sie das habituell, akustisch, mimisch zum Ausdruck bringt – desto erregender für den Exhibitionisten. Seine neurotische Fehlverarbeitung: »Wenn die Frau so schreit, wenn ich ihr mein Ding zeige, muss an mir ja was dran sein!« Es geht also zum einen um einen soziosexuellen Selbstwertdefekt, der auf diese Weise neurotisch kompensiert werden soll. Es geht aber auch um eine Bindungsstörung, die eine normkonforme, sozial integrative Kontaktaufnahme zu einer begehrten Frau unmöglich macht. Das Kennenlernen wird gleichsam übersprungen, die genitale Selbstpräsentation steht am Anfang. Dass dieses Vorgehen sich in der Regel nicht dazu eignet, eine Beziehung herzustellen, ist für diese Männer irrelevant, weil es nicht um eine Beziehung zu der Frau, sondern um die Durchführung des bevorzugten Modus der sexuellen Betätigung geht.

Aber Sie haben schon recht. Exhibitionistische Anteile sind in der Allgemeinbevölkerung tatsächlich etwas seltener anzutreffen als andere Präferenzbesonderheiten.

Wir kennen mittlerweile Zahlen über die Häufigkeit abweichender Ausprägungen der Sexualpräferenz in der Allgemeinbevölkerung. Bei einer Querschnittsstudie, die meine Kolleginnen und Kollegen und ich am Berliner Institut für Sexualwissenschaft durchgeführt haben, fanden wir heraus, dass 40 Prozent aller befragten Männer im Alter zwischen 40 und 80 Jahren angaben, eine voyeuristische Ansprechbarkeit aufzuweisen. Gefragt wurde, ob dieses Reizmuster des sexuell motivierten, heimlichen, grenzüberschreitenden Beobachtens mit sexueller Erregung verknüpft ist – nicht, ob sie das *machen*. Das exhibitionistische Reizmuster wurde hingegen von nicht einmal 4 Prozent der Männer als sexuell ansprechend angegeben! Die nächsthäufige Ausprägung nach dem Voyeurismus ist der Fetischismus, von dem immerhin 34 Prozent sagen, dass sie in diese Richtung Vorlieben und sexuelle Neigungen haben.

Sie sehen also: Sexualpräferenzbesonderheiten sind weit verbreitet; aber nicht alle gibt es gleich oft.

Na gut. Da mag ja viel in uns schlummern, zumindest was diese Feld-Wald-und-Wiesen-Akzentuierungen angeht. Aber Ihre kontinuale Betrachtungsweise kommt doch spätestens dann an ihre Grenzen, wenn es um die »härteren« Fälle geht – sagen wir um den Natascha-Kampusch-Fall oder um Armin Meiwes, den »Kannibalen von Rotenburg«.

Meinen Sie? Oder hoffen Sie? Ich glaube das nicht. Im Gegenteil: Ich denke sogar, dass es gerade in den – wie Sie es nennen – »härteren« Fällen zielführend und für ein Verständnis unabdingbar ist, kontinual zu denken. Lassen Sie mich ein klein wenig ausholen.

Ich denke nicht ganz falschzuliegen, wenn ich behaupte, dass der Wunsch, einen Partner ganz für sich haben und nicht teilen zu wollen, keinem von uns völlig fremd ist, das würden die meisten Menschen als »ganz normal« ansehen. Gehen wir auf diesem Kontinuum weiter, kommen wir zu denjenigen, die dazu neigen, ihren Partner oder ihre Partnerin zu kontrollieren. Die immer wissen wollen, wo er oder sie ist, was er oder sie mit wem macht, die auf alles und jeden eifersüchtig sind. Nur einen Schritt weiter auf diesem Kontinuum liegt das Phänomen des *Stalkings*. Den anderen ganz für sich haben, überwachen und kontrollieren zu wollen muss sich ja nicht auf den eigenen Partner beziehen. Es kann sich auch um Personen handeln, die früher unsere Partner waren, oder um solche, die wir uns als Partner *wünschen*. Nachstellen und Verfolgen stellt eine Form von Verhaltensstörung dar, bei der der Stalker oder die Stalkerin die vergangene, gegenwärtige oder imaginierte Beziehung zu einer anderen Person gegen deren Willen aufrechtzuerhalten oder (wieder-)herzustellen versucht, indem er/sie die »begehrte« Person telekommunikativ, online oder real verfolgt, bedroht, belagert oder sogar tätlich angreift. Der Stalker oder die Stalkerin hat das Gefühl einer schicksalhaften, geradezu magischen Seelenverwandtschaft mit dem anderen. Er oder sie erlebt eine intensive Verbundenheit und einen Einklang, glaubt, den anderen verstehen zu können wie niemand anders. Und deswegen sucht er/sie die Nähe zu dieser Person, *Intimacy-Seeking-Stalking* heißt das Phänomen entsprechend im Amerikanischen.

Und was kommt als Nächstes auf diesem Kontinuum, das ich als »Inbesitznahme-Kontinuum« bezeichne? Da steht die realisierte, totale Inbesitznahme: die Entführung der begehrten Person. Die nichts anderes bedeutet als »Ich habe dich ganz für mich. Jetzt gehörst du mir. Du läufst mir nicht mehr davon.« Die berühmteste und erschütterndste Extremausprägung einer solchen totalen Inbesitznahme ist der Fall von Natascha Kampusch, den Sie gerade angesprochen haben. Der Täter, Wolfgang Priklopil, hat das Opfer, die damals zehnjährige Natascha Kampusch, gefangen, entführt, in einem unterirdischen Bunker eingekerkert und dort als Sklavin gehalten, um sie als Beziehungspartnerin in Anspruch zu nehmen, sie sozial und sexuell zu missbrauchen und total über sie zu verfügen. Und zwar über acht Jahre!

Wir haben es hier mit einer grauenhaften Tat zu tun, vor der man fassungslos steht. Niemand muss oder soll das nachvollziehbar finden. Wenn wir aber hinter die Dinge schauen und einen Einblick gewinnen wollen, worum es hier eigentlich geht, müssen wir uns klarmachen, dass das, was Wolfgang Priklopil getan hat, eine massive

Ausprägung auf dem Kontinuum der Inbesitznahme ist, an dessen Anfang wir selbst sitzen. Heißt: *Phänomenologisch* ist dieser Fall nicht exzeptionell, keine prinzipielle Unvorstellbarkeit, die wir sonst nirgendwo finden würden. Exzeptionell ist allerdings die radikale *Realisation auf der Verhaltensebene.* Das ist das Entscheidende! Da hat jemand das, was sich viele denken und vorstellen, tatsächlich getan, hat es bis hin zur bautechnischen Umsetzung realisiert! Das ist es, was einen an diesem Fall so extrem sprachlos macht.

Extrem scheint auch die Persönlichkeit Priklopils gewesen zu sein – denn er entführte keine altersähnliche Person, sondern ein Kind! Ich denke nicht, dass wir zwingend davon ausgehen können, dass bei ihm eine pädophile Präferenzausprägung vorlag. Ich glaube vielmehr, dass für ihn nur ein Kind ausreichend entängstigend war, nur ein Kind konfrontierte ihn nicht mit seinen Selbstzweifeln und Selbstwertdefekten. Priklopil hatte offenbar die Vorstellung, sich durch die Entführung einer Zehnjährigen eine eigene Partnerin »heranziehen«, also gleichsam das Aufwachsen seiner Beziehungspartnerin kontrollieren zu können. Und dadurch die andere Person zu hundert Prozent beherrschen und an sich binden zu können. Das ist die überwältigend abstoßende Verwirklichung eskapistischer Fantasiemotive, die übrigens viele Männer in einer abgeschwächten Form kennen und in unserer Kultur keine geringe Rolle spielen: »Wenn ich mit dieser tollen Frau gemeinsam Schiffbruch erleiden würde und alleine auf einer einsamen Insel wäre ...« Ein ganz verbreitetes Fantasiebild, beinahe ein diskursives Gesellschaftsspiel. Je verbreiteter ein Phänomen in den Köpfen der Menschen ist, als desto empörender wird der Tabubruch empfunden, wenn einer in die Tat umsetzt, was die anderen sich nur vorstellen. »Die Bösen tun das, was die Guten nur denken«, beschrieb Goethe dieses Phänomen. Priklopil hat dieses Phantasma in die Realität umgesetzt: die einsame Insel in Strasshof an der Nordbahn – aus Beton. Die Entführung in einem solchen Fall steht also für physische Aneignung, die Inbesitznahme eines begehrten Partners.

Aber dieses Kontinuum geht tatsächlich noch weiter. Die nächste Stufe ist die symbolische Auslöschung des begehrten Partners. Beispielsweise durch Säureattentate auf Frauen, die Beziehungsangebote oder Heiratsanträge nicht erwidert bzw. zurückgewiesen haben. Die Selbstwertbedrohung durch diese Kränkung ist für die Männer so groß, dass sie nur durch die symbolische Auslöschung der begehrten Person Linderung zu erfahren glauben. Die Opfer werden durch die Übergriffe lebenslang entstellt. Dabei werden nicht Hände oder Füße verätzt – sondern das Gesicht. Ein fremdbeigebrachter Gesichtsverlust! »Indem ich dir dein Antlitz nehme, bekomme ich dich für mich allein – denn so wird dich kein anderer mehr haben wollen! Ich verunmögliche dir die Erfüllung aller anderen Beziehungswünsche! Und dadurch habe ich dich für immer für mich.«

Aber jenseits der symbolischen Auslöschung gibt es auch die tatsächliche Tötung des begehrten Sexualpartners. »Ich nehme dir dein Leben. Und dadurch habe ich dich endgültig! Denn niemand, kein anderer, kann dich je wieder haben!«

Das Paradoxe daran ist, dass geliebte Personen von solchen Taten betroffen sind. Menschen, die Säure in das Gesicht der Ablehnenden schütten oder sie am Ende sogar töten, lieben diese Personen wirklich auf ihre kranke Art und Weise! Statistisch gesehen ist der gefährlichste Mann im Leben einer Frau ihr eigener Ehemann.

Geht es in solchen Fällen denn nicht eigentlich nur um das Ausleben männlicher Machtfantasien?

Ich denke nicht, dass uns der Erklärungsansatz »Macht« besonders weit führt. Es ist vielmehr so, dass ich in meiner klinischen Arbeit mit Sexualstraftätern immer wieder erlebe, wie tief diese Männer von dem Gefühl totaler Machtlosigkeit, Hilflosigkeit und Minderwertigkeit durchdrungen sind. Und was tun diese selbstwertgestörten Männer? Sie versuchen, ihre Selbstwertnot zu kompensieren, indem sie die vermeintliche Quelle all ihrer Kränkungen vereinnahmen, okkupieren, sexuell nötigen, vergewaltigen oder sogar töten. Der Hintergrund der meisten Stalking-Fälle und Entführungen, aber auch von Vergewaltigungen und häuslichen Gewalttaten ist meines Erachtens das Gefühl der Machtlosigkeit und Selbstwertbedrohung bei den Tätern. Solche Taten werden in der Regel von emotional abhängigen, ängstlichen, vermeidenden Persönlichkeiten verübt, die das Gefühl ihrer eigenen Nichtigkeit narzisstisch dadurch abwehren, dass sie ihrerseits die Abwertung und Erniedrigung eines anderen betreiben. Diese Taten sind häufig Ausdruck von allergrößter Hilflosigkeit und Ohnmacht, totaler sozialer Inkompetenz und Unfähigkeit zu ebenbürtiger Interaktion auf einer integrierten Beziehungsebene. Der verzweifelte Versuch, etwas zu erzwingen und herzustellen, von dem diese Männer nicht glauben, es auf einvernehmliche Weise je erlangen zu können. Solche Taten sind kein Ausdruck überbordender männlicher Macht.

Der selbstbewusste, dominante, kontrollierende, sadistische, Macht ausübende Täter ist eine sexual- und kriminalpsychologische Rarität. Es gibt diese Typen – und die sind das Leitbild fiktionaler Stilisierungen in Literatur und Kino: böse Genies, kühl planende Folterer vom Schlage eines Dr. Hannibal Lecter. Bezogen auf das, was die Mehrheit der tatsächlichen Sexualstraftäter ausmacht, sind sie die absolute Ausnahme. Die Mehrheit der Gewalt- und Sexualstraftäter besteht aus einer Legion von Selbstwertzwergen, die ihre lebensbedrohlich empfundenen, klinisch relevanten Selbstwertstörungen zu kompensieren versuchen, indem sie ihre Bedürfnisse aggressiv selbst- und fremdverletzend ausagieren. Keine faszinierenden, über den Dingen stehenden Genies.

Ach, die Armen! Wollen Sie wirklich jeden Täter entschuldigen?

Ob Entführung, Kindesmissbrauch, Vergewaltigung oder Mord: Der Bewertungsdruck auf diese Taten ist so groß, dass es scheinbar nicht auszuhalten ist, wenn ein Phänomen nur beschrieben wird.

Diese Handlungen schreien geradezu nach einem moralischen Urteil. Was Sie jetzt mit Ihrer Frage tun, ist, das Gleiche von mir zu fordern. Auch wenn ich das verstehen kann, ist es jedoch nicht mein Job, moralische Bewertungen auszusprechen. Meine Aufgabe ist es, die Dinge psychologisch zu betrachten, zu beschreiben, zu unterscheiden und am Ende gegebenenfalls psychodiagnostisch zuzuordnen und psychotherapeutisch zu behandeln. Das ist alles. Ich entschuldige oder verteidige nichts und niemanden. Ich beschreibe nur die psychische Ausstattung der Persönlichkeiten und das psychoregulatorische Rüstzeug der Sexualstraftäter, mit denen ich zu tun hatte.

Wie dem auch sei: Dieses *Monster der Ohnmacht,* das Gewalt, Aggression und Okkupationswünsche auszulösen vermag, kennen viele Menschen, in erster Linie Männer. Es erhebt seinen Kopf z. B. in der *Eifersucht:* Wenn ein tatsächlicher oder vermeintlicher Außenkontakt der Partnerin stattgefunden hat, fühlen nicht wenige Männer massive, überbordende Impulse der Inbesitznahme der Partnerin, den Wunsch nach Kontrolle, Aneignung, vollständiger Okkupation. Das ist das Symptom einer Selbstwertproblematik, die zu dem Drang führt, den anderen ständig beobachten und überwachen zu wollen. Handys werden gecrackt und getrackt, E-Mails heimlich gelesen, Briefe geöffnet, an der Wäsche nach verräterischen Spuren gesucht. Das geht so weit, dass GPS-Ortungsdienste auf dem Smartphone des Partners eingerichtet werden *(Partner-Helicoptering)* oder dass auf einer solchen Einrichtung schlicht bestanden wird: »Wenn du nichts zu verbergen hast, kann es dir ja egal sein!« Lehnt der Partner ab, ist das bereits das Geständnis. Ein Patient von mir hat heimlich die Einstellungen auf dem Smartphone seiner Frau so manipuliert, dass sämtliche Nachrichten, die sie sendet und erhält, als Kopie auch auf seinem Smartphone landen. Und was ist der Hintergrund? Ist es »Liebe« zu einer (potenziell) untreuen Partnerin, die nun durch einen heroischen Kampf zurückgewonnen werden muss? Eben nicht. Vielmehr ruft ein Außenkontakt der Partnerin eine existenzbedrohende Selbstwertminderung hervor – die mit allen, auch irrationalen Handlungen kompensiert werden muss. Schon die bloße Furcht, dass mir jemand anders vorgezogen wird und an meiner statt das bekommt, was eigentlich nur mir »zusteht«, ist in einer Weise selbstwertbedrohend, dass manche Menschen darüber beinahe den Verstand verlieren und alles in Bewegung setzen, um dies zu verhindern, rückgängig zu machen und im Zweifelsfall: zu rächen. Eifersucht ist nicht zu viel Liebe für den anderen, sondern zu wenig Liebe für sich selbst!

Wir sitzen also Ihrer Meinung nach mit Wolfgang Priklopil in einem Boot. Aber doch bitte nicht mit Armin Meiwes, dem »Kannibalen von Rotenburg«?!

Es tut mir leid, Ihnen das mitteilen zu müssen, aber: ja, tun wir. Und auch dieses Boot heißt »Possessio«, Inbesitznahme.

Bei dem »Fall Armin Meiwes« handelt es sich um den am besten dokumentierten Fall der deutschen Kriminalgeschichte. Meiwes hat nicht nur den gesamten Vorlauf seiner Tat, die Chats und E-Mails mit seinem späteren »Opfer« Bernd Brandes in dicken Akten und auf Festplatten aufbewahrt. Auch die Tat an sich, Brandes' Kastration, Tötung, Schlachtung, Ausweidung, Zerwirkung, Portionierung und Verspeisung hat er als Tonfilm über zwölf Stunden aufgezeichnet. Diese Filmaufnahmen sind allerdings in etwa so streng unter Verschluss wie die US-amerikanische Goldreserve in Fort Knox.

Der Fall tauchte auf, es gab ein Strafverfahren, und das Gericht beauftragte einen forensischen Psychiater damit, die Frage von Meiwes' Schuldfähigkeit zu erörtern. Dieser Sachverständige hat eine psychiatrische Untersuchung bei Meiwes vorgenommen und festgestellt, dass er aus psychiatrischer Perspektive relativ gesund war. Das wollte das Gericht dann doch ein wenig genauer wissen. Denn die Tatsache, dass sich da zwei Männer zusammengefunden hatten, um gemeinsam den Penis und die Hoden des einen abzuschneiden, zu braten und zu verspeisen, der Umstand, dass einer den anderen auf Wunsch schlachtet und sich einverleibt – das wirkte für das Gericht doch nicht ganz gesund. Und irgendwie sexuell. Deshalb gab die Strafkammer ein zweites Gutachten in Auftrag – diesmal nicht bei einem Psychiater, sondern bei einem Sexualwissenschaftler, Klaus Michael Beier von der Charité Berlin. Zu dieser Zeit war ich Beiers Mitarbeiter und wurde von ihm beauftragt, mit Meiwes eine biografische Rekonstruktion seines Lebensweges zu erstellen. Vor allem ging es darum, seine sexuelle und partnerschaftliche Entwicklung nachzuzeichnen, eine entsprechende sexualpsychologische Anamnese zu erheben, eine differenzierende Analyse seiner Sexualpräferenz vorzunehmen, um die Ergebnisse in das Gutachten einzubeziehen.

Meiwes wurde in der Justizvollzugsanstalt Kassel I beinahe so verwahrt wie Hannibal Lecter aus *Das Schweigen der Lämmer* in den Baltimore State Hospitals. Einzelzelle, nur Einzelausgang, kein anderer Insasse durfte auf den Flur, wenn Meiwes ins Untersuchungszimmer überstellt wurde. Was ich erwartete, als ich ihn das erste Mal treffen sollte, war ein Monster in Vollkörperfesselung und Beißmaske auf einer Sackkarre …

Zur Tür herein kam Mr Anybody. Jemand, der sich durch nichts vom Durchschnittsbürger unterschied, den man an jeder Straßenbahnhaltestelle und in jeder Eckkneipe hätte treffen können. Ein freundlicher, groß gewachsener Mann, zuvorkommend, höflich, respektvoll, angemessen in seiner sozialen Kontaktgestaltung, aufgeschlossen, zugewandt. Sehr überlegt, sehr bedacht, sehr verantwortungsvoll – im Umgang mit sich selbst, der Untersuchungssituation und den gestellten Fragen. Weder widerständig, skeptisch, misstrauisch oder reaktant noch flapsig, läppisch, dahingequatscht. Ich habe Meiwes kennengelernt als jemanden, der ernsthaft zuhört, ernsthaft mitdenkt, ernsthaft nachfragt. Die Gespräche, die wir über mehrere Tage miteinander führten, waren kein Verhör, sondern ein gemeinsames Zurategehen über die Frage: »Was ist hier eigentlich los?« Das wollte auch Meiwes selbst wissen! Er war aufgeschlossen und interessiert daran, wie wir seine gesamte Thematik verstehen, auffassen, diagnostisch bewerten und forensisch beurteilen. Und er wollte auch selber Einblick gewinnen in die Frage: »Warum bin ich eigentlich, wie ich bin?« Denn *dass* da etwas an ihm *anders* war, war für ihn unstrittig und immer schon klar. Was allerdings in ihm *wirkte,* was ihn zu dem gemacht hatte, der er wurde, wusste er nicht! Wie übrigens wir alle im tiefsten Inneren nicht wissen, was in uns wirkt und warum wir dieses wollen und jenes nicht. Beim »Normalbürger«, der sich nach normkonformem Geschlechtsverkehr sehnt, herrscht allerdings bezüglich der Hintergründe und Motivationen seines Wollens auch nur wenig Auseinandersetzungsbedarf: Er muss sich nicht viele Fragen stellen und zu beantworten versuchen. Will ich hingegen jemand anderen aufessen – steigt mein Selbsterklärungsbedarf rapide. So war das bei Meiwes.

Wir hatten aufgrund unserer sexualwissenschaftlichen Paradigmata und Konzepte ein Instrumentarium, mit dessen Hilfe wir eine andere Zuordnung und Erklärung vornehmen konnten, als es der Psychiater getan hatte. Dabei ging es nicht darum, ein *Gegengutachten* zu verfassen; wir sollten und wollten ein *komplementäres* Gutachten aus sexualwissenschaftlicher Perspektive erstellen. Durch unser Verständnis, dass Sexualität sich nicht nur darauf ausrichtet, Kinder zu zeugen oder Orgasmen zu produzieren, sondern vor allem die Funktion erfüllt, Bindungserlebnisse herzustellen, die unsere Grundbedürfnisse erfüllen, hatten wir eine völlig andere Optik. Und unter dieser Sichtweise stellte sich auch der Fall Meiwes völlig anders dar.

Moment mal ... Mithilfe der drei Dimensionen der Sexualität und des Syndyastischen Modells haben Sie den Meiwes-Fall tatsächlich anders beleuchten können?

Absolut. Für Meiwes spielte nämlich der Bindungswunsch, nicht die sexuelle Erregung, die »Geilheit«, die zentrale Rolle. Durch verbale oder auch durch sexuelle Kommunikation, Hautkontakt, Körperkontakt, erlebt man gemeinhin Bindung. Das führt bei den allermeisten Menschen dazu, dass sie dadurch ein Gefühl der Zugehörigkeit und Geborgenheit erfahren. Nicht nur von Befriedigung, sondern vielleicht sogar von Erfüllung, von Erleichterung und Erlösung. Das Einzige, was Meiwes von der Mehrheitsgesellschaft unterschied, war, dass er nicht, wie die allermeisten Menschen, Bindung durch »normale« partnerschaftliche und sexuelle Interaktion erleben konnte.

Durch soziale oder auch sexuelle Interaktion konnte sich bei ihm gar nichts anreichern. Stattdessen war in ihm seit dem Grundschulalter das Bedürfnis vorhanden, einen anderen geliebten und begehrten Menschen buchstäblich *in sich* haben zu wollen. Er erzählte von Schulhofraufereien, bei denen er sein Gefühl von Sympathie gegenüber anderen dadurch ausdrücken wollte, in das Fleisch des anderen zu beißen und von ihm zu essen. Nicht um ihm wehzutun – sondern um ihn *in sich* zu spüren! Erst durch die Vorstellung, den anderen *inkorporiert,* also einverleibt zu haben, als Teil seiner selbst in sich zu tragen, entstand bei ihm das Gefühl von Sicherheit, von Verlässlichkeit, von Vertrauen und Aufgehobenheit, also letztlich von Bindung. Was ihn interessierte, war die endgültige Verbundenheit mit einem Menschen, der ihm sympathisch war, den er mochte, den er schön fand und von dem er sich gemocht fühlte. Und die einzige Möglichkeit für ihn, diese Bindung fühlen, als innere Erfüllung erleben zu können, war die tatsächliche Einverleibung des anderen – durch Essen! Denn sind zwei ineinander, sind sie nicht mehr trennbar. Das war es, was ihn innerlich erfüllte und wonach er sich gesehnt hat. *Erlösung durch Überwindung von Vereinzelung.*

Um sich diesen Wunsch zu erfüllen, suchte Meiwes über Jahre im Internet nach einem »Partner«. Er meldete sich in Foren und Chatrooms an – und merkte, dass es selbst dort ziemlich schwierig war, jemanden zu finden, der sich einfach so essen lassen wollte. Dafür fand er eine Menge Männer, die gequält, gegrillt, gehäutet, geschlachtet werden wollten – die aber wünschten, das Ganze *lebendig* zu erleben – was danach mit ihnen passieren würde, war ihnen gleichgültig. Aber genau an dieser Stelle setzte sein eigenes Interesse eigentlich erst ein! Was also machte Meiwes? Er bot den Männern das ganze gewünschte »Vorspiel« an – in der Hoffnung, *danach* mit ihnen machen zu können, worauf es *ihm* eigentlich ankam.

Und so hat er sich in den einschlägigen Foren als »Scatter-Master« positioniert, als »Head of Torture«, Foltermeister und Obersadist. Er hat auf seinem Dachboden Käfige und Folterbetten gebaut, Vorrichtungen, auf denen Menschen über vielflammigen Grillstrahlern geröstet werden können. Aber eigentlich hat ihn diese ganze Foltershow überhaupt nicht interessiert! Er hat diese Foltervorrichtungen nur gezimmert, um sie fotografieren und als Köder ins Netz stellen zu können.

Und ob Sie es glauben oder nicht: Meiwes hatte unheimlich viele Anfragen auf seine Angebote. Die Männer standen förmlich Schlange! Bevor er Brandes traf und mit ihm übereinkam, hatte er schon mehrere andere Männer buchstäblich am Haken. Die waren schon bei ihm im Haus, er hatte sie schon am Flaschenzug, die hingen schon kopfüber und waren bereit, sich von ihm schlachten zu lassen. Aber während sie da hingen, verlor Meiwes die Lust an der Sache: »Ach, weißt du was? Ich glaube, wir verstehen uns gar nicht richtig ... Die Chemie stimmt irgendwie nicht, und Sympathie spüre ich auch nicht für dich ... Außerdem bist du gar nicht so, wie du gesagt hast: Du bist viel älter, viel fülliger ...« Also hat er sie vom Flaschenzug heruntergeholt und wieder nach Hause geschickt.

Meiwes hat Bindung gesucht, nicht Erregung! Die Männer, die er über die Foren traf, waren aber alle eskaliert sexuell masochistisch. Meiwes hat das nicht reziprok erwidert. Meiwes war kein Sadist. Lustgewinn durch das Quälen von Menschen? Null! Nicht einmal in seinen Begleitfantasien bei der Selbstbefriedigung. Das interessierte ihn überhaupt nicht.

Als er schließlich Bernd Brandes fand, dachte er, jemand gefunden zu haben, der ihn versteht. Der Ja sagt zu ihm und seinem Wunsch. Denn Brandes hatte dem ganzen Geschehen zugestimmt. Die beiden haben sich über Monate immer wieder aufs Intensivste darin bestärkt, dass sie die beiden Hälften einer Kugel sind, die zusammengehören.

In unserer gutachterlichen Rekonstruktion des Geschehens stellte sich aber rasch heraus, dass die sexualpräferenziellen Bedürfnisse der beiden Männer keinerlei Überschneidungen aufwiesen. Nichts von dem, was der eine wollte, hatte der andere im Repertoire. Meiwes wollte schlachten, zerwirken und essen, um die geschätzte Person für immer in sich zu haben – Brandes wollte bei lebendigem Leibe zerfleischt und verspeist und dadurch gelöscht, »nullifiziert« werden, wie er das selber nannte. Dabei wollte er den größten Orgasmus seines Lebens erfahren. Was danach mit ihm geschehen würde, war ihm völlig egal! Selbst eine Gemeinsamkeit bei der Sexualorientierung ist zweifelhaft: Ob Meiwes wirklich auf Männer steht, ist fraglich, er selbst stellte das in Abrede. Brandes hingegen lebte mit einer Frau in einer Fassadenehe und war dabei gleichwohl unzweifelhaft androphil, also auf Männer orientiert. Was die beiden da über Monate als Illusionsvertrag aushandelten und aufbauten, war der obligatorische Prozess des Sichverliebens und im Kern nichts anderes als ein Tauschgeschäft. Meiwes: »Wenn ich dich nachher aufessen darf, dann quäle und zerfleische ich dich vorher, wenn du das willst.« Und Brandes: »Wenn du mir vorher meinen Schwanz und meine Eier abbeißt und sie gemeinsam mit mir aufisst und ich dabei den größten Orgasmus meines Lebens habe – dann darfst du nachher mit mir machen, was du willst.« Quid pro quo. Do ut des.

Nun hat Meiwes Brandes ja tatsächlich getötet und gegessen. Seinen Wunsch nach Verschmelzung hat er sich also erfüllt. Müssen wir uns Herrn Meiwes als glücklichen Menschen vorstellen?

Unser Treffen ist nun schon einige Jahre her, ich weiß nicht, wie es ihm heute geht. Aber als wir uns damals kennenlernten, hat er dieses Glück tatsächlich ausgestrahlt. Wenn er von der Tat sprach, leuchteten seine Augen. Er war beseelt und wirkte innerlich erfüllt. Und er berichtete authentisch und ohne Verdacht auf psychotische Verkennung der Realität, dass er sich als bereichert empfinde, seit er Brandes in sich trage. Und vor allem: dass er seitdem nie wieder das Gefühl hatte, alleine zu sein. Ein Gefühl, das seine gesamte Biografie *vor* der Tat geprägt hatte.

Ich habe ihn dann gefragt: »Wenn das Ihr inneres Erleben ist, wenn das ganze Geschehen mit Brandes für Sie etwas so Intimes war: Warum haben Sie das zwölf Stunden lang gefilmt? Ging es darum, eine Trophäe zu erzeugen? Einen Tonfilm-Fetisch? Der im Nachhinein als sexuelle Stimulation dienen sollte?« Worauf er antwortete: »Würden Sie Ihre Hochzeit nicht auch filmen? Und wenn Sie Ihre Hochzeit mit der schönsten Braut der Welt gefilmt hätten, und Sie erinnern sich einige Wochen später an Ihre Hochzeitsnacht, welche Gefühle hätten Sie denn im Nachhinein, wenn Sie Ihr Hochzeitsvideo anschauen?« In der Sekunde war klar: Auch an dieser Stelle war die Reduktion auf das vermeintlich »rein Sexuelle«, die »Befriedigung niederer Sexualtriebe« falsch. Meiwes hat sich durch den Film keine »Wichsvorlage« produziert, das Ganze war für ihn eingebunden in sämtliche Qualitäten, die Sexualität für uns alle hat. Erregung spielte dabei dieselbe Rolle, wie sie für uns alle spielt, wenn wir uns in eine Beziehung begeben.

Im Fall Meiwes geht es also nicht um eine »Befriedigung des Geschlechtstriebs«, die einzig an »Lust« geknüpft wäre. Was wir an diesem Fall sehen können, ist, dass hier Sexualität einmal mehr der prominente Schauplatz für Bindungserleben ist. Meiwes' Bindungssehnsüchte wurden zwar im Sexuellen realisiert, aber nur deshalb, weil Bindung hier am intensivsten ist, sich verleiblicht, weil Bindung im Sexuellen konkret erlebbar und erfahrbar wird. In der gesellschaftlichen Betrachtung solcher Phänomene wird aber in der Regel zu kurz gegriffen und gesagt: »Das Ganze dient der *Geilheit* ... igitt!« Abgesehen davon, dass man hier auch mal die Frage stellen könnte, was an Geilheit grundsätzlich eigentlich so falsch oder schlecht ist, war das hier aber überhaupt nicht der Fall.

Würden Sie so weit gehen zu sagen, Meiwes hat nicht nur nicht aus niederen Beweggründen gehandelt, sondern eigentlich aus den höchsten? Getrieben von einem Wunsch nach Angenommensein, Intimität und Geborgenheit?

Die Kategorien erscheinen mir unpassend. Es geht nicht um »hochstehende« oder »niedere Beweggründe«: Das sind moralische und leider auch immer noch juristische Kategorien, mit denen ich beruflich nicht befasst bin. Ich würde allenfalls von *eigentlichen* Motiven sprechen. Die hat er allerdings in einer destruktiven Art und Weise konsequent ausagiert, bis zum bitteren Ende.

Verstehen Sie mich nicht falsch. Man sollte durchaus diskutieren, ob das alles sein musste. Ob dieses Geschehen zwangsläufig war. Allgemeiner: Müssen wir alles, was wir in uns als Bedürfnis vorfinden, auch in unserem realisierten Verhalten umsetzen und ausleben? Ich glaube nicht! Ich glaube, wir verfügen über einen freien Willen, der es uns ermöglicht, auch anders zu handeln, als es uns unsere Wünsche vorgeben. Das Konstrukt des *unfreien Willens* ist meines Erachtens ein Mythos, der vor allem dazu dient, uns zu rechtfertigen und zu amnestieren. Er dient der Möglichkeit, das, was wir tun wollen oder bereits getan haben, auf »höhere« oder »niedere« Mächte und Ebenen zu verschieben. Auf den Trieb, das Schicksal, die Biologie, die Biografie, die Natur, auf Gott. Das verkennt unsere Begabung, Einblick in uns und unsere Motive zu nehmen und dadurch Kontrolle über unser Verhalten auszuüben. Meiwes hätte das tun können, hat er ja auch jahrelang getan. Er hat es aber zu einem gewissen Zeitpunkt nicht mehr *gewollt!* Das hat aber nichts mit (s)einem vermeintlich unfreien Willen zu tun. Was er getan hat, war seine Wahlentscheidung. Er hat sich nicht gewünscht, sich das zu wünschen. Aber er hat sich entschieden, es zu tun. Für seinen Wunsch, sein inneres Erleben, ist er an keiner Stelle haftbar. Für sein Verhalten voll und ganz.

Marquis de Sade schreibt irgendwo, dass jeder Geschlechtsverkehr ohne zivilisatorische und kulturelle Bremsvorrichtung im Schlachten, im Mord, im Aufessen enden müsse ...

So weit würde ich nicht gehen wollen. Und, im Übrigen, würde ich auch mal kurz bezweifeln wollen, dass de Sade ein probater Lebensratgeber ist.

»Man sieht die Welt mit den Augen seiner Krankheit«, hat Hans Henny Jahnn einmal geschrieben. Meine Krankheit: Ich sehe in dem, was de Sade hier anspricht, schon wieder ein Kontinuum. Die Tatsache nämlich, dass selbst für den »Normalsten« unter uns Einverleiben ein Modus sexuell stimulierender Erfahrung sein kann. Viele Menschen kennen im Bett das Gefühl, den anderen »lecker« zu finden. Appetitlich zu finden. Zum Anbeißen zu finden. Uns läuft, nicht nur metaphorisch, das Wasser im Mund zusammen, wenn wir die sexuelle Interaktion mit einer geliebten Person imaginieren. Liebe geht durch den Magen, Knutschflecke heißen auf Englisch »Love Bites«, und Österreicher nennen die Anbahnung einer Affäre »Anbraten«. Zungenküsse, gegenseitiges Füttern, Saugen, Oralverkehr, Lecken, Sich-ineinander-Verbeißen, Spermaschlucken: Das ganze Feld hat mit unserer Thematik zu tun, all diese sexuellen Interaktionen befinden sich auf dem Kontinuum, auf dessen äußersten Rand Meiwes sitzt und das Messer wetzt.

Und wenn Sie mir schon mit »dem göttlichen Marquis« kommen: Haben Sie im Meiwes-Kontext jemals an die christliche Eucharistie gedacht? »Nehmet, sprach er, trinket, esset: Dies ist mein Fleisch, mein Blut, damit ihr nie vergesset, was meine Liebe tut«? Selbst bei diesem Allerheiligsten der katholischen Glaubenslehre, geht es um Einverleibung, um das Einswerden mit Christus, dem

Heiligen Geist, mit Gott. Könnte es sein, dass *Anthropophagie* unsere Gesellschaft in einer weit umfangreicheren Art und Weise unterspült, als diejenigen wahrhaben wollen, die Meiwes als den perversesten aller Perversen abstempeln?

Es ging bei Meiwes also um eine Bindungsstörung, die er in einer Extremausprägung auslebte. Ist so etwas selten?

Bindungsstörungen sind häufig – die kompensatorische Drastik, die Meiwes an den Tag gelegt hat, ist allerdings selten.

Ich kenne aus meiner Praxis nur einen einzigen anderen Fall, der ähnlich verstörend ist, den Fall einer *nekrophilen* und *nekrophagen* Frau, die sich vor ein paar Jahren bei mir in Behandlung befand. Diese Frau hatte in ihrer Vergangenheit »frische« Leichen ausgegraben, sich an ihnen sexuell stimuliert und sie in Teilen gegessen. Sie manipulierte am Penis der ausschließlich männlichen Leichen und stimulierte sich neben ihnen liegend, im offenen Grab, bis zum Orgasmus. Diese Taten lagen hinter ihr, als sie zu mir überwiesen wurde.

Diese Frau, Mitte vierzig, promovierte Naturwissenschaftlerin, dreifache Mutter, verheiratet mit einem Verwaltungsangestellten, Reihenhaushälfte, VW Passat – ich sag das nur mal dazu, um aufzuzeigen, wo das Unvorstellbare lebt, nämlich nicht im Wald unter feuchten Steinen, sondern nebenan. Diese Frau hat in ihrer frühen Biografie keinerlei sicheres Bindungserleben erfahren. Ihre einzige innere Möglichkeit, Sicherheit und Aufgehobenheit zu erleben, bestand in ihrer Fantasie schon früh darin, sich mit einer Leiche zu umarmen, sie ganz für sich alleine zu haben. Schon ihre Teenagerjahre verbrachte sie vorzugsweise auf Friedhöfen. Allein im Kontakt mit Toten, im Reich des Thanatos, konnte sie Trost und Aufgehobenheit erleben und spüren. Das war bei ihr der Kern. Und der war – genau wie bei Meiwes – mit Aspekten sexueller Erregung nur glasiert. Die Erregung war nicht das Wesentliche. Um Bedürftigkeit ging es – nicht um Geilheit.

Ich stelle allen Patienten die »Feenfrage«: »Wenn Sie drei Wünsche frei hätten, was würden Sie sich wünschen?« Diese Frau sagte unter Tränen: »Eine Leiche ganz für mich, mit der ich verheiratet bin, die nur mich liebt, und ich liebe sie. Die immer da ist und nie wieder fortgeht.« Psychologisch haben wir hier das gleiche Motiv wie bei Meiwes – eine enorme Bedürftigkeit, die in »normalem« Beziehungsgeschehen mit einem lebenden Menschen nicht erfüllt werden kann, weil das für diese Personen nicht das Gefühl totaler und endgültiger Zugehörigkeit und Aufgehobenheit vermittelt. Das kann nur die »Beziehung« mit einem Toten: weil der mich – im Gegensatz zu einem lebenden Partner – nie verlassen wird!

Ich möchte an dieser Stelle nicht beschreiben, wie diese Frau Leichen ausgrub und in Teilen aufaß – das würde nichts Wesentliches beitragen. Erwähnenswert ist aber die Art und Weise, wie und warum sie in meine Praxis kam.

Diese Frau war seit vielen Jahren mit ihrem Mann, dem Vater ihrer drei Kinder, verheiratet und zusammen. Sie kannten sich schon ewig, und er wusste natürlich, dass seine Frau ein »Freak« war, wie er das ausdrückte. Die Frau hatte ihre Vorliebe für Tote jahrelang vor sich und anderen kaschiert, sie war »nur« Teil der Gothic-Subkultur, traf sich nachts mit Gleichgesinnten auf Friedhöfen, schnitt sich und andere und trank Blut (sog. *Vampirismus*), hörte die passende Musik und schaute entsprechende Filme. Erst nachdem ihre Kinder größer waren, bestellte sie sich über das Internet ein Skelett. Kein Medizinunterrichtslernmodell, sondern das echte Skelett eines toten Mannes. Im Internet für 2000 Dollar problemlos zu haben. Auch das hatte sie ihrem Mann gegenüber noch als Grufti-Faible verkaufen können. Diesem Skelett hatte sie mit handwerklichem Geschick einen Umschnalldildo ins Becken montiert. Und irgendwann hatte sie Sex mit dem Skelett. Sie saß auf ihm und ließ sich vom Dildo vaginal penetrieren. Welche Rolle spielte ihr Mann dabei? Bei alldem sollte *er* neben ihr sein, bei ihr bleiben, ihre Hand halten – und so die Brücke bilden zu einem wie auch immer gearteten »echten Leben«. Ein sicheres, aufgehobenes Beziehungsgefühl sowie sexuelle Erregung konnte sie aber nur mit männlichen Leichen und – schon weniger – mit ihrem Skelett erleben. Die Beziehung zu ihrem Mann war für sie »etwas anderes«, etwas »Soziales«. Ihren Mann brauchte sie, um ihren Kinderwunsch zu erfüllen und das Bedürfnis, eine echte, eigene Familie zu gründen, zu befriedigen. Dafür hatte sie ihn gewollt, gemocht und geheiratet. Auf dem Skelett aber kam sie zum Erregungshöhepunkt – und schlief erst *danach* mit ihrem Mann!

Das machten die beiden nicht täglich so, das gab es manchmal nachts, an Wochenenden, nachdem man ein paar Gläser getrunken hatte, ansonsten lag »Rambo«, so hieß das Skelett, verschlossen in der Bettschublade, damit die Kinder nicht zufällig beim Spielen auf ihn stießen. Und der Mann hat das alles jahrelang akzeptiert.

Aber wie das häufig bei Störungen ist: Sie können sich steigern und an Drastik zunehmen. Eines Tages hatte die Frau Leichenteile von einem nächtlichen Streifzug mitgebracht und sie im Kühlschrank verwahrt. Das wiederum konnte nun der Mann nicht mehr tolerieren: »Dass ich nachts auf einem Unterarmknochen aufwache, ist nicht schön, aber von mir aus. Aber jetzt noch Leichenteile auf den Fruchtzwergen: Das geht zu weit! Es reicht!« Das war die Eskalationsstufe, die die beiden zu mir brachte. Nachdem sie das jahrelang so betrieben hatten.

Dieser Fall ist wirklich außergewöhnlich. Es ist die extremste Ausprägungsform, die ich je gesehen habe. Aber auch hier ist der Knackpunkt das Bindungserleben. Dass diese Frau nur mit Toten so weit entängstigt wird, dass sie Verbundenheit zu erleben in der Lage ist. Fast wörtlich hat das damals auch Meiwes so zu mir gesagt.

»Das Tal tiefster Affektivität, in das selten die Sonne scheint«, haben Sie im letzten Kapitel gesagt ... Ich glaube, ich verstehe jetzt langsam besser, was Sie meinten. Wie sieht das denn bei Pädophilen aus? Sie hatten am Anfang dieses Kapitels eine Unterscheidung gemacht zwischen allgemeinen Sexualpräferenzstörungen und Pädophilie ...

Als ich vorhin das Phänomen der Sexualpräferenzstörungen beschrieb, habe ich gesagt, dass alle davon Betroffenen abweichende sexuelle *Neigungen* besäßen. Dass die Fetischisten, Voyeure und Exhibitionisten dieser Welt eine bestimmte Vorliebe hinsichtlich der Art und Weise ihrer sexuellen Betätigung hätten. Bei der Pädophilie dagegen liegt eine Besonderheit hinsichtlich der sexuellen *Ausrichtung* vor: Das bedeutet: Nicht die Art und Weise der sexuellen Betätigung ist abweichend, sondern die sexuelle *Ausrichtung* auf das kindliche, vorpubertäre körperliche Entwicklungsschema. Das Einzige, was Pädophile von der Allgemeinbevölkerung unterscheidet, ist das Alter der von ihnen begehrten Personen. Schwer auszuhalten, aber wahr. Davon abgesehen gibt es keine typisierende Beschreibbarkeit dieser Männer. Es gibt nicht »den Pädophilen« – die Betroffenen verteilen sich über alle Gesellschafts- und Bildungsschichten, alle Berufsgruppen und sonstigen Attribute, mit denen man Menschen beschreiben könnte. Nur dass es eben durchweg Männer sind, so gut wie keine Frauen, wie bei den meisten Präferenzstörungen.

Wenn Pädophile Kinder wirklich »lieben« – was sie ja gerne für sich in Anspruch nehmen: Warum wollen sie dann Sex mit ihnen haben? Lieben kann man doch auch ohne Sex.

Pädophile merken in der Regel früh: »Wenn ich mich verliebe, dann verlieb ich mich in Kinder, das ist schon seit Jahren so. Wenn ich mich durch eine andere Person sexuell angesprochen fühle, dann ist das immer ein Kind. Mit mir stimmt was nicht. Ich hab Jahre gehofft, dass das wieder weggeht, dass das irgendwann vorbei ist. Aber es geht nicht weg.« Was wir aber daraus nicht ableiten dürfen, ist, dass dieses *innere Erleben* automatisch zu einer entsprechenden Verhaltensäußerung führt. Über das sexuelle Verhalten sagt das innere sexuelle Erleben einer Person zunächst einmal nichts aus.

Bei Pädophilen richtet sich das Interesse auf Kinder vor und in der beginnenden Pubertät. Auf diese reagieren sie nicht nur mit sozialem und emotionalem, sondern auch mit sexuellem Interesse – so wie jeder Mensch auf die Personengruppe, die er attraktiv findet, mit sozialem, emotionalem und sexuellem Interesse reagiert. Pädophile erleben Kinder als ebenbürtige, gleichwertige Partner auf Augenhöhe. Und sie wünschen sich eine partnerschaftliche Beziehung mit ihnen, die genauso sexuellen Kontakt beinhaltet wie bei allen Menschen. Das heißt aber umgekehrt und anders, als man sich das gemeinhin denkt: Das Interesse am Kind erschöpft sich bei Pädophilen nicht im Wunsch nach Sex. Mitnichten! Sie wünschen sich ein ganzheitliches Beziehungserleben, sie wollen Zeit mit dem Kind verbringen, Unternehmungen machen, ins Kino gehen, reden, rumtoben, balgen, vorm Fernseher abhängen. Und *ein* Teil, der für sie eben auch dazugehört, ist Sex. Der vielleicht stattfindet – vielleicht auch nicht. Das Problematische ist hier nicht die Art und Weise des sexuellen Kontaktwunsches, sondern allein das Alter der begehrten Personen.

Pädophile begehen also nicht automatisch Kindesmissbrauch. Und nicht alle, die sexuell auf Kinder übergreifen, sind pädophil. Wir kommen hier zu einer wichtigen Unterscheidung und einem heiklen Punkt. Verwirrenderweise ist nämlich die Mehrzahl der sexuellen Kindesmissbraucher *nicht pädophil!* Mit anderen Worten: Auf die meisten, die sexuellen Kindesmissbrauch begehen, trifft die Diagnose »Pädophilie« nicht zu. Das eine ist vom anderen unabhängig. Auch wenn das schwer zu verstehen ist.

Wir können uns die Gruppe von Personen, die potenziell sexuellen Kindesmissbrauch begehen, am besten wieder auf einem Kontinuum vorstellen. Ganz rechts, auf der »Störungsseite«, finden wir Personen, die ausschließlich auf vorpubertäre Kinder mit sexuellem Interesse reagieren. Das sind Pädophile vom »ausschließlichen Typus«, die man in der Kriminalpsychologie früher *Kern-Pädophile* nannte. Sie können mit erwachsenen Menschen so gut wie nichts anfangen und suchen fast ausschließlich den Umgang und Kontakt mit Kindern. Sie sind mehrheitlich auf das männliche Geschlecht orientiert, stehen also auf Jungen, leben selten in Familien, sind oft alleinstehend. Opfer dieser Personengruppe sind überwiegend Jungen.

Dann kommen auf dem Kontinuum Personen, die sexuell sowohl auf Kinder als auch auf Erwachsene ansprechbar sind. Man nennt sie »nichtausschließliche Typen«. Sie leben öfter in Familien und sind potenziell auf beide Geschlechter orientiert, wodurch die Opfer männliche wie auch weibliche Kinder sein können.

Die dritte Gruppe auf diesem Kontinuum sind Personen, die eigentlich gar nicht sexuell auf Kinder ansprechbar sind, die aber ersatzweise sexuelle Übergriffe auf Kinder begehen. Diese Personen sind überwiegend heterosexuell, weshalb durch sie vor allem Mädchen zu Opfern werden.

Wer eine ausschließliche oder teilweise sexuelle Ansprechbarkeit durch Kinder hat *und* sexuellen Kindesmissbrauch begeht, den nennt man »Präferenztäter«. Personen, die sexuellen Kindesmissbrauch begehen, ohne dass sie eigentlich sexuell auf Kinder ausgerichtet sind, nennt man »Ersatzhandlungstäter«.

Nach allem, was die Forschungsergebnisse bisher dazu zeigen, handelt es sich bei etwa zwei Dritteln der verurteilten Kindesmissbraucher um Personen, die *nicht pädophil* sind und gleichsam *ersatzweise* auf Kinder übergreifen. Obwohl sie von ihrer Sexualpräferenz her eigentlich mit altersähnlichen Menschen in sexuellen Kontakt treten könnten. Ihre Opfer: hauptsächlich Kinder aus dem näheren, oft familiären Umfeld, überwiegend Mädchen vor und in der Pubertät.

Warum tun diese Männer das? Weil sie sexuelle Kontakte mit Erwachsenen nicht hinkriegen. Weil sie Angst davor haben zu versagen, zurückgewiesen zu werden. Weil sie mit altersähnlichen Partnerinnen immer wieder frustrierende Erfahrungen gemacht haben und eventuell bloßgestellt oder verspottet wurden. Sexualdiagnostisch würde man in diesem Fall von einer *soziosexuellen Selbstwert- bzw. Selbstsicherheitsstörung* sprechen. Die Betroffenen sind in ihren sexuellen Selbstwirksamkeitserfahrungen so weit verunsichert und beeinträchtigt, dass sie sexuellen Kontakten mit altersähnlichen Personen ausweichen. Das könnte man als die klinisch relevante Ausprägung dessen beschreiben, was man umgangssprachlich »Schüchternheit« nennt.

Angst vor Beschämung droht beim Kontakt mit einem Kind nicht. Kinder nehmen Erwachsene schon allein der Altersdifferenz wegen ernst. Selbst ein unsicherer Erwachsener hat einem Kind gegenüber einen Souveränitätsvorsprung, der ihm das Gefühl von Selbstwirksamkeit gibt. Erwachsene haben Erfahrung, Überblick, Geld, sie können geben und vorenthalten, bestrafen und belohnen. Außerdem stellt ein Kind in der Regel keine Ansprüche und Leistungsanforderungen an den Erwachsenen, sondern nimmt ihn, wie er ist. Für ein Kind muss man nicht groß und stark sein, sondern kann sich selber fühlen und benehmen wie ein Kind. Das erleben viele dieser selbstunsicheren Personen als große Erleichterung, als entlastend und verführend.

Ein anderer Grund für Ersatzhandlungstaten kann sein, dass die Betroffenen mit ihren eigenen Partnerinnen in Spannungen und Konflikten leben, ihre Beziehung gestört oder kaputt ist. Es wird nicht mehr miteinander gesprochen und folglich auch nicht mehr miteinander geschlafen. Alles ist erstarrt und erfroren. Es herrschen Ablehnung, Entwertung, Aggression und Stress, mitunter sogar Hass. Am liebsten sieht man sich von hinten, besser gar nicht mehr. Kaputte Paar- und Sexualbeziehungen sind meiner Erfahrung nach ein eminenter Risikofaktor für sexuellen Kindesmissbrauch!

Ich glaube, dass das Selbstwertgefühl der Täter generell eine der entscheidenden Variablen bezüglich des Übergriffs darstellt. Je geringer ihr Selbstwertgefühl, desto eher und schneller fühlen sie sich von anderen Erwachsenen überfordert und abgewertet. Und desto größer ist die Tendenz, sich Kindern sexuell zuzuwenden, wo all das nicht droht.

Anders als bei den Ersatzhandlungstätern ist das bei den Pädophilen, den Präferenztätern, nicht so. Ihnen geht es um eine –

absurde, weil unrealistische – partnerschaftliche Beziehung mit einem Kind, darum, partnerschaftliche Gemeinschaft mit Kindern zu erleben. In diesem Sinne sagte ein Pädophiler einmal zu mir: »Ich will ja, dass der Junge wiederkommt. Und das wird er nicht, wenn ich ihn sexuell missbrauche. Dann kommt der nicht wieder – und teilt sich zu Recht seinen Eltern mit, die ihm dann helfen, sich zu wehren.« Überrumpelung, Gewalt, penetrative Praktiken sind in pädophilen Kontexten und im Hinblick auf die gewünschte soziale Bindung kontraproduktiv – verzeihen Sie diese strategisch wirkende Umschreibung. *Solche* Formen von konkreter sexueller Nötigung oder Vergewaltigung werden tendenziell häufiger von Ersatzhandlungstätern verübt.

Dass Pädophile vollwertige Beziehungen zu Kindern suchen und nicht bloß sexuelle Befriedigung, ist allerdings irritierend genug. Wie soll das denn praktisch gehen?

Die Pädophilen, die ich in meiner klinischen Laufbahn kennengelernt habe, hatten häufig langjährige Beziehungen mit Kindern. Die haben mit diesen Kindern auf die eine oder andere Art und Weise *gelebt,* und zwar so gut wie immer mit dem Wissen der Eltern. Denn wie sollte man eine »Beziehung« mit einem Kind führen, das in die Schule geht, Fußballtraining und Freunde hat, ohne dass die Eltern davon wissen? Diese Männer tauchen als »ältere Freunde« auf, als solche, die sich immer »so ein Kind gewünscht« haben, als zugewandte Trainer oder Betreuer. Sie kümmern sich auch um das Kind, machen Hausaufgaben mit ihm, gehen zum Friseur, zum Kieferorthopäden, zum Gitarrenunterricht. Ganz häufig findet in diesen Beziehungen ein soziales Fürsorgeverhalten statt, das die Eltern dieser Kinder entlastet. Ein pädophiler Mann, ein Fußballtrainer, erzählte mir einmal: »Nach dem Training hatte ich immer die Bude voll. Wir haben Videos geschaut und Playstation gespielt. Irgendwann am Abend wurde es dann immer leerer, die Jungs gingen nach Hause. Aber ich sag

Ihnen was: Einer bleibt immer! Und das ist derjenige, auf den zu Hause niemand wartet.«

Der Großteil der Kinder, die Opfer von Pädophilen werden, stammt aus verwahrlosten Verhältnissen, nicht unbedingt wirtschaftlich, eher sozial und emotional verwahrlost. Und die Eltern schert es entweder nicht, wo das Kind seine Zeit verbringt – oder sind sogar froh, dass sich der »ältere Freund« um das Kind kümmert, das sonst bloß nervt und stört. Viele dieser Kinder entbehren zu Hause Interesse, Aufmerksamkeit, Zuwendung, Fürsorge und Förderung. Viele Kinder hören von den Eltern nur: »Du kannst das nicht! Lass das sein! Das ist verboten! Wie oft hab ich dir schon gesagt, dass du das nicht machen sollst!?« Sie hören: »Nein! Don't! Stopp!« Und jetzt kommt da eine Person, ein Erwachsener, der sagt: »Ja! Du! Dich meine ich! Wie heißt du denn? Thomas! Schöner Name! Mit dir möchte ich mich mal unterhalten. Was machst du denn so? Und wie lange schon? Mensch, das kannst du alles? Unglaublich! Zeig mir das noch mal. Doch, doch ich möchte dir zugucken. Wahnsinn! Toll, wie du das machst!« ... Merken Sie etwas? Da findet eine Aufladung leerer Akkus mit Aufmerksamkeit, Zuwendung, Interesse, Anerkennung und Wertschätzung statt. Dadurch ist die Beziehung sofort da. So geht das los. Und so schwer das auszuhalten ist: Hier findet sich eins zum anderen. Ein wenig geliebtes Kind – und ein Mann, der auf Kinder ausgerichtet ist und sie deshalb wirklich mag und schätzt ...

Ein Pädophiler sagte einmal wörtlich zu mir: »Der beste Weg, sein Kind vor einem wie mir zu schützen, besteht darin, dass man sich um es kümmert. Ihm die Liebe und die Zuwendung gibt, die es braucht. Indem man für das Kind da ist, ihm zuhört. Denn wenn es sich von den Eltern geliebt und angenommen fühlt, wird das Kind gar nicht erst in Versuchung kommen, sich diese Liebe und Geborgenheit außerhalb zu suchen. Dann ist es immun gegenüber den Annäherungsversuchen eines Pädophilen.« Unglaublich, oder?

Was ich mit alldem zeigen möchte, ist: Die aus solchen Beziehungen erwachsende potenzielle Tatdynamik ist gänzlich anders, als sie im durchschnittlichen medialen Diskurs wiedergegeben wird.

Natürlich bedeutet das alles nicht, dass Eltern, deren Kinder Opfer werden, selbst daran schuld sind. Schuld an Taten sind alleine die Täter. Sonst nichts und niemand.

Sie haben 2005 das »Präventionsprojekt Dunkelfeld« am Institut für Sexualwissenschaft der Berliner Charité mitbegründet. Dabei handelt es sich um ein vorbeugendes Therapieangebot für potenzielle Täter von sexuellem Kindesmissbrauch. Hat dieses Projekt etwas gebracht?

Zumindest mehr, als wenn wir nichts getan hätten!

Der Slogan des Projektes lautet »lieben sie kinder mehr als ihnen lieb ist?« Man beachte die absichtlich doppeldeutige Schreibweise in Kleinbuchstaben. Unsere Botschaft war: Du bist nicht schuld an deinen sexuellen Wünschen und Bedürfnissen, aber du bist verantwortlich für dein sexuelles Verhalten: www.kein-taeter-werden.de. Das Geheimnis des Erfolges war, dass wir von Anfang an propagiert haben, Personen nicht für ihr So-Sein moralisch zu verurteilen, sondern für ihr Verhalten ethisch zu verpflichten. Wir haben den Betroffenen gesagt: »Du hast dir selbst nicht ausgesucht, so zu sein! Du kannst nichts für dein So-Sein. Nimm es an – und zeige dich verantwortlich für dein Verhalten! Auch wenn du diese und jene Bedürfnisse hast, musst du sie nicht ausleben und ausagieren. Schon gar nicht zum Nachteil anderer! Und wenn du das schaffst – mit therapeutischer Hilfe –, dann erkennen wir das an, und du bist und bleibst Teil unserer Gemeinschaft!« Durch diese andere Ansprache und differenzierende Umgangsweise mit dem Thema Pädophilie ist es gelungen, viele Betroffene dafür zu gewinnen, sich vorbeugend therapeutische Hilfe zu suchen, um nicht zum Täter zu werden. Mittlerweile ist das Projekt zu einem Präventionsnetzwerk mit zwölf Standorten in ganz Deutschland gewachsen, und es haben sich bis Mitte 2015 über 5500 Personen gemeldet, um kostenlos, anonym und schweigepflichtgeschützt vorbeugende Therapie in Anspruch zu nehmen, um nicht zum Täter zu werden. Das ist doch schon mal ein Anfang, oder?

Um noch einmal Ihre kontinuale Betrachtung zu bemühen: Sagen Sie jetzt bitte nicht, dass wir es auch bezüglich der Pädophilie mit einem Kontinuum zu tun haben – also dass wir alle irgendwie pädophile Anteile in uns hätten ...

Ich befürchte, ich muss Ihr Bedürfnis nach eindeutigen, voneinander unabhängigen Kategorien ein weiteres Mal frustrieren. Meines Erachtens existiert ganz fraglos bei uns allen eine sensorische Ansprechbarkeit durch Kinderkörper. Kinder haben weiche Haut, große schöne Augen, feines Haar, die riechen gut, sind niedlich, klein, griffig, mit denen möchte man gerne kuscheln, knuddeln, kitzeln, raufen, herumtollen und so weiter. Da beginnt das Kontinuum: mit der sensorischen Attraktivität, die aber noch nicht mit sexueller Erregung verknüpft ist. Auf dem Kontinuum geht die Reise weiter, wenn nichtpädophile Personen bemerken, wie sie beim Rumtoben mit Kindern im Wasser oder auf der Bettdecke plötzlich doch eine Art sexueller Erregung verspüren. Die wird dann in der Regel ich-fremd verarbeitet und geleugnet, weil dieses Gefühl total verboten ist. Daraus resultiert aber kein Bedürfnis nach sexueller Kontaktaufnahme. Undsoweiter, undsoweiter – ich will jetzt dieses Kontinuum nicht auch noch bis zum Schluss durchdeklinieren. Ich denke, es ist klar, worum es mir geht: zu zeigen, dass selbst der vielgehasste Pädophile Anteile seines sexuellen Erlebens mit uns teilt.

Schauen Sie sich nur die Kommerzialisierung des kindlichen Körperschemas an, vor allem des frühjugendlichen: keine Werbung gegen Anti-Cellulite-Cremes ohne den fotografierten Hintern einer 13-Jährigen! Warum gibt es Misswahlen von Kindern, bei denen sie in Bikinis und Stöckelschuhen von ihren Eltern auf

Laufstege geschickt werden? Das frühjugendliche Körperschema hat die gesamte Schönheitsindustrie infiltriert: haarlose, kleinbrüstige Körper, schmale Hüften, lange Beine, bis hin zur schon besprochenen »intimchirurgischen« Modulation von Frauenscheiden zu Kindergenitalien in »Brötchenoptik«.

Und was wir auch nicht vergessen sollten: Wir haben bei der Dokumentation von sexuellem Kindesmissbrauch, vulgo »Kinderpornografie«, Zuwachsraten, die sich mit der Häufigkeit von Pädophilie überhaupt nicht erklären lassen! Als die kanadische Polizei im Jahr 2014 im Laufe der *Operation Spade* gegen einen internationalen Ring von organisiertem Kindesmissbrauch ermittelte, stellte sie 45 Terabyte an Filmdokumentationen nackter Kinder und Missbrauchsabbildungen sicher. Das entspricht einer Datenmenge von 30 000 komprimierten Kinofilmen! Der Händler *Azov-Films* setzte im selben Jahr vier Millionen Dollar mit Missbrauchsabbildungen um. Zwischen 2010 und 2014 hat sich die Anzahl der Internetportale, die solche Abbildungen anbieten, verzehnfacht. Selbst wenn alle Pädophilen im Internet rund um die Uhr Pornos schauen würden, ließe sich dadurch noch lange nicht dieser immense Markt für »Kinderpornografie« erklären. Das gucken offensichtlich ganz viele, die nicht pädophil sind! Diese kollektiven Eigenanteile will aber niemand wahrhaben: Das ist alles total tabu.

Und weil es tabu ist, hasst unsere Gesellschaft auch niemanden so sehr wie »den Pädophilen« – mit einer Inbrunst, die ihresgleichen sucht.

Es ist ein psychoregulatives Prinzip, problematische Eigenanteile kollektiv aus der Mehrheitsgruppe zu externalisieren, indem man sie einer Minderheit zuschreibt. Erst wenn diese Minderheit ausgegrenzt, idealerweise vernichtet ist, hat die Mehrheitsgruppe symbolisch (und real gefühlt) auch ihre problematischen Eigenanteile vernichtet. Deshalb kreieren wir »schwarze Schafe«, »die Ausländer«, »die Verbrecher«, »die Pädophilen«, lieber noch: »die Pädosexuellen und Pädokriminellen«; deshalb lassen wir kein gutes Haar an ihnen, exekutieren sie sozial in den Medien und sind danach wieder »clean« und »real white«. Wir alle haben dann jemanden, den wir gemeinsam verachten, auf den wir herabschauen können, um uns selbst über ihn zu erheben, auf den wir mit dem Finger zeigen, uns angewidert abwenden und sagen können: »Pfui, was für ein Schwein!« Das ist eine jahrtausendealte Kulturpraktik, die wir entwickelt haben – und die heute von den Massenmedien bewirtschaftet wird. Ein stabiles Prinzip. »Die Pädophilen« sind die psychohygienische *Bad Bank* für unsere kollektiven Fürsorgeschulden bei den vernachlässigten und verwahrlosten Kindern unserer Gesellschaft.

All das ist auch der Grund, warum mir eine kontinuale Sichtweise besonders an dieser Stelle so wichtig ist. Nicht weil ich Sie schockieren möchte: »Huhu, wir sitzen mit Wolfgang Priklopil und Armin Meiwes in einem Boot, spooky, spooky! Huhu, wir sind alle irgendwie fetischistisch und pädophil!« Nein, nicht um zu provozieren, sondern weil mir Abscheu, Ausgrenzung und Hass suspekt sind. Erst wenn wir auch den manifesten Störungen, den Absonderlichkeiten und Grausamkeiten eine kontinuale Betrachtung zugrunde legen, können wir Männer wie Wolfgang Priklopil, Armin Meiwes oder »die Pädophilen« aus ihrer Monsterrolle lösen und die Hintergründe ihrer Taten verstehen. Dann werden sie wieder zu Menschen, die bezogen auf bestimmte Merkmalsausprägungen *nur zufällig* am anderen Ende einer Skala angesiedelt sind. Auf der auch wir selber sitzen, auf der wir selbst Eigenimpulse kennen, die nämlicher Natur sind! »Wir« haben allerdings aufgrund verschiedener Umstände Glück gehabt, dass sie bei »uns« nicht sonderlich ausgeprägt sind.

Ich betone: Glück gehabt!

Je besser wir diese Tatsache aushalten, desto eher gelingt auch ein erfolgreicher Umgang mit diesen Ausprägungen. Es muss um die *Integration* der Betroffenen gehen, nicht um Ausgrenzung und Abschiebung. Integration wäre nicht nur der therapeutisch gebotene Weg, um problematische Verhaltensweisen am besten vorbeugend behandeln zu können, sondern auch die gebotene gesellschaftliche Reaktion auf diese Probleme. Wie können wir von jemandem erwarten, gut zu sein, wenn wir ihm ständig sagen, dass er schlecht ist? Verbot, Kontrolle und Strafe, Diskriminierung, Entwertung und Ausgrenzung sind keine validen Konzepte. Sie haben sich nicht bewährt. Wir verklappen damit die Probleme nur in den Untergrund, wo sie fröhlich wieder zum Vorschein kommen – und Menschen leiden lassen: »Opfer« wie »Täter«. Richtiger wären Einbeziehung, Integration und die Beförderung von Selbstbeobachtung, Selbstverantwortung, Selbstwirksamkeit und Selbstkontrolle. Sozialromantisch? Vielleicht. Ich würde eher sagen humanistisch und primärpräventiv wirksam.

Eine solche Sichtweise hält die Mehrheitsgesellschaft allerdings schlecht aus. Sie schreit nach Pranger und Entweder-oder-Konstrukten. Ein Sowohl-als-auch stellt eine Überforderung dar. Die Sehnsucht nach dem Monster, nach dem auszugrenzenden schwarzen Schaf ist riesengroß. Wir Menschen wollen einfache Lösungen, entweder-oder, schwarz oder weiß, gut oder böse, richtig oder falsch, und das wird wohl auch so bleiben. Da kann ich noch so lange auf meiner kontinualen Sichtweise herumreiten.

Aber trotzdem gut, dass wir drüber gesprochen haben.

KAPITEL 12

Reden, worüber man nicht spricht –
Die Sexualtherapie

> Im Grunde ist alles ganz einfach.
>
> *Hans Jürgen von der Wense*

Ist es für Paare schwer, in einer Sexualtherapie über ihre Probleme zu sprechen?

Für die meisten Menschen, die in den Lebensbereichen Liebe, Sexualität und Partnerschaft Probleme haben, ist es nicht bloß schwer, die richtigen Worte zu finden, sondern auch das einmal gefundene Wort an den anderen zu richten. Partnerschaftliche Kommunikation ist nicht Teil unserer Beziehungskultur. Wir haben in der Regel nicht gelernt, miteinander übereinander zu sprechen – stattdessen reden wir zusammen über das Außen: über den Beruf, die Politik, die Kinder, die Schwiegereltern. Das Thema einer Paartherapie ist aber »Du und Ich«. Und wie es uns eigentlich miteinander geht. Das fällt schwer.

Wenn es um Sexualität geht, wird sprachlich mehr *darüber geredet* als konkret *davon gesprochen*. Viele Menschen haben Schwierigkeiten, wahrzunehmen und zu beschreiben, was sie denken, fühlen und tun. Und vor allem das eine vom anderen zu unterscheiden. In einer Paar-Sexualtherapie geht es daher oft zunächst darum, den Fokus auf sich selbst und die Partnerschaft zu leiten. Weg von der Frage: »Wie geht's dir?«, denn die führt ins Außen. Hin zu der Frage: »Wie geht's dir *mit mir*? Wie geht's dir in unserer Beziehung? Was denkst du über mich? Und wie geht es eigentlich mir selbst in unserer Beziehung?« Diese Fragen führen zueinander.

In Erstberatungsgesprächen erlebe ich häufig, dass ich auf die konkrete Frage nach der aktuellen partnerschaftlich-sexuellen Beziehungszufriedenheit keine Antwort bekomme. Keiner der beiden kann mir sagen, wie es ihm selbst und wie es ihm mit dem Partner in sexueller Hinsicht geht. Stattdessen höre ich Aussagen wie: »Man kennt das ja … da geht's einem ja wie allen … man denkt ja immer, dass …«

Obwohl meine Patienten einen geschützten Raum nutzen, stiftet die Tatsache, zu einem Sexualpsychologen zu gehen, zu einem, der nichts anderes macht, als darüber zu reden, worüber man nicht spricht, eine gewisse Befangenheit. Aber da kommen wir in der Regel bald drüber weg. Bei mir wird viel gelacht.

Der erste Schritt, den ich gemeinsam mit Paaren gehe, ist, sie zu ermutigen, miteinander übereinander zu sprechen. Und dabei passende Worte für ihr Empfinden und die Situation, in der sie sich befinden, zu suchen.

Häufig hört man ja, dass Männer mit Männern und Frauen mit Frauen recht gut über Sex reden könnten ... Warum klappt das nicht so gut mit dem eigenen Partner?

Der Mensch, mit dem ich am allernahesten zusammenlebe, mit dem ich meine tiefsten Bedürfnisse erfüllen möchte, ist derjenige, vor dessen Ablehnung und Bewertung ich mich am meisten fürchte. Die Sorge, von dieser wertvollsten Person womöglich abgelehnt, zurückgewiesen, verworfen oder verlassen zu werden, ist enorm. Und deshalb auch die Scham, sich ihm gegenüber zu zeigen. Größer zumindest als die Scheu, sich einem periphereren Menschen zu offenbaren, dem Kumpel zum Beispiel oder der besten Freundin.

Ich bin mir im Übrigen nicht sicher, ob es stimmt, was Sie sagen. Dass Männer mit Männern und Frauen mit Frauen wirklich offen über *ihre eigene* Sexualität sprechen. Ich glaube, auch in diesen Gesprächen wird meist nur allgemein geredet. Davon abgesehen unterscheiden sich Männer- und Frauengespräche. Wenn heterosexuelle Männer miteinander über Sex reden, bilden sie häufig eine Leugnungs- und Vermeidungs-Allianz. Da geht es um Schulterklopfen, Zuspruch, Beistand, Solidarität. Viel mehr als um Zuhören, Mitdenken und Nachfragen. Nach dem Motto: »Ich weiß genau, wovon du sprichst! Wir kennen sie doch, die Frauen ...« Das Mann-Mann-Gespräch über Sex ist ein Verdeckungsdiskurs, der Probleme eher aufrechterhält, als sie zu lösen. Prinzip Tintenfisch: Viel Tinte ausstoßen, um unsichtbar zu werden ... Frauen untereinander benennen in Gesprächen tendenziell eher das, worum es ihnen wirklich geht, und sie formulieren dabei auch Details. Aber auch ihre Gespräche gehen meiner Erfahrung nach oft nicht so weit, wie gerne behauptet wird. Frauen werden vielleicht detaillierter in ihren Ausführungen, deswegen aber nicht unbedingt persönlicher. Es ist viel einfacher, über die Penisgröße des Mannes zu lästern, als die eigene Anorgasmie zu thematisieren. Aber generell haben Sie schon recht: Gespräche mit Freunden gehen oftmals weiter als Gespräche innerhalb der Partnerschaft.

Liegt das auch daran, dass wir in der deutschen Sprache entweder die Sprache der Gosse oder die der Medizin für sexuelle Vorgänge haben?

Ich kann nicht beurteilen, ob es sich um ein kulturelles Problem handelt und ob andere Sprachen poetisch-liebreizende Verbalisierungen von Genitalien und sexuellen Vorgängen besitzen. Vom Japanischen behauptet man das, ebenso vom Sanskrit – darüber kann ich jedoch nicht fachkundig Auskunft geben.

Aber in der Tat stellt es sich meiner Erfahrung nach so dar, dass sich das Vokabular, das Menschen zur Beschreibung sexueller Vorgänge benutzen, um die beiden von Ihnen genannten Pole gruppiert. Es ist entweder wissenschaftliche, fremdwortgesättigte Fach- oder derbe, ordinäre Vulgärsprache. Der Grund für beide Codes ist derselbe: Weil das Thema Sexualität schambesetzt ist, nimmt man durch elaboriertes oder zotiges Sprechen Abstand. Je komplexer und lateinischer ich Dinge benenne, desto weiter sind sie weg von mir selbst, desto spitzfingriger kann ich sie handhaben. Denselben Zweck erfüllt die ordinäre, vulgäre Gossensprache, bei der quasi ganz unten an der Laterne verbalisiert wird – und dementsprechend riecht's da auch. Integriert ist keines der beiden Sprachmodelle. Und mit keinem von beiden kommen wir in der Therapie weiter. Zwischen diesen beiden Polen stünde die sexuelle Sprachkompetenz: eigene Worte für das zu finden, was ich erlebe.

Ein Klassiker ist, dass Männer zu mir kommen und vor dem Hintergrund ihrer Internetrecherchen oder Urologie-Erfahrungen über ihre »Erektile Dysfunktion« sprechen wollen. Sie erinnern sich: Das ist der Pseudoterminus der Pharmaindustrie für Erektionsstörungen, der übersetzt »schwellfähige Fehlfunktion« bedeutet. Das Spannende ist, dass Männer oft auch mit ihrer Frau in dieser Sprache kommunizieren. Ein Mann sagt also nicht: »Mein Penis wird nicht steif«, er sagt: »Habe erektile Dysfunktion!« Zu formulieren, dass sein Penis nicht steif wird, hält er nicht aus, das wäre zu intim, zu nah an ihm selbst. Wenn er hingegen das Erektile-Dysfunktions-Plakat vor sich hertragen kann, dient ihm das als Schutzschild gegen die vermeintlichen Ansprüche und Anforderungen seiner Partnerin. Vor allem auch gegen deren Wunsch, möglicherweise mal über die Problematik *zu sprechen.* »Erektile Dysfunktion« klingt nach Krankheit – und für die ist *man selbst* nicht zuständig. Sondern ein Arzt.

Eine andere Strategie zur Verhinderung der Auseinandersetzung ist die demonstrative Selbsterniedrigung. Ein Mann, der sagt: »Ich bin ein Schlappschwanz und Versager! Ich kriege keinen hoch! Ich kann nicht meinen Mann stehen! Ich bin impotent!« Auch hierbei wird das Geschehen weder beschrieben noch problematisiert, es wird bloß sentimental und larmoyant beklagt. Das Wort »Schlappschwanz« stammt nicht nur aus der Vulgärsprache, es suggeriert zudem ein Schuldgefühl, das um Verzeihung bettelt, sich klein macht, sich ratlos gibt und nebenbei auch noch arg leistungskontaminiert ist.

Zwischen diesen Polen *medizinisch* oder *ordinär* einen tauglichen Mittelweg zu finden ist integraler Bestandteil meiner Sexualtherapie. Meine Worte als Therapeut fungieren dabei als Sprachmodell. Die Patienten lernen eine Sprache, die der sexuellen Verständigung dienlich ist, wenn sie hören, wie ich in meinen

Fragen die Dinge benenne und über sie spreche. Sexualtherapie ist also auch eine Form des Spracherwerbs. In körperkommunikativer, aber zunächst einmal in verbaler Hinsicht.

Ein Paar, das bei mir in Behandlung war, litt unter *Appetenz-Diskrepanz*. Er wollte immer Sex, sie eigentlich nie. Über diesen Klassiker haben wir schon im ersten Kapitel gesprochen. Der Mann war Hochschullehrer. Als ich ihn bat, seine Sicht der Dinge zu schildern, sagte er wörtlich zu seiner Frau: »Jedes Mal, wenn ich dir an die Titten oder die Möse fasse, zickst du rum und machst dicht!« Ich schaute die Frau an, um herauszufinden, wie sie auf diese Ausdrucksweise reagierte. War sie pikiert? Indigniert? Nichts von alledem. Ihr fiel das offenbar nicht einmal auf. Also stellte ich ihr die Frage: »Wie geht es Ihnen, wenn Sie das so hören? Was macht das mit Ihnen?« Die Antwort war: »Das kenn ich nicht anders, bin ich schon gewöhnt. Vom Vokabular geht's bei uns zu Hause zu wie im Puff.« Dann habe ich ihn gefragt: »Sie sind ja als Hochschullehrer jemand, der auch über ein anderes Sprachrepertoire verfügen könnte und das auf anderen Schauplätzen gewiss auch tut. Gleichwohl benennen Sie Körperteile Ihrer Frau mit Begriffen der Vulgärsprache. Hat es damit etwas auf sich?« Seine Antwort: »Was soll ich denn sonst sagen? Brüste und Vagina oder was?!« »Zum Beispiel«, habe ich geantwortet. Seine Wortwahl enthielt offenbar überhaupt keine Entwertungsambition. Sie verdeutlichte seine Hilflosigkeit und sexualkommunikative Inkompetenz. Frauen machen das übrigens mitunter genauso. Gossen- oder Wissenschaftssprache zu verwenden ist meiner Erfahrung nach kein geschlechtstypisches Phänomen. Allenthalben geht es um Verunsicherung durch Schuld- und Schamgefühle im Umgang mit der eigenen Sexualität, die durch die entsprechende Wortwahl auf Abstand gehalten und dadurch gemildert werden soll.

Sind die Probleme hauptsächlich sprachlicher Natur?

Natur? Natürlich nicht! Sonst gingen die Paare ja in eine Sprachschule und nicht zu einem Paartherapeuten.

Es geht nicht hauptsächlich um die Wortwahl, es geht vor allem um ein Kommunikationsverhalten, um mangelnde Kompetenz in der Konfliktkommunikation. Nehmen wir auch hier wieder das Paar mit der *Appetenz-Diskrepanz*. Sie sagt: »Ich will ja gar nicht nie, ich will nur manchmal nicht.« Er: »Du willst nie!« Sie: »Nie stimmt auch nicht immer! Manchmal will ich ja schon. Aber wenn ich schon merke, dass du willst, dann kann ich natürlich nicht, weil du ja immer willst. Und wenn du immer willst, dann kann ich nie.« Ziemlich klassischer Dialog bei dieser Problematik: Der »Aber-du-Modus« der Konfliktkommunikation. Dann sage ich: »Gut, jetzt haben Sie sich ausgetauscht, wie Sie das zu Hause vermutlich schon häufiger getan haben. Mein Eindruck ist, dass Sie es einigermaßen beherrschen, sich gegenseitig den Zeigefinger in die Nase oder ins Auge zu stechen und anklagende Vorwürfe auszutauschen. Ich würde jetzt vorschlagen, wir versuchen heute mal etwas anderes. Und dafür würde ich Sie herzlich einladen, den Zeigefinger einzuklappen und sich mal an die eigene Nase zu fassen. Wir üben jetzt den Übergang *vom Fremdvorwurf zur Selbstauskunft.* Heißt: Was ist *Ihr eigener* Anteil an dieser Situation? Was hat das Ganze mit *Ihnen* zu tun?« Weg vom Fremdvorwurf, hin zur Selbstauskunft: weg von der Schulderörterung – hin zur Verantwortungsübernahme. Da sind wir schon mitten im therapeutischen Prozess. Denn *Schuld* ist keine Kategorie der Klinischen Psychologie und Psychotherapie. Schuld ist eine Kategorie der Moraltheologie. Wir beschäftigen uns nicht mit der Frage, wer woran schuld ist. Die einzige Frage, die uns weiterführt, lautet: »Wer kann und will wofür wie viel Verantwortung übernehmen?« In einem solchen Prozess kann der Mann dann vielleicht irgendwann sagen: »Na gut, dass ich dich immer bedränge, das ist doof, verstehe ich.« Und sie kann sagen: »Na, dass ich dann immer gleich dichtmache, ist auch blöd, verstehe ich auch.« Und so kommen die Partner langsam in einen produktiveren Umgang mit ihren Problemen.

Was es für eine angstfreie Erörterung all dessen braucht, ist vor allem *Bewertungs-Abstinenz*! Und zwar aufseiten aller Beteiligten – auch und vor allem aufseiten des Therapeuten.

Die Sprache ist aber nur der Ausdruck eines größeren Problems: der häufig anzutreffenden Unfähigkeit, das eigene sexuelle Erleben überhaupt wahrzunehmen – und diesem Erleben Worte zu verleihen. Ein Paar ist schon weit, wenn die Frau sagen kann: »Also, wenn ich ins Schlafzimmer komme, und du liegst schon nackt mit den Händen hinterm Kopf auf dem Bett und wartest darauf, dass ich dich stimuliere: Das finde ich paschamäßig, dann komme ich mir vor wie eine Nutte.« Das wäre eine authentische und nützliche Selbstauskunft! Oder der Mann ist in der Lage zu sagen: »Wenn wir zusammen im Bett liegen und schmusen, und du prüfst mit deiner Hand sofort, ob ich eine Erektion kriege – dann fühle ich mich unter Druck gesetzt.«

Solche Dinge wahrnehmen und aussprechen zu können ist das, was vielen Menschen schwerfällt. In einer Sexualtherapie kann ein Paar lernen, eine Situation nicht sofort zu bewerten oder schuldhaft an den anderen zu delegieren, sondern erst mal zu beschreiben – und danach dann zu benennen: »Was bedeutet das *für mich* ...« Das ist wichtig, denn die bloße Schilderung der Handlungsebene verrät uns erst einmal gar nichts über die *Bedeutung* des Vorgangs. Es gibt Menschen, die haben Analverkehr vor dem Spiegel und erleben dabei nichts. Andere vergehen fast vor Erregung, wenn sie sich im Kino am Knie berühren. Die Schilderung der Bedeutung ist auch deshalb so wichtig, weil das jeweilige Erleben sogar paradox zum Geschehen sein kann. Ein Mann schenkt seiner Frau einen Strauß Blumen – eigentlich doch nett, oder? Ihre Reaktion: »Was? Du wagst es, mir Blumen mitzubringen! Unverschämtheit!« Und weil sie dieses Blumengeschenk als billigen Bestechungsversuch ausliest, sagt sie: »Das ganze Jahr über schaust du mich nicht an, aber am Valentinstag krieg ich Blumen und soll dich abends ranlassen!« Etwas mit oder durch die Blume zu sagen ersetzt eben nicht die richtigen Worte.

Ein weiteres Phänomen, das ich häufiger beobachte, ist die Verwechslung von Ursache und Wirkung: Die Fehlvorstellung, dass es etwas im inneren Erleben bewirken würde, wenn man im Sexuellen etwas Neues, etwas »Spannenderes«, »Aufregenderes« miteinander tut. Die ganze Sextoy-Branche lebt davon, dass sich Menschen »Spielzeuge« kaufen und glauben, dadurch werde der Sex »geiler« und »toller«. Wenn der rosa Dildo irgendwann nicht mehr kickt – kauft man halt einen größeren mit Erdbeergeschmack. Aber eine Suche nach Reiz- und Belebungsquellen im Außen haut nicht hin! Von außen lässt sich nicht kompensieren, was im Inneren fehlt. Erst wenn das, was man tut, etwas bedeutet, kann man auch etwas erleben. Weil es erst dann etwas meint. Sexuell erfüllende Begegnungen entstehen, wenn der andere mir etwas bedeutet. Und wenn ich ihm/ihr das mitteilen kann, ist es egal, was man sexuell miteinander macht. Ob ich dann einen Finger ins Ohr stecke oder einen Penis in eine Scheide: sekundär. Weil die Botschaft klar ist: »Ich meine dich!«

Die Berücksichtigung der individuellen Bedeutung sexueller Erlebnisse ist von zentraler Bedeutung in der Art Sexualtherapie, die ich praktiziere. Es geht dabei nicht darum, was die Menschen in sexueller Hinsicht miteinander *machen*. Es geht vielmehr darum, was sie in sexueller Hinsicht miteinander *austauschen,* was sie einander mitteilen wollen und was sie erleben. Es geht nicht um Handlung und Funktion, sondern um Beziehung und Kommunikation.

Bevor ich mit den Paaren in den therapeutischen Prozess übergehe, frage ich immer nach ihrem Anliegen, ihrem Therapieziel. Dann sagen sie meistens, dass sie wieder miteinander schlafen wollen, »es soll wieder funktionieren«. »Verstehe ich«, sag ich dann, »und warum? Warum wollen Sie mit Ihrem Partner schlafen?« Verwirrte Blicke. Die Frage, was Menschen sich eigentlich damit sagen wollen, wenn sie miteinander schlafen, haben sich die wenigsten jemals gestellt.

Aber irgendeine Antwort müssen Ihre Patienten doch auf diese Frage geben?

Na ja, ich höre oft: Weil das geil sei, Lust mache, das doch »natürlich« sei. Dann weise ich darauf hin, dass man sich Lust ja auch alleine machen könne. Oder, wenn es unbedingt jemand anders brauche, man ja auch fremd- oder in ein Bordell gehen könne. In diese Richtung frage ich so lange weiter, bis für beide Beteiligten klar wird, dass es nicht nur um »Lust und Leidenschaft«, also um etwas *für sich selbst* geht – sondern darum, etwas *miteinander füreinander* auszutauschen. Dass es um *Nähe* geht, darum, dass der Sex, den sie sich wünschen, die Verkörperung ihres Gefühls füreinander ist. Das Ineinandergehen, das Miteinanderverbinden – ich komme in dich, und du nimmst mich in dich auf – ich will dich in mir haben, und ich will in dir sein: Sex ist vor allem die Erfüllung unserer Sehnsucht, Vereinzelungserleben mildern zu können. Die Möglichkeit, diese Vereinzelungsgefühle zumindest für Momente aufheben zu können. Wenn es hingegen nur um Lust geht, weist Sex nicht über sich hinaus. Und dann könnte man ihn ja auch hochbeglückend überall bekommen, was aber erfahrungsgemäß nicht der Fall ist. Dieses Bewusstsein nennen wir in der Form von Sexualtherapie, die ich hier schildere, den *Syndyastischen Fokus*.

Setzt Ihre Theorie von der Aufhebung der Vereinzelung nicht voraus, dass wir Menschen wesentlich vereinzelt existieren?

Als soziale Lebewesen existieren wir von der Geburt bis zum Tod in mehr oder minder gelingenden Beziehungen mit anderen Menschen. Aber weil das mit den Beziehungen nicht immer ganz unproblematisch ist, erleben wir uns mal mehr und mal weniger vereinzelt. Als Gesellungswesen sind wir aber auf Bindung programmiert. Wir können uns annähern, wir können uns wieder distanzieren. Weil das so ist, weil es beides gibt, kennen wir aber auch Angst vor Bindungsverlust.

Im pubertären Ablösungsprozess von unseren Eltern Mitte der zweiten Lebensdekade erleben wir das zum ersten Mal: die beginnende Emanzipation von der emotionalen Bewertung durch unsere engsten Bezugspersonen. Diese Phase ist ein wichtiger Teil unseres Individuationsprozesses. Für die meisten Erwachsenen schon lange her, für viele innerlich nicht vollendet. Die jeweilige Persönlichkeitsreife eines Menschen hat viel zu tun mit dem Ergebnis dieser Ablösung. Umso heikler, dass sie immer häufiger ausbleibt, weil Eltern sich häufig als »Freunde« ihrer Kinder sehen wollen. Das zählt entwicklungspsychologisch zu den weniger hilfreichen Bedingungen, unter denen Kinder aufwachsen können.

Wir bleiben lebenslang auf Bindung und emotional gelingende Beziehungen angewiesen. Wir sind keine Komodowarane, die sich nur zur Verrichtung der Fortpflanzung vorübergehend »gesellen« und ansonsten alleine auf einem warmen Stein herumliegen. Wir suchen Kontakt und Austausch mit anderen, suchen Resonanz und Reflexion unserer selbst, um das grundlegende Gefühl der Vereinzelung zu mildern. Und nicht zuletzt, um etwas über uns selbst zu erfahren. Wer wären wir ohne andere? Wir brauchen sie, um zu erkennen, *was* wir sind, *wie* wir sind und *wer* wir sind. Das Antlitz des anderen ist unser Spiegel. Ich erinnere an die alttestamentarische Beschreibung von Geschlechtsverkehr: »sich erkennen!« Wir streben Verbundenheit und Vereinigung an – ohne allerdings die eigene Individualität aufgeben zu wollen. Und dieser Spagat gelingt nur, wenn nicht Autonomie *oder* Abhängigkeit – Individualität *oder* Verschmelzung die Leitmarken sind. Sondern wir uns bewusst auf einem Kontinuum zwischen sowohl Distanz als auch Nähe bewegen.

Es geht um die Fähigkeit, Annäherung und Verbindung, sogar ein temporäres Verschmelzungserleben zulassen zu können – und gleichzeitig die Möglichkeit zu haben, sich zu separieren und zu distanzieren. *Eins werden und anders bleiben,* ich glaube, dieses Paradoxon beschreibt am besten das Spannungsverhältnis, das eine gelingende Beziehung trägt. Es kann nicht darum gehen, einen dieser Zustände zu verfestigen. Vielmehr geht es darum, eine belebende Beweglichkeit zwischen diesen beiden Zuständen entstehen zu lassen.

In der sexuellen Vereinigung werden wir uns sowohl der Aufhebung unserer Vereinzelung bewusst, als auch können wir in dieser unvergleichlichen Nähe die Furcht vor Selbstverlust erleben. Um das auszuhalten, benötigt man ein gesundes Selbstbewusstsein. Je klarer das Bild von mir selbst ist, je eindeutiger meine Identität, desto gerüsteter und gefasster kann ich mich auf Beziehungen ein- und Intimität und Nähe zulassen. Ich muss dann nicht befürchten, auf der Strecke zu bleiben. Mich aufzulösen. Sondern ich bin in der Lage, Nähe und Verschmelzung für Augenblicke, für Momente, als beglückend zu erleben, mich wieder aus ihnen zu lösen und beschenkt und bereichert aus ihnen hervorzugehen.

Was finden wir aber bei vielen Menschen? Angst. Angst, die ihr Leben regiert und ihr Erleben kontrolliert. Die Resultate: entweder zu viel Verschmelzungswunsch – dann landen wir bei der *Symbiose,* der Paarverklebung, der Selbstaufgabe, beim Wunsch, der andere möge mein Leben gestalten und führen. Oder zu viel Distanzierungsdrang – dann landen wir beim ewigen Vorbehalt, der Ambivalenz, der Einlassungs- und Hingabestörung, der Unmöglichkeit, Nähe und Intimität zulassen zu können.

Übrigens befinden sich viele Paare, die sich vermeintlich »fremd« geworden sind, sich »auseinandergelebt haben«, gleichwohl in einer symbiotischen Verklebung. Zwei Menschen sind aufeinander angewiesen, keiner kann mehr ohne den anderen. Wie zwei aneinandergelehnte Bäume: Wenn einer weggeweht wird, fällt der andere um. Das ist kein statisch stabiles System. Sie können sich nicht mehr miteinander übereinander auseinander-setzen, weil sie sich vor lauter Nähe nicht mehr *sehen* können. Sie sind sich *zu* nah. Stabil wäre eine Beziehung, die in der *Annäherung und Distanz* flexibel möglich wäre und dem Beziehungsgeschehen des Paares folgt.

In der Paar-Sexualtherapie geht es auch darum, Paare darin zu unterstützen, sich aus ihrer Symbiose zu lösen und in eine *Syndyade* überzugehen, in der sie möglichst angstfrei Nähe und Distanz regulieren können. Wegzukommen von der notwendigen Angewiesenheit auf den anderen, hin zu einem freiwilligen Miteinander. Weg davon, den anderen zu brauchen und an ihm zu hängen, hin dazu, mit dem anderen zusammen, aber nicht verklebt zu sein. *Von der Symbiose zur Syndyade* bedeutet, von der einengenden und einschränkenden *Einheit* zur aufeinander bezogenen *Zweiheit* zu gelangen. Oder zumindest dahin aufzubrechen. Flexibilität und Mobilität in der Annäherung und der Distanzierung auszuhalten, zuzulassen und zu gestalten. Annehmen und loslassen … Kommt Ihnen das bekannt vor?

Aber bei diesem Prozess sind Sie stark abhängig davon, welche Fähigkeiten die Patienten mitbringen …

Ihre Frage impliziert den auktorialen Therapeuten, der »etwas hinkriegen« muss, der etwas »schaffen« muss. Meine Aufgabe sehe ich vielmehr darin, die Paare zu unterstützen, etwas für sich hinzubekommen. Darum bin ich nicht abhängig davon, was sie mitbringen. Meine Aufgabe ist es, das, was sie mitbringen, freizulegen, nutzbar zu machen.

Nichtsdestotrotz gibt es Menschen, die verstehen recht schnell das Wesentliche. Bei anderen stellt sich möglicherweise heraus, dass ihnen auf dieser Ebene gleichsam die Synapsen fehlen. Denen die Integration von Lust und Bindung, von Nähe und Sex nicht bloß spanisch, sondern mandarinchinesisch vorkommt. Die ganz klar sagen, dass sie keinen Zusammenhang zwischen »Beziehung« und »Sex« sehen können. Meistens liegt das daran, dass sie in ihrem Leben Angehörigkeit, Geborgenheit und Sicherheit nie in Verknüpfung mit Körperkontakt, schon gar nicht in Verknüpfung mit innigem oder sexuellem Körperkontakt erlebt haben. Das sind oft Menschen, die ungestreichelte Kinder waren, zu unangefassten Jugendlichen wurden und unberührte Erwachsene geworden sind. Wenn man das weiß, wird verständlicher, warum sie in der Therapie erst mal im Dunklen tappen. *Dyssyndyastie* nenne ich diesen Zustand.

Über den Zusammenhang von Liebe, Sex und Beziehung haben sich die wenigsten Menschen bewusst Gedanken gemacht. Sex ist »natürlich«, Sex ist »Trieb« und im besten Fall »geil«. Sex ergibt sich »spontan«, von alleine, oder es passiert eben nicht. Und dann muss das repariert oder der Partner ersetzt werden.

Ich habe darüber schon mehrfach gesprochen: Das Verständnis, dass Sex und Beziehung wesentlich miteinander verbunden sind, fehlt in unserer Kultur weitgehend. Wir lernen es nicht. Ich persönlich plädiere für ein Schulfach, das »Liebe, Sexualität und Partnerschaft« heißen könnte und dessen Aufgabe es wäre zu vermitteln, dass es bei Sexualität nicht vornehmlich um etwas Problematisches, Schwieriges und Gefährliches geht. Also darum, weg von der Negativoptik zu kommen! Sex ist nichts, bei dem man in erster Linie aufpassen muss, dass nichts Unheilvolles oder Schlimmes passiert: ansteckende Krankheiten oder ungewollte Schwangerschaft. Ein solches Fach müsste darlegen, dass Sexualität vor allem erst einmal eine Quelle von Lebendigkeit, Lebensfreude und Glück ist. Es müsste dabei um die beziehungsstiftende und bindungsstabilisierende Kommunikationsfunktion von Sexualität gehen und nicht allein um Fortpflanzung und Erregung. Es sollte klargestellt werden, dass kein Wunsch und keine Sehnsucht, die wir im Kontext unserer Sexualität entwickeln, schmuddelig, schmierig, unwürdig, verboten und bestrafenswert ist. Sondern das Menschlichste vom Menschlichen, solange Achtsamkeit und Respekt walten und die sexuelle Selbstbestimmung aller Beteiligten gewahrt wird.

Verzeihen Sie mir diesen kleinen Exkurs, aber ich halte ihn für wirklich wichtig. Noch immer lernen Grundschulkinder im Alter von acht Jahren im Biologieunterricht, dass der Penis des Mannes in die Scheide der Frau eingeführt wird. Sie lernen, wie Ei- und Samenzelle miteinander verschmelzen. So weit, so gut. Worüber allerdings nicht gesprochen wird, ist, *warum* ein Mann seinen Penis in die Scheide der Frau einführt. Den Kindern wird nicht erklärt, dass dieser Vorgang in den selteneren Fällen allein etwas mit Fortpflanzung zu tun hat. Stattdessen ganz überwiegend mit Beziehung, Kommunikation und Partnerschaft! Wenn die Kinder dann älter werden, lernen sie wiederum im Biologieunterricht, wie man verhütet. Zu Probezwecken dürfen sie Kondome über Bananen rollen ... Wieder so weit, so gut. Aber immerhin taucht gelegentlich die Frage auf, warum trotz solcher »Aufklärung« viele Teenager nicht mit Kondomen verhüten. Ich kann Ihnen sagen, warum: Die Mädchen haben Angst, als »Schlampen« dazustehen, wenn sie ein Kondom dabeihaben. Sie fürchten sich vor der Reaktion: »Na, du bist ja bestens vorbereitet! Du machst es wohl mit jedem!« Und die Jungen verhüten nicht, weil sie Angst haben, ihre Erektion könne vergehen, wenn sie das Kondom überstreifen. Was Kinder und Jugendliche brauchen, erschöpft sich eben nicht in biologischen Informationen über Ei- und Samenzelle und dem Wissen um Schwangerschaftsverhütung. Was sie brauchen, ist auch keine ideologische *Gender-Sensibilität* und P*orno-Kompetenz*. Was Kinder brauchen, sind vor allem psychologische Kommunikations- und soziale Beziehungsfertigkeiten!

Das Problem ist, dass wir nicht lernen, über unsere eigenen sexuellen Wünsche und Bedürfnisse, aber auch unsere sexuellen Ängste und Befürchtungen miteinander zu sprechen, spielerisch und vor allem kommunikativ mit einer solchen Situation umzugehen. Die Lösung würde lauten: sowohl Bananen zum Üben nutzen als auch darüber sprechen lernen.

In diesem Schulfach, für das ich plädiere, könnte man lernen, wie man miteinander über Fragen spricht, die einen nicht ganz unwesentlichen Teil des Lebens darstellen. Denn diese Kinder und jungen Menschen werden in ihrem späteren Leben durchaus in Situationen kommen, in denen sie darauf angewiesen sein werden, auf gelingende Weise zu kommunizieren. Dass ein solches Fach eingerichtet wird, halte ich allerdings für illusorisch. Unsere

Gesellschaft legt größeren Wert auf Algebra, auf Zinseszins, Geschichtsdaten, Bananen und Eizellen ...

Kommen wir nach Ihrem Plädoyer zurück zur Therapie. Wie gehen Sie da mit Ihren Patienten weiter vor?

Die Eindrücke, die ich im paar- und sexualdiagnostischen Gespräch gewinne, dienen mir als inneres Navigationssystem für die Richtung meiner Fragen. Wenn ich Personen oder Paaren versuche aufzuzeigen, wie sie weiterkommen könnten, bedeutet das allerdings nicht, dass ich *Lösungen* parat hätte. Patentlösungen oder -rezepte gibt es nicht. Es gibt nur Einzelanfertigungen, keine Serienproduktion. Wir gehen gemeinsam zurate. Wir überlegen zusammen. Ich bringe niemandem etwas bei. Ich belehre niemanden. Ich erteile keine Schläge, auch keine Ratschläge. Ich stelle Fragen, die davon abhängig sind, was ich von den Menschen erfahre. Und das erfahre ich dadurch, dass ich sie zu Wort kommen lasse und nicht selber rumquatsche. Ich höre zu. In dem, was die Menschen sagen, Wortwahl hin, Wortwahl her, ist alles enthalten, worum es ihnen geht. Ich muss nur ernsthaft zuhören, wirklich mitdenken und authentisch nachfragen. Die Watte aus den Ohren herausnehmen und in den Mund hineinstecken – wie einer meiner klinischen Lehrer, Kurt Loewit, diese Aufgabe gern beschreibt. In diesem Prozess kann dann klar werden, wer eigentlich worunter leidet. Und wer nicht. Ich sage das deshalb, weil es ja auch die Situationen gibt, in denen ein Mann unter seiner Erektionsstörung leidet, die Frau das aber überhaupt nicht schlimm findet.

Nicht alle Männer mit Erektionsstörungen gehen zum Sexualtherapeuten. Viele nehmen einfach Medikamente. Was halten Sie davon?

Nicht alle, sagen Sie? Da untertreiben Sie aber. Die *meisten* von Erektionsstörungen betroffenen Männer nehmen Medikamente. Die *wenigsten* gehen zum Sexualtherapeuten. Medikamente wie

Viagra funktionieren und helfen den meisten ja auch erst mal gut – zumindest was die technische Seite betrifft. Safran macht den Kuchen gehl – Viagra macht den Penis steif.

Was ich problematisch finde, ist nicht, dass Menschen diese Medikamente nehmen, sondern dass ihnen suggeriert wird, dass sie eine »Krankheit« hätten. Eine Krankheit wie Diabetes. Wenn sie »Zucker« haben, müssen sie Insulin, bei »Erektiler Dysfunktion« Viagra nehmen. Leider ist das eine verkürzte, unzutreffende und interessengeleitete Darstellung. Außerdem werden Patienten häufig nicht darüber aufgeklärt, dass Medikamente, beispielsweise bei Erektionsstörungen, nur das Symptom behandeln. Medikamente zu nehmen stellt keine nachhaltig wirksame Therapie dar. Das merken viele Betroffene auch selber. Sie merken, dass sie bei einer rein symptombezogenen Behandlung lebenslang Medikamente werden einnehmen müssen, wenn sie Geschlechtsverkehr haben wollen, jedes Mal. Das bringt viele dann zum Nachdenken.

Ich möchte damit in keiner Weise eine vermeintlich »böse« Medizin kritisieren. Urologen behandeln ihre Patienten ja nicht vorsätzlich schlecht. Sie spannen sie nicht gegen ihren Willen in eine medikamentöse Behandlung ein. Es ist viel komplexer. Die meisten Urologen bieten das, was ihre Patienten wünschen: eine unkomplizierte, schnell wirkende Behandlung. Das Prinzip der biologistischen, somatozentrischen Medizin ist bei den meisten Menschen so weit introjiziert, dass sie sich selbst als Funktionsmechanismus begreifen. Sie fordern eine einfache Lösung. Mit der Tablette hat der Urologe eine solche, und er wird damit den Erwartungen des Patienten gerecht. So schließt sich der Kreis.

Was ich allerdings nachgerade bestürzend finde, ist, dass im Rahmen der rein »körpermedizinischen Versorgung« in der Regel keine Einbeziehung von Partnerinnen oder Partnern erfolgt. Man hat es mit einem sexuellen Problem zu tun und blendet gleichwohl den Partner aus. Dabei betrifft Sex immer (mindestens) zwei Personen. Aber selbst viele Patienten, die zu mir kommen, denken die Tatsache, dass bei ihrem Problem noch ein anderer, der Partner nämlich, eine Rolle spielt, nicht mit. Sie fokussieren auf sich selbst: »*Ich* kann nicht! *Ich* bring's nicht. *Ich* funktioniere nicht.« Es gibt tatsächlich Männer, die sagen: »Was hat denn meine Frau damit zu tun, dass ich keinen hochkriege?!« Sie nehmen die systemische Qualität des Geschehens nicht wahr. Meines Erachtens ist eine sachverständige Diagnostik und Therapie sexueller Funktionsstörungen ohne Einbeziehung von Partnerinnen und Partnern nicht möglich. Wenn wir nur den »Symptomträger« alleine sehen, hören und behandeln, kennen wir nur die Hälfte der Wahrheit. Nicht weil diese Person lügen würde, sondern weil sie nur ihre Sicht der Dinge schildern kann.

Nehmen wir ruhig mal das Thema Viagra näher in den Blick. Ein Mann will mit seiner Viagra-Erektion ja irgendwohin. Er will mit ihr bei irgendwem ankommen, eingelassen werden. Denn in den seltensten Fällen benötigen Männer Viagra ja zur Selbstbefriedigung. Nun hat also ein Mann, der alleine (und häufig ohne das Wissen seiner Frau) beim Urologen war, Viagra verschrieben bekommen. Irgendwann, wenn die Zeit da ist, nimmt er heimlich das Medikament ein, setzt sich während der vorgeschriebenen Wartezeit im Badezimmer auf den Klodeckel, löst ein Sudoku und wartet, ob zwischen seinen Beinen etwas passiert. Weil natürlich von selber nichts passiert, beginnt er, sich experimentell selbst zu stimulieren. Wenn dann eine Erektion da ist, geht er schnell über den Flur in Richtung Schlafzimmer. In der Befürchtung: »Wenn meine Frau jetzt erst noch schmusen will, ist die Erektion wieder weg. Am besten gleich versuchen, ihn reinzustecken.« Also nimmt er innerlich quasi Anlauf, um die Kontaktsituation zur Frau zu überspringen, und versucht wie mit aufgepflanztem Bajonett den Schützengraben der Kontaktanbahnung zu überspringen – stößt aber mit seiner neuen Pharma-Erektion gegen die verschlossene Schlafzimmertür! Und versteht die Welt nicht mehr.

Er hatte geglaubt, den Schlüssel, mit dem er das Schloss am Herzen seiner Frau aufschließen könne, aufrecht zwischen den Beinen stehen zu haben ... Aber niemand applaudiert seiner

Pharma-Erektion. Im Gegenteil: Nach Jahren beziehungsinterner Sprach- und Kontaktlosigkeit fragt sich seine Frau zu Recht, was hier denn plötzlich los ist. Wenn der Mann dann »gesteht«, dass er sich für den nächtlichen Stellungskrieg heimlich *gedopt* hat, reagieren viele Frauen indigniert: »Ach, bei mir kriegst du keinen hoch, aber mit einer Pille schon! Na, dann sieh mal zu, wie du alleine mit deinem Viagra-Ständer klarkommst!« Viele Männer begreifen nicht, dass ein steifer Penis keine erodierten sexuellen Beziehungen reparieren kann. Sie wollen mithilfe einer Erektion ihre sexuelle Beziehung wiederherstellen. Frauen hingegen wollen erst die Kommunikation wiederherstellen und danach eventuell auch mit Pillen der Erektion aufhelfen. Aber eben nicht andersherum.

Ich möchte Ihnen ein Beispiel aus meiner Praxis geben, das dieses Dilemma wunderbar verdeutlicht. An einem Vormittag rief mich eine Frau an und sagte: »Mein Mann hat heute Nachmittag einen Termin bei Ihnen. Er will Viagra verschrieben bekommen. Ich möchte nur vorher Bescheid sagen: Wenn Sie ihm das verschreiben, lasse ich mich scheiden!« Das habe ich zur Kenntnis genommen. Am Nachmittag kam der Mann. Typ Vertreter, mit gefälligem Äußeren, normkonformem Schlipsträger-Outfit, zwei Telefonen, Autoschlüssel in der Hand, hektisch, ein bisschen verschwitzt, in Eile und sagt zu mir: »Ich habe erektile Dysfunktion, habe ich im Internet alles gecheckt, und ich brauche eine schnelle Lösung. Denn wenn Sie mir kein Viagra verschreiben, lässt meine Frau sich scheiden.« Ich habe ihn dann gebeten, mir zu erklären, wie er zu diesem Eindruck gelangt. Er entgegnete, er wolle nicht »viel rumquatschen«, es gehe um Fakten, er brauche dieses Medikament, und ich solle ihm das jetzt bitte verschreiben, sonst gehe er woandershin. Mal davon abgesehen, dass ich als Psychologe keine Medikamente verschreibe, habe ich ihm aufgezeigt, dass ich eher ein Ansprechpartner sei, mit dessen Hilfe man die *Ursachen* eines Problems erörtern kann.

Als wir dann weitersprachen, stellte sich heraus, dass seine Erektionsstörung nur vorhanden war, wenn er versuchte mit seiner Frau zu schlafen. Bei der Selbstbefriedigung zu Internetpornografie klappte alles sehr wohl. Ich habe ihm erklärt, dass Medikamente seine Symptomatik lediglich unterdrücken, das Problem nicht nachhaltig lösen können. Und ich habe ihn gefragt, warum er glaubt, dass seine Frau ihn verlassen wird, wenn er keine Erektion hat. »Das weiß ich! Das spüre ich!«, hat er gesagt. »Meine Frau ist unzufrieden, meine Frau ist sauer, sie spricht nicht mehr mit mir und ist total frustriert, weil ich keinen hochkriege. Welche Frau hat schon Bock auf einen impotenten Mann?« In unserem Gespräch wurde ihm klar, dass es in diesem Fall das Beste wäre, wenn er mit seiner Frau darüber sprechen könnte. Vierzehn Tage später, nach einigem Hin und Her, kamen die beiden zu zweit. Ich habe sie begrüßt und darin bestärkt, dass es gut war, gemeinsam zu kommen. »Und jetzt können wir mal schauen, wo der Schuh drückt und was wer auf dem Herzen hat. Beschreiben Sie doch mal.« Nach einigem Zögern fing der Mann an, seine Problematik zu erläutern. Dass er impotent sei, also eine erektile Dysfunktion habe, und er wisse, dass deshalb seine Frau total frustriert sei … dass er jetzt das Problem lösen wolle …

Während er das so berichtete, saß seine Frau neben ihm und schaute ihn ungläubig und entgeistert an. Schaute immer wieder auf mich, dann wieder auf ihn, und meinte, nachdem ihr Mann geendet hatte: »Sag mal: Wie kommst du eigentlich auf so was? Wie kommst du auf die Idee, dass mein Problem – dass *unser* Problem mit deinem Penis zu tun hat?! Das ist fast das letzte Problem, das ich in unserem Zusammenleben habe. Wenn ich morgens runterkomme, und du bist schon in der Küche – wenn du mich dann mal anschauen würdest, wenn du mal Guten Morgen und meinen Namen sagen würdest, wenn wir es mal schaffen würden, einen Abend miteinander zu verbringen, ohne dass du vor dem Fernseher oder dem Rechner rumhängst, wenn wir es schaffen würden, mal am Wochenende miteinander spazieren zu gehen – DAS würde mir weiterhelfen. Aber nicht eine Erektion!« So glasklar konnte sie das sagen. Ihr Mann saß mit großen Augen daneben. Und war sprachlos! Der Witz daran: *Keiner der beiden hat gelogen.* Dieser

Mann hat *wirklich* geglaubt, das Problem sei seine »Impotenz«, seine »Erektile Dysfunktion«, denn so hatte er es im Internet gelesen. Als die beiden aber feststellten, dass sie sich auf Mars und Venus befanden, in komplett verschiedenen Welten – in dieser Sekunde setzte bei dem Mann eine Art Entspannung ein. Zum ersten Mal konnte er mental seinen klimpernden Autoschlüssel ablegen, den er sonst immer in der Hand hatte.

Aber es gibt auch hier kein Entweder-Oder! Wenn es betroffene Paare wünschen, kann durchaus eine medikamentöse Behandlung als begleitende Unterstützung der eigentlichen Therapie integriert werden. Quasi als Hochsprungstab, um dem Mann mal wieder ein Erfolgserlebnis zu bescheren. Aber nur wenn und solange klar ist, dass *das* nicht das eigentliche Therapieziel ist! Die Verschreibung macht ein Kollege. Die Paare bringen die Schachtel mit in die Sitzung, und die Tabletten bekommt dann die Frau. Nicht um sie selber zu schlucken, sondern um sie, wenn sie das wünscht, ihrem Mann zu geben. So ist die Medikation sinnvoll in den eigentlichen therapeutischen Prozess eingebunden. Denn schon allein die Übergabe der Tablette ist sexuelle Kommunikation.

Kommen eigentlich überwiegend Paare zu Ihnen? Oder hauptsächlich Einzelpersonen?

Zwingen Sie mich mit Ihren Fragen doch bitte nicht dauernd dazu, *sowohl als auch* zu sagen!

Na gut, ich will versuchen, es anders zu formulieren. Einzelpersonen kommen zu mir. Ebenso Paare. Ich möchte Ihnen dazu ein Beispiel geben.

Ein Mann Mitte vierzig kam mit einem bunten Strauß verwirrender Symptome zu mir: keine Lust auf Sex, vorzeitiger Orgasmus, Erektionsstörungen, gleichzeitig Erosion der partnerschaftlichen Sexualbeziehung und forderte: einmal heile machen, bitte! In der Sexualdiagnostik stellte sich heraus, dass die ganze Palette von Funktionsstörungen bloß auf der Symptomebene stattfand und eigentlich total irrelevant war. Dieser Mann litt unter einer nicht integrierten Präferenzbesonderheit. Die hatte er zunächst überhaupt nicht angegeben, weil er sie biografisch überdauernd vor sich und anderen schamhaft verborgen hatte. Dieser Mann stand auf Füße von Frauen. Diese Form des Fetischismus nennt man in der Umgangssprache »Fußfetischismus«. Weil Fetischismus sich definitorisch aber ausschließlich auf die sexuelle Ansprechbarkeit durch nicht lebende Materialien wie Gegenstände bzw. Objekte bezieht, spricht man in der Fachsprache von *Partialismus,* also der sexuellen Ansprechbarkeit durch spezielle Körperteile (lateinisch pars = Teil), die nicht zu den sekundären Geschlechtsmerkmalen oder obligaten erogenen Zonen gehören. Und dieser Mann stand nicht nur auf irgendwelche Füße, sondern auf deformierte – er stellte sich in seinen Begleitfantasien bei der Selbstbefriedigung vor, auf eingegipste Frauenfüße zu ejakulieren.

Wie bitte? Und so was finden Sie in einer Stunde heraus?

In zwei. Aber nicht weil ich so toll bin, sondern weil es sexualpsychologische Explorationsmethoden gibt, die ich anwenden kann. Ich bin in dieser Hinsicht nichts anderes als ein Bausachverständiger. Der Normalbürger steht vor einem Haus und sagt: »Sieht doch schick aus.« Der Bausachverständige hingegen holt seine Werkzeuge raus, klopft hier, bohrt da und stellt fest: morsch! Mit anderen Worten: Man findet Sachen heraus, wenn man weiß, wo man hingucken muss und wie das geht. Und wissen Sie, ich mache das beruflich.

Im Rahmen einer sexualpsychologischen Untersuchung findet eine Mikroanalyse der sexuellen Begleitfantasien bei der Selbstbefriedigung statt, bei der ich nach dem Prinzip der fünf »W« vorgehe: »Wer macht wie wo was mit wem?« Wenn diese Fragen beantwortet werden, erhalte ich ein differenziertes Bild davon, worauf ein Mensch in sexueller Hinsicht steht.

Von besonderer Bedeutung sind hier die *orgasmulytischen* Fantasiebilder, also die Szenen, die man sich kurz vor dem Erregungshöhepunkt vorstellt. In diesen Bildern, die man nicht aufruft, sondern die einem widerfahren, finde ich den *sexualpräferenziellen Fingerabdruck* einer Person – weil wir uns in diesem Moment nicht selbst beschummeln können. Wir können nur zu dem kommen, worauf wir wirklich stehen!

Nach dieser Mikroanalyse folgt Stufe zwei, nämlich die Bedeutungsebene: »Wie fühlt sich das für wen an? Wer denkt darüber was? Wer reagiert darauf wie? Und vor allem: Was bedeutet das alles für wen?« Neben der Aufklärung der *drei Achsen der Sexualpräferenz* sind das die beiden Schritte, die dazu führen, Klarheit zu erlangen. Denn wenn diese Fragen beantwortet sind und ich diese Aspekte des inneren Erlebens einer Person abgeglichen habe mit dem, was im realisierten Verhalten tatsächlich stattfindet, dann weiß ich schon eine ganze Menge …

Wie auch immer. Dieser Mann hatte also eine Präferenzbesonderheit, die für ihn zu einer Präferenzstörung geworden war, weil er damit nicht umgehen konnte und darunter litt. Er hatte seit der Vorpubertät erinnerbar sexuelle Fantasien von deformierten und eingegipsten Frauenfüßen. Das war für ihn verknüpft mit sexueller Erregung. Für ihn war das das zentrale sexuelle Reizmuster, das seine Begleitfantasien bei der Selbstbefriedigung zu nahezu 100 Prozent ausmachte. Darüber gesprochen hatte er aber noch nie mit irgendjemandem.

Dieser Mann war verheirateter Verwaltungsbeamter mit zwei Kindern. Die Beziehung zu seiner Frau lief zu Beginn wunderbar. Bei der Beziehungsetablierung hatte der damals noch junge Mann gerne und oft mit seiner Frau geschlafen, was über die Jahre aber zusehends erodiert war. Woran Sie sehen können: Das Phänomen »Sex als Pfand für Bindung«, über das wir in Kapitel 4 gesprochen haben, gibt es auch bei Männern. Jedenfalls: Nachdem die Familie gegründet und die Verhältnisse »geordnet« waren, er außerdem für sein Arbeitszimmer einen DSL-Internetzugang hatte legen lassen, war er zusehends in seine ganz eigene sexuelle Welt abgewandert. In der fahndete er wie besessen nach Bildern von deformierten und »verkrüppelten« Frauenfüßen.

Seine Frau hat in der ganzen Zeit schon irgendwie mitbekommen, dass ihr Mann *etwas mit Füßen am Laufen* hatte – sie verzeihen diese platte Metapher. Weiter nachgefragt hat sie allerdings nicht. Übrigens ist das ein häufiges Muster in Beziehungen, bei denen der Mann eine Präferenzbesonderheit hat: Die Frauen ahnen etwas. Auch deshalb, weil die Männer, ähnlich wie der Straftäter, der Haare oder andere verräterische Spuren am Tatort hinterlässt, Bilder oder Objekte ihrer Präferenz offen liegen lassen oder den Browser nicht ordentlich schließen. Eigentlich *wollen* sie ertappt werden, und zwar von ihren Frauen. Sie schaffen es aber nicht, sich zu offenbaren. Und wenn die Frauen sie dann wirklich ertappen und die Bilder, die Unterwäsche oder die Ledermaske finden, leugnen diese Männer verschreckt. Das ist, als wenn sie den Eingang zu einer Höhle oberflächlich mit Reisighölzern tarnten – aber dabei kleine Lücken ließen. Damit sagen sie: »Schau mal, da ist ein Höhleneingang ... Aber ich zeig ihn dir nicht.«

Auch in der sexualpsychologischen Exploration zeigen die Patienten immer einen halbgetarnten Höhleneingang und hoffen gleichzeitig, dass sich der Therapeut damit zufriedengibt. Wenn man dann nicht mit der Taschenlampe in der Hand fragend weitergeht, erfährt man nur wenig davon, worum es eigentlich geht und was sich tatsächlich im Inneren der Höhle verbirgt – oft ein ganzes Gewölbe aus sexuellen Reizmustern und Attributen, die wie Stalagmiten einer Tropfsteinhöhle bis zur Decke reichen.

Okay, Sie haben also eine spezielle Präferenzbesonderheit mit Ihrem Patienten im Einzelsetting herausgefunden. Sagen Sie dann Sätze wie: »Na, dann bringen Sie doch mal Ihre Frau mit!«?

Nein. Ich verwende nach Möglichkeit keine imperativen Formulierungen. Ich fordere niemanden zu irgendetwas auf. Auch an einer solchen Stelle würde ich wieder fragen. Zum Beispiel: »So, jetzt haben wir also Klarheit, was bei Ihnen los ist. Ihnen geht's um eingegipste Füße. So weit, so gut. Was würden Sie sagen, wie kommen wir jetzt weiter? Was würden Sie als einen hilfreichen nächsten Schritt erachten – auf dem Weg zu dem von Ihnen formulierten Therapieziel: Wiederbelebung der sexuellen Beziehung mit Ihrer Frau? Fällt Ihnen da was ein?«

Aber sagen die Männer dann nicht: »Ist mir schon klar, dass wir jetzt eigentlich meine Frau dazuholen müssen – aber das schaff ich nicht!«?

Das ist die Regel. Wobei: Vielen fällt seltsamerweise erst mal tatsächlich nichts ein: »Also, nee, da komm ich jetzt nicht drauf, Herr Ahlers, da fällt mir jetzt echt nichts ein, was meinen Sie denn? Meinen Sie Medikamente? Also, ich weiß nicht, worauf Sie hinauswollen ...« »Na ja«, sag ich dann, »dann lassen Sie uns doch noch ein bisschen gemeinsam zurate gehen. Sie haben mir Ihr sexuelles Erleben geschildert. Lassen Sie mich mal so fragen: Gibt's jemanden, den das noch betrifft?« Aber es ist schon verständlich, warum Menschen mit Präferenzbesonderheiten da erst mal nicht draufkommen. Sie haben ihr Leben lang nicht darüber gesprochen. Und hatten eigentlich auch nie vor, mit irgendwem darüber zu sprechen. Im Gegenteil: Ihr Lebensplan bestand darin, niemanden in ihre Tropfsteinhöhle hineinzulassen! Unter allen Umständen muss das Innere diese Höhle verborgen bleiben! Aber dann tauchen irgendwann die Probleme auf ...

Na gut, sagen wir, wir sind nach vielen Fragen und vielen Antworten so weit. Der Mann hat realisiert, dass er seine Frau in diesen Prozess integrieren muss, wenn sich in der sexuellen Beziehung etwas ändern soll. Aber er schafft das nicht. Er kann das nicht. »Wie soll ich DAS denn meiner Frau sagen? Sie sind ja wahnsinnig, Sie spinnen ja total! Das können Sie doch nicht von mir verlangen, Herr Ahlers!!« Dann entgegne ich, dass ich gar nichts von ihm verlange, und sage: »Für mich müssen Sie gar nichts. Auch nicht Ihre Frau mitbringen. Wenn Sie mich aber fragen: ›Wie geht das? Wie kann ich meine sexuelle Beziehung wiederbeleben?‹ Dann kann ich Ihnen weiterhelfen. Ich kann Ihnen sagen, wie das geht.«

Was ich diesen Patienten anbiete, ist eine Unterstützung bei der Integration ihrer Sexualpräferenz in ihre Beziehung und ihr Leben. Ich bin Bergführer. Ich gehe mit. Ich laufe nicht voraus, schiebe und zerre an niemandem. Ich richte mich nach dem Tempo, der Abfolge und Schrittlänge der Menschen, die ich begleite. Und wir schauen gemeinsam, was es braucht, sich auf diesen schweren Weg zu machen. »Was steht Ihnen im Wege? Was befürchten Sie? Was fantasieren Sie?« All das schauen wir uns so lange an, bis sich herausstellt: Alles, was im Wege steht, ist Angst. Davor, dass die Frau sagen könnte: »Igitt, du perverse Sau – mit dir will ich nichts zu tun haben!« Gleichzeitig aber ist alles, was diese Menschen sich aus tiefstem Herzen wünschen und erhoffen, dass ihre Frau zu ihnen sagt: »Gut, dass du's mir endlich gesagt hast! Gut, dass es endlich raus ist! Jetzt können wir gucken, was wir damit machen.« Was ihnen im Wege steht, ist also Angst, was sie antreibt, Hoffnung auf Verständnis. Damit kann man arbeiten. Denn wenn die Betroffenen einmal ihre Hoffnung ausgesprochen haben, strahlen ihre Augen, da treten starke affektive Reaktionen zutage. Sowohl Weinen als auch Lachen. Schon der Gedanke an den Erfolg der Therapie macht sie überglücklich. Und diese Hoffnung brauchen sie. Jemand kann einen schweren Weg, den er sein ganzes Leben lang vermieden hat, nur gehen, wenn er an ein glückliches Ende glaubt.

Auf diesem Weg zeige ich ihnen, wie wir über die Geröllfelder kommen. Wie man verschneite Gletscherspalten erkennt und drum herumkommt. Und am Ende, hoffentlich, in der ersehnten Berghütte landet, wo es wettergeschützt und warm ist, es etwas zu essen und zu trinken gibt.

Und was ist, wenn die Befürchtungen des Mannes realistisch sind? Wenn seine Frau ihn wirklich sofort verlässt, wenn sie von seiner Tropfsteinhöhle erfährt?

Ändert das was an der Notwendigkeit der Integration? Nein, gar nichts. Es gibt keine Garantie für ein Happy End! Für meine gesamte Arbeit gilt: *There is no Honeymoon Guarantee!* Der Ausgang ist offen, und die Arbeit braucht Kraft und Mut und Tapferkeit. Psychotherapie ist kein Wellness-Spaziergang. Es ist immerhin auch kein Free-Climbing oder hochalpines Bergsteigen, aber doch eben anstrengendes Bergwandern. Das kann schon mal gefährlich werden, da kann man umknicken und einbrechen – da kann man sich verletzen. Aber ich weiß, wie so eine Wanderung funktioniert, das ist mein Job. Und ich kann das Risiko, dass etwas passiert, relativ gut kalkulieren und kontrollieren. Auch wenn wir das, was am Ende herauskommt, erst wissen, wenn das Ende erreicht ist. Und das sage ich den Menschen auch deutlich.

Ich kann anhand objektiver Kriterien einschätzen, wie wahrscheinlich oder unwahrscheinlich ein »gutes« Ende der Reise ist. Es gibt eindeutige Prognosekriterien, wie beispielsweise die Frage, ob die Frau überhaupt von der Therapie ihres Mannes weiß, ob sie daran Anteil nimmt und sich erkundigt, wie es ihm damit geht und was in ihm diesbezüglich vorgeht. Wenn das gegeben ist, ist die Wahrscheinlichkeit, dass es am Ende gutgeht, sehr groß. Und umgekehrt: Kommt der Mann heimlich zur Therapie oder zeigt seine Frau – obwohl sie es weiß – keinerlei Interesse daran, sieht die Prognose ungünstiger aus. Beides zeige ich eindeutig auf, damit der Patient jederzeit orientiert und mündig selber entscheiden kann, wie weit er gehen kann und will.

Wenn die Frau weiß, dass ihr Mann da »ein Ding zu laufen hat«, wie man in Berlin sagt; wenn sie weiß, da läuft wahrscheinlich was mit Füßen; wenn sie ihren Mann aufgefordert hat, »geh mal los und kümmer dich, und wenn du etwas brauchst, sag Bescheid!« – was sagt uns das über die Wahrscheinlichkeit eines katastrophalen Ausgangs? Das sagt uns, dass, egal wie viele Füße da eingegipst werden sollen, diese Frau voraussichtlich bei ihrem Mann bleiben wird. Weil die beiden etwas miteinander zu tun haben! Anders wäre das bei einer Frau, die sagt: »Du hast da irgendwas, was nach Perversion riecht, damit will ich nichts zu tun haben, lass das mal wegmachen – und wenn das nicht klappt, such ich mir einen anderen!« Das ist dann eine ganz andere Ausgangssituation, die uns zu einer ganz anderen Prognose Anlass gibt.

Übrigens kommt es nur ganz selten vor, dass die Partnerinnen sagen, sie wollten mit den Problemen ihres Mannes nichts zu tun haben. Wenn das so ist, ist das ein Zeichen dafür, dass die Beziehung eigentlich schon kaputt ist. Für die allermeisten Partnerinnen ist das Entscheidende, dass sich der Mann darum kümmert, die Verantwortung für sich selbst übernimmt und versucht, einen Umgang damit zu finden. Und was können die Männer daraus lernen? Sie lernen, dass für Frauen nicht *die Potenz* das Kriterium ist, sondern *die Kompetenz*. Der Wille und der Mut, sich mit Problemen zu befassen, auseinanderzusetzen und Verantwortung zu übernehmen.

Was ich allen Patienten schon zu Beginn unmissverständlich klarmache, ist, dass die Aufrechterhaltung von Leugnung und Vermeidung, also die fortgesetzte Nichtintegration der sexuellen Bedürfnisse in die partnerschaftliche Beziehungskommunikation, kein Therapieziel darstellt. Denn das brauchen wir nicht zu üben, das können sie ja schon und haben es jahrelang praktiziert. Wenn mir die Patienten sagen: »Ich will, dass meine sexuelle Beziehung wiederbelebt wird, aber ich will auf keinen Fall meine Partnerin mitbringen, sondern die Nummer im Einzelsetting durchnudeln« –, dann müssen wir darüber reden. Und zwar so lange, bis klar wird, dass alles, worum es geht, Angst ist! Und die kriegen wir nur in den Griff, wenn wir darauf zugehen. Nicht indem wir sie umgehen. Ich bin der festen Überzeugung und habe die Erfahrung, dass das, was ich meinen Patienten anbiete, funktioniert und wirkt. Nicht weil ich so ein toller Therapeut bin, sondern weil das, was wirkt, die konsequente Integration ist. Die Integration der ungewöhnlichen – wenn auch im beschriebenen Fall harmlosen – Sexualpräferenz in das eigene sexuelle Selbstkonzept und in die eigene sexuelle Beziehung. Ich zeige ganz klar auf: »Das, was Sie haben, das kann man beschreiben und das kann man auch behandeln. Ich kann Ihnen sagen, wie das geht, Sie müssen es aber selber wollen und tun. Ich kann nur mitgehen – ich kann nicht für Sie gehen.«

Wie ging denn die Geschichte mit dem Mann, der auf Füße ejakulieren wollte, weiter?

Nicht einfach auf Füße: auf deformierte, eingegipste Füße!

Die Geschichte ging so weiter, dass dieser Mann es irgendwann geschafft hat, seine Frau mitzubringen. Ich habe ihn nachhaltig darin unterstützt, sich zu offenbaren, und ihm dann auch – wie vorher abgesprochen – in ihrer Anwesenheit einleitende Fragen gestellt. Und während er seiner Frau dann sagte, worum es ihm ging, schaute sie ihn mit einer Mischung aus Ratlosigkeit und Langeweile an. Und sagte danach: »Sag mal, ist das dein Ernst? Kannst du mir bitte noch mal erklären, wo das Problem liegt? Eingegipste Füße, okay … Aber damit eiern wir beiden seit acht Jahren herum? Sag mir jetzt bitte nicht, dass wir nur deshalb bei diesem teuren Sexualtherapeuten sitzen, weil wir seit acht Jahren nicht alleine über eingegipste Füße sprechen konnten?!« Der Mann war völlig perplex. Er konnte nichts mehr sagen und hat angefangen zu weinen. Da wusste ich, dass der Prozess jetzt in Gang gekommen ist. In solchen Momenten gehe ich immer für eine Weile vor die Tür, damit das Paar einen Augenblick Zeit für sich allein hat. Als ich nach zehn Minuten wieder reinkam, hielten sie sich bei den Händen. Noch im Sprechzimmer hat sie zu ihm gesagt: »So, wir gehen jetzt in die Apotheke und holen Gips. Machst du mir heute Abend drauf und erklärst mir, was das für dich bedeutet. Und von mir aus können wir dann auch irgendwie so Sex haben, wenn du mir sagst, wie das geht. Danach schneiden wir es wieder auf, du wäschst mir die Füße, und wir gehen schlafen. Einverstanden?« Bei ihrem Mann löste diese pragmatische Herangehensweise seiner Frau ein Ausmaß an Erlösung und Erleichterung aus, das man gar nicht beschreiben kann. All seine infernalischen Befürchtungen, seine Angst vor Verachtung und Abwertung waren nicht eingetroffen! Er hatte sein Leben lang gedacht, er hocke alleine in einer tiefen, dunklen Tropfsteinhöhle, und jetzt kommt seine Frau rein, macht das Licht an und sagt: »Ach, hier hängst du die ganze Zeit rum? Müsste man mal 'ne Heizung einbauen!«

Bevor die beiden mich verließen, sagte diese nette, schlaue Frau noch zu ihm: »Also, das mit dem Gips, das kriegen wir schon hin. Da haben wir schon ganz andere Dinger geschaukelt.«

Waren die Gipsfüße also gar nicht das Problem?

Exakt! Die Gipsfüße waren nicht das Problem! Das Problem war, dass dieser Mann seine sexuellen Wünsche wegen seiner tiefen Schuld- und Schamgefühle nicht kommunizieren konnte, sodass seine Frau etwas damit anfangen und sagen konnte: »Alles okay, vielleicht ein bisschen *strange,* aber ich hab dich immer noch lieb.«

Der zentrale Aspekt der *Syndyastischen Sexualtherapie* ist, ein erweitertes Bewusstsein von Sexualität als Kommunikation zur Beziehungsführung zu implementieren – ich denke, das ist inzwischen klar geworden. In diesem Fall ging es darum, beiden aufzuzeigen, dass es nicht nur um »Geilsein auf eingegipste Füße« geht. Dieser Mann hat zwar exzessiv Bilder eingegipster Füße im Internet gesammelt und sich dabei selbst befriedigt, was ihm dabei aber völlig fehlte, war emotionale Erfüllung. Die zu erlangen war seine *eigentliche* Therapiemotivation. Sein größter Traum war, dass *seine eigene Frau* eingegipste Füße haben sollte und er ihr zeigen darf, dass er das sexuell erregend findet. Er wollte in der eigenen Lust *gesehen und angenommen* werden: Keine Scham mehr, keine Schuldgefühle mehr, keine Selbstanklage mehr, einfach diese Lust ausleben zu dürfen *mit der eigenen Frau,* deren Sicht ihm alles bedeutete! Wenn sein Wunsch sich darin erschöpft hätte, Erregungsgefühle herbeizuführen, hätte er das auch bei spezialisierten

Prostituierten realisieren können. Sein großer Wunsch aber war: »Ich will das sagen dürfen, ich will meine Lust zeigen – und meine Frau sagt deswegen nicht Nein zu mir.« Im Vordergrund stand bei ihm also die Kommunikationsfunktion der Sexualität auf der Beziehungsebene.

Bürdet man der Partnerin in diesem Fall nicht unheimlich viel auf?

Wenn man das als *Erwartung* an sie richtet, ja. Wenn der Partnerin im Rahmen einer solchen Therapie aber deutlich wird, dass für sie bezüglich der Absonderlichkeiten keine *Verpflichtung* erwächst, ist das ein Schritt in die richtige Richtung. Sie muss selber herausfinden, wie weit sie sich auf dieses Geschehen einlassen mag. Sie könnte ja auch durchaus sagen: »Du, sorry, *not my cup of tea*. Kauf dir eine Puppe, mach bei der Gips dran ... Aber ich möchte das lieber nicht!« Dann ist *das* das Ergebnis der Therapie. Aber: Endlich ist das Problem ausgesprochen und integriert! Es muss nicht mehr verborgen und verheimlicht werden. Beide wissen jetzt, woran sie sind. Einer der Effekte einer solchen Integration ist außerdem, dass sich aufseiten des Mannes in der Regel der sexuelle Impulsdruck verringert. Dadurch, dass das Problem nicht mehr »eingeweckt« ist, steigt der Druck nicht mehr. Häufig *muss* eine Realisierung der Fantasien gar nicht mehr sein – weil sie sein *kann.*

Die Frau hat keine Verpflichtung, keine Verantwortung, keine Aufgabe. Es geht in erster Linie darum, die Probleme überhaupt sichtbar werden zu lassen. Damit das Problem nicht mehr zwischen den beiden steht – sondern beiden gehört zu ihrer freien Gestaltung. Frauen von Partnern mit »Absonderlichkeiten« müssen nicht zu »Heldinnen des Alltags« werden. Es kann durchaus darauf hinauslaufen, dass sie sagt: »Du hast da doch dein Arbeitszimmer – mach da drin, was du willst. Aber sei mir nicht böse, ich geh so lange joggen.« *Das* wäre ein menschlicher, integrierter Umgang mit solchen Problemen. Niemand wird beschämt, niemand bloßgestellt, niemand muss sich vor Aufdeckung und Enttarnung fürchten.

Wir sind jetzt schon wieder bei sexuellen Besonderheiten gelandet. Aber zu Ihnen kommen doch auch sehr häufig Menschen mit Wald- und-Wiesen-Problemen ...

Sie haben recht. Vielleicht wird das, was ich sagen will, deutlicher, wenn wir den Bereich der Präferenzbesonderheiten tatsächlich einmal verlassen. Nehmen wir stattdessen mal klassische Funktionsstörungen. Das können viele sein: Erektionsstörungen, Lubrikationsstörungen, vorzeitiger oder ausbleibender Orgasmus und so weiter. Bei all diesen Indikationen ist die therapeutische Umgangsweise gleich. Warum? Weil es in dieser Form von Sexualtherapie nicht darum geht, die Scheide feucht oder den Penis steif »zu bekommen«, sondern darum, die Paare in sexueller Hinsicht miteinander in Kontakt und zur Kommunikation zu bringen. Wenn das gelingt, erübrigen sich in der Regel auch die Funktionsstörungen.

Mir ist es wichtig, den Paaren klarzumachen, dass es nicht um die Funktion geht. Dass es beim Sex nicht darum geht, wer wem wo etwas reinsteckt. Indem ich Sex habe, kann ich dem anderen mitteilen, was ich für ihn/sie empfinde. Und dadurch kann ich eine Beziehung sexuell aktiv führen. Wenn die beiden das, was sie füreinander empfinden, auch körpersprachlich ausdrücken können. Auf der Funktionsebene kristallisieren nur die Probleme des Paares. Das eigentliche Problem sitzt in der Regel tiefer. Wenn die beiden das verstehen, wird ihnen klar, dass es nachrangig ist, ob er ihr den Finger in die Nase oder den Penis in die Scheide steckt, denn das bedeutet dann alles dasselbe – sofern es ihnen etwas bedeutet! Und weiter: Wenn das egal ist, dann ist auch egal, ob der Penis steif ist oder die Scheide feucht. Das ist dann alles nachrangig! Paare können das, was sie sich beim Sex sagen wollen, auf jedwede Weise sagen, sie sind überhaupt nicht auf einen steifen

Penis angewiesen. Deshalb fokussiert die *Syndyastische Sexualtherapie* nicht auf die Funktionsebene, sondern auf die Kommunikationsebene.

Durch diese Erkenntnis erweitert sich schlagartig das Spektrum der Möglichkeiten, der Spielräume, die die beiden im Sexuellen miteinander teilen. Sex geht auch, wenn nicht alle Funktionen da sind. Diese Erkenntnis bedeutet für alle eine riesige Entlastung. Wir sind nicht impotent! Wir sind hochpotent, pluripotent in unseren Möglichkeiten! Wenn wir glauben, zum Sex müsse man geil und funktionstüchtig sein, dann sind wir nur einem Mythos aufgesessen ...

Kanadische Sexualpsychologen haben vor ein paar Jahren die sexuelle Gesundheit und Zufriedenheit von Langzeitpaaren untersucht. Dabei kam heraus, dass für die sexuelle Zufriedenheit der Paare »sexuelle Leistungsfähigkeit« so gut wie keine Rolle spielte. Quantitative Parameter wie Busen- oder Penisgrößen, Häufigkeit und Dauer von Geschlechtsverkehr, Vielfalt und Abwechslung sexueller Praktiken und Stellungen – all das hatte so gut wie keine Bedeutung bei den vielen hundert befragten Paaren. Viel wichtiger waren ihnen die qualitativen Variablen Aufmerksamkeit, Wachheit, Echtheit, mentale und emotionale Präsenz des anderen, Nähe, Vertrauen, Intimität und Transzendenz. Die Forscher fassten das Ergebnis ihrer Untersuchung in zwei Schlussfolgerungen zusammen. Erstens: Das Vorhandensein sexueller Funktionsstörungen bedeutet nicht automatisch »schlechten Sex«. Und zweitens: Das Nichtvorhandensein sexueller Funktionsstörungen bedeutet nicht automatisch »guten Sex«.

Das zu wissen ist eines. Es umzusetzen und zu erleben etwas anderes ...

So ist es. Einsichtsheilung gibt es nicht! Deswegen sind Ratgeber etwas Tolles, solange man sie nicht braucht! Und wenn es Einsichtsheilung gäbe, gäbe es wohl auch keine Sexualtherapie, denn was ich hier erzähle, sind ja keine Geheimnisse. Um im Sexuellen etwas anders zu machen und dadurch anders zu erleben, müssen wir Einsichten verleiblichen, neue, heilende, körperliche Erfahrungen miteinander machen.

Die Ängste, die die Menschen zum Teil über Jahre mit sich herumgeschleppt haben, sind häufig so »überlernt« und so gefestigt, dass die Paare einen außenstehenden Dritten brauchen, der sie durch ein regelrechtes Programm einer andersartigen sexuellen Annäherung und Umgangsweise begleitet. Und ein solches Programm ist die *Klassische Sexualtherapie*.

Damit die Paare zu Hause nicht in ihre alten Muster (Sexualfunktion zur Orgasmusproduktion) verfallen, braucht es eine Art Vertrag. Sie brauchen einen konkreten Vereinbarungsrahmen, um ihre Erkenntnisse in den Bereich der körperlichen Kommunikation zu übertragen. Diesen Vertrag nenne ich absichtlich bürokratisch »Stimulations-Verzichts-Vereinbarung« (SVV). Ich sage absichtlich nicht »Koitusverbot«, um deutlich zu machen, dass hier kein Verbot von einem autoritären Therapeuten ausgesprochen wird, der den Patienten sagt, was sie zu tun und was zu lassen haben.

Ich lasse Paare einen solchen Vertrag – auch wenn es seltsam klingt – schriftlich aufsetzen. In ihm vereinbaren sie miteinander, was es braucht, um angstfrei, druckfrei, absichts- und erwartungslos intimen Körperkontakt haben zu können. Um einen solchen Vertrag zu schreiben, fangen die Paare dann an zu überlegen, schreiben Paragrafen auf, verhandeln ihre potenziellen sexuellen Begegnungen ... Was am Ende der therapeutischen Auseinandersetzung bleibt, ist in der Regel eine einzige Zeile: »Hiermit vereinbaren wir bis auf Weiteres, auf jede Form intentionaler genitaler Stimulation zu verzichten.« Mehr braucht es nicht.

Um zu verdeutlichen, dass diese vielleicht albern anmutende Vereinbarung absolut ernst gemeint ist, lasse ich diesen Vertrag von beiden Partnern unterschreiben und beurkunde ihn dann als psychologischer Notar. Ich habe dafür sogar ein eigenes Siegel. Das Paar erhält eine Ausfertigung. Das Original verbleibt in ihrer

Akte. Klingt albern – hat sich aber total bewährt. Welche Funktionen hat eine notarielle Beurkundung? Erstens: Die Vereinbarung wird offiziell gültig gestellt. Zweitens: Sie ist nicht einseitig aufkündbar. Und drittens: Sie ist auch zu zweit privat nicht auflösbar – sondern nur durch gemeinsame Auflösung in Anwesenheit des Notars.

Hört sich wirklich seltsam an. Warum tun Sie das?

Der Vertrag ist ein Katalysator, der den Prozess einer neuen sexuellen Begegnungskultur in Gang bringt. Die Partner verabreden sich ein- bis zweimal die Woche miteinander. So, wie sie sich damals verabredeten, als sie sich kennenlernten. Da haben sie ja auch nicht darauf gewartet, dass sich Begegnungen zufällig oder spontan ergeben. Es geht darum, sich zu Hause zu treffen. Miteinander ins Bett zu gehen. Die Herausforderung dabei: Sie sollen sich Zeit lassen, sich ansehen und anfassen, ohne dass dabei irgendetwas stattfinden muss. Das ist für die meisten extrem schwer. Die meisten haben gelernt, entstehende Nähe wegzustimulieren oder – grob gesagt – »wegzuficken«. Blindlings auf das Produktionsziel Orgasmus zuzustürmen, egal was rechts und links liegt.

Was ich immer wieder verblüffend finde: Die meisten Paare berichten während der Therapie davon, dass sie sich eigentlich zum ersten Mal bewusst nackt sehen. Jenseits des Badezimmers, der Sauna, des FKK-Urlaubs ... also wirklich einfach nackt, ohne Funktionszusammenhang. Häufig entsteht dadurch eine Intimität, die die Paare schlichtweg umhaut! Für die meisten meiner Patienten ist dieses Therapieprogramm Punk – nicht Kuschelrock, wie es auf den ersten Blick erscheint. Eine solche Intimität haben die wenigsten jemals in dieser Weise erlebt, das verschlägt ihnen förmlich die Sprache. Plötzlich schauen sie sich gegenseitig an und sehen sich und den anderen in seiner ganzen Körperlichkeit, Geschlechtlichkeit und Nacktheit. Als Menschen. Und berichten bewegt davon, dass sie sich jetzt auch in Alltagssituationen anders betrachten – weil sie sich zum ersten Mal wirklich angeschaut und wahrgenommen haben!

Gibt es denn beim Ablauf der körperlichen Seite der Therapie eine Art Ablaufplan?

Das Geheimnis ist, dass jedes Paar sein Therapieziel in jeder Begegnung und mit jeder Berührung realisieren kann. Es braucht kein Therapieprogramm von Anfang bis Ende zu absolvieren. Das Therapieziel der *Syndyastischen Sexualtherapie* besteht *nicht* darin, die sexuelle Funktion, das sexuelle Begehren oder die sexuelle Lust wiederherzustellen. Das Therapieziel ist partnerschaftlich-sexuelle Beziehungszufriedenheit. Und die entsteht dadurch, dass die Paare ihre Sexualität als Mittel zur Kommunikation und Beziehungsführung erschließen. Dadurch werden sie unabhängig von Lust und Funktion. Es geht um Austausch von (partnerschaftlichen) Gefühlen mit Worten und Berührungen. Mit und ohne Stimulation. Alles möglich. Und das kann auch schon nach Sitzung 3 eintreten.

Aber weil Sie fragen: Eine Art »Ablaufplan« der Klassischen Sexualtherapie gibt es trotzdem. Der Therapieprozess kann damit beginnen, dass sich das Paar gemeinsam nackt ins Bett begibt, einer der beiden liegt auf dem Bauch. Der andere streichelt die Körperrückseite. Nach einer Weile wechseln sie die Rollen. Dazu gibt es die paradox anmutende Aufforderung, dass jeder beim Streicheln des anderen innerlich *bei sich selbst* bleibt. Keiner der beiden achtet darauf, wie es dem anderen geht. Keiner bemüht sich darum, dass es dem anderen gutgeht. Beide achten jeweils darauf, dass es ihm/ihr selber gutgeht. Eine Übung in Selbstachtsamkeit. Es geht allein darum, das, was ich für den anderen empfinde, in meine Berührungen einfließen zu lassen. Und der andere kann spüren, ob davon etwas bei ihm ankommt. Die beiden fassen sich an und schauen, ob sie das *berührt*. Es geht allein um sexuelle Körperkommunikation. Das ist alles.

In dieser Phase kommt es immer wieder dazu, dass der eine den anderen massieren will. Daran wird deutlich, wie schwierig es offenbar ist, absichtslosen Körperkontakt zu haben, etwas zu tun, das erst einmal keinen Zweck verfolgt. Wenn man wen anfasst, ohne Sex im Sinne von Stimulation zu haben, soll wenigstens ein bisschen Wellness dabei rauskommen … Einer meiner Patienten verfiel während der Verabredungen immer wieder in die Masseurrolle und verstand nicht recht, worum es eigentlich ging. Irgendwann sagte seine Frau zu ihm: »Wenn ich massiert werden will, gehe ich zum Masseur, der kann das besser als du. Von dir möchte ich nicht massiert, sondern *berührt* werden.«

In der nächsten Stufe der Sexualtherapie wird die Körpervorderseite in die Berührungen miteinbezogen. Weil das aber manchmal ein bisschen schwierig, ein bisschen »zu heiß« ist, bleiben Brust und Genitalien erst mal außen vor. Das macht das Paar dann so lange, bis sie sich beide dabei wohl fühlen. Dann, nächste Stufe: Die Brust darf miteinbezogen werden. Aber nur, wenn beide einverstanden sind. An jeder Stelle dieses Prozesses gilt: Nur wenn beide gemeinsam den nächsten Schritt machen wollen, findet er auch statt. Und immer gilt: Der Langsamste macht das Tempo! Wie beim Bergwandern.

Auf der nächsten Stufe wird der ganze Körper in die Zärtlichkeiten einbezogen, inklusive der Genitalien. Nicht *vor allem* die Genitalien – sondern die Genitalien als *ein* Teil der Körper. Wenn dabei Erregung entsteht, ist sie willkommen. Wie übrigens während des gesamten Therapieprozesses Erregung entstehen kann und das in Ordnung ist. Aber sie soll nicht das Ziel, der Zweck der Handlungen sein und nicht gesteigert werden.

Der nächste Schritt ist dann das spielerische Erkunden der Genitalien. Vorbild ist die imaginierte Wahrnehmung eines Kindes. Kleine Kinder machen das: Wenn Erwachsene sie auf dem Arm haben, schauen sie sich alles ganz genau an, gehen dem Erwachsenen mal mit dem Finger in die Nase oder ins Ohr, wollen in den Mund gucken, die Lippe runterziehen. Diese spielerische Haltung wäre in dieser Phase zu erproben. Die körperkommunikative Frage zu stellen: Wer bist denn du? Klingt wieder ganz »spielerisch« und einfach – ist meiner Erfahrung nach für die meisten Menschen aber so intim, dass sie es oft kaum aushalten. Den anderen genau anzuschauen und zu erforschen, und vor allem sich selbst anschauen und erforschen zu lassen …

Dann geht's weiter mit der »spielerischen Provokation sexueller Erregung«. Das Streicheln wird jetzt zusehends intensiver – aber ohne, dass die SVV aufgehoben würde! In dieser Phase dürfen die beiden sich necken. Mit den Händen, dem Mund, dem ganzen Körper. Wenn dabei Erregung entsteht, ist sie willkommen, denn ihr liegt ja keine Intention zugrunde, sie wurde nicht »hergestellt« oder »produziert«. Sie kann entstehen, weil sie nicht beabsichtigt ist. Die entstehende Lust soll aber noch nicht bis zum Orgasmus gesteigert werden. Sie darf entstehen. Und vergehen. Und entstehen. Und vergehen. An dieser Stelle gebe ich den beiden eine mentale »Erregungsskala«: 0 heißt Erregungslosigkeit, 10 Orgasmus. Die beiden achten darauf, wie erregt sie gerade sind, und teilen es dem anderen verbal oder gestisch mit, damit nicht unvermittelt ein Orgasmus entsteht. Hört sich für den Außenstehenden vielleicht ein bisschen befremdlich an – ist es aber für die Partner nicht. Für sie ist es auch nicht abtörnend, sondern ein druckfreies und entspanntes Spiel mit der eigenen Erregung, das ihnen beibringt, dass sie Regisseurin und Regisseur dessen sind, was sie tun und erleben. Es schult sie darin wahrzunehmen, wie erregt sie sind. Es schult sie darin, ihre eigene Erregung zu modulieren.

Für viele Menschen ist es das erste Mal, dass eine einmal zustande gekommene Erregung nicht sofort »beim Schopfe ergriffen«, »genutzt« und »abgesurft« werden muss, bis ein Orgasmus da ist. Männer mit Erektionsstörungen zum Beispiel bekommen in diesem Prozess in der Regel eine Erektion, sie trauen ihren Augen nicht und kriegen fast reflexhaft den imperativen Impuls, augenblicklich Geschlechtsverkehr ausüben zu wollen, »weil es ja endlich wieder gehen würde!« Umso wichtiger, dass dann die Frau

Ruhe bewahrt und ihren Partner darin bestärkt, Vertrauen und Zuversicht zu erlangen, dass auch zukünftig mit einer Penisversteifung gerechnet werden kann. Männer, die zum ersten Mal erleben, dass es völlig egal ist, ob ihr Penis weich oder hart ist, wenn ihre Frau ihn in der Hand hält, beginnen oft vor Rührung und Entlastung zu weinen, wenn sie davon berichten. Es ist, als würden tonnenschwere Gewichte von ihrem Herzen und ihren Schultern fallen. In dieser Phase der Sexualtherapie können sie üben, sexuelle Erregung samt Penisversteifung entstehen und vergehen zu lassen, ohne unter Handlungsdruck zu kommen.

In der nächsten Phase geht es dann um das spielerische Einführen des Penis in die Scheide ... Sie lächeln? Ahnen Sie etwas? Wie auch immer: Sie darf sich auf ihn setzen, seinen Penis in ihre Scheide einführen und sich ein bisschen bewegen. Nicht Hoppehoppe-Reiter, nicht »Gib's ihm!« – sondern einführen, ein bisschen bewegen, wieder stillhalten, dann von vorn, langsam, achtsam, ruhig. Dabei wird wieder mit der Erregungsskala gespielt ... Die Paare lernen dabei nicht nur, angstfrei und druckfrei sexuelle Erregung miteinander zu erleben und zu teilen. Sie verlieren dabei auch nicht aus den Augen, was sie sich eigentlich bei alldem *sagen* wollen. Dass sie sich, wenn sie Lust teilen, etwas mit-teilen, das mit ihnen beiden zu tun hat. Etwas, das weit über die Frage hinausgeht, wer wie wann einen Erregungshöhepunkt erreicht.

Dieses sexualtherapeutische Programm kann bei *allen* Formen sexueller Funktionsstörungen angewendet und durchgeführt werden. Bei Erregungsstörungen, Appetenzstörungen, Orgasmusstörungen, Schmerzstörungen. Im Kern geht es bei jeder dieser Indikation um ein neues Bewusstsein für die Kommunikationsfunktion von Sexualität. Der Rest sind dann nur noch »Übungen«.

Wenn Paare an dieser Stelle sind, bin ich als Therapeut eigentlich nur noch eine Figur im Hintergrund. Einmal im Monat vergewissert sich das Paar, dass es mich noch gibt, aber eigentlich können sie jetzt schon alles Wesentliche alleine. Die Bergwanderung funktioniert, das Paar läuft – die Anwesenheit des Bergführers ist nur noch zur Beruhigung da. Und dann kommen sie eines Tages mit wichtigen Gesichtern zu mir in die Sprechstunde. »Also, Herr Dr. Ahlers, wir haben zu Hause noch mal nachgedacht. Und wir möchten jetzt gerne beide die SVV lösen. Sie haben ja gesagt, dass wir das jederzeit dürfen, wenn wir das beide wollen.« »Können wir machen«, sage ich dann und hole den Vertrag. »Hier, bitte schön! Können Sie vernichten oder sich einrahmen und übers Bett hängen, ganz wie Sie wollen. Sie haben sich damit von Ihrer eigenen Vereinbarung entbunden.« »Na ja, und dann wollten wir Sie noch fragen, wie's denn jetzt weitergeht?« »Wie was weitergeht? – »Na ja, was ist denn jetzt der nächste Schritt?« – »Was wäre denn für Sie der nächste Schritt?« – »Na ja, wir dachten, wenn wir jetzt den Vertrag aufheben, dann können wir ja jetzt, äh ... also ... eigentlich miteinander schlafen!« Dann frage ich: »Was meinen Sie denn damit: ›Miteinander schlafen‹? Was bedeutet das denn jetzt für Sie: ›Miteinander schlafen‹ nach dieser Reise? Wie würde das denn für Sie aussehen?« – »Na ja, so richtiger Geschlechtsverkehr und so ...« – »Ach so!«, sage ich dann. »Und was haben Sie in den letzten Wochen gemacht?«

Erst in dem Moment wird dem Paar klar, dass es sein Therapieziel längst erreicht hat. Was noch dazukäme, wäre allenfalls der Orgasmus – als Zuckerguss auf dem eigentlichen Kuchen. Den Kuchen selbst aber haben die beiden längst gebacken und angefangen zu essen. Was sie davon abhielt, das zu begreifen, war das große Ziel, das sie meinten erreichen zu müssen. Sie dachten, am Ende aller Stufen stehe ganz oben auf der Treppe das »Goldene Kalb des vollständig vollzogenen Geschlechtsverkehrs«. Und stellen jetzt fest, dass sie dieses Kalb schon die ganze Zeit über mit im Bett hatten. Sie müssen nirgendwo mehr hin, haben das Geschehen schon längst in eigenen Händen. Es gibt keine nächste Stufe. Es gibt nichts mehr zu erreichen. Sie haben längst alles, was sie brauchen und wollen. Und das macht sie zutiefst glücklich. Denn was ist Glück? Aus psychologischer Sicht würde man sagen, Glück ist emotionale Erfüllung. Sie entsteht für uns Menschen vor allem durch gelingende Beziehungen. Die wiederum durch gelingende Kommunikation entstehen. Und die intimste Form von Kommunikation ist Sexualität. Das ist der Grund, warum in diesem Sinne »guter Sex« glücklich macht.

Die beiden können nun also alles, was sie wollen, sie haben alle Instrumente, die sie brauchen. Alles andere war nur Therapie. Alles andere war nur im Kopf. Alles andere war nur im Buch. Sie benötigen keinen Dritten, um zu erleben, was sie gemeinsam erleben wollen. Auch keinen Therapeuten.

Was sagen Sie den Patienten an dieser Stelle?

Ich wünsche ihnen weiter alles Gute. Und begleite sie zur Tür.

Danksagungen

Mein Dank gilt vor allem Michael Lissek, der als Co-Autor dieses Buches weit mehr beigetragen hat, als Fragen zu stellen, zu transkribieren und Textkörper zu erstellen. Die Leidenschaft, mit der er sich in die Materie eingearbeitet und gedanklich in den gesamten Prozess eingebracht hat, hat mich tief berührt und beeindruckt. Ohne sein hellwaches Mitdenken und seine brillante Fragetechnik wäre nie zutage getreten, was am Ende unserer Zusammenarbeit herausgekommen ist. Ihn hat unser Buchprojekt zu einem veritablen Sexualwissenschaftler gemacht und uns zu Freunden. Dafür bin ich zutiefst dankbar.

Mein weiterer Dank gilt Antje Korsmeier, die mit ihrem wachen, klaren und aufgeschlossenen Blick für die Sache und die Sprache, die Gesprächsdynamik, die Themenverhandlung und die Berücksichtigung weiblicher Perspektiven einen unverzichtbaren Beitrag zu unserem Buch geleistet hat. Ihre feine Handschrift in der Redaktion und im Lektorat des Textes und ihre feuilletonreifen Zusammenfassungen und Rückmeldungen haben unserem Buch eine große Aufwertung verliehen. Ich danke ihr dafür sehr.

Mein weiterer Dank gilt meinem Freund und Kollegen Gerard Schäfer, der mit seiner unvergleichlichen Gründlichkeit und Akkuratesse die sexualwissenschaftlichen Fakten geprüft hat, die ich in diesem Buch benenne. Es war mir eine große Beruhigung, seine fachliche Expertise hinter mir und ihn als Freund neben mir zu wissen. Auch dafür meinen Dank.

Des Weiteren danke ich Kathleen Neugebauer, die in der durchaus ereignisreichen Entstehungsgeschichte dieses Buches an meiner Seite und dabei meine engste und vertrauteste Unterstützerin war. Sie hat mir in schwierigen Situationen großen emotionalen

Rückhalt und moralischen Beistand gegeben, und dafür möchte ich ihr von ganzem Herzen danken.

Mein weiterer Dank gilt Josephine Rank für ihre gelungenen Gestaltungsentwürfe zum Cover dieses Buches. Ihre kreativen Gedanken und Einfälle waren für mich sehr inspirierend und haben das Wesen meiner Ausführungen sehr erfasst. Auch dafür meinen herzlichen Dank.

Weiterhin möchte ich mich bei Annette Schürmann bedanken, die mit ihrem scharfen Verstand wesentliche strategische Anregungen zur erfolgreichen Durchführung und Beendigung dieses Buchprojektes beigetragen hat.

Ich danke meinem Agenten, Marko Jacob, der der Erste von außen war, der mir ein solches Buch nahegelegt und die Vermittlung an den Verlag ermöglicht hat. Seine Begleitung und Vertretung im gesamten Entstehungsprozess des Buches war mir eine große Erleichterung und Beruhigung.

Mein Dank gilt auch meinem Verleger, Georg Reuchlein, der durch sein persönliches Engagement für dieses Buch die Realisierung und erfolgreiche Beendigung des Projektes ermöglicht hat.

Ebenso gilt mein Dank der Verlagslektorin, Andrea Groll, die mit ihren klaren und hilfreichen Anregungen, Vorschlägen und Umstrukturierungen, aber auch mit ihren Streichungen und Korrekturen großes Gespür für den Text bewiesen und sehr zu seiner Verbesserung beigetragen hat.

Ich danke Heike Faller, die mit ihrem Interview für das ZEIT-Magazin den Anstoß zu diesem Buch gegeben hat.

Und last, but not least danke ich meinen akademischen und klinischen Lehrern Kurt Loewit und Klaus Beier, die mich in die Klinische Sexualwissenschaft eingeführt und von Anfang an in die Entwicklung des hier dargelegten sexualtherapeutischen Ansatzes einbezogen haben. Ich hoffe, mit diesem Buch etwas zu dessen Weiterentwicklung, Vermittlung und Verbreitung beigetragen zu haben.

Berlin, im August 2015   Christoph Joseph Ahlers

Register

445